普通高等教育“十三五”规划教材

经管华信 创新系列

U0822873

Accounting for Government and Nonprofit Entities

政府与非营利组织会计

魏永宏 编著

電子工業出版社
Publishing House of Electronics Industry
北京·BEIJING

内容简介

本书以《政府会计准则——基本准则》为指南，体系新颖完整、框架简约明晰；内容重点突出、理论与实践相结合，体现了新政策的精髓；例题丰富详尽、讲解深入浅出。在每章之后，均附有本章小结和复习思考题，以便于读者梳理重点、掌握所学知识。

全书分为5篇共19章。第一篇，政府与非营利组织会计基本理论，由第一章和第二章构成；第二篇，财政总预算会计，由第三章至第六章构成；第三篇，行政单位会计，由第七章至第十章构成；第四篇，事业单位会计，由第十一章至第十五章构成；第五篇，民间非营利组织会计，由第十六章至第十九章构成。

本书可作为普通高等院校会计学专业和其他经济管理类专业的本科教材，也可供会计学专业和其他经济管理类专业硕士研究生使用，特别是会计专业硕士（MPAcc）、工商管理硕士（MBA）和公共管理专业硕士（MPA）的学生使用，还可作为行政事业单位会计人员培训、自学的参考用书。

图书在版编目（CIP）数据

政府与非营利组织会计 / 魏永宏编著. — 北京：电子工业出版社，2017.9
（华信经管创新系列）
ISBN 978-7-121-32605-9

I. ①政… II. ①魏… III. ①单位预算会计－高等学校－教材②非营利组织－会计－高等学校－教材
IV.①F810.6

中国版本图书馆CIP数据核字（2017）第209769号

策划编辑：王二华
责任编辑：裴　杰
印　　刷：天津嘉恒印务有限公司
装　　订：天津嘉恒印务有限公司
出版发行：电子工业出版社
　　　　　北京市海淀区万寿路173信箱　　邮编：100036
开　　本：787×1 092　1/16　印张：20.75　　字数：544千字
版　　次：2017年9月第1版
印　　次：2017年9月第1次印刷
定　　价：55.00元

凡所购买电子工业出版社图书有缺损问题，请向购买书店调换。若书店售缺，请与本社发行部联系，联系及邮购电话：（010）88254888，88258888。

质量投诉请发邮件至 zlts@phei.com.cn，盗版侵权举报请发邮件至 dbqq@phei.com.cn。

本书咨询联系方式：（010）88254532。

前　言

作为现代会计的两大分支之一，政府与非营利组织会计与企业会计具有同等重要的地位。近年来财政部陆续颁布了《事业单位会计准则》和《会计制度》(2013 年)、《行政单位会计制度》(2014 年)。2014 年 12 月，国务院批转了财政部制定的《权责发生制政府综合财务报告制度改革方案》，明确了我国政府会计改革的指导思想、总体目标和主要内容。《财政总预算会计制度》(2015 年)，在政府与非营利组织会计实务规范方面，新的准则制度已经进行了全覆盖。不仅如此，2015 年年末，财政部颁布了《政府会计准则——基本准则》《政府财务报告编制办法(试行)》和《财政总预算会计制度》等一系列文件，这标志着我国政府会计体系建设已经进入一个新的阶段。

在此背景下，笔者在总结多年教学经验的基础上并结合近几年国家陆续出台的相关法律、法规、制度，撰写了本书。本书在体系结构安排上，以《政府会计准则——基本准则》为指南，体系新颖完整、框架简约明晰；内容重点突出、理论与实践相结合，体现了新政策的精髓；例题丰富详尽、讲解深入浅出。在每章之后，均附有本章小结和复习思考题，以便于读者梳理重点、掌握所学知识。

全书分为 5 篇共 19 章。

第一篇，政府与非营利组织会计基本理论。该篇由第一章和第二章构成，阐述了政府与非营利组织的特征，政府与非营利组织会计的新发展、基本假设、会计信息质量特征、会计要素等，系统呈现了政府与非营利组织会计新的基本理论成果。

第二篇，财政总预算会计。该篇由第三章至第六章构成，系统介绍了财政总预算会计资产、负债、净资产、收入和支出的确认、计量和报告。

第三篇，行政单位会计。该篇由第七章至第十章构成，结合最新的《行政单位财务规则》和《行政单位会计制度》，系统介绍了行政单位会计资产、负债、净资产、收入和支出的确认、计量和报告。

第四篇，事业单位会计。该篇由第十一章至第十五章构成，结合最新的《事业单位会计准则》《事业单位财务规则》《事业单位会计制度》，系统介绍了事业单位会计资产、负债、净资产、收入和支出的确认、计量和报告。并结合最新的《高等学校会计制度》，重点介绍了高等学校会计资产、负债、净资产、收入和支出中基本业务的确认、计量和报告。

第五篇，民间非营利组织会计。该篇由第十六章至第十九章构成，结合最新的《民间非营利组织会计制度》，系统介绍了民间非营利组织资产、负债、净资产、收入和费用的确认、计量和报告。

本书在撰写过程中参阅了国内外同行的优秀论著，并得到电子工业出版社的支持与帮助，在此一并致以诚挚的谢意。

由于编著者水平有限，书中难免有疏漏和不妥之处，敬请广大读者批评指正。

魏永宏

2017 年 9 月

目　录

第一篇　政府与非营利组织会计基本理论

第二篇　财政总预算会计

第三篇　行政单位会计

第四篇　事业单位会计

第五篇 民间非营利组织会计

第一篇　政府与非营利组织会计基本理论

第一章

政府与非营利组织会计概述

第一节　政府与非营利组织概述

一、政府与非营利组织的概念与类型

（一）政府组织

政府是一种组织体系，政府的概念分为政治学意义上的概念和经济学意义上的概念。在不同的概念下，政府组织体系的范围不同。

就政治学意义来讲，政府是指一个国家行使国家权力的组织体系，有广义和狭义之分。广义的政府可以被看成是一种制定和实施公共决策、实现有序统治的机构，它泛指各类国家公共权力机关，包括一切依法享有制定法律、执行和贯彻法律，以及解释和应用法律的公共权力机构，即通常所谓的立法机构、行政机构和司法机构，还包括政党组织等。狭义的政府是国家政权机构中的行政机关，即一个国家政权体系中依法享有行政权力的组织体系，包括中央和地方的行政机关。

就经济学意义来讲，政府是指管理和使用公共经济资源、履行政府职能的组织体系。经济学意义上的政府要比政治学意义上的政府范围更广。经济学意义上的政府除包括全部政府权力机构之外，还包括公立非营利组织。随着政府公共职能的发展，政府的公共服务范围也不断拓宽，从对社会活动的管理服务扩展到提供对社会有益的公益服务。政府通过出资设立公立的非营利组织，向社会提供公益服务。虽然公立非营利组织不享有公权力，不是典型的政府机构，但是公立非营利组织履行的职责是政府公共职能的组成部分，公立非营利组织提供公益服务时使用和消耗的也是公共经济资源。因此，从经济学意义的范畴来看，公立非营利组织应当属于政府组织体系的组成部分。

我国政府主要按照层级划分为中央、省、地（市）、县（市）、乡（镇）五级。除居于金字塔结构顶端的中央政府以外，纵向上从省、市、自治区直至乡镇、街道，横向上覆盖全国的所有层级、任何规模的政府均称为地方政府。我国所有地方政府都隶属其上一层级政府及中央政府节制管辖，县级以下为基层的乡和镇政府。

1978 年以前，我国政府主要是全能型的“统治型”政府，政府通过指令性计划和行政手段直接进行经济管理和社会管理，同时扮演着生产者、监督者、控制者的角色，为社会和民众提供公共服务的职能和角色被淡化。20 世纪 90 年代中期，我国拉开了政府公共服务改革的大幕，其核心是政府职能的转变，即转变为公共服务的规划者和执行者。30 多年的改革实践，释放了蕴含在中国社会各个层面巨大的能量和多样化的需求，原有的政治化、行政化、一体化的社会走向了开放化、市场化和多元化。社会治理结构的优化，给政府及非营利组织带来了新的发展空间，为中国社会迈向自我服务、自我管理的多元治理奠定了坚实的基础。这场社会变革的结果之一，就是政府及非营利组织会计的基础性作用愈发凸显。

（二）非营利组织

非营利组织是指不具有物质产品生产和国家事务管理职能，主要以精神产品或各种服务形式向社会公众提供服务，不以盈利为目的的各类组织，包括公立非营利组织和民间非营利组织两大类。

非营利组织所涉及的领域非常广，包括艺术、慈善、教育、政治、宗教、学术、环保等，而且非营利组织数量众多、分类标准多样，至今仍没有相对一致的分类标准。

1. 中国官方分类

以民政部的分类为代表。民政部将纳入其管理的民间非营利组织分为三大类别。

(1) 社会团体，即中国公民自愿组成，为实现会员共同意愿，按照其章程开展活动的非营利性社会组织。

(2) 民办非企业单位，即企业、事业单位、社会团体和其他社会力量以及公民个人利用非国有资产举办的、从事非营利性社会服务活动的社会组织。

(3) 各类公益性基金会，即利用自然人、法人或者其他组织捐赠的财产，以从事公益事业为目的而设立的非营利性法人。

2. 联合国的产业分类标准

该标准将非营利组织分成 3 个大类 15 个小类。

(1) 教育类，包括小学教育、中学教育、大学教育和成人教育 4 小类。

(2) 医疗和社会工作类，包括医疗保健、兽医和社会工作 3 小类。

(3) 其他社会和个人服务类，包括环境卫生、商会和行业协会、工会、其他会员组织（包括宗教和政治组织）、娱乐组织、图书馆、博物馆及文化组织、体育和休闲组织 8 小类。

3. 美国霍布金斯大学非营利组织比较研究中心制定的分类法

该中心将民间非营利组织分成 12 个大类 27 个小类：文体类、教育类、卫生保健类、社会服务和救助类、生态环境保护类、社区服务类、咨询类、公益基金及志愿服务类、国际交流及援助类、宗教类、行业类和其他组织。

4. 其他分类标准

根据民间非营利组织的法定目标，可以将其分成会员互益型组织、运作型组织和会员公益型组织三类。

根据民间非营利组织与政府的关系，可以将其分为官办、半官办和民办三种。

根据对民间非营利组织的管理形式，可以将其分为有业务主管单位、无业务主管单位和业务主管单位不明确三类。

根据是否实行会员制，可以将其分为会员制和非会员制两类。

根据组织结构的松紧程度，可以将其分为松散型、紧密型、金字塔型、网络型等。

根据服务对象，可以将其分为公益型和互益型两类。

二、政府与非营利组织的特征

政府与非营利组织开展业务所处的经济、社会、法律以及政治环境与营利组织存在明显不同。其设立的目标、运行方式、资源获取、绩效评价等都具有独特性，与企业有很大差别。

（一）政府、非营利组织有别于企业的特征

根据美国财务会计准则委员会的财务会计概念公告第 4 号，政府与非营利组织区别于企业有三个显著特征。

（1）可以从资源提供者那里获得相当数量的资源，这些资源提供者并不期望获得与其提供的资源成比例的补偿或经济利益。

（2）提供的产品和劳务并非以取得利润或利润等价物为营运目标。

（3）既无可出售、转让或赎回的，也无对这些组织进行清算时可转化为法定剩余财产分配的，被明确界定的所有者权益。

（二）政府区别于非营利组织的特征

根据美国注册会计师协会（AICPA）的定义，与非营利组织相比，具有下列特征的组织，是政府组织。

（1）官员由普选产生，或者由州或地方政府的一个或一个以上官员任命某个组织管理机构的具有控制权的多数成员。

（2）政府可以单方面解散，并无偿接收其净资产。

（3）具有征税权。

（4）具有直接发行免除联邦税的债权。

（三）非营利组织区别于政府与企业的特征

非营利组织具有以下五个特征。

（1）组织性，即这种组织有内部的规章制度、有负责人、有经常性活动，而不是非正规的、临时聚集在一起的团体，它应该具有根据法律进行注册的合法身份。

（2）民间性，即这种组织不是政府的组成部分，这并不意味着它不能接受政府的资金支持。

（3）非营利分配性，即这种组织可以盈利，但必须将其所得用于完成组织的使命，而不得在组织成员中间进行分配。

（4）自治性，即这种组织能够控制自己的活动，有不受外界控制的内部管理程序。

（5）志愿性，即在这种组织实际开展的活动中和管理组织的事务中有显著程度的志愿参与，尤其要形成由志愿者组成的董事会，并广泛使用志愿工作人员。正是在这种意义上，非营利组织又被称作志愿组织或志愿部门。

第二节　政府与非营利组织会计的概念、特点与组成体系

一、政府与非营利组织会计的概念与特点

政府与非营利组织会计是各级政府、行政事业单位、各类非营利组织核算和监督各项财政性资金运动、单位资金运动过程和结果以及有关经营收支情况的专业会计。它是以货币为主要计量单位，对会计主体的经济活动进行连续、系统、完整的核算与监督的经济管理活动，是现代财务会计中与企业会计相对应的两大分支之一。

政府与非营利组织会计的主体是各级政府、行政单位和各类非营利组织。其中，财政总预算会计的主体是各级政府，行政单位会计及各类非营利组织会计的主体分别是行政单位和各类非营利组织。

政府与非营利组织会计的客体是财政性资金运动、单位资金运动及经营收支过程及结果。具体来说，财政总预算会计的核算对象是财政性资金运动过程及其结果，主要包括预算收入、预算支出和预算结余等财政性资金活动。行政单位会计的核算对象是行政单位资金运动过程及其结果，主要包括从财政领取行政经费、合理安排经费开支、正确计算结余等。非营利组织会计的核算对象是各类非营利组织资金运动的过程及结果，主要包括合法组织各种收入、合理安排各种支出、正确计算资产、负债及净资产等。

与企业会计相比，政府与非营利组织会计的核算对象、任务和业务性质都不相同，具有自身的特点。

1. 出资者提供的资金具有限制性

政府与非营利组织对经济资源的筹集、分配和使用要受到出资者和社会公众的限制。政府与非营利组织资金的供给者涉及纳税人、缴费人、捐赠人等，他们不要求投资回报和资金回收，但要求政府与非营利组织按照其意愿使用这些经济资源。即使不属于政府资产出资者的其他社会公众，也有权利要求政府按照公众的意愿分配和使用公共资源。

当然，除了捐赠人可以对其所提供的资产直接提出明确的使用要求之外，纳税人、缴费人和其他社会公众都是通过选举权利来选定代表，经由一系列民主程序及委托代理过程来表达其要求的。

2. 反映政府预算执行情况

政府与非营利组织会计核算的内容主要是政府财政资金的收支活动，而政府财政资金的筹集和使用要受到出资者及社会公众的限制。这种限制的一个重要方式是通过制定预算法律法规和要求政府依法编制和执行预算，而政府与非营利组织会计要对政府资源的筹集和使用是否符合预算进行反映。提供有关政府预算执行情况的信息，成为政府与非营利组织会计的基本目标内容之一。为此，政府与非营利组织会计的指标体系、会计科目和会计报表的设置，要适应政府预算管理的要求，同《政府收支分类科目》保持一致。

3. 采用双重的会计确认基础

政府与非营利组织会计提供的会计信息需要反映政府预算执行情况，另外还需要反映政府与非营利组织的财务状况。以反映政府预算执行情况为目的进行会计核算的对象是政府掌握的现金资源，而以反映财务状况为目的进行会计核算的对象则是政府掌握的经济资源。在

选择会计确认基础时，对现金资源的核算应当采用收付实现制，对经济资源的核算应当采用权责发生制。因此，与企业会计只采用单一的权责发生制确认基础不同，政府与非营利组织会计采用双重的会计确认基础，既采用收付实现制基础核算，也采用权责发生制基础核算。

4. 存在基金会计主体

在有些情况下，政府与非营利组织的出资者对其所出资金的使用有不同于其他资金的特定要求，要求政府与非营利组织对使用的某种资金负有特定的受托责任。为了单独报告这种资金受托责任的履行情况，政府与非营利组织会计需要对其进行单独核算及报告，这就形成了以某种资金为主体形式的会计主体，称为基金会计主体。与企业会计一般只存在组织形式（企业）的会计主体不同，在政府与非营利组织会计中，既存在组织形式（政府及非营利组织单位）的会计主体，也存在基金形式（某种资金）的会计主体。

5. 不进行利润及利润分配的核算

政府与非营利组织的业务活动不以营利为目的，对活动中增加的净资产也不向出资者分配。虽然在政府与非营利组织会计中也进行收入和费用的核算，但是会计主体的收入减去费用后的差额并不是越大越好，而且政府与非营利组织会计的结余也不像企业会计主体那样能反映主体的经营成果。与企业会计将利润核算作为会计核算的重点不同，在政府与非营利组织会计中，没有利润和所有者权益的概念，也不进行利润和利润分配的核算。

二、政府与非营利组织会计的组成体系

关于政府与非营利组织会计的范围有两种理解：一种是政府与非营利组织会计由政府会计和非营利组织会计组成。其中，政府会计的范围包括核算和监督一级政府的财政总预算会计与核算和监督一级政府所属单位的行政单位会计；非营利组织会计则包括公立非营利组织（事业单位）会计和民间非营利组织会计。另一种是政府与非营利组织会计由政府会计和非营利组织会计组成。其中，政府会计的范围包括核算和监督一级政府的财政总预算会计与核算和监督一级政府所属单位的行政单位会计和公立非营利组织（事业单位）会计；非营利组织会计则是指民间非营利组织会计。无论是哪种理解，我国的政府与非营利组织会计都由以下几部分组成。

（一）政府会计组成体系

1. 财政总预算会计

财政总预算会计是各级政府财政部门核算和监督政府财政总预算执行过程及其结果的专业会计。各级政府财政部门是指组织政府财政收支，办理政府预算、决算的专职管理机关。财政总预算会计在我国政府与非营利组织会计体系中占主导地位。财政总预算会计的会计主体是各级政府，具体执行机构是各级政府的财政部门。财政总预算会计核算和监督的对象是政府财政总预算资金及其运动，具体包括政府财政总预算收入、总预算支出和总预算结余，以及总预算资产、总预算负债和总预算净资产等。与政府和非营利组织会计中的行政单位会计、事业单位会计和民间非营利组织会计相比，财政总预算会计具有反映信息的宏观性和不存在实物资产核算内容的特点。具体来讲，财政总预算会计反映的信息为一级政府行政区域范围内的信息，行政单位会计、事业单位会计和民间非营利组织会计反映的信息为该单位范围内的信息；财政总预算会计核算的内容全部为非实物资产，而行政单位会计、事业单位会计和民间非营利组织会计都存在实物资产的核算内容。

财政总预算会计与行政单位会计、事业单位会计之间存在密切的联系。首先，财政总预算会计在业务管理上负责组织和指导行政单位会计和事业单位会计。行政单位会计和事业单位会计从编制单位预算、执行单位预算一直到编制单位决算，都需要在财政总预算会计的参与和组织下进行。财政总预算会计在除民间非营利组织会计外的政府与非营利组织会计中居主导地位。其次，财政总预算会计信息和行政单位会计信息、事业单位会计信息之间存在依存关系。例如，在国库集中支付制度下，财政总预算会计直接为行政单位和事业单位支付购货款，财政总预算会计的支出直接构成了行政单位和事业单位的收入和支出。在一级政府中，财政总预算会计、行政单位会计、事业单位会计组成了相互联系的信息网络。在我国，财政总预算会计、行政单位会计、事业单位会计构成了传统预算会计的主体组成部分。

2. 行政单位会计

行政单位会计是核算和监督各级行政单位预算执行情况及其结果的专业会计。行政单位是进行国家行政管理、组织经济建设和文化建设、维护社会公共秩序的单位。行政单位具体包括如下几类。

(1)国家行政机关。国家行政机关是指从事国家行政工作的机关，即各级人民政府及其所属各行政部门。行政机关是国家权力机关的执行机关，通常也称为政府机关。国务院是国家最高行政机关。

(2)国家权力机关。国家权力机关是指行使国家权力的机关，即各级人民代表大会及其常务委员会。全国人民代表大会是国家最高权力机关。

(3)审判和检察机关。审判和检察机关是指行使国家审判职能和检察职能的机关，即各级人民法院和各级人民检察院。最高人民法院是国家最高审判机关，最高人民检察院是国家最高检察机关。

(4)政党组织。政党组织是指中国共产党、各民主党派以及共青团、妇联、工会等组织。

(二)非营利组织会计组成体系

1. 事业单位会计

事业单位会计是核算和监督各级各类事业单位预算执行情况及其结果的专业会计。事业单位是国家为了社会公益目的，由国家机关举办或者其他组织利用国有资产举办的，从事教育、科技、文化、卫生等活动的社会服务组织。事业单位有两个属性：一是具有国有性质；二是具有社会公益性质。首先，事业单位具有国有性质。事业单位必须是国家出资设立的或者由社会其他组织利用国有资产举办的。社会其他组织和个人利用非国有资产举办的公益性组织不属于事业单位。其次，事业单位具有社会公益性质，是提供各种社会服务的公益性组织，不以盈利为目的，注重社会效益，满足人们对物质文化生活的需要。事业单位的活动领域较为广泛，主要存在于教育、科研、文化、卫生、体育、新闻出版、广播电视、社会福利、救助减灾、统计调查、技术推广与实验、公用设施管理、物资仓储、监测、勘探与勘察、测绘、检验检测与鉴定、法律服务、资源管理事务、质量技术监督事务、经济监督事务、知识产权事务、公证与认证、信息与咨询、人才交流、就业服务、机关后勤服务等活动的社会服务组织中。各类事业单位尽管所属行业或部门不尽相同，各自所从事的业务活动也存在差异，但它们都具有不以盈利为目的以及不具有社会管理职能的特点，从而区别于企业和行政单位。

2. 民间非营利组织会计

民间非营利组织会计是指核算和监督民间非营利组织经济活动过程及其结果的专业会计。民间非营利组织包括依照国家法律、行政法规登记的社会团体、基金会、民办非企业单位和寺院、宫观、清真寺、教堂等。其中，社会团体可以是学术性社会团体、行业性社会团体、专业性社会团体等种类。民办非企业单位可以是教育单位、卫生单位、文化单位、科技单位、体育单位、社会中介单位、法律服务单位等种类。基金会可以是公募基金会和非公募基金会等种类。

尽管民间非营利组织可以有很多种类，但各种民间非营利组织都应当同时具备以下特征。

(1)该组织不以盈利为宗旨和目的，即该组织开展业务活动的目的和宗旨不是赚取利润。

(2)资源提供者向该组织投入资源不取得经济回报,即资源提供者不能从该组织取得与其所投入资源相对应的经济回报。

(3)资源提供者不享有该组织的所有权,即资源提供者不因为其向该组织投入了资源从而可以该组织所有者的身份在该组织中发挥作用。民间非营利组织的资源主要来自社会捐赠和会员缴纳的会费。除此之外，提供商品和服务收入、政府补助收入等也是其资源的来源渠道。

另外，负责办理政府预算资金的收纳和拨付的国库会计以及组织税收等各项收入征收、减免、入库的收入征解会计也属于政府与非营利组织会计的范畴。

(三)政府与非营利组织会计的分级设置

1. 财政总预算会计的分级

财政总预算会计的分级与政府预算的分级是一致的。我国实行一级政府一级预算，政府预算分为中央、省、市、县、乡(镇)五级，因此，财政总预算会计也就包括中央政府财政部设立的中央财政总预算会计、各省财政厅设立的省财政总预算会计、各市财政局设立的市财政总预算会计、各县财政局设立的县财政总预算会计以及各乡(镇)财政所设立的乡(镇)财政总预算会计。

2. 行政单位与事业单位会计的分级

按照预算管理权限，行政单位和事业单位预算管理分为下列级次。

(1)一级预算单位。向同级财政部门申报预算的行政单位或事业单位，为一级预算单位。

(2)二级预算单位。向上一级预算单位申报预算并有下级预算单位的行政单位或事业单位，为二级预算单位。

(3)基层预算单位。向上一级预算单位申报预算，且没有下级预算单位的行政单位或事业单位，为基层预算单位。

一级预算单位有下级预算单位的，为主管预算单位。

以上各级会计单位都应实行独立的单位预算，建立完善的会计核算制度。不具备独立核算条件的，实行单据报账制度，作为“报账单位”进行管理。

第三节　政府与非营利组织会计规范体系

会计规范是指导和约束会计工作的法律、规则、制度和政策的总称。完善的会计规范体系是组织和从事会计工作的规范和准绳。我国政府与非营利组织现行的会计规范按层次可划分为会计法律、会计行政法规和会计规章。

一、会计法律

会计法律是指由全国人民代表大会及其常务委员会制定和颁布的有关调整会计关系的规范性文件，如《中华人民共和国会计法》《中华人民共和国预算法》等。

《中华人民共和国会计法》是会计法律制度中最高的法律规范，是制定其他会计法规的依据，也是指导会计工作的根本法。它以法律的形式确立了会计工作的地位、作用、管理体制、会计核算、会计监督、会计机构、会计人员职责以及会计工作必须达到的标准。

二、会计行政法规

会计行政法规是指由国务院（或者国务院有关部门）依据宪法和国家法律与法规的规定，根据授权制定与颁布的，调整某些方面会计关系的规范性文件，如以国务院名义颁布的《国务院关于修改和废止部分行政法规的决定》（国务院令第628号）等。

三、会计规章

会计规章是财政部和国务院其他部委依据会计法律、会计行政法规所颁布的具有法律效力的有关会计方面的规范性文件，如以财政部名义颁布实施的《财政总预算会计制度》《行政事业单位内部控制规范（试行）》《事业单位财务规则》《事业单位会计准则》《事业单位会计制度》等。

（一）财政总预算会计制度体系

《财政总预算会计制度》是财政部于1997年6月25日颁布的，包括总则、一般原则、会计要素、会计科目、会计报表的编审、会计电算化、会计监督等共计13章72条。

随着我国预算管理体制改革的不断推进，《财政总预算会计制度》已经难以满足各方面的需要，为弥补其缺陷，财政部陆续出台了若干辅助会计规范。例如，2001年发布的《关于〈财政总预算会计制度〉暂行补充规定的通知》《财政国库管理制度改革试点会计核算暂行办法》，2007年发布的《财政部关于国有资本经营预算收支会计核算的通知》，2009年发布的《财政部代理发行地方政府债券财政总预算会计核算办法》，2010年发布的《财政部关于将按预算外资金管理的收入纳入预算管理的通知》《关于预算外资金纳入预算管理后涉及有关财政专户管理资金会计核算问题的通知》等。

（二）行政事业单位内部控制规范

《行政事业单位内部控制规范（试行）》是以财政部名义颁布的，自2014年1月1日起实施，包括总则、风险评估和控制方法、单位层面内部控制、业务层面内部控制、评价与监督、附则共6章。其主要内容涉及内部控制的目标、建立与实施内部控制原则、风险评估和控制方法、内部监督检查和自我评价等。

（三）行政单位会计制度体系

现行的行政单位会计制度体系是预算会计制度体系的重要组成部分，它包括《行政单位财务规则》《行政单位会计制度》等。

1. 行政单位财务规则

现行的《行政单位财务规则》是以财政部令的形式于2012年12月6日颁布的，自2013年1月1日起施行，包括总则、单位预算管理、收入管理、支出管理、结转和结余管理、资产管理、负债管理、行政单位划转撤并的财务处理、财务报告和财务分析、财务监督、附则共11章63条。

新的《行政单位财务规则》更好地适应了部门预算、国库集中收付制度、政府采购、非税收管理、政府收支分类等各项财政改革，并在绩效管理、内部控制、信息披露等理念上有了新的突破，标志着行政单位财务管理从传统管理向现代管理的迈进。

2. 行政单位会计制度

现行的《行政单位会计制度》是财政部于2013年12月18日发布的，自2014年1月1日起实施，包括总则、会计信息质量要求、资产、负债、净资产、收入、支出、会计科目、财务报表、附则共10章46条，取代了1998年2月6日财政部印发的旧会计制度。修订后的《行政单位会计制度》内容上的调整与变化主要体现在以下几个方面。

(1)会计核算目标定位更清晰。新制度明确规定行政单位会计核算目标是向会计信息使用者提供与行政单位财务状况、预算执行情况等有关的会计信息。

(2)会计核算方法进一步改进。新制度进一步扩大“双分录”核算方法应用范围，除固定资产外，增加了“在建工程”“无形资产”“政府储备物资”“公共基础设施”“存货”“预付账款”“应付账款”“长期应付款”等非货币性资产和部分负债等9个科目的“双分录”核算。

(3)更加完整地体现了财政改革对会计核算的要求。

(4)进一步充实和完善了会计科目体系，增设了“无形资产”“在建工程”“政府物资”“公共基础设施”“资产基金”“待偿债净资产”等会计科目。

(5)增加了固定资产折旧和无形资产摊销的会计处理。

(6)解决了基建会计信息未在行政单位“大账”上反映的问题。基建会计信息要定期并入行政单位会计中。

(7)完善财务报表体系和结构。新制度增加了财政拨款收入支出表，改进资产负债表和收入支出表的结构和项目。

(四)事业单位会计制度体系

事业单位会计制度体系是预算会计制度体系的重要组成部分，包括《事业单位财务规则》《事业单位会计准则》《事业单位会计制度》等。

1. 事业单位财务规则

现行的《事业单位财务规则》是2012年修订的，自2012年4月1日起正式施行，共9章46条。新的《事业单位财务规则》内容上的调整与变化主要体现在以下几个方面。

(1)充分体现财政改革的相关成果。新规则规定，事业单位实行核定收支，定额或者定项补助，超支不补，结转和结余按规定使用的预算管理办法；要求事业单位应当将各项收入与支出全部纳入单位预算，实行“一个单位一本预算”，统一核算、统一管理，使事业单位收支管理更加全面完整。

(2)突出事业单位的公益属性。新规则严格限定对外投资经营活动，突出了事业单位公益属性的性质，牢牢把握事业单位财务活动的方向，对事业单位对外投资、开展经营活动做了严格限定。新规则明确规定，事业单位应当严格控制对外投资。在保证单位正常运转和事业发展的前提下，按照国家有关规定可以对外投资的，应当履行相关审批程序。事业单位不得使用财政拨款及其结余进行对外投资，不得从事股票、期货、基金、企业债券等投资，国家另有规定的除外。

同时，新规则还大幅增加了新的管理方面的内容与规定。比如，新规则强调，事业单位应当加强支出的绩效管理，提高资金使用的有效性。事业单位财务监督应当依照事前监督、事中监督、事后监督相结合，日常监督与专项监督相结合的原则实行。

(3)突出科学化、精细化管理的要求。新规则对涉及管理的条款进行了必要的修订，大幅增加了管理方面的条款，进一步推进了事业单位财务工作科学化、精细化管理。

(4)强化财务预算约束机制，做好财务决算分析工作。新规则要求“事业单位根据财政部门下达的预算控制数编制预算，由主管部门审核汇总报财政部门，经法定程序审核批复后执行”，而不是由主管部门汇总报财政部门审核批复后执行。同时，新规则还规定，事业单位应当按照规定编制年度决算，由主管部门审核汇总后报财政部门。

2. 事业单位会计准则

现行的《事业单位会计准则》是财政部于 2012 年 12 月 6 日修订颁布的，自 2013 年 1 月 1 日起施行，共 9 章 49 条，在维持原准则基本框架结构的基础上，对大部分条款作了修改完善，在内容上规范了事业单位会计目标、会计基本假设、会计核算基础、会计信息质量要求、会计要素的定义、项目构成及分类、一般确认计量原则、财务会计报告等基本事项，是制定所有事业单位会计制度(包括《事业单位会计制度》和各行业事业单位会计制度)的基础和依据，在整个事业单位会计体系中起统御地位。修订《会计制度》遵循了《会计准则》的规定。

新的《事业单位会计准则》内容上的调整与变化主要体现在以下几个方面。

(1)明确根据新的《事业单位会计准则》制定事业单位会计制度和行业事业单位会计制度。

(2)明确了事业单位会计核算目标应当反映受托责任，同时兼顾决策作用。

(3)合理界定了会计核算基础。与《事业单位财务规则》相协调，规定事业单位会计核算一般采用收付实现制，部分经济业务(事项)、行业事业单位可以采用权责发生制，具体范围另行规定。

(4)合理界定了会计要素。考虑到采用权责发生制核算的行业事业单位，其会计要素应当以“费用”替代“支出”；明确了会计要素包括资产、负债、净资产、收入、支出或者费用。

(5)强化了事业单位会计信息质量要求：将第二章标题由“一般原则”修改为“会计信息质量要求”，对会计信息质量增加了全面性的要求。

(6)在资产构成项目中增加了“在建工程”，为将基建账套相关数据并入会计“大账”提供了依据。

(7)明确了各会计要素确认计量的一般原则。

(8)明确了事业单位对固定资产计提折旧、对无形资产进行摊销的规则，由财政部在相关财务会计制度中规定。

(9)调整了净资产项目构成，增加了“财政补助结转结余”“非财政补助结转结余”等。

(10)完善了财务会计报告体系，规定了财务会计报告的主要内容及相关报表的基本列报格式。

3. 事业单位会计制度

现行的《事业单位会计制度》(财会〔2012〕22号)是2012年12月19日修订发布的，自2013年1月1日起全面施行，共分总说明、会计科目名称和编号、会计科目使用说明、会计报表格式和财务报表编制说明五部分。

新的《事业单位会计制度》内容上的调整与变化主要体现在以下几个方面。

(1)新增与国库集中支付、政府收支分类、部门预算、国有资产管理等财政改革相关的会计核算内容，实现了会计规范与其他财政法规政策的有机衔接。

(2)创新引入了“虚提”固定资产折旧和无形资产摊销。新制度要求事业单位按照事业单位财务规则或制度规定确定是否计提折旧,并规定了“虚提”折旧和摊销的创新性处理方法，即在计提折旧和摊销时冲减非流动资产基金，而非计入支出。

(3)明确规定了基建数据定期并入事业单位会计“大账”。新制度要求事业单位对于基建投资，在按照基建会计核算规定单独建账、单独核算的同时，将基建账套相关数据定期并入单位会计“大账”。

(4)加强了对财政投入资金的会计核算。新制度重新界定了财政补助收入的核算口径，要求在“事业支出”科目下单独对财政补助支出进行明细核算，增设了“财政补助结转”“财政补助结余”两个净资产科目，对财政补助收入、支出情况以及财政补助结转和结余形成过程设计了清晰的账务处理流程。

(5)进一步规范了非财政补助结转、结余及其分配的会计核算。

(6)突出强化了资产的计价和入账管理。新制度针对事业单位实务中普遍存在的对于接受捐赠、无偿调入资产计量口径不统一、相关资产不入账等问题，进一步明确了该种情况下资产的计量原则，要求在没有相关凭据、同类或类似资产的市场价格也无法可靠取得的情况下，将所取得的资产按照名义金额入账，并要求在会计报表附注中披露以名义金额计量的资产情况。

(7)全面完善了会计科目体系和会计科目使用说明。新制度对原制度下的科目体系进行了全面梳理和改进，新增、取消了部分科目，对个别科目名称进行了修改，同时全面完善了各科目核算内容、明细科目设置、计量原则确认、所涉及经济业务或者事项的账务处理等内容。

(8)系统改进了财务报表结构和体系。新制度增加了“财政补助收入支出表”，改进了各报表的项目、结构和排列方式。如新制度规定对资产负债表项目按照流动资产/非流动资产、流动负债/非流动负债分类列示，取消了资产负债表中原来的收入、支出项目；改进了收入支出表结构，既全面反映事业单位一定会计期间的收入、支出全貌，又分资金类别列示“财政补助结转结余”“事业结转结余”和“经营结余”，同时还可以反映事业单位年度非财政补助结余的形成及分配情况。

(五)民间非营利组织会计制度体系

现行的《民间非营利组织会计制度》(财会〔2004〕7号)是财政部于2004年8月18日发布的，自2005年1月1日起实施，包括总说明、会计科目名称和编号等，共分8章76条。其主要内容包括如下8条。

(1)《民间非营利组织会计制度》(以下简称《制度》)的制定依据。

(2)《制度》的适用范围：适用于在中华人民共和国境内依法设立的符合本制度规定特征

的民间非营利组织，包括依照国家法律、行政法规登记的社会团体、基金会、民办非企业单位和寺院、宫观、清真寺、教堂等。

(3) 四个会计核算的基本假设。

(4) 会计核算基础，《制度》规定民间非营利组织应当采用权责发生制作为会计核算基础。

(5) 12 条会计核算的一般原则。

(6) 5 个会计要素，以及对各会计要素的确认与计量所作的具体规定。在坚持以历史成本为计量基础的同时，对一些特殊的交易事项，如捐赠、政府补助等，引入了公允价值等计量基础。

(7) 会计科目，《制度》规定了应使用的会计科目，以使其更具可操作性。

(8) 对财务会计报告的内容的规定。

第四节　财政管理体制改革对政府与非营利组织会计的影响

我国的财政预算体制改革已取得了长足的发展，部门预算、政府收支分类、国库集中支付、政府采购、收支两条线管理等改革，以及财政科学化、精细化管理的理念都对政府会计环境产生了重大影响，并对政府会计与财务报告系统提出了新的要求。

一、预算管理制度

(一) 部门预算

部门预算是事业发展计划的综合反映，是加强单位宏观调控能力、改善资金使用状况的有效手段，是涉及单位管理的各个方面、集预测与决策于一体的综合性工作。它是由政府各个部门编制，反映政府各部门所有收入和支出情况的政府预算。实行部门预算制度，需要将部门的各种财政性资金、部门所属单位收支全部纳入预算编制。部门预算收支既包括行政单位预算，也包括事业单位预算；既包括一般收支预算，也包括政府基金收支预算；既包括基本支出预算，也包括项目支出预算；既包括财政部门直接安排预算，也包括有预算分配权部门安排的预算，还包括预算外资金安排的预算。

(二) 政府收支分类

政府收支分类，就是对政府收入和支出进行类别和层次划分，来全面、准确、清晰地反映政府收支活动。政府收支分类科目是编制政府预算、组织预算执行以及各级财政总预算会计、行政事业单位会计进行明细分类核算的重要依据。一般分为收入科目和支出科目两大块。收入分类科目反映政府收入的来源和性质；支出分类科目分为反映政府支出的总量、结构与方向的功能分类科目和反映各项支出用途的经济分类科目。在编制部门预算时，每一笔支出都同时列在功能支出和经济支出的框架中，从中可以清楚地看出某个部门做了哪些事、钱花在了哪些方面。

政府收支分类改革不仅影响财政总预算会计、行政事业单位会计的收入和支出、净资产三类科目核算内容，也是大部分会计明细科目设置的重要依据。例如，财政总预算会计的“一般预算收入”科目的明细科目设置，应根据 2013 年《政府收支分类科目》中的“收入分类科目”下应列入一般预算收入的类、款、项、目级科目设置。

(三)预算外资金管理

预算外资金管理是指财政部门对各部门、各单位的预算外资金进行综合管理。预算外资金管理主要包括：将各部门的预算外收入全部纳入财政专户管理，有条件地纳入预算管理；修订、完善有关法规和规章制度，实施“收支两条线”管理，并使管理法制化、制度化、规范化。一般来说，有以下两种预算外资金管理方式。

(1)专户储存，计划管理，财政审批，银行监督。这种预算外资金管理方式是在所有权不变的前提下，由财政部门进行代管，即按这种方式进行管理的单位，应将其预算外资金存入财政部门在银行开立的预算外资金专户，并编制预算外资金收支计划，送同级财政部门审批之后，交由银行监督实行。这种“专户储存，计划管理，财政审批，银行监督”的预算外资金管理方式，根据其本身的特点，原则上来说适用于行政、事业单位管理的预算外资金。

(2)计划管理，政策引导。这种预算外资金管理方式是在预算外资金的所有权没有改变的前提条件下，由财政部门按照国家政策对预算外资金的收支加以引导，使预算外资金使用这种微观活动纳入国家宏观控制的轨道中来，这样可保证国民经济的稳定、协调发展。按照这种“计划管理，政策引导”方式进行预算外资金管理的单位，应该在财政部门的指导下，编制年度的财政收支计划，财政部门应按照国家的方针政策，根据宏观经济发展的客观需要，在维护预算外资金自主权的前提条件下，对各单位在编制年度财政收支计划过程中，提供信息，权衡利弊，帮助分析，进行协调，做到既能搞活微观经济，又能保证宏观控制的顺利进行。这种预算外资金管理方式，从原则上来说，适用于国营及其主管部门管理的预算外资金。

(四)财政拨款结转结余资金管理

财政拨款结转资金是指当年支出预算已执行但尚未完成，或因故未执行，下年需按原用途继续使用的财政拨款资金。财政拨款结余资金是指支出预算工作目标已完成，或由于受政策变化、计划调整等因素影响工作终止，当年剩余的财政拨款资金。

1. 结转资金的管理

(1)基本支出结转资金原则上可以结转下年继续使用，用于增人增编等人员经费支出和日常公用经费支出，但在人员经费和日常公用经费之间不得挪用，不得用于提高人员经费开支标准。项目支出结转资金应结转下年按原用途继续使用。

(2)结转资金原则上不得调整用途。在年度预算执行过程中，中央部门确需调整结转资金用途的，须报财政部审批。

(3)中央部门在预算执行中因增人增编需增加基本支出的，应首先通过本部门基本支出结转资金安排，并将安排使用情况报财政部备案。中央部门连续年度安排预算的延续项目有结转资金的，在编制以后年度预算时，应根据项目结转资金情况和项目年度资金需求情况，统筹安排财政拨款预算。

2. 结余资金的管理

(1)中央部门在年度预算执行结束后形成的项目支出结余资金，应全部统筹用于编制以后年度部门预算，按预算管理的有关规定用于本部门相关支出。

(2)中央部门在编制本部门预算时，可以在本级部门和下级预算单位之间、下级不同预算单位之间、不同预算科目之间统筹安排使用结余资金。

(3) 中央部门项目支出结余资金在统筹用于编制以后年度部门预算之前，原则上不得动用。因特殊情况需在预算执行中动用项目支出结余资金安排必须支出的，应报财政部审批。

(4) 中央部门及单位留用的结余资金，须报财政部批准后方可动用。

3. 预算编制阶段结转和结余资金使用安排

中央部门对拟统筹使用本部门累计结转和结余资金安排下一年度支出预算情况，随部门"一上"预算报送财政部；财政部审核后，随"一下"预算控制数下达中央部门；中央部门跟进财政部下达的预算控制数和结余资金安排使用建议数，编制"二上"预算；财政部在将部门预算草案上报国务院前可对统筹使用结转结余资金数进行调整。

二、政府采购和国库集中收付制度改革的影响

(一) 政府采购和国库集中收付的概念

政府采购是指由政府设立的集中采购机构依据政府制定的集中采购目录，受采购人的委托，按照公开、公平、公正的采购原则，以及必须遵循的市场竞争机制和一系列专门操作规程进行的统一采购。它是政府采购的主要形式。政府采购管理机构根据预算机构批复的采购预算，经过检查、分析，将其中易于跨部门采购的商品编成采购目录下达给集中采购机关，不易集中采购的商品目录下达给包括行政、事业、社会团体在内的采购机关。采购机关再将验收结算书、接受履行报告、质量验收报告以及其他附件交由采购受理机关。采购管理机关将预算通知集中支付中心，支付中心直接支付给供应商，最终完成采购的全过程。

国库集中收付，即国际上的国库单一账户制度，是指将政府所有的财政性资金集中在国库或国库指定的代理银行开设的账户，进行归口管理，所有财政资金的收支都通过这一账户体系进行集中收缴、拨付和清算，收入直接缴入国库或财政专户，支出通过国库单一账户体系支付到商品和劳务供应者或用款单位的运行模式。国库是预算收支的出纳机构，按照国家统一领导、分级管理的财政体制设立。原则上一级财政设立一级国库。国库设总库、分库、中心支库和支库。中国人民银行总行经理总库；各省、自治区、直辖市分行经理分库；省辖市、自治州和成立一级财政的地区，由市、地(州)分、支行经理中心支库；县(市)支行(城市区办事处)经理支库。

(二) 政府采购和国库集中收付的会计影响

推行政府采购和实施国库集中支付制度后，财政部门不再将财政资金拨付到行政事业单位，只需给行政事业单位下达年度预算指标及审批预算单位的月度用款计划，在预算资金没有拨付给商品和劳务供应者之前，始终保留在中国人民银行的国库单一账户上，由财政部门直接管理。

由于国库单一账户体系取代了以前实有资金账户体系，财政部门和预算单位分别在代理国库集中支付业务的商业银行设立财政零余额账户和预算单位零余额账户。财政资金先由财政零余额账户和预算单位零余额账户垫付，直接拨付到商品和劳务供应商或用款单位，然后从国库单一账户将垫付资金清算回财政零余额账户和预算单位零余额账户。每个营业日终了，财政零余额账户和预算单位零余额账户的余额为零。这样，对于总预算会计而言，财政零余额账户减少的同时，发生了预算支出。对行政单位而言，预算单位零余额账户增加的同时，

也增加了预算收入，当通过预算单位零余额账户支付工资时，也发生了预算支出，但行政单位并未实际发生资金的收付。

(1)影响核算内容。除行政事业单位自行采购、自行支付的业务活动外，增加了政府采购和集中支付的业务活动。

(2)影响会计核算基础。由于行政事业单位不涉及资金实际收付，按收付实现制确认预算收入和支付便失去合理的基础，这为政府会计采用权责发生制提供了空间。

(3)影响政府会计的科目设置和报表体系。为如实反映政府采购、国库集中支付业务，政府会计系统调整了会计科目和财务报告体系。例如，在行政单位和事业单位会计科目中增设“零余额账户用款额度”和“财政应返还额度”等科目。

本章小结

政府与非营利组织会计是各级政府、行政事业单位、各类非营利组织核算和监督各项财政性资金运动、单位资金运动过程和结果以及有关经营收支情况的专业会计，是现代财务会计中与企业会计相对应的两大分支之一。其会计主体是各级政府、行政单位和各类非营利组织。其中，财政总预算会计的主体是各级政府，行政单位会计及各类非营利组织会计的主体分别是行政单位和各类非营利组织。政府与非营利组织会计的客体是财政性资金运动、单位资金运动及经营收支过程及结果。

我国的政府与非营利组织会计由政府会计组成体系和非营利组织会计组成体系组成。其中，政府会计组成体系包括财政总预算会计和行政单位会计；非营利组织会计组成体系包括事业单位会计和民间非营利组织会计。另外，负责办理政府预算资金的收纳和拨付的国库会计以及组织税收等各项收入征收、减免、入库的收入征解会计也属于政府与非营利组织会计的范畴。

我国政府与非营利组织现行的会计规范按层次划分为会计法律、会计行政法规和会计规章。

复习思考题

1. 什么是非营利组织？非营利组织按照不同的分类分别包括哪些？
2. 政府与非营利组织运行的环境有何特殊性？
3. 什么是政府与非营利组织会计？其主体、客体分别是什么？
4. 政府与非营利组织会计的核算对象、业务性质有何特殊性？
5. 我国现行政府与非营利组织会计体系包括哪些？各自适用哪些准则或制度？
6. 国库集中收付制度改革对政府会计的影响有哪些？

第二章

政府与非营利组织会计基本理论与方法

第一节　政府与非营利组织会计对象、会计目标及会计基础

一、政府与非营利组织会计对象

会计对象是指会计核算和监督的内容。政府与非营利组织会计的一般对象是各级政府、行政单位、事业单位和民间非营利组织的资金运动过程和结果，即这些部门和单位的资金运动过程。这里的资金活动一般指国家预算资金活动，同时也指单位的业务资金活动。具体来讲，财政总预算的会计对象是在总预算执行过程中各级预算资金集中、分配及其结果的预算资金运动过程；行政单位的会计对象是单位预算资金的领拨、使用及其结果的资金的运动过程；事业单位的会计对象是单位资金的领拨、使用及其结果的资金的运动过程，也有从事生产经营活动的事业单位收入的取得、成本费用的发生和结余的形成等资金运动过程；民间非营利组织的会计对象是民间非营利组织单位的经济活动的过程及其结果。

二、政府与非营利组织会计目标

概括来讲，会计目标就是设置会计的目的，反映对会计自身所提供信息方面的要求。具体而言，会计目标是要回答会计应该干些什么的问题，即对所从事的会计工作，明确应向谁于何时以何种方式提供合乎何种质量的何种信息。

我国政府与非营利组织的会计目标是向有关信息使用者提供对决策有用的信息。政府与非营利组织会计信息的使用者是指与会计主体有“利害关系”，需要利用财务报告所提供的信息作出各种决策的团体或个人。政府与非营利组织会计信息的使用者与企业组织会计信息使用者有很大区别。政府与非营利组织服务对象的广泛性决定了其会计信息使用者的广泛性。

(1)财政总预算的会计目标。财政总预算的会计目标是向会计信息使用者提供与政府财力状况政府预算执行情况等有关的会计信息，反映政府受托责任的履行情况，有助于会计信息使用者进行管理、决策和监督。财政总预算会计信息使用者包括人民代表大会及其常务委员会、政府专职审计机构、向政府提供贷款的金融机构或外国政府、购买政府债券的机构或个人、社会公众以及其他会计信息使用者。

(2)行政单位的会计目标。行政单位的会计目标是向会计信息使用者提供与行政单位财务状况、预算执行情况等有关的会计信息，反映行政单位受托责任的履行情况，有助于会计信息使用者进行管理、监督和决策。行政单位会计信息使用者包括人民代表大会、政府及其有关部门、行政单位自身和其他会计信息使用者。

(3)事业单位的会计目标。事业单位的会计目标是向会计信息使用者提供与事业单位财务

状况、事业成果、预算执行等有关的会计信息，反映事业单位受托责任的履行情况，有助于会计信息使用者进行社会管理、作出经济决策。事业单位的会计信息使用者包括政府及其有关部门、举办(上级)单位、债权人、事业单位自身和其他利益相关者。

(4)民间非营利组织的会计目标。民间非营利组织的会计目标是向会计信息使用者提供民间非营利组织的财务状况、业务活动情况和现金流量等信息。民间非营利组织的会计信息使用者包括捐赠人、会员、监管者等。

三、政府与非营利组织会计基础

会计基础也称记账基础、会计确认基础，是指在确认和处理一定会计期间收入和费用时，选择的处理原则和标准。其目的是对收入和支出进行合理配比，进而作为确认当期损溢的依据。运用的会计确认基础不同，会计核算出现的结果也不同。

会计确认基础有两种：一种叫收付实现制或现金制；另一种叫权责发生制或应计制。

收付实现制是以本期款项的实际收付作为确定本期收入、费用的基础，无论款项是否属于本期，只要在本期实际发生，即作本期的收入和费用。权责发生制则是以应收、应付作为计算收入、费用的依据，凡属本期的收入和费用，无论其是否发生，均要计入本期；凡不属于本期的收入、费用，尽管发生了，也不计入本期。收付实现制和权责发生制的基础是对收入和费用而言的，都是会计核算中确定本期收入和费用的会计处理方法，但是收付实现制的基础强调款项的收付,权责发生制的基础强调应计的收入和为取得收入而发生的费用相配合。

具体到政府与非营利组织会计，除民间非营利组织会计采用单一的权责发生制之外，其余均采用双重的会计确认基础。其中，财政总预算会计采用收付实现制，但中央财政总预算会计的个别事项可以采用权责发生制；行政单位的会计核算一般采用收付实现制，特殊经济业务和事项应当按照《行政单位会计制度》的规定采用权责发生制；事业单位的会计核算一般采用收付实现制，部分经济业务或者事项的核算应当按照《事业单位会计制度》的规定采用权责发生制。

第二节　政府与非营利组织会计的基本前提与会计信息质量要求

一、政府与非营利组织会计的基本前提

会计的基本前提也称为会计的基本假设，是组织会计核算工作必须具备的前提条件。政府与非营利组织会计核算的前提条件包括会计主体、持续运行、会计分期和货币计量。

(一)会计主体

会计主体是指会计工作为其服务的特定单位或组织。对于会计人员来说，首先需要确定会计核算的范围，明确哪些经济业务应予以确认、计量和报告，哪些不应包括在其核算的范围内，即确定会计主体。会计主体规定了会计核算的空间范围。

政府与非营利组织的会计主体包括中央与地方各级政府、各级行政单位、各类事业单位以及各种民间非营利组织。财政总预算会计的主体是各级政府，而不是各级财政机关，因为财政预算各项收支的安排、使用是各级政府的职权范围，各级财政机关只是代表政府执行预

算，管理财政收支。行政单位会计及各类非营利组织会计的会计主体是为之服务的行政单位和各类非营利组织。

（二）持续运行

持续运行是指政府与非营利组织会计主体的经济业务活动将无限期地延续下去。它要求会计人员以单位持续、正常的经济业务活动为前提进行会计核算。

事实上，政府与非营利组织会计核算所采用的会计程序和一系列会计处理方法都是建立在持续运行前提基础上的。也就是说，一个会计主体通常是以持续、正常的经济活动作为前提去处理数据、加工并传递信息的。若没有持续经济业务活动的前提条件，一些公认的会计处理方法将无法采用，单位也就不能按照正常的会计原则、会计处理方法进行会计核算。

（三）会计分期

会计分期是指把会计主体持续不断的运行过程划分为较短的相对等距的会计期间。会计分期的目的在于通过会计期间的划分，分期结算账目，按期编制财务报告，从而及时地向有关方面提供反映财务状况和运营成果的会计信息，以满足有关方面的需要。政府与非营利组织会计期间至少分为年度和月度。会计年度、月度等会计期间的起讫日期采用公历日期。

会计期间的划分有着重要的意义。有了会计分期，才产生了本期与非本期的区别，才产生了收付实现制和权责发生制。只有正确地划分会计期间，才能准确地提供财务状况和运营成果的资料，才能进行会计信息的对比。

（四）货币计量

货币计量是指会计主体在会计核算过程中应采用货币作为计量单位记录、反映会计主体的运营情况。政府与非营利组织会计核算以人民币作为记账本位币，发生外币业务时，应将有关外币金额折算为人民币金额计量。

需要指出的是，货币本身也有价值，它是通过货币的购买力或物价水平表现出来的。在市场经济条件下，货币的价值也在发生变动，币值不太稳定，甚至有些国家出现了恶性通货膨胀，对货币计量提出了挑战。因此，我们在确定货币计量假设时，必须同时确定币值稳定假设，假设币值是稳定的，不会有大的波动，或前后波动能够被抵销。但是，如果发生恶性通货膨胀，就需要采用特殊的会计原则，如物价变动会计原则来处理有关的经济业务。

会计假设虽然是人为确定的，但完全是出于客观的需要，有充分的客观必然性，否则，会计核算工作就无法进行。这四个假设缺一不可，既有联系，也有区别，共同为会计核算工作的开展奠定了基础。

二、政府与非营利组织会计信息质量要求

会计作为一项管理活动，其主要目的之一是向广大信息使用者提供有用的会计信息，以满足信息使用者的需要。要实现这一目的，就必须要求会计信息达到一定的质量要求。会计信息质量要求也称为会计信息质量特征、会计信息质量标准。我国政府与非营利组织的会计信息质量要求包括真实性、完整性、及时性、可比性、相关性、明晰性。

（一）真实性

真实性也称客观性、可靠性，是指会计主体应当以实际发生的经济业务或者事项为依据进行会计核算，如实反映各项会计要素的情况和结果，保证会计信息真实可靠。按照这一要求，首先，会计核算的对象应该是客观的，即单位实际已经发生的经济业务，并且每一笔经济业务必须都取得或填制合法的书面凭证；其次，会计核算过程应客观真实；最后，为会计核算成果的财务会计报告应真实可靠，不能弄虚作假。

真实性是对会计信息质量的基本要求。财务报告提供的各种信息是出资者、债权人、政府、各类经济管理部门以及单位内部管理者进行决策的依据。如果会计信息不能真实客观地反映单位业务活动和其他活动的实际情况，势必无法满足有关方面进行决策的需要，甚至可能导致错误的决策。

（二）完整性

完整性是指会计主体应将发生的各项经济业务或者事项全部纳入会计核算，确保会计信息能够全面反映会计主体的财务状况、事业成果、预算执行等情况。

（三）及时性

及时性是指对于已经发生的经济业务或者事项，应及时进行会计核算，不得提前或者延后。会计核算在持续运作的过程中，每天都有大量的经济业务发生，及时性要求在业务活动发生或完成时能及时进行账务处理。这就要求财会人员做好以下三个方面的工作：一是及时收集会计信息，对于各项经济活动应判断其性质，决定是否将其纳入会计系统，并及时收集整理各种原始凭证；二是对于已经发生的各项经济业务应及时进行处理，依据原始凭证填制记账凭证，据以登记账簿，并按规定时日编报财务报告，不得拖延和积压；三是将编制完成的财务报告及时传达给会计信息使用者，以提高会计信息的时效性。

（四）可比性

可比性包括两个方面的含义，即同一会计主体在不同时期的纵向可比和同类会计主体在同一时期的横向可比。这就要求做到以下两点：第一，同一会计主体不同时期发生的相同或者相似的经济业务或者事项，应当采用一致的会计政策，不得随意变更。确需变更的，应当将变更的内容、理由和对单位财务状况及事业成果或预算执行情况的影响在附注中予以说明。第二，同类会计主体发生的相同或者相似的经济业务或者事项，应采用统一的会计政策，确保同类单位会计信息口径一致，相互可比。

（五）相关性

相关性也称有用性，是指会计主体所提供的会计信息应具有预测价值和确证价值。当信息通过帮助使用者评估过去、现在或未来的事项或者通过确证或纠正使用者过去的评价，影响使用者的经济决策时，信息就具有相关性。也就是说，会计主体提供的会计信息应当与其受托责任履行情况的反映，以及会计信息使用者的管理、监督和决策相关，有助于会计信息使用者对过去、现在或者未来的情况作出评价或者预测。

（六）明晰性

明晰性也称清晰性或可理解性，是指会计主体提供的会计信息应当清晰明了，便于会计信息使用者理解和使用。提供会计信息的目的在于使用，要使用就必须了解会计信息的内涵，明确会计信息的内容，否则就谈不上对决策有用。信息能否被使用者所理解，既取决于信息本身是否清晰易懂，也取决于使用者理解信息的能力。因此，可理解性不仅是信息的一种质量标准，也是与信息使用者有关的一种质量标准。会计人员应尽可能传递、表达容易被人理解的会计信息；而使用者也应设法提高自身的综合素养，以增强理解会计信息的能力。

第三节　政府与非营利组织会计要素与平衡等式

一、政府与非营利组织会计要素

会计要素就是会计对象的构成要素，是对会计对象的基本分类。会计核算对象的内容多种多样，为了对有关核算内容进行确认、计量、记录和报告，就需要对会计对象作基本的分类，把会计对象分解成若干基本的要素，这样就形成了会计要素。由于会计要素是构成会计报表结构的基础，它又被称作会计报表要素。由于财政总预算会计、行政单位会计、事业单位会计和民间非营利组织会计反映和监督的具体内容不尽相同，所以，它们的会计要素，特别是其各个要素所包括的具体内容也存在差别。

（一）财政总预算会计要素

财政总预算会计要素由资产、负债、净资产、收入和支出构成。各要素的含义及所包括的具体内容如下。

（1）资产。财政总预算会计的资产是一级财政掌管或控制的能以货币计量的经济资源，包括财政性存款、有价证券、暂付及应收款项、预拨款项等。

（2）负债。财政总预算会计的负债是一级财政所承担的能以货币计量、需以资产偿付的债务，包括应付及暂存款项、按法定程序核定的预算举借的债务、应付外债利息和费用等。

（3）净资产。财政总预算会计的净资产是指资产减去负债的差额，包括各项结余、预算稳定调节基金、预算周转金等。

（4）收入。财政总预算会计的收入是国家为实现其职能，根据法令和法规所取得的非偿还性资金，是一级财政的资金来源，包括一般预算收入、基金预算收入、专用基金收入、债务收入、债务转贷收入、资金调拨收入和财政专户管理资金收入等。

（5）支出。财政总预算会计的支出是一级政府为实现其职能，对财政资金的再分配，包括一般预算支出、基金预算支出、国有资本经营预算支出、专用基金支出、债务还本支出、债务转贷支出、资金调拨支出和财政专户管理资金支出等。

（二）行政单位会计要素

行政单位会计要素由资产、负债、净资产、收入和支出构成。各要素的含义及所包括的具体内容如下。

(1)资产。行政单位会计的资产是指行政单位占有或者使用的，能以货币计量的经济资源，包括流动资产、固定资产、在建工程、无形资产等。

(2)负债。行政单位会计的负债是指行政单位所承担的能以货币计量的，需要以资产等偿还的债务，包括应缴款项、暂存款项、应付款项等。

(3)净资产。行政单位会计的净资产是指行政单位资产扣除负债后的余额，包括财政拨款结转、财政拨款结余、其他资金结转结余、资产基金、待偿债净资产等。

(4)收入。行政单位会计的收入是指行政单位依法取得的非偿还性资金，包括财政拨款收入和其他收入。

(5)支出。行政单位会计的支出是指行政单位为保障机构正常运转和完成工作任务所发生的资金耗费和损失，包括经费支出和拨出经费。

(三)事业单位会计要素

事业单位会计要素由资产、负债、净资产、收入和支出或者费用构成。各要素的含义及所包括的具体内容如下。

(1)资产。事业单位会计的资产是指事业单位占有或者使用的能以货币计量的经济资源，包括各种财产、债权和其他权利。事业单位的资产按照流动性可分为流动资产和非流动资产。

(2)负债。事业单位会计的负债是指事业单位所承担的能以货币计量，需要以资产或者劳务偿还的债务。事业单位的负债按照流动性可分为流动负债和非流动负债。

(3)净资产。事业单位会计的净资产是指事业单位资产扣除负债后的余额。事业单位的净资产包括事业基金、非流动资产基金、专用基金、财政补助结转结余、非财政补助结转结余等。

(4)收入。事业单位会计的收入是指事业单位开展业务及其他活动依法取得的非偿还性资金。事业单位的收入包括财政补助收入、事业收入、上级补助收入、附属单位上缴收入、经营收入和其他收入等。

(5)支出或者费用。事业单位会计的支出或者费用是指事业单位开展业务及其他活动发生的资金耗费和损失。事业单位的支出或者费用包括事业支出、对附属单位补助支出、上缴上级支出、经营支出和其他支出等。

(四)民间非营利组织会计要素

民间非营利组织会计要素由资产、负债、净资产、收入和费用构成。各要素的含义及所包括的具体内容如下。

(1)资产。民间非营利组织会计的资产是指过去的交易或者事项形成并由民间非营利组织拥有或者控制的资源，该资源预期会给民间非营利组织带来经济利益或者服务潜力。资产按其流动性可分为流动资产、长期投资、固定资产、无形资产和受托代理资产等。

(2)负债。民间非营利组织的负债是指过去的交易或者事项形成的现时义务，履行该义务预期会导致含有经济利益或者服务潜力的资源流出民间非营利组织。负债按其流动性可分为流动负债、长期负债和受托代理负债等。

(3)净资产。民间非营利组织会计的净资产是指资产减去负债后的余额。净资产按照其是否受到限制，可分为限定性净资产和非限定性净资产等。

(4)收入。民间非营利组织会计的收入是指民间非营利组织开展业务活动取得的、导致本期净资产增加的经济利益或者服务潜力的流入。收入按照其来源可分为捐赠收入、会费收入、提供服务收入、政府补助收入、投资收益、商品销售收入等主要业务活动收入和其他收入等。

(5)费用。民间非营利组织会计的费用是指民间非营利组织为开展业务活动所发生的、导致本期净资产减少的经济利益或者服务潜力的流出。费用按照其功能可分为业务活动成本、管理费用、筹资费用和其他费用等。

二、政府与非营利组织会计等式

会计等式也称为会计平衡公式，是表明各会计要素之间基本关系的恒等式。会计对象可概括为资金运动，具体表现为会计要素。每发生一笔经济业务，都是资金运动的一个具体过程，每个资金运动过程都必然涉及相应的会计要素，从而使全部资金运动所涉及的会计要素之间存在一定的相互联系，会计要素之间的这种内在关系可以通过数学表达式予以描述。这种表达会计要素之间基本关系的数学表达式就叫会计等式。政府与非营利组织资产、负债和净资产这三个要素之间的关系可用公式表示为：

$$\text{资产}=\text{负债}+\text{净资产} \tag{2-1}$$

在政府和行政、事业单位经济业务活动过程中，必然取得一定数额的收入，同时也必然发生一定数额的支出。收入和支出相抵后的余额为结余。收入、支出和结余之间的关系可用公式表示为：

$$\text{收入}-\text{支出}=\text{结余} \tag{2-2}$$

一定会计期间的结余可以增加净资产，同时，如果收入与支出抵减后的结果是负数，则会产生相反方向的影响。因此，在收入与支出尚未结转的情况下，上述两个公式连接起来可以表示为：

$$\text{资产}=\text{负债}+\text{净资产}+(\text{收入}-\text{支出})$$

这一公式可进一步变形为：

$$\text{资产}+\text{支出}=\text{负债}+\text{净资产}+\text{收入} \tag{2-3}$$

上述三个等式中，式(2-1)可理解为静态等式，它反映会计主体在特定时点上资产、负债与净资产之间的恒等关系；式(2-2)和式(2-3)可理解为动态等式，它们反映会计主体在业务活动过程中收支结余情况及净资产的增值情况。会计等式是会计学中的一个基础理论，也是设置账户、复式记账和编制会计报表的理论依据。

本 章 小 结

我国政府与非营利组织的会计目标是向有关信息使用者提供对决策有用的信息，其信息质量必须满足真实性、完整性、及时性、可比性、相关性、明晰性。

我国政府与非营利组织会计的一般对象是各级政府、行政单位、事业单位和民间非营利组织的资金运动过程和结果，即这些部门和单位的资金运动过程，具体表现为会计要素。政府与非营利组织会计的会计要素包括资产、负债、净资产、收入和支出(费用)，各会计要素之间存在内在的联系，用数学表达式表示即为会计等式，具体如下：

资产=负债+净资产

收入-支出=结余

会计等式是设置账户、复式记账和编制会计报表的理论依据。

政府与非营利组织会计核算的前提条件包括会计主体、持续运行、会计分期和货币计量。

政府与非营利组织会计，除民间非营利组织会计采用单一的权责发生制之外，其余均采用双重的会计确认基础。其中，财政总预算会计采用收付实现制，但中央财政总预算会计的个别事项可以采用权责发生制；行政单位会计核算一般采用收付实现制，特殊经济业务和事项采用权责发生制；事业单位会计核算一般采用收付实现制，部分经济业务或者事项的核算采用权责发生制。

复习思考题

1. 简述政府与非营利组织会计的会计对象及会计目标。
2. 政府与非营利组织会计的核算基础较企业相比有何不同？
3. 简述政府与非营利组织会计核算的基本前提。
4. 政府与非营利组织会计的会计要素包括哪些？各要素之间有何内在联系？
5. 简述政府与非营利组织会计的会计信息质量要求。

第二篇　财政总预算会计

第三章

财政总预算会计概述

第一节　财政总预算会计的概念与特点

一、财政总预算会计的概念

财政总预算会计又称财政总会计或总预算会计，是各级政府财政部门核算、反映和监督政府预算执行和财政周转金等各项财政性资金活动的专业会计。应该注意的是，财政总预算会计主体是各级政府，而不是各级政府的财政部门，财政部门是各级政府的总会计，代表政府执行预算，充当经办人的角色。

财政总预算会计的组织体系与国家预算的组织体系一致。我国国家预算按照“统一领导，分级管理”的原则，实行一级政府一级预算。我国政府有五级：①中央；②省、自治区、直辖市；③设区的市、自治州；④县、自治县，不设区的市、市辖区；⑤乡、民族乡、镇等。除中央政府外，均称为地方政府。与五级预算体系相适应，我国财政总预算会计体系也包括下列五级：①中央政府财政部设立中央财政总预算会计；②省(自治区、直辖市)财政厅(局)设立省(自治区、直辖市)财政总预算会计；③设区的市、自治州财政局设立市(州)财政总预算会计；④县、自治县、不设区的市、市辖区财政局设立县(市)财政总预算会计；⑤乡、民族乡、镇财政所设立乡(镇)财政总预算会计。

各级财政总预算会计均设在本级政府财政管理机构内，执行对本级政府经济业务或事项的统一核算，全面监督预算管理工作，并负责指导、监督本级政府行政区域内下级政府财政总预算会计工作，编制汇总会计报表，反映一级政府财政预算收支执行情况及结果。

二、财政总预算会计的特点

1. 政策性和计划性

国家财政预算对国民收入的分配和再分配活动是根据国家法律、法规要求有计划地进行的，是国家意志在财政分配上的集中体现。财政总预算会计在核算、反映和监督国家财政预算执行过程中，无不记录和反映着贯彻国家法律、法规的情况和问题，具有非常强的政策性。

国家财政预算是与国民经济和社会发展计划相适应的分配计划，是国家的基本财政计划。与社会发展和进步密切相关的教育、科学、文化、卫生等所需的公共消费基金，主要是通过国家财政预算的再分配无偿提供的，国家财政预算经过全国人民代表大会审查批准后即具有法律效力，是具有强制力的国家收支计划。财政总预算会计是执行国家财政预算的专业会计，在实现其核算、反映和监督职能的过程中，始终紧紧围绕国家财政预算这个强制性计划进行，把促进增收节支、坚持财政预算收支平衡、保证各项事业发展计划和行政任务圆满完成作为其工作的目标。

财政总预算会计处于非物质生产领域，其反映的效益主要表现为精神产品、服务质量和工作效率，因而不可能像企业会计那样对企业生产的物质产品进行精确、严密的成本核算，而是主要依靠计划管理提高经济效益和社会效益。因此，财政总预算会计属于计划管理型会计。

2. 统一性和广泛性

国家财政预算是全国统一的预算，因此财政总预算会计必须以国家财政预算执行为中心，组织一个全国集中统一的会计核算体系。这就要求全国各级财政总预算会计统一行动，及时、准确、完整地逐级汇编国家财政预算执行的会计报表，再层层汇总上报国务院和各级地方人民政府。年度国家预算和各级地方决算的编审工作，也要求上下统一组织、统一行动，才能完成财政总预算会计的工作任务。同时，财政总预算会计的收支分类核算指标体系也是全国统一的，即全国统一执行《政府预算收支科目》。

财政总预算会计的广泛性主要表现在两个方面：首先，国家财政预算收支反映着社会再生产过程中生产、分配、交换、消费等各环节的广泛而复杂的经济关系；其次，财政总预算会计分类核算体系涉及的范围广。凡是编制和执行国家财政预算的地区、部门和单位，其预算收支活动必然受到财政总预算会计核算科目分类体系的约束。这不仅包括众多的行政单位、财政系统、税务系统、国库系统等，而且按政府预算收支科目规定办理税款缴库手续的企业、个体经营者也不例外，都是财政总预算会计核算要涉及的范围。

3. 宏观性和社会性

财政总预算会计是执行国家财政预算的会计，国家财政预算收支执行情况是国民经济和社会发展计划执行情况在财政上的集中反映。财政总预算会计在执行国家财政预算的收支分配中，通过经常、大量、连续的账务核算和情况反映，对国家财政预算的执行和国民经济活动情况，起着“晴雨表”的作用和宏观监督作用。其次，由于财政总预算会计具有操作主体的政府性、核算范围的宏观性和核算内容的综合性特点。从总体意义上来说，它具有社会总会计的特点，社会性特点明显。

第二节　财政总预算会计的核算基础、任务与一般原则

一、财政总预算会计的核算基础

《财政总预算会计制度》第十八条规定，财政总预算会计核算以收付实现制为基础。2001年《关于财政总预算会计制度暂行规定》进一步规定：中央财政总预算会计的个别事项可以采用权责发生制。中央财政总预算会计采用权责发生制核算的事项有：

(1)预算中已做安排，由于政策性因素，当年未能实现的支出。

(2)预算已经安排，由于用款进度等原因，当年未能实现的支出。

(3)动支中央预备费安排，因国务院审批较晚，当年未能及时拨付的支出。

(4)为平衡预算费用，当年未能实现的支出。

(5)其他。

财政总预算会计对上述事项采用权责发生制进行会计核算时，平时不作账务处理；待年终结账，经确认当年确实无法实现财政拨款，需结转下一年度支出时，应借记“一般预算支出”等科目，贷记“暂存款”科目；下一年度实际支付时，借记“暂存款”科目，贷记“国库存款”等科目。

二、财政总预算会计的任务

《财政总预算会计制度》第四条规定，财政总预算会计的主要职责是进行会计核算，反映预算执行，实行会计监督，参与预算管理，合理调度资金。其基本任务包括以下内容。

1. 处理总预算会计的日常核算事务

办理财政各项收支、资金调拨及往来款项的会计核算工作；及时组织年度政府决算、行政事业单位预算的编审和汇总工作，进行上下级财政之间的年终结算工作。

2. 调度财政资金

根据财政收支的特点，妥善解决财政资金库存和用款单位需求的矛盾，在保证按计划及时供应资金的基础上，合理调度资金，提高资金使用效益。

3. 实行会计监督，参与预算管理

通过会计核算和反映，提出预算执行情况分析，并对总预算、部门预算和单位预算的执行实施会计监督。协调参与预算执行的国库会计、收入征解会计等之间的业务关系，共同做好预算执行的核算、反映和监督工作。

4. 组织和指导本行政区域预算会计工作

省、自治区、直辖市(含计划单列市，下同)总预算会计在与本制度不相违背的前提下，负责制定或审定本行政区域预算会计有关具体核算办法的补充规定；组织预算会计人员的培训活动；组织检查、辅导本单位会计和下级预算会计工作，不断提高政策、业务水平。

5. 做好预算会计的事务管理工作

负责预算会计的基础工作管理，参与预算会计人员专业技术资格考试、评定及核发会计证工作。

三、财政总预算会计核算的一般原则

1. 真实性原则

真实性原则是指会计确认、计量和报告应以实际发生的经济业务为依据，如实反映财政收支执行情况和结果。

2. 一贯性原则

一贯性原则要求财政总预算会计处理方法前后各期应一致，不得随意变更。如确有必要变更，应将变更的情况、原因和对会计报表的影响在预算执行报告中说明。

3. 及时性原则

及时性原则要求财政总预算会计应当及时收集原始凭证及其他会计信息并及时进行会计处理，按规定及时报送会计信息。

4. 完整性原则

完整性原则要求财政总预算会计应将财政部门管理的各项财政资金，包括一般预算资金、公共财政预算资金、纳入预算管理的政府性基金、专用基金、财政周转金等，全部纳入其核算管理范围。

5. 明晰性原则

明晰性原则要求财政总预算会计记录和会计报表应当清晰明了，便于理解；对于重要的经济业务，应当单独反映。

6. 可比性原则

可比性原则要求财政总预算会计核算应当按照规定的会计处理方法进行，以保证各级财政总预算会计的核算口径一致，所提供的会计信息相互可比。

7. 合规性原则

合规性原则是指总预算会计信息，应当符合预算法的要求，适应国家宏观经济管理和上级财政部门及本级政府对财政管理的要求。

8. 专款专用原则

专款专用原则是指凡是有指定用途的资金必须按规定用途使用，不得擅自改变用途，挪作他用。

第三节 财政总预算会计科目

一、财政总预算会计科目表

会计要素是对会计核算对象的具体分类。财政总预算会计要素分为五大类：资产、负债、净资产、收入和支出。其中收入和支出的差额为当期结余，反映为一级政府当期净资产的变动，直接并入净资产会计要素，不再单独设置为一项会计要素。

财政总预算会计科目对应于会计要素，分别设为“资产”、“负债”、“净资产”、“收入”和“支出”五大类(见表 3-1)。财政会计的明细科目按照《国家预算收支科目》中的“款”设置。

表 3-1 财政总预算会计科目简表

类别	编码	科目名称	类别	编码	科目名称
资产类	101	国库存款	收入类	401	一般预算收入
	102	其他财政存款		405	基金预算收入
	103	财政零余额账户存款		406	国有资本经营预算收入
	104	有价证券		407	专用基金收入
	105	在途款		408	债务收入
	111	暂付款		409	债务转贷收入
	112	与下级往来		411	补助收入

续表

类别	编码	科目名称	类别	编码	科目名称
资产类	121	预拨经费	收入类	412	上解收入
	122	基建拨款		414	调入资金
	131	财政周转金放款		423	财政专户管理资金收入
	132	借出财政周转金		425	财政周转金收入
	133	待处理财政周转金	支出类	501	一般预算支出
负债类	211	暂存款		505	基金预算支出
	212	与上级往来		506	国有资本经营预算支出
	213	已结报支出		507	专用基金支出
	222	借入款		508	债务还本支出
	223	借入财政周转金		509	债务转贷支出
净资产类	301	预算结余		511	补助支出
	305	基金预算结余		512	上解支出
	306	国有资本经营预算结余		514	调出资金
	307	专用基金结余		516	国有资本经营预算调出资金
	321	预算周转金		523	财政专户管理资金支出
	322	财政周转基金		524	财政周转金支出
	323	财政专户管理资金结余			

二、财政总预算会计科目的使用要求

各级财政总预算会计在使用会计科目时，应当遵循如下要求。

(1)应当使用按规定统一设置的会计科目，不需要的可以不用，但不得擅自更改统一设置的会计科目名称。

(2)明细科目的名称，除统一规定外，各级财政总预算会计可以根据需要自行设置。

(3)为便于编制会计凭证、登记账簿、查阅账目和实行会计电算化，对于已按规定统一编制的会计科目的编码，各级财政总预算会计不得随意变更或打乱科目编码。

(4)各级财政总预算会计在填制会计凭证、登记账簿时，应填列会计科目的名称，或同时填列会计科目和编码，但不得只填编码，不填科目名称。

本章小结

财政总预算会计是各级政府财政部门核算、反映和监督政府预算执行和财政周转金等各项财政性资金活动的专业会计，具有政策性、计划性、统一性、广泛性、宏观性和社会性的特点。我国财政总预算会计体系包括五级，主要职责是进行会计核算，反映预算执行，实行会计监督，参与预算管理，合理调度资金。

财政总预算会计核算以收付实现制为基础，中央财政总预算会计的个别事项可以采用权责发生制。财政总预算会计核算的一般原则包括：真实性原则、一贯性原则、及时性原则、完整性原则、明晰性原则、可比性原则、合规性原则、专款专用原则。

财政总预算会计要素分为五大类：资产、负债、净资产、收入和支出。其中收入和支出的差额为当期结余，反映为一级政府当期净资产的变动，直接并入净资产会计要素，不再单独设置为一项会计要素。财政总预算会计科目对应于会计要素，分别为“资产”“负债”“净资产”“收入”“支出”五大类。

复习思考题

1. 简述财政总预算会计的概念与特点。
2. 财政总预算会计核算的一般原则有哪些？
3. 财政总预算会计能否采用权责发生制核算？列举其适用的情况。
4. 简述我国财政总预算会计体系。

第四章

财政总预算会计收入与支出的核算

第一节 财政总预算会计收入的核算

《财政总预算会计制度》规定，收入是国家为实现其职能，根据法令和法规所取得的非偿还性资金，是一级财政的资金来源。

财政总预算会计的收入与《政府收支分类科目》中的收入不完全相同。根据财政部发布的《政府收支分类科目》，国家财政收入主要划分为六大类，即税收收入、非税收入、社会保险基金收入、贷款转贷回收本金收入、债务收入和转移性收入。类下设款、项、目，共四级，四级逐级递减，内容逐级细化。其中，贷款转贷回收本金收入作为政府债权收回的处理，不作为财政总预算会计的收入处理；社保基金不是由财政部门管理的，因此社保基金收入自然也就不属于财政总预算会计核算的范畴。

我国财政总预算会计的收入涉及《政府收支分类科目》中的税收收入、非税收入、债务收入和转移性收入四类的大部分，具体包括一般预算收入、基金预算收入、国有资本经营预算收入、专用基金收入、债务收入、债务转贷收入、补助收入、上解收入、调入资金、财政专户管理资金收入、财政周转金收入等。其中，补助收入、上解收入、调入资金、债务转贷收入合称为转移性收入。

各级财政总预算会计应加强各项收入的管理，严格会计核算手续。对于各项收入的事务处理必须以审核无误的国库入库凭证、预算收入日报表和其他合法的凭证为依据。发现错误，应在发现错误的月份按《中华人民共和国国家金库条例实施细则》及其他有关规定，及时通知有关单位共同更正。对于已入库的预算收入和其他财政收入的退库，要严格把关，强化监督。凡不属于国家规定的退库项目，一律不得冲退预算收入。属于国家规定的退库事项，按财政部规定的退库手续办理审批。

一、一般预算收入的核算

（一）一般预算收入的概念和内容

一般预算收入是通过一定的形式和程序，有计划、有组织地由国家支配、纳入预算管理的资金。在财政总预算会计中，只有《政府收支分类科目》中的税收收入和部分非税收入通过“一般预算收入”科目核算，其他收入在其他相关会计科目中核算。

《政府收支分类科目》中税收收入类主要包括增值税、消费税、企业所得税、个人所得税、资源税、房产税、城镇土地使用税、关税、农业税、城市维护建设税、印花税、土地增值税、车船税、船舶吨税、车辆购置税、固定资产投资方向调节税、契税、烟叶税等。

《政府收支分类科目》中非税收入类科目分设七个款级科目，包括政府性基金收入、行政事业性收费收入、罚没收入、国有资本经营收入、专项收入、国有资产（资源）有偿使用收入、其他收入。其中，政府性基金收入通过“基金预算收入”会计科目核算；国有资本经营收入通过“国有资本经营预算收入”会计科目核算。

（二）一般预算收入的组织管理

1. 一般预算收入的组织机构

我国一般预算收入的组织机构包括征收机关和国库。

征收机关是指具体负责预算收入征集、管理和监督的机构，主要包括财政机关、税务机关、海关以及国家指定的具有征收执法权的行政事业单位。未经国家批准，不得自行增设征收机关。国库，即国家金库，是负责办理国家预算资金收支的专门机构，也是财政总预算会计的出纳机关。国家金库由中国人民银行代理，负责国家预算资金的收纳、划分、留解和拨付业务，并定期将库款收支和资金结余情况向同级财政部门报告。其组织机构是按照国家财政管理体制设立的，原则上一级财政设立一级国库。目前，我国国库分为总库、分库、中心支库、支库四级，分别由中国人民银行总行、各省（自治区、直辖市）分行、市（地、自治州）中心支行、县（市）支行代理。

2. 一般预算收入的具体管理

各级预算收入的收纳、划分、报解和退库，均应通过国家金库，按《中华人民共和国国家金库条例》、《中华人民共和国国家金库条例实施细则》规定办理。一般预算收入的管理具体包括以下几个环节。

（1）收纳。

收纳是指通过直接缴库、集中缴库、自收汇缴等形式，将一般预算收入缴入国库的业务处理过程。

（2）划分。

我国实行分税制财政管理体制。国库收到预算收入后，按照财政管理体制规定的预算级次逐级划分，将一般预算收入在中央财政和地方财政以及地方各级财政之间进行划分。

根据国家分税制财政体制的规定，我国预算收入可分为中央固定预算收入、地方固定预算收入、中央与地方预算共享收入。

中央固定收入包括消费税，关税，海关代征的消费税和增值税，海洋石油资源税，中央企业所得税，中央企业上缴利润，铁道部门、各银行总行、保险总公司等集中缴纳的所得税、利润和城市维护建设税，地方银行和外在银行及非银行金融企业所得税等。

地方固定收入包括个人所得税、城镇土地使用税、耕地占用税、土地增值税、房产税、城市维护建设税（不包括铁道部门、各银行总行、保险总公司等集中缴纳的部分）、地方企业所得税（不包括地方银行和外在银行及非银行金融企业所得税）、车船税、契税、印花税、屠宰税、筵席税、农业特产税等。

中央和地方共享收入是上下级财政之间共同参与分享的预算收入，包括增值税、个人所得税、企业所得税、证券交易印花税、海洋石油资源以外的资源税等。如增值税，中央分享75%，地方分享25%。地方各级财政之间的划分，由上一级财政制定，因地而异。

（3）报解。

“报”，即国库要向各级财政机关报告预算收入的情况，以便各级财政机关掌握预算收入的收取进度和情况。“解”，即国库对已划分的库款按其所属关系解缴到各级财政国库存款账户上。各级预算收入款项，以缴入支库(基层金库)为正式入库。

(4)退库。

退库是指各级国库部门根据国家政策及有关规定，由财政部门或征收机关签发收入退库凭证，将已入库的预算收入款项退还给纳税单位或纳税人的行为。

退库的范围主要包括：由于工作上的疏忽，发生技术性差错而需要退库的；企业单位改变隶属关系，在办理财务结算时需要退库的；企业按计划上缴利税，超过实际应缴数额需要办理退库的；根据批准的企业亏损计划，可以从预算收入中退库的国有企业计划亏损补贴(通过退库方式弥补企业单位的亏损)；财政部明文规定或专项批准的其他退库项目。

各级预算收入退库的审批权属于本级政府财政部门。预算收入库款的退付，应按预算收入的级次办理。中央预算收入退库，从中央库款中退付；地方各级预算固定收入的退库从地方各级库款中退付；各种分成收入的退库，按规定的分成比例分别从上级和本级库款中退付。

征收机关退付代征代扣税款手续费款项时，必须按照国家规定的退付比例和审批程序，通过国库办理退库，不得自行从税款中抵扣。

(三)列报基础

财政总预算会计制度规定，一般预算收入通常以本年度缴入基础国库(支金库)的数额为准。总预算会计凭国库报送的属于本级财政的预算收入日报表及其所附凭证入账。其具体内容如下。

(1)县以上(含县本级)各级财政的各项预算收入(含固定收入和共享收入)均以缴入基层国库数额为准。

(2)已建立乡(镇)国库的地区，乡(镇)财政的本级收入以乡(镇)国库收到数为准。

(3)未建立乡(镇)国库的地区，乡(镇)财政的本级收入以乡(镇)总预算会计收到县级财政返回数额为准。

(4)基层国库在年度库款报解整理期(新年度 1 月 1 日开始的 10 天)内收到国库经收处报来的上年度收入，记入上年度账；整理期结束后，再收到上年度收入，一律记入新年度账。

(四)一般预算收入账务处理

为核算各级财政部门组织的纳入预算的各项收入，财政总预算会计应设置“一般预算收入”总账科目。该科目属于收入类科目，贷方记录国库报来的各项一般预算收入数，以及用红字记录亏损补贴和退库数；借方记录年末转入“预算结余”科目的累计收入数；平时余额在贷方，反映当年一般预算收入累计数；年终结转后，该科目无余额。

“一般预算收入”科目应根据《政府收支分类科目》设置相应明细账，进行明细核算。

财政总预算会计一般预算收入主要账务处理如下。

(1)各级财政部门根据国库报来的“预算收入日报表”所列当日预算收入数,借记“国库存款”科目，贷记“一般预算收入”科目。

(2)年终结账时，将本科目贷方余额全数转入“预算结余”科目，借记“一般预算收入”科目，贷记“预算结余”科目。

未设国库的乡(镇)总预算会计根据征收机关(如税务所)报来的预算收入日报表登记预算收入辅助账，待收到县财政返回收入时，再作收入的账务处理。

需要注意的是，若当日收入数为负数，以红字记账(采用计算机记账的，用负数反映)。即本日预算收入日报表中，各种补贴退库数大于实际收缴入库数，收退相抵，当日预算收入为负数，总账用红字登记，明细账应根据预算收入日报表所列具体收退项目，分别用红字或蓝字记账。

【例 4-1】 年终，某市财政将“一般预算收入”的贷方余额 124 135 000 元结转至“预算结余”账户。其会计分录为：

借：一般预算收入　　　　124 135 000
　贷：预算结余　　　　　　124 135 000

二、基金预算收入的核算

(一)基金预算收入的概念和内容

基金预算收入是指按规定收取、转入或通过当年财政安排，由财政管理并具有指定用途的政府性基金等。

财政总预算会计中总账科目“基金预算收入”仅核算《政府收支分类科目》中类级科目“非税收入”中的款级科目“政府性基金收入”的内容。

政府性基金收入是指各级人民政府及其所属部门根据法律、国家行政法规和中共中央、国务院有关文件的规定，为支持某项事业发展，按照国家规定程序批准，向公民、法人和其他组织无偿征收的具有专项用途的财政资金。政府性基金在我国是仅次于税收的第二大财政收入来源，设立政府性基金旨在保证特定项目的财政资金来源。我国政府性基金收入主要包括三峡工程建设基金收入、铁路建设基金收入、民航基础设施建设基金收入、文化事业建设费收入、港口建设费收入、地方教育附加收入、地方水利建设基金收入、农网还贷资金收入、残疾人就业保障金收入、废弃电器电子产品处理基金收入、彩票公益金收入等 46 个项级科目。

(二)基金预算收入的组织管理

根据财政部《政府性基金管理暂行办法》的要求，政府性基金实行中央一级审批制度，遵循统一领导、分级管理的原则；政府性基金属于政府非税收入，全额纳入财政预算，实行“收支两条线”管理。各级政府财政部门以及政府性基金征收、使用部门和单位按照规定权限，分别负责政府性基金的征收、使用、管理和监督。其中，各级财政部门是政府性基金管理的职能部门。政府性基金缴库方式与一般预算收入的缴库方式基本相同。

基金是专用性强的资金，财政总预算会计在管理和核算基金预算收入时，应遵循如下基本要求。

1. 先收后支，自求平衡

财政总预算会计在办理基金预算支出时，必须认真审查是否有足够的基金预算数。财政总预算会计应当在已有基金预算收入数额范围内办理基金预算支出。基金预算收入与基金预算支出应做到自求平衡。

2. 专款专用，分项核算

相应的基金预算收入应当用于相应的基金预算支出。各项基金预算收入与基金预算支出之间不能相互调节，财政总预算会计应按《政府收支分类科目》中的基金预算收支科目设置相应的明细账，分项核算各项目基金预算的收入、支出和结余情况，不能相互混淆。

(三)基金预算收入账务处理

为核算各级财政部门管理的政府性基金预算收入，财政总预算会计应设置“基金预算收入”总账科目。该科目属于收入类科目，贷方登记取得的基金预算收入数，借方登记年末转入“基金预算结余”科目的数额；平时余额在贷方，反映当年基金预算收入累计数，年终结转后该科目无余额。

“基金预算收入”科目应根据《政府收支分类科目》中的基金预算收入科目(不含基金预算调拨收入类)规定设置明细账，进行明细核算。

财政总预算会计基金预算收入主要账务处理如下。

(1)各级财政部门根据中国人民银行国库报来的“基金预算收入日报表”所列的基金预算收入数，借记“国库存款”科目，贷记“基金预算收入”科目。

(2)年终结账时，将本科目贷方余额全数转入“基金预算结余”科目，借记“基金预算收入”科目，贷记“基金预算结余”科目。

各项基金预算收入的入账应以缴入国库数或总预算会计实际收到的数额为准。

需要注意的是，对于国家明文规定在指定银行存储的基金须按规定办理转存手续，借记“其他财政存款”科目，贷记“国库存款”科目。基金预算收入在指定银行的存款利息收入仍作为基金预算收入处理，借记“其他财政存款”科目，贷记“基金预算收入”科目。

【例 4-2】 某市财政收到国库报来的“预算收入日报表”以及所附收入凭证，列示当日基金预算收入为 1 265 000 元。其中，地方教育附加收入 506 000 元，残疾人就业保障金收入 198 000 元，城市公用事业附加收入 561 000 元。其会计分录为：

借：国库存款——基金预算存款	1 265 000	
贷：基金预算收入——政府性基金收入——地方教育附加收入		506 000
——政府性基金收入——残疾人就业保障金收入		198 000
——政府性基金收入——城市公用事业附加收入		561 000

【例 4-3】 年终，某市财政将“基金预算收入”的贷方余额 13 893 000 元结转至“基金预算结余”科目。其会计分录为：

借：基金预算收入	13 893 000	
贷：基金预算结余		13 893 000

三、专用基金收入的核算

(一)专用基金收入的概念和内容

专用基金收入是财政部门按规定设置或取得的有专门用途的基金收入。

专用基金是指单独划出并实施封闭性管理的一部分财政资金，主要用于满足社会发展重点项目的资金需要。例如我国的粮食风险基金，专门用于粮食的收购和存储，以平抑粮食的市场价格，保证粮食生产的稳定性，维护粮食正常流通秩序，实施宏观经济调控。专用基金收入的主要来源为本级财政预算安排或上级财政部门拨入，并且可以在政策性、商业性开户银行管理。

专用基金收入与基金预算收入的区别在于：专用基金收入是在基金预算收入以外取得的资金收入。其取得主要有两条渠道：一是本级财政预算安排，即通过一般预算支出形成；二是上级财政拨入。而基金预算收入是按财政规定取得、纳入预算管理并具有指定用途的政府性基金。基金预算收入要按照预算级次解缴国库，专用基金则开立专户储存，如粮食风险基金要求存放在农业发展银行。但二者亦有相同之处，都要求“专款专用，先收后支”。

(二)专用基金收入账务处理

为核算从上级财政部门或通过本级预算支出安排取得的专用基金，财政总预算会计应设置“专用基金收入”总账科目，同时设置“其他财政存款”科目反映其储存。

“专用基金收入”属于收入类科目，贷方登记从上级财政部门取得数或本级预算支出安排数，借方登记专用基金收入的退回数或年终转入“专用基金结余”数；平时贷方余额，反映专用基金收入累计数，年末余额全部转入“专用基金结余”账户，结转后年终无余额。本账户应按专用基金项目设置明细账，进行明细核算。

“专用基金收入”以总预算会计实际收到的数额为准。

财政总预算会计专用基金收入主要账务处理如下。

(1)从上级财政部门取得拨入的专用基金时，应借记“其他财政存款”科目，贷记“专用基金收入”科目。

(2)通过本级财政预算安排取得专用基金时，应借记“其他财政存款”科目，贷记“专用基金收入”科目；同时，借记“一般预算支出”科目，贷记“国库存款”科目。

(3)退回专用基金收入时,应作与取得时相反的会计分录,即借记“专用基金收入”科目，贷记“其他财政存款”科目。

(4)年终转账时,各级财政部门应将“专用基金收入”科目贷方余额全部转入“专用基金结余”科目，即借记“专用基金收入”科目，贷记“专用基金结余”科目。

【例 4-4】 某市财政收到上级省财政部门拨付给该市的粮食风险基金 110 万元。其会计分录为：

借：其他财政存款　　　　　　　　　　　　　　1 100 000

　　贷：专用基金收入——粮食风险基金　　　　　　　　1 100 000

【例 4-5】 某市财政从本级预算中安排粮食风险基金 88 万元，并按规定在农业发展银行开户存款。其会计分录为：

借：一般预算支出——粮食风险基金　　　　　　880 000

　　贷：国库存款——一般预算存款　　　　　　　　　880 000

同时：

借：其他财政存款——粮食风险基金存款　　　　880 000

　　贷：专用基金收入——粮食风险基金　　　　　　　　880 000

【例 4-6】 年终，某市财政将“专业基金收入”账户的贷方余额 198 万元进行结转。其会计分录为：

借：专用基金收入——粮食风险基金　　　　　　1 980 000

　　贷：专用基金结余——粮食风险基金结余　　　　　　1 980 000

四、财政部代理发行的地方政府债券收入的核算

(一) 财政部代理发行的地方政府债券的含义

财政部代理发行的地方政府债券是指以省、自治区、直辖市和计划单列市政府(以下简称地方政府)作为债务人承担按期支付利息和到期还本的责任，由财政部代理发行、代办还本付息和支付发行费的可流通记账式债券。

地方政府债券期限为 3 年、5 年，利息按年支付，发行后可按规定在全国银行间债券市场和证券交易所市场上市流通。

财政部代理发行地方债，除代为收取向承销团支付的发行费外，不向地方政府收取其他费用。3 年期、5 年期地方债发行费分别为发行面值的千分之三、千分之五。地方债每期发行数额、发行时间等要素，由地方政府和财政部协商确定。地方政府债券收入可以用于省级（包括计划单列市，下同) 直接支出，也可以转贷给市、县级政府使用。地方政府债券收入根据省级政府报请国务院批准同意的额度编制，市、县级财政根据省级财政核准的转贷额度编列地方政府债券转贷收入。

(二) 财政部代理发行的地方政府债券的账务处理

为核算财政部代理发行、省级财政部门作为债务主体，发行地方政府债券收到的发行收入等，财政总预算会计应设置“债务收入”总账科目。该科目属于收入类科目，贷方登记省级财政部门当年实际收到的地方政府债券发行收入，借方登记年终结转数；平时余额在贷方，反映省级财政部门当年实际收到的地方政府债券发行收入累计数，年末余额全部转入“预算结余”账户，结转后年终无余额。本账户应按《政府收支分类科目》规定设置明细账，进行明细核算。

财政总预算会计债务收入主要账务处理如下。

(1) 省级财政部门实际收到地方政府债券发行收入时，借记“国库存款”科目，贷记“债务收入”科目。

(2) 年终转账时，将“债务收入”科目贷方余额全部转入“预算结余”科目，借记“债务收入”科目，贷记“预算结余”科目。

(3) 财政部代理发行的地方政府债券收入的使用。地方各级财政部门将债务收入或债务转贷收入安排用于本级政府实际支出时，借记“一般预算支出”科目，贷记“国库存款”科目。

【例 4-7】 某省级财政部门收到财政部代理发行的地方政府债券收入 3 000 万元。其会计分录为:

借：国库存款——一般预算存款　　30 000 000
　　贷：债务收入——国内债务收入——财政部代理发行地方政府债券收入
　　　　30 000 000

【例 4-8】 年终，某省级财政部门将“债务收入”科目贷方余额 1 500 万元全部转入“预算结余”科目。其会计分录为:

借：债务收入——国内债务收入——财政部代理发行地方政府债券收入
　　15 000 000
　　贷：预算结余　　15 000 000

五、转移性收入的核算

(一)转移性收入的概念和内容

转移性收入是根据财政管理体制规定在各级财政之间进行资金转移以及同级财政为平衡预算收支而发生的不同性质资金之间的调剂使用等事项所形成的收入。其主要包括两种情况：一是通过补助、上解和预算指标追加、追减等方式在不同级次财政之间转移资金；二是二级财政不同性质资金之间进行相互调拨。具体有债务转贷收入、补助收入、上解收入、调入资金等。

转移性收入不是通过税收等方式从社会集中取得的，只是上下级财政之间或本级财政不同性质资金之间的调剂，所以其不增加政府财政收入的总量，但会导致一级财政预算资金存量或同性质资金总量的变化。

(二)转移性收入的账务处理

1. 债务转贷收入

债务转贷收入是指省级以下财政部门(不含省级，下同)收到的来自上级财政部门转贷的债务收入。

财政总预算会计应设置“债务转贷收入”总账科目，核算省级以下财政部门收到的来自上级财政部门转贷的“债务收入”。该科目属于收入类科目，贷方登记省级以下财政部门实际收到的债务转贷收入，借方登记年终结转数；平时余额在贷方，反映省级以下财政部门当年实际收到来自上级财政部门转贷的债务收入累计数，年末余额全部转入“预算结余”，结转后年终无余额。本科目按《政府收支分类科目》应设置“转贷财政部代理发行地方政府债券收入”明细账，进行明细核算。

财政总预算会计债务转贷收入主要账务处理如下。

(1)省级以下财政部门实际收到债务转贷收入时，借记“国库存款”科目，贷记“债务转贷收入”科目。

(2)年终转账时，将本科目贷方余额全部转入“预算结余”科目，借记“债务转贷收入”科目，贷记“预算结余”。

【例 4-9】 某市财政局收到上级省财政部门的转贷款项 200 万元。其会计分录为:

借：国库存款——一般预算存款	2 000 000	
贷：债务转贷收入——转贷地方政府债券收入		2 000 000

【例 4-10】 年终，某市财政局将“债务转贷收入”科目贷方余额 180 万元全部转入“预算结余”科目。其会计分录为:

借：债务转贷收入——转贷地方政府债券收入	1 800 000	
贷：预算结余		1 800 000

2. 补助收入

补助收入是指上级财政根据体制规定或因专门需要补助给本级财政的款项，是上级财政向下级财政的财力转移。其具体包括：税收返还收入、按财政体制规定由上级财政补助的款项、上级财政对本级的专项补助和临时性补助等。

为核算和监督上级财政根据体制规定或因专门需要补助给本级财政的款项，财政总预算会计需设置“补助收入”会计科目。该科目属于收入类科目，贷方登记本级财政实际收到的上级财政补助款，借方登记退还给上级财政的补助款以及年终结转数；平时余额在贷方，反映本级财政部门实际收到的上级财政补助收入累计数，年末余额全部转入“预算结余”或“基金预算结余”账户，结转后年终无余额。本科目按补助资金性质设置明细账，进行明细核算。

财政总预算会计补助收入主要账务处理如下。

(1)本级财政部门实际收到上级财政的补助收入时，借记“国库存款”科目，贷记“补助收入”科目；退回时，作相反的会计分录。

(2)本级财政与上级往来款项中的部分资金被转作上级的补助时，即从“与上级往来”科目转入本科目，借记“与上级往来”科目，贷记“补助收入”科目。上级财政的“补助支出”应与所属下级财政的“补助收入”的数额相等。

(3)年终转账时，应按照上级补助资金的性质将本科目贷方余额全部转入“预算结余”或“基金预算结余”等科目，借记“补助收入”科目，贷记“预算结余”或“基金预算结余”等。

【例 4-11】 某市财政收到国库报来的预算收入日报表，列示：一般性补助收入 22 万元，专项补助收入 33 万元，政府性基金补助收入 16.5 万元。其会计分录为：

借：国库存款——一般预算存款　　550 000
　　　　　　——基金预算存款　　165 000
　贷：补助收入——一般性转移支付收入——体制补助收入　　220 000
　　　　　　　——专项转移支付收入　　330 000
　　　　　　　——政府性基金转移收入——政府性基金补助收入　　165 000

【例 4-12】 收到上级省财政通知，将原借给本市财政的 55 万元转作对本市财政的专项补助，用于开展本市特定的教育活动。其会计分录为：

借：与上级往来　　550 000
　贷：补助收入——专项转移支付收入——教育　　550 000

【例 4-13】 某市财政收到省级财政拨来的基金预算补助款 39.3 万元。其会计分录为：

借：国库存款——基金预算存款　　393 000
　贷：补助收入——政府性基金转移收入——政府性基金补助收入　393 000

【例 4-14】 年终，将“补助收入”账户贷方余额 621.5 万元进行结转。其中，一般预算补助收入 566.5 万元，基金预算补助收入 55 万元。其会计分录为：

借：补助收入　　6 215 000
　贷：一般预算结余　　5 665 000
　　　基金预算结余　　550 000

3. 上解收入

上解收入是指按财政体制规定由下级财政上缴给本级财政的款项。其具体包括：按体制规定由国库在下级预算收入中直接划解给本级财政的款项；按体制结算后由下级财政补缴给本级财政的款项和各种专项上解款项。

为核算和监督按财政体制规定由下级财政上缴给本级财政的款项，财政总预算会计需设置“上解收入”会计科目。该科目属于收入类科目，贷方登记本级财政实际收到的下级财政按规定上解的款项，借方登记退还数以及年终结转数；平时余额在贷方，反映本级财政部门实际收到的下级财政上解收入累计数，年末余额全部转入“预算结余”或“基金预算结余”等账户，结转后年终无余额。本科目应按上解地区设置明细账，进行明细核算。

财政总预算会计上解收入主要账务处理如下。

(1)本级财政收到下级上解款时，借记“国库存款”科目，贷记“上解收入”科目；收入退回时，作相反的会计分录。

本级财政的“上解收入”应与所属下级财政的“上解支出”的数额相等。

(2)年终，本科目贷方余额应全数转入“预算结余”或“基金预算结余”科目，借记“上解收入”科目，贷记“预算结余”或“基金预算结余”等科目。

【例 4-15】 某市财政收到所属某县财政按体制规定上解的款项 30 万元。其会计分录为：

借：国库存款——一般预算存款	300 000	
贷：上解收入——一般性转移支付收入——体制上解收入		300 000

【例 4-16】 年终，将“上解收入”账户贷方余额 93.5 万元进行结转。其中，一般预算上解收入 71.5 万元，基金预算上解收入 22 万元。其会计分录为：

借：上解收入	935 000	
贷：一般预算结余		715 000
基金预算结余		220 000

4. 调入资金

调入资金与调出资金是相对的概念，是为平衡一般预算，在不同性质的资金之间进行调入调出的资金。如将预算结余资金调入基金预算，则形成基金预算调入资金，同时形成一般预算调出资金，反之亦然。调入资金不影响上下级财政和本级财政各自的财力，但会影响本级不同性质财政资金的数额。调入资金在年终决算时，一次性使用，未经财政部批准，不得扩大调入资金范围。

乡(镇)财政部门收到由预算外财政专户管理资金拨付的自筹资金视同调入资金处理。

资金调拨收入按上级财政部门的规定或实际发生数额记账。

为核算和监督各级财政部门因平衡预算收支而调入资金的情况，财政总预算会计需设置“调入资金”会计科目。该科目属于收入类科目，贷方登记经批准调入有关预算的资金数，借方登记年终结转数；平时余额在贷方，反映实际调入资金的累计数，年末余额全部转入“预算结余”或“基金预算结余”等账户，结转后年终无余额。本科目应按调入资金性质设置明细账，进行明细核算。

财政总预算会计调入资金主要账务处理如下。

(1)财政总预算会计调入资金时，借记“国库存款”科目，贷记“调入资金”科目；同时，借记“调出资金”科目，贷记“国库存款”科目。

(2)年终，本科目贷方余额，应全数转入“预算结余”或“基金预算结余”等科目，借记“调入资金”科目，贷记“预算结余”或“基金预算结余”等科目。

【例 4-17】 某市财政为平衡一般预算收支，经批准从基金预算结余调入资金 38.5 元。其会计分录为：

借：调出资金——基金预算调出资金	385 000	
贷：国库存款——基金预算存款		385 000

同时作以下会计分录:

借：国库存款——一般预算存款　　385 000

　　贷：调入资金——一般预算调入资金　　385 000

【例 4-18】 年终，将“调入资金”账户贷方余额 60.5 万元进行结转。其中，一般预算调入资金 38.5 万元，基金预算调入资金 22 万元。其会计分录为:

借：调入资金　　605 000

　　贷：一般预算结余　　385 000

　　　　基金预算结余　　220 000

六、财政周转金收入的核算

(一) 财政周转金收入的概念和内容

财政周转金是由财政部门设置和管理的具有特定用途、目的的有偿使用的财政资金，如支农周转金、小型技改贷款等。各级政府建立财政周转金不是为了实现其增值，而是为了扩大财政资金的使用范围，满足用款单位的资金需求，推动社会经济发展。有偿使用，是为了提升用款单位的责任意识，促使用款单位合理、节约使用资金，提高财政资金使用效益，同时也可以适当弥补因资金贬值而导致的潜在损失。财政部门向财政周转金用款单位收取的资金占用费等一般低于银行贷款利息。

财政周转金收入是财政部门在办理财政周转金借出或放款业务中收取的资金占用费收入和利息收入。其主要包括支工周转金收入、支农周转金收入和事业周转金收入。财政周转金收入扣除必要的业务费后的净值用于补充财政周转金。

财政周转金收入的来源主要有两项，分别为借出财政周转金的资金占用费收入和财政周转金放款的利息收入。借出财政周转金是指上级财政部门借给下级财政用于周转使用的有偿资金。上下级财政之间借入或借出周转金属于资金在上下级财政之间的融通，并不是周转金的实际投入的运用，不存在计息问题，但为促使各级财政提高资金管理效益，上下级财政和周转金必须采用有偿融通的方式，收取一定的占用费。财政周转金放款是指财政部门用财政周转金向具体用款单位发放贷款，并按贷款数额和规定利率向用款单位收取利息。财政部门将取得的放款利息作为财政周转金收入，以补充财政周转基金。为体现财政资金的扶持政策，周转金放款利率低于同期金融机构贷款利息。无论是收取资金占用费，还是收取利息，其目的不是实现资金的增值，而是增强用款单位的资金时间效益观念，促使用款单位按时还款，提高资金的使用效益。

(二) 财政周转金收入的账务处理

为核算财政周转金利息及占用费的收入情况，财政总预算会计应设置“财政周转金收入”科目。该科目属于收入类科目，贷方登记取得的占用费和利息收入，借方登记年终从“财政周转金支出”科目转入的当年财政周转金支出数。收支相抵后，其差额为当年财政周转金收支结余数，应全数转入“财政周转基金”科目。结转后，该科目无余额。该科目应按“占用费收入”和“利息收入”设置明细账，进行明细核算。

财政总预算会计财政周转金收入的主要账务处理如下。

(1) 取得占用费收入、利息收入时，借记“其他财政存款”科目，贷记“财政周转金收入”科目。

（2）年终结账时，应将“财政周转金支出”科目余额转入本科目，借记“财政周转金收入”科目，贷记“财政周转金支出”科目。

（3）本科目余额为当年财政周转金收支结余数，应全数转入“财政周转基金”科目，借记“财政周转金收入”科目，贷记“财政周转基金”科目，结转后，本科目无余额。

【例 4-19】 某市财政收到财政周转金占用费收入 5.5 万元，利息收入 3.5 万元。其会计分录为：

借：其他财政存款　　90 000

　　贷：财政周转金收入——占用费收入　　55 000

　　　　　　　　　　　——利息收入　　35 000

【例 4-20】 年终时，某市财政将“财政周转金支出”科目借方余额 2 万元按规定予以结转。其会计分录为：

借：财政周转金收入　　20 000

　　贷：财政周转金支出　　20 000

【例 4-21】 年终时，某市财政将当年财政周转金收支结余数 7 万元按规定予以结转。其会计分录为：

借：财政周转金收入　　70 000

　　贷：财政周转基金　　70 000

七、国有资本经营预算收入

（一）国有资本经营预算收入的概念和内容

国有资本经营预算收入是指各级人民政府及其部门以所有者身份依法取得的国有资本收益。财政总预算会计中，国有资本经营预算收入主要包括以下几项。

（1）利润收入，即各类国有企业、国有独资公司按规定计算并上缴的税后净利润。

（2）股利、利息收入，即国有控股或参股企业分配应得的股利、股息收入。

（3）产权转让收入，即企业国有产（股）权转让净收入。

（4）清算收入，即清算净收益中国有股应分享的净收益。

（5）其他国有资本经营收益。

（二）国有资本经营预算收入账务处理

为核算各级财政部门管理的国有资本经营收入，财政总预算会计应设置“国有资本经营预算收入”科目。该科目属于收入类科目，贷方登记取得的各项国有资本经营预算收入，借方登记年末转入“国有资本经营预算结余”科目数；平时贷方余额，反映当年国有资本经营预算收入累计数。本科目应按《政府收支分类科目》中“国有资本经营收入”款级科目下的项、目级科目设置相应明细账，进行明细核算。

财政总预算会计国有资本经营预算收入的主要账务处理如下。

（1）取得国有资本经营预算收入时，借记“国库存款”科目，贷记“国有资本经营预算收入”科目。

（2）年终转账时，将本科目贷方余额全数转入“国有资本经营预算结余”科目，借记“国有资本经营预算收入”科目，贷记“国有资本经营预算结余”科目。

【例 4-22】 某市财政收到国库报来“预算收入日报表”以及所附收入凭证，列示当日国有资本经营收入合计 105.6 万元。其中，“利润收入——金融企业利润收入” 24.2 万元，“利润收入——石油石化企业利润收入” 61.6 万元，“产权转让收入——国有股权转让收入” 19.8 万元。其会计分录为：

借：国库存款——国有资本经营预算存款	1 056 000	
贷：国有资本经营预算收入——利润收入——金融企业利润收入		242 000
——利润收入——石油石化企业利润收入		616 000
——产权转让收入——国有股权转让收入		198 000

【例 4-23】 年终，某市财政将“国有资本经营预算收入”的贷方余额 8 635 万元结转至“国有资本经营预算结余”账户。其会计分录为：

借：国有资本经营预算收入	86 350 000	
贷：国有资本经营预算结余		86 350 000

八、财政专户管理资金收入的核算

(一) 财政专户管理资金收入的概念和内容

财政专户管理资金收入是指尚未纳入预算并实行财政专户管理的各项财政资金，包括教育收费、彩票发行机构和彩票销售机构的业务费用等收入。

财政专户是财政部门在银行及各类金融机构开设的用于核算和反映政府非税收入以及其他需要专户管理的财政专款账户。财政专户既包括预算外资金财政专户，也包括社会保障资金专户、国债资金专户、农业综合开发专户、粮食风险专户等财政性资金专户。

预算外资金是指国家机关、事业单位和社会团体为履行或代行政府职能，依据国家法律、法规和具有法律效力的规章而收取、提取和安排使用的未纳入国家预算管理的各种财政性资金。如根据国家财政制度和财务制度的规定，不纳入国家预算，由地方各部门、各企事业单位自收自支的资金。它是国家预算资金的必要补充，具有分散性、自主性、专用性的特点。

为适应预算外资金纳入预算管理的需要，规范教育收费等未纳入预算并实行财政专户管理资金的会计核算，根据《财政部关于将按预算外资金管理的收入纳入预算管理的通知》(财预〔2010〕88 号) 等有关规定，从 2011 年 1 月 1 日起，除教育收费纳入财政专户管理外，其他预算外资金全部纳入预算管理。

(二) 财政专户管理资金收入的账务处理

为核算未纳入预算并实行财政专户管理的资金收入，财政总预算会计应设置“财政专户管理资金收入”科目。该科目属于收入类，贷方登记取得的各项财政专户管理资金收入，借方登记年末转入“财政专户管理资金结余”科目数；本科目平时贷方余额，反映当年财政专户管理的资金收入累计数。本科目应按《政府收支分类科目》中收入分类科目设置相应明细账。同时，根据管理需要，按部门进行明细核算。

财政总预算会计财政专户管理资金收入的主要账务处理如下。

(1) 财政部门收到财政专户管理的资金收入时，借记“其他财政存款”科目，贷记“财政专户管理资金收入”科目。

(2)年终转账时,应将本科目贷方余额全数转入“财政专户管理资金结余”科目,借记“财政专户管理资金收入”科目，贷记“财政专户管理资金结余”科目。

【例 4-24】 某市财政部门收到文化部门交来的培训班培训收入 1 320 万元。其会计分录为:

借：其他财政存款——财政专户管理资金存款　　13 200 000

　贷：财政专户管理资金收入——非税收入——行政事业性收费收入　　13 200 000

【例 4-25】 某市财政部门收到彩票销售机构交来的彩票销售收入 55 万元，其中 44 万元属于提取的彩票公益金收入，缴入国库；11 万元属于彩票销售机构业务费收入，缴入财政专户。其会计分录为:

借：国库存款——基金预算存款　　440 000

　贷：基金预算收入——非税收入——政府性基金收入——彩票公益金收入　　440 000

同时:

借：其他财政存款——财政专户管理资金存款　　110 000

　贷：财政专户管理资金收入——非税收入——彩票销售机构业务收入　　110 000

【例 4-26】 年终，将“财政专户管理资金收入”账户贷方余额 743.6 万元进行结转。其中，教育收费收入 588.5 万元，彩票业务费收入 155. 1 万元。其会计分录为:

借：财政专户管理资金收入　　7 436 000

　贷：财政专户管理资金结余——教育收费结余　　5 885 000

　　　　　　　　　　　　——彩票业务费结余　　1 551 000

第二节　财政总预算会计支出的核算

财政支出是各级政府为实现其职能,依法对筹集的财政资金进行有计划的再分配和运用。不同来源的财政资金通常有预先规定的支出范围，所以财政总预算会计的支出基本上和财政总预算收入相对应，分为一般预算支出、基金预算支出、专用基金支出、国有资本经营预算支出、债务还本支出、债务转贷支出、补助支出、上解支出、调出资金、财政专户管理资金支出、财政周转金支出等。其中，债务转贷支出、补助支出、上解支出、调出资金合称为转移性支出。

财政性资金的支付主要有财政直接支付、财政授权支付、财政实拨资金三种方式。

财政直接支付是指由财政部门向中国人民银行和代理银行开具支付指令，代理银行根据支付指令通过国库单一账户体系，直接将财政资金支付到收款人(即商品和劳务供应者)或用款单位账户。实行财政直接支付的支出包括以下几个方面。

(1)工资支出。

(2)商品和服务支出，包括纳入《政府集中采购目录及标准》的物品、服务支出，以及虽未纳入《政府集中采购目录及标准》，但单件物品或单项服务超过 1 000 元或批量总额超过 1 万元的支出。

(3)其他支出。会议费支出，是指单位在宾馆、酒店和招待所等地点召开会议发生的支出；国内及境外学习、考察支出，是指经批准的人员到国内及境外学习考察、培训的支出；拨款支出(含转移支付支出)，是指单位与单位之间拨出款项和转移支付的支出。

财政直接支付的申请由一级预算单位汇总，填写“财政直接支付申请书”，按照批复的部门预算和资金使用计划，向财政国库支付执行机构提出支付申请。财政国库支付执行机构根据批复的部门预算和资金使用计划及相关要求对支付申请审核无误后，向代理银行发出支付指令，并通知中国人民银行国库部门，通过代理银行进入全国银行清算系统实时清算，财政资金从国库单一账户划拨到收款人的银行账户。

在财政直接支付方式下，财政总预算会计入账的凭证主要为“财政直接支付入账通知书”及相关结算清单。

财政授权支付是指预算单位根据财政授权，自行开具支付指令送代理银行，代理银行根据支付指令，在财政部批准的预算单位的用款额度内，通过国库单一账户体系中的“单位零余额账户”或特设专户，将资金支付到收款人账户。实行财政授权支付的支出包括未实行财政直接支付的购买支出和零星支出，具体包括如下几项。

(1)差旅费支出。指单位工作人员出差发生的费用支出。

(2)交通费支出。不包括车辆维修、保险和刷卡加油。

(3)劳务费支出。指单位向个人支付劳务发生的费用支出。

(4)咨询费支出。指单位向个人咨询发生的费用支出。

(5)奖励性支出。指单位向部分个人支付奖励发生的费用支出。

(6)其他零星现金支出。

财政授权支付的基本程序为:财政部根据批准的预算单位用款计划中月度授权支付额度，每月 25 日前以“财政授权支付汇总清算通知单”“财政授权支付通知单”的形式分别通知中国人民银行、代理银行。“财政授权支付通知单”确定各基层预算单位下一月度授权支付的资金使用额度。代理银行凭“财政授权支付通知单”受理预算单位支付指令并与国库单一账户进行资金清算。代理银行按“财政授权支付通知单”确定的额度控制预算单位的支付金额。预算单位支用授权额度时，填制财政部统一印制的“财政授权支付凭证”送代理银行，代理银行根据“财政授权支付凭证”通过零余额账户或小额现金账户办理资金支付。

预算单位需要现金支付，可按照规定从小额现金账户提取现金。代理银行根据预算单位“财政授权支付凭证”提出的结算方式，通过支票、汇票、银行卡等形式办理资金支付。预算外资金的支付，逐步比照上述程序实施。

在财政授权支付方式下，财政总预算会计根据国库支付执行机构报来的预算支出结算清单作支出的会计处理；预算单位收到代理银行转来的“财政授权支付额度到账通知书”后，按实际收到的额度确认收入，通知代理银行付款后，根据代理银行加盖转讫章的“进账单”及其他凭证确认相关支出。

财政实拨资金的基本程序：由一级预算单位根据年度预算向财政部门报送用款计划，经财政部门审核后批复用款计划；预算单位根据财政部门批复的用款计划，报送相应的请款单，经财政的国库部门审核后，由预算总会计开具拨款单给人民银行；人民银行将库款拨入预算单位在商业银行开设的账户中；一级预算单位通过层层转拨，将资金拨给低级预算单位，单位自行支付。

在财政实拨资金方式下，财政总预算会计根据批复的“预算经费请拨单”及其他有关凭证作相应的会计处理；预算单位收到开户银行的收账通知单后，按实际收到的金额确认财政拨款收入；预算单位收到开户银行的付款通知单后，按实际支付的金额确认支出。

需要注意的是，财政总预算会计在办理预算支出时，必须认真做到以下几点：严格执行

《中华人民共和国预算法》，办理拨款支出必须以预算为准；对主管部门(主管会计单位)提出的季度分月用款计划及分“款”“项”填制的“预算经费请拨单”，应认真审核。根据经审核批准的拨款申请，结合库款余存情况按时向用款单位拨款。总预算会计应根据预算管理要求和拨款的实际情况，分“款”“项”核算、列报当期预算支出。主管会计单位应按计划控制用款，不得随意改变资金用途。总预算会计不得列报超预算的支出；不得任意调整预算支出科目；未拨付的经费，原则上不得列报当年支出。因特殊情况确需在当年预留的支出，应严格控制，并按规定的审批程序办理。

一、一般预算支出的核算

一般预算支出是国家对集中的预算收入有计划地分配和使用而安排的支出。一般预算支出是政府最主要的支出，也是安排使用一般预算收入而发生的支出。一般预算支出在一级政府的财政支出中占绝大部分，通常用于各级政府的一般行政需要，以加强政府日常行政管理，促进社会经济发展，提高人民物质生活水平。财政总预算会计的一般预算支出应当按照《政府收支分类科目》中的一般预算支出科目，进行分类。

为核算和监督各级财政总预算会计办理的应由预算资金支付的各项支出等情况，财政总预算会计应设置“一般预算支出”科目。该科目属于支出类科目，借方记录各级财政总预算会计办理的应有预算资金支付的各项支出，贷方记录支出收回数和年终结转数；平时余额在借方，反映当年预算支出累计数，年终结转后，该科目无余额。本科目应根据《政府收支分类科目》中的“一般预算支出科目”(不含一般预算调拨支出类)设明细账，进行明细核算。

财政总预算会计一般预算支出的主要账务处理如下。

(1)总预算会计办理预算直接支出时，借记“一般预算支出”科目，贷记“国库存款”等有关科目。

(2)将预拨行政事业单位经费转列支出时，借记“一般预算支出”科目，贷记“预拨经费”科目。

(3)办理基本建设支出时，实行限额管理的，财政部门根据建设银行报来的银行支出数借记“一般预算支出”科目，贷记“基建拨款”科目；不实行限额管理的，根据实际拨付用款单位数，借记“一般预算支出”科目，贷记“国库存款”科目。

(4)支出收回或冲销转账时，借记“国库存款”等有关科目，贷记“一般预算支出”科目。

(5)年终，本科目借方余额应全数转入“预算结余”科目，借记“预算结余”科目，贷记“一般预算支出”科目。

【例 4-27】 某市财政总预算会计收到财政国库支付执行机构报来的按一级预算单位分“类”“款”“项”汇总的预算支出结算清单，财政国库支付执行机构以财政直接支付方式，通过财政零余额账户为有关预算单位支付了属于一般预算支出的款项，共计 1 095 600 元。其中，“一般公共服务——人大事务——行政运行”193 600 元，“公共安全——检察——侦查监督”121 000 元，“教育——普通教育——小学教育”379 500 元，“科学技术——基础研究——自然科学基金”110 000 元，“文化体育与传媒——文化——行政运行”55 000 元，“医疗卫生——医疗服务——综合医院”74 800 元，“农林水事务——农业——农村道路建设”161 700 元。其会计分录为：

借：一般预算支出——一般公共服务——人大事务——行政运行　　193 600

——公共安全——检察——侦查监督 121 000
——教育——普通教育——小学教育 379 500
——科学技术——基础研究——自然科学基金 110 000
——文化体育与传媒——文化——行政运行 55 000
——医疗卫生——医疗服务——综合医院 74 800
——农林水事务——农业——农村道路建设 161 700
贷：国库存款——一般预算存款 1 095 600

【例 4-28】 某市财政总预算会计收到财政国库支付执行机构报来的预算支出结算清单，有关预算单位通过财政授权支付方式，从预算单位零余额账户支付了属于一般预算支出的款项，共计 517 000 元。其中，“一般公共服务——审计事务——审计管理”66 000 元，“公共安全——法院——案件审判”88 000 元，“教育——普通教育——中学教育”132 000 元，“科学技术——社会科学——社会科学研究机构”44 000 元，“社会保障与就业——自然灾害生活救助”110 000 元，“医疗卫生——公共卫生——妇幼保健机构”33 000 元，“交通运输支出——公路水路运输——公路养护”44 000 元。其会计分录为：

借：一般预算支出——一般公共服务——审计事务——审计管理 66 000
——公共安全——法院——案件审判 88 000
——教育——普通教育——中学教育 132 000
——科学技术——社会科学——社会科学研究机构 44 000
——社会保障与就业——自然灾害生活救助 110 000
——医疗卫生——公共卫生——妇幼保健机构 33 000
——交通运输支出——公路水路运输——公路养护 44 000
贷：国库存款——一般预算存款 517 000

【例 4-29】 某市财政部门采用实用实拨资金方式拨付卫生部门 22 万元，其中：公立医院 11 万元，基层医疗卫生机构 6.6 万元，公共卫生 4.4 万元。其会计分录为：

借：一般预算支出——医疗卫生——公立医院 110 000
——基层医疗卫生机构 66 000
——公共卫生 44 000
贷：国库存款——一般预算存款 220 000

【例 4-30】 某市财政局根据核定的预算，拨付市教委高等学校经费 1 000 元。其会计分录为：

借：一般预算支出——教育事业费——高等学校经费 1 000
贷：国库存款——一般预算存款 1 000

【例 4-31】 某市财政局预拨市文化局下一年度经费 50 万元。其会计分录为：

借：预拨经费 500 000
贷：国库存款——一般预算存款 500 000

次年 1 月份，将预拨市文化局的经费经批准转列支出。其会计分录为：

借：一般预算支出——文化广播事业费——文化事业费 500 000
贷：预拨经费 500 000

【例 4-32】 年终，某市财政总预算会计“一般预算支出”账户的借方余额 36 923.7 万元全数转入“预算结余”账户。其会计分录为：

借：预算结余　　369 237 000

　贷：一般预算支出　　369 237 000

二、基金预算支出的核算

基金预算支出是用基金预算收入安排的支出。其支出内容与基金预算收入相对应，各项基金都有特定的来源和用途。其特点是先收后支，专款专用。基金预算支出是一级政府财政支出的重要组成部分，但与一般预算支出相比，其具有更强的专用性。总预算会计对其进行核算时应本着先收后支、量入为出、专款专用、分项核算的原则。

为核算和监督各级财政总预算会计用基金预算收入安排的支出情况，财政总预算会计应设置“基金预算支出”科目。该科目属于支出类科目，借方记录各级财政总预算会计发生的基金预算支出数，贷方记录支出收回数或冲销转账数；借方余额反映基金预算支出累计数，年终结转后，该科目无余额。本科目应根据《政府收支分类科目》中的“基金预算支出科目”(不含基金预算调拨支出类)设明细账，进行明细核算。

财政总预算会计基金预算支出的主要账务处理如下。

(1)财政总预算会计发生基金预算支出时，借记“基金预算支出”科目，贷记“国库存款”或“其他财政存款”等科目；支出收回或冲销转账时，作相反的会计分录。

(2)年终，本账户借方余额应全部转入“基金预算结余”账户，借记“基金预算结余”科目，贷记“基金预算支出”科目。

【例 4-33】 某市财政国库支付执行机构报来预算支出结算清单，财政国库支付执行机构以财政直接支付方式，通过财政零余额账户支付有关预算单位属于政府性基金预算支出的款项，共计 187 万元。其中，“农林水事务——育林基金——森林防火”66 万元，“交通运输支出——铁路建设基金支出——勘探设计”77 万元，“教育——地方教育附加安排支出”44 万元。财政总预算会计经与中国人民银行财政直接支付划款凭证核对无误后，列报基金预算支出。其会计分录为：

借：基金预算支出——农林水事务——育林基金——森林防火　　660 000

　　　　　　　　——交通运输支出——铁路建设基金支出——勘探设计　　770 000

　　　　　　　　——教育——地方教育附加安排支出　　440 000

　贷：国库存款——基金预算存款　　1 870 000

【例 4-34】 某市财政部门对尚未纳入国库集中支付制度改革的部门和单位，采用实拨资金方式拨付款项 88 万元。该款项属于政府性基金预算支出的政府住房基金支出——廉租住房支出。其会计分录为：

借：基金预算支出——政府住房基金支出——廉租住房支出　　880 000

　贷：国库存款——基金预算存款　　880 000

【例 4-35】 年终，某市财政总预算会计将“基金预算支出”账户的借方余额 635.8 万元全数转入“基金预算结余”账户。其会计分录为：

借：基金预算结余　　6 358 000

　贷：基金预算支出　　6 358 000

三、专用基金支出的核算

专用基金支出是指用专用基金收入安排的支出，如粮食风险基金支出等。专用基金支出与基金预算支出一样，各项专用基金应按规定的用途开支，做到先收后支、量入为出、专款专用。专用基金支出与专用基金收入存在对应关系。

为核算和监督各级财政总预算会计用专用基金收入安排的支出情况，财政总预算会计应设置“专用基金支出”科目。该科目属于支出类科目，借方记录各级财政总预算会计发生的专用基金支出数，贷方记录支出收回数或冲销转账数；借方余额反映专用基金支出累计数。年终结转后，该科目无余额。本科目按支出的项目设明细账，进行明细核算。

财政总预算会计专用基金支出的主要账务处理如下。

(1)财政总预算会计发生专用基金支出时，借记“专用基金支出”科目，贷记“国库存款”科目(对于根据国家规定将基金存在指定银行的，贷记“其他财政存款”科目，下同)。支出收回时，作相反的会计分录。

(2)年终，本账户借方余额应全部转入“专用基金结余”账户，借记“专用基金结余”科目，贷记“专用基金支出”科目。

【例 4-36】 某市财政部门按规定拨付粮食部门粮食风险基金 75 万元。其会计分录为:

借：专用基金支出——粮食风险基金支出　　750 000

　　贷：其他财政存款——专用基金存款　　750 000

【例 4-37】 年终，某市财政总预算会计将“专用基金支出——粮食风险基金支出”账户的借方余额 110 万元全数转入“专用基金结余”账户。其会计分录为:

借：专用基金结余——粮食风险基金结余　　1 100 000

　　贷：专用基金支出——粮食风险基金支出　　1 100 000

四、财政部代理发行的地方政府债券支出的核算

财政部代理发行的地方政府债券，由地方政府支付本息及发行费用。

地方政府偿还财政部代理发行的地方政府债券时，先由省级以下地方各级财政部门将本级承担的地方政府债券还本资金上缴到上级财政部门，上级财政部门将代收的还本资金及自己承担的部分再一并上缴到上一级财政，一级一级上缴，最后由省级财政部门上缴财政部，由财政部代理偿还债券本息。简言之，财政部代理发行、代理偿还，实际本息由地方政府承担。相应的账务处理包括还本、付息及支付手续费等。

1. 财政部代理发行的地方政府债券本金偿还的账务处理

为核算各级财政部门因偿还债务本金而发生的支出，财政总预算会计应设置“债务还本支出”科目。该科目属于支出类科目，借方记录各级财政部门偿还的债务本金，贷方记录年终结转数；平时余额在借方，反映各级财政部门当年发生的债务还本支出累计数。年终结转后，该科目无余额。该科目应按照《政府收支分类科目》规定设置“财政部代理地方政府债券还本”明细账，进行明细核算。

财政总预算会计债务还本支出的主要账务处理如下。

(1)各级财政部门偿还债务本金时，借记“债务还本支出——财政部代理地方政府债券还本”科目，贷记“国库存款”科目；本级财政收到下一级财政上缴的还本资金时，一般通过

“暂存款”科目核算，即借记“国库存款”科目，贷记“暂存款——××地方政府债券还本”科目；本级财政上缴代收的地方政府债券还本资金时，借记“暂存款——××地方政府债券还本”科目，贷记“国库存款”科目。

(2)年终转账时，将“债务还本支出”科目借方余额全部转入“预算结余”科目，借记“预算结余”科目，贷记“债务还本支出”科目。

2. 财政部代理发行的地方政府债券利息偿还的账务处理

地方各级财政承担的地方政府债券利息记入“一般预算支出”。地方各级财政部门上缴本级承担的地方政府债券利息资金时，借记“一般预算支出——财政部代理发行的地方政府债券付息”科目，贷记“国库存款”科目。

本级财政部门代收地方政府债券付息资金时，借记“国库存款”科目，贷记“暂存款——××地方政府债券付息”科目；上缴代收的地方政府债券付息资金时，借记“暂存款——××地方政府债券付息”科目，贷记“国库存款”科目。

3. 财政部代理发行的地方政府债券发行手续费的账务处理

财政部代理发行的地方债券，除代为收取向承销团支付的手续费外，不向地方政府收取其他费用。地方各级财政承担的地方政府债券发行手续费，记入“一般预算支出”。

地方各级财政部门上缴本级承担的地方政府债券发行手续费时，借记“一般预算支出——国内外债务发行费”科目，贷记“国库存款”科目。

本级财政部门代收地方政府债券发行手续费资金时，借记“国库存款”科目，贷记“暂存款——××地方政府债券发行手续费”科目；上缴代收的地方政府债券发行手续费资金时，借记“暂存款——××地方政府债券发行手续费”科目，贷记“国库存款”科目。

【例 4-38】 某市财政局向省级财政上缴本级财政承担的财政部代理发行的地方政府债券本金 200 万元，利息 20 000 元。

市级财政总预算会计编制会计分录为：

借：债务还本支出——地方政府债券还本	2 000 000	
一般预算支出——地方政府债券付息	20 000	
贷：国库存款——一般预算存款		2 020 000

省级财政总预算会计编制会计分录为：

借：国库存款——一般预算存款	2 020 000	
贷：暂存款——地方政府债券还本		2 000 000
——地方政府债券付息		20 000

省级财政将其上缴中央财政时编制会计分录为：

借：暂存款——地方政府债券还本	2 000 000	
——地方政府债券付息	20 000	
贷：国库存款——一般预算存款		2 020 000

【例 4-39】 年终时，将“债务还本支出”科目借方余额 600 万元全部转入“预算结余”科目。其会计分录为：

借：预算结余	6 000 000	
贷：债务还本支出——地方政府债券还本		6 000 000

五、转移性支出的核算

转移性支出是指预算资金在上下级政府之间以及在本级政府不同性质资金之间进行转移所形成的支出。与转移性收入相对应，具体包括债务转贷支出、补助支出、上解支出和调出资金。

1. 债务转贷支出

债务转贷支出是一级政府将委托财政部代理发行地方政府债券的收入转贷给下级地方政府的支出。

为核算和监督地方各级财政部门对所属下级财政部门转贷的债务支出，财政总预算会计应设置“债务转贷支出”科目。该科目属于支出类科目，借方记录各级财政部门对所属下级财政部门转贷的债务支出数，贷方记录年终结转数；平时余额在借方，反映当年各级财政部门对下级财政部门转贷的支出累计数，年终结转后，该科目无余额。该科目应按照《政府收支分类科目》规定以及下级财政部门设置明细账，进行明细核算。

财政总预算会计债务转贷支出的主要账务处理如下。

(1) 地方各级财政部门将地方政府债券收入转贷给下级财政部门时，按照转出资金数，借记“债务转贷支出——转贷财政部代理发行地方政府债券支出”科目，贷记“国库存款”科目。

相应的，省级以下财政部门收到上级财政部门转贷的地方政府债券收入时，借记“国库存款”科目，贷记“债务转贷收入——转贷财政部代理发行地方政府债券收入”科目。

地方各级财政部门将债务收入或债务转贷收入安排用于本级政府实际支出时，借记“一般预算支出”科目，贷记“国库存款”科目。

(2) 年终转账时，将“债务转贷支出”科目借方余额全部转入“预算结余”科目，借记“预算结余”科目，贷记“债务转贷支出”科目。

【例 4-40】 某省财政部门向其所属某市财政局转贷其地方政府债券收入 50 万元。

省级财政总预算会计编制会计分录为：

借：债务转贷支出——转贷地方政府债券支出	500 000	
贷：国库存款——一般预算存款		500 000

市级财政总预算会计编制会计分录为：

借：国库存款——一般预算存款	500 000	
贷：债务转贷收入——转贷地方政府债券收入		500 000

【例 4-41】 年终时，某市财政将“债务转贷支出”科目借方余额 300 万元全部转入“预算结余”科目。其会计分录为：

借：预算结余	3 000 000	
贷：债务转贷支出——转贷地方政府债券支出		3 000 000

2. 补助支出

补助支出是本级财政按照财政管理体制规定或因专项、临时性资金需求等原因对下级财政进行补助而形成的支出。其具体包括：返还性补助支出、一般转移支付补助支出、专项转移支付补助支出、地震灾后恢复重建补助支出、政府性基金补助支出等。补助支出属于本级财政对下级财政的财力转移，会减少本级财政的财力。上级财政的补助支出与所属下级财政的补助收入相对应。

为核算和监督本级财政给下级财政补助时所发生的支出，财政总预算会计应设置“补助支出”科目。该科目属于支出类科目，借方记录各级财政部门对所属下级财政的补助支出数，贷方记录补助的退转数和年终结转数；平时余额在借方，反映补助支出累计数，年终结转后，该科目无余额。该科目应按照补助对象及资金性质设置明细账，进行明细核算。

财政总预算会计补助支出的主要账务处理如下。

(1)本级财政对所属下级补助款项时，借记“补助支出”科目，贷记“国库存款”或“其他财政存款”科目；若发生补助支出的退款，作相反的会计分录。

(2)若本级财政将其与下级财政的往来款转作对下级的补助时，则借记“补助支出”科目，贷记“与下级往来”科目。

(3)年终结转时，将“补助支出”科目借方余额根据补助资金的性质转入相关结余账户，借记“预算结余”或“基金预算结余”等科目，贷记“补助支出”科目。

【例 4-42】 某市财政部门向所属甲县财政部门拨付专项交通运输补助款 33 万元。该市财政部门总预算会计应作会计分录为:

借：补助支出——一般预算补助——专项转移支付——交通运输补助——甲县
330 000

贷：国库存款——一般预算存款 330 000

【例 4-43】 某市财政部门经批准将原借给所属乙县财政的 22 万元转作对其一般补助支出。该市财政部门总预算会计应作会计分录为:

借：补助支出——一般预算补助——一般性转移支付——体制补助支出——乙县
220 000

贷：与下级往来——乙县 220 000

【例 4-44】 根据中央对地方的税收返还计算数额，中央财政部门返还给甲省财政税收返还款 1 650 万元。中央财政总预算会计应作会计分录为:

借：补助支出——一般预算补助——返还性支出——甲省 16 500 000

贷：国库存款——一般预算存款 16 500 000

【例 4-45】 某市财政年终进行结算，根据预算尚欠所属丁县财政一般预算补助款 49.5 万元，先补列支出，并通知丁县入账。该市财政部门总预算会计应作会计分录为:

借：补助支出——一般预算补助——一般性转移支付——结算补助支出——丁县
495 000

贷：与下级往来——丁县 495 000

【例 4-46】 年终，某市财政总预算会计将属于一般预算“补助支出”账户的借方余额 194.7 万元和属于基金预算“补助支出”账户的借方余额 44 万元，分别转入“一般预算结余”和“基金预算结余”账户。其会计分录为:

借：一般预算结余 1 947 000

基金预算结余 440 000

贷：补助支出——一般预算补助 2 387 000

3．上解支出

上解支出是按照体制规定由本级财政上缴给上级财政的支出，包括按体制由国库在本级预算收入中直接划解给上级财政的款项、按体制结算补解给上级财政的款项和各种专项上解款项。本级财政的“上解支出”与上级财政的“上解收入”相对应。

为核算和监督按财政体制规定由本级财政上解给上级财政的款项，财政总预算会计需设置“上解支出”会计科目。该科目属于支出类，借方登记上解支出数，贷方登记上解支出的退还数和年终结转数；平时余额在借方，反映上解支出累计数，年终结转后，该科目无余额。该科目一般可不设明细账。

财政总预算会计上解支出的主要账务处理如下。

(1) 本级财政发生上解支出时，借记“上解支出”科目，贷记“国库存款”等有关科目；支出退转时，作相反的会计分录。

(2) 年终，应将“上解支出”科目余额转入“预算结余”或“基金预算结余”等科目，借记“预算结余”或“基金预算结余”等科目，贷记“上解支出”科目。

【例 4-47】 某市财政部门按财政管理体制规定上解上级省财政部门一般预算款项 38.5 万元。该市财政部门总预算会计应作会计分录为：

借：上解支出——一般性转移支付——体制上解支出　　385 000

　贷：国库存款——一般领算存款　　385 000

【例 4-48】 某市财政部门按财政管理体制规定以基金预算存款上解上级省财政政府性基金款项 33 万元。该市财政部门总预算会计应作会计分录为：

借：上解支出——政府性基金上解支出　　330 000

　贷：国库存款——基金预算存款　　330 000

【例 4-49】 某市财政按财政管理体制规定上解上级省财政专项资金 11 万元。该市财政部门总预算会计应作会计分录为：

借：上解支出——一般预算上解支出——专项上解支出　　110 000

　贷：国库存款——一般预算存款　　110 000

【例 4-50】 年终，某市财政总预算会计将属于一般预算“上解支出”账户的借方余额 60.5 万元和属于基金预算“上解支出”账户的借方余额 33 万元，分别转入“一般预算结余”和“基金预算结余”账户。其会计分录为：

借：一般预算结余　　605 000

　　基金预算结余　　330 000

　贷：上解支出　　935 000

4. 调出资金

调出资金是为平衡一般预算，在不同性质的资金之间的互相调出。其包括：一般预算调出资金、国有资本经营预算调出资金、政府性基金预算调出资金等。调出资金与调入资金是相对应的概念，其目的在于平衡预算收支，调出资金不影响上下级财政和本级财政各自的财力，只会影响本级不同性质财政资金的数额。

为核算和监督各级财政部门因平衡预算收支而调出资金的情况，财政总预算会计需设置“调出资金”会计科目。该科目属于支出类科目，借方登记经批准调出的资金数，贷方登记年终结转数；平时余额在借方，反映实际调出资金的累计数，年末余额全部转入“预算结余”或“基金预算结余”等账户，结转后年终无余额。本科目应按调出资金性质设置明细账，进行明细核算。

财政总预算会计调出资金的主要账务处理如下。

(1)财政总预算会计调出资金时,借记“调出资金”科目,贷记“国库存款”科目;同时,借记“国库存款”科目,贷记“调入资金”科目。

(2)年终,本科目借方余额,应全数转入“预算结余”或“基金预算结余”等科目,借记“预算结余”或“基金预算结余”等科目,贷记“调出资金”科目。

【例 4-51】 某市财政为平衡一般预算收支,从政府性基金预算结余中调出结余资金 88 万元。其会计分录为:

借:调出资金——政府性基金预算调出资金　　880 000

　　贷:国库存款——基金预算存款　　880 000

同时:

借:国库存款——基金预算存款　　880 000

　　贷:调入资金——一般预算调入资金　　880 000

【例 4-52】 年终,某市财政部门将“调出资金”账户中的“政府性基金调出资金”明细账户的借方余额 88 万元全数转入“基金预算结余”账户。其会计分录为:

借:基金预算结余　　880 000

　　贷:调出资金——政府性基金预算调出资金　　880 000

六、财政周转金支出的核算

财政周转金支出是指因使用财政周转金而发生的支出。其具体包括支付的资金占用费、手续费及管理机构费用等。资金占用费是下级财政因借入财政周转金而付给上级财政的费用;手续费是指财政部门委托银行办理放款和回收业务而支付的手续费;管理机构费用是指单独设置周转金专门管理机构的人员经费和公用经费,或不设单独机构而开支的少量业务经费。管理机构费用通常在规定的额度或比例内开支,一般采用委托本单位机关行政财务部门具体管理,转账结算。无论是总预算会计,还是单独设立的周转金管理机构,都不允许开支现金。

财政周转金作为财政资金有偿分配的方式,周转金的占用方无论是下级财政机关,还是具体的用款单位,都须支付一定的费用,目的在于提高资金的使用效益。

为核算和监督因使用财政周转金而发生的各项支出,财政总预算会计需设置“财政周转金支出”会计科目。该科目属于支出类科目,借方登记因使用财政周转金而发生的各项支出数,贷方登记年终结转至“财政周转金收入”的数额;平时余额在借方,反映财政周转金支出累计数,年末余额全部转入“财政周转金收入”账户,结转后年终无余额。本科目应设置“占用费支出”和“业务费支出”两个明细科目,进行明细核算,前者核算因借入上级财政周转金而支付的资金占用费,后者核算委托银行放款而支付的手续费以及经财政部门确定的有关费用支出。

财政总预算会计调出资金的主要账务处理如下。

(1)发生有关财政周转金支出费用时,借记“财政周转金支出——占用费支出或业务费支出”科目,贷记“其他财政存款”科目;支出收回时,做相反的会计分录。

(2)年终,本科目借方余额应如数转入“财政周转金收入”科目借方,以示冲销,借记“财政周转金收入”科目,贷记“财政周转金支出”科目。

【例 4-53】 某市财政因财政周转金业务，支付财政周转金占用费 9 万元。其会计分录为：

借：财政周转金支出——占用费支出　　90 000

　　贷：其他财政存款　　90 000

【例 4-54】 年终，某市财政将“财政周转金支出”科目借方余额 8 万元如数转入“财政周转金收入”科目借方，以示冲销。其会计分录为：

借：财政周转金收入　　80 000

　　贷：财政周转金支出　　80 000

七、国有资本经营预算支出及国有资本经营预算调出资金的核算

国有资本经营预算支出是指用国有资本经营预算收入安排的支出。其主要包括两个方面：一是通过国有资本经营预算收入直接安排用于相关方面的资本性或费用性支出，如直接将铁路运输企业国有资本经营预算收入用于铁路路网建设；二是从国有资本经营预算收入中调出，用于一般预算支出。

为核算和监督各级财政部门用国有资本经营预算收入安排的支出，财政总预算会计应设置“国有资本经营预算支出”科目。该科目属于支出类，借方登记用国有资本经营预算收入安排的支出数，贷方登记支出收回数以及年末转入“国有资本经营预算结余”科目数；平时余额在借方，反映当年用国有资本经营预算收入安排的支出累计数。本科目根据《政府收支分类科目》中支出功能分类科目分行业设置明细账，进行明细核算。

财政总预算会计国有资本经营预算支出的主要账务处理如下。

(1) 发生国有资本经营预算支出时，借记“国有资本经营预算支出”科目，贷记“国库存款”等有关科目。

(2) 年终转账时，将本科目借方余额全数转入“国有资本经营预算结余”科目，借记“国有资本经营预算结余”科目，贷记“国有资本经营预算支出”科目。

为核算和监督各级财政部门从国有资本经营预算收入中调出资金，用于一般预算支出，财政总预算会计应设置“国有资本经营预算调出资金”科目。该科目属于支出类科目，借方登记从国有资本经营预算收入中调出的资金数，贷方登记年末转入“国有资本经营预算结余”科目数；平时余额在借方，反映从国有资本经营预算收入中调出的资金累计数，年终结转后，该科目无余额。本科目一般无须设置明细账。

财政总预算会计国有资本经营预算调出资金的主要账务处理如下。

(1) 调出国有资本经营预算收入时，借记“国有资本经营预算调出资金”科目，贷记“调入资金”科目。

(2) 年终转账时，应将本科目借方余额转入“国有资本经营预算结余”科目，借记“国有资本经营预算结余”科目，贷记“国有资本经营预算调出资金”科目。

【例 4-55】 某市财政经批准向某国有资本经营预算资金使用单位拨付资金 22 万元，具体账户为“农林水支出——国有资本经营预算支出——重点项目支出”。其会计分录为：

借：农林水支出——国有资本经营预算支出——重点项目支出　　220 000

　　贷：国库存款——国有资本经营预算存款　　220 000

【例 4-56】 某市财政从国有资本经营预算收入中调出 110 万元至一般预算。其会计分录为：

借：国有资本经营预算调出资金　　1 100 000

贷：调入资金——一般预算调入资金　　　　　　　　　　1 100 000

同时调整国库存款明细账：

借：国库存款——一般预算存款　　　　　　　　　　1 100 000

贷：国库存款——国有资本经营预算存款　　　　　　　　　　1 100 000

【例 4-57】 年终，某市财政部门将“国有资本经营预算支出”账户的借方余额 635.8 万元以及“国有资本经营预算调出资金”账户借方余额 110 万元全数转入“国有资本经营预算结余”账户。其会计分录为：

借：国有资本经营预算结余　　　　　　　　　　7 458 000

贷：国有资本经营预算调出资金　　　　　　　　　　1 100 000

国有资本经营预算支出　　　　　　　　　　6 358 000

八、财政专户管理资金支出的核算

财政专户管理资金支出是指各级财政以未纳入预算并实行财政专户管理的资金安排的支出。为核算和监督各级财政用以未纳入预算并实行财政专户管理的资金安排的支出，财政总预算会计应设置“财政专户管理资金支出”科目。该科目属于支出类科目，借方登记实际发生的财政专户管理资金支出数，贷方登记年末转入“财政专户管理资金结余”科目数；平时余额在借方，反映当年发生的财政专户管理资金支出累计数，年终结转后，该科目无余额。本科目根据《政府收支分类科目》中支出功能分类科目设置相应明细账；同时，根据管理需要，按部门进行明细核算。

财政总预算会计关于财政专户管理资金支出的主要账务处理如下。

(1)发生财政专户管理的资金支出时，借记“财政专户管理资金支出”科目，贷记“其他财政存款”科目。

(2)年终转账时，将本科目借方余额全数转入“财政专户管理资金结余”科目，借记“财政专户管理资金结余”科目，贷记“财政专户管理资金支出”科目。

【例 4-58】 某市财政部门按单位预算用财政专户管理资金 550 万元向市职业技术学院支付经费。其会计分录为：

借：财政专户管理资金支出——教育收费支出　　　　　　　　　　5 500 000

贷：其他财政存款——财政专户管理资金存款　　　　　　　　　　5 500 000

【例 4-59】 某市财政部门按单位预算用财政专户管理资金 71.5 万元向体育彩票发行机构支付业务费。其会计分录为：

借：财政专户管理资金支出——彩票业务费支出　　　　　　　　　　715 000

贷：其他财政存款——财政专户管理资金存款　　　　　　　　　　715 000

【例 4-60】 某市财政部门年终将“财政专户管理资金支出”账户的借方余额 1 721.5 万元、转入财政专户管理资金结余账户。其中，1 650 万元属于教育经费支出，71.5 万元属于彩票业务费支出。其会计分录为：

借：财政专户管理资金结余——教育收费结余　　　　　　　　　　16 500 000

——彩票业务费结余　　　　　　　　　　715 000

贷：财政专户管理资金支出——教育收费支出　　　　　　　　　　16 500 000

——彩票业务费支出　　　　　　　　　　715 000

本章小结

财政总预算会计的收入包括一般预算收入、基金预算收入、专用基金收入、债务收入、债务转贷收入、补助收入、上解收入、调入资金、国有资本经营预算收入、财政专户管理资金收入、财政周转金收入等。其中，债务转贷收入、补助收入、上解收入、调入资金合称为转移性收入。

财政总预算会计的支出基本上和财政总预算收入相对应，分为一般预算支出、基金预算支出、专用基金支出、国有资本经营预算支出、债务还本支出、债务转贷支出、补助支出、上解支出、调出资金、财政专户管理资金支出、财政周转金支出等。其中，债务转贷支出、补助支出、上解支出、调出资金合称为转移性支出。

一般预算收入是通过一定的形式和程序，有计划、有组织地由国家支配、纳入预算管理的资金。一般预算支出是政府安排使用一般预算收入而发生的支出，是国家对集中的预算收入有计划的分配和使用。

基金预算收入是指按规定收取、转入或通过当年财政安排，由财政管理并具有指定用途的政府性基金等。基金预算支出是用基金预算收入安排的支出，其支出内容与基金预算收入相对应。各项基金都有特定的来源和用途，其特点是先收后支，专款专用。

专用基金收入是财政部门按规定设置或取得的有专门用途的基金收入。专用基金支出是指用专用基金收入安排的支出。各项专用基金应按规定的用途开支，做到先收后支、量入为出、专款专用。

债务收入是指由财政部代理发行、省级财政部门作为债务主体，发行地方政府债券收到的发行收入。省级财政可将此收入转贷给下级财政，债务转贷支出即是一级政府将委托财政部代理发行地方政府债券的收入转贷给下级地方政府的支出。债务转贷收入则是指省级以下财政部门(不含省级)收到的来自上级财政部门转贷的“债务收入”。

债务还本支出是指各级财政部门因偿还财政部代理发行的地方政府债券本金而发生的支出。地方各级财政承担的地方政府债券利息及发行手续费等属于一般预算支出。

补助收入是指上级财政根据体制规定或因专门需要补助给本级财政的款项，是上级财政向下级财政的财力转移。其具体包括：税收送还收入、按财政体制规定由上级财政补助的款项、上级财政对本级的专项补助和临时性补助等。补助支出是指本级财政按照财政管理体制规定或因专项、临时性资金需求等原因对下级财政进行补助而形成的支出。其具体包括：返还性补助支出、一般转移支付补助支出、专项转移支付补助支出、地震灾后恢复重建补助支出、政府性基金补助支出等。上级财政的补助支出与所属下级财政的补助收入相对应。

上解收入是指按财政体制规定由下级财政上缴给本级财政的款项。其具体包括：按体制规定由国库在下级预算收入中直接划解给本级财政的款项；按体制结算后由下级财政补缴给本级财政的款项和各种专项上解款项。上解支出是指按照体制规定由本级财政上缴给上级财政的支出，包括按体制由国库在本级预算收入中直接划解给上级财政的款项、按体制结算补解给上级财政的款项和各种专项上解款项。本级财政的“上解支出”与上级财政的“上解收入”相对应。

调入资金与调出资金是相对的概念，是为平衡一般预算，在不同性质的资金之间进行调入调出的资金。如将预算结余资金调入基金预算，则形成基金预算调入资金，同时形成一般预算调出资金，反之亦然。资金的调入与调出不影响上下级财政和本级财政各自的财力，但会影响本级不同性质财政资金的数额。

乡(镇)财政部门收到由预算外财政专户管理资金拨付的自筹资金视同调入资金处理。

财政周转金收入是财政部门在财政周转金借出或放款业务中收取的资金占用费收入和利息收入。其主要包括支工周转金收入、支农周转金收入和事业周转金收入。财政周转金支出是指财政周转金的使用方因有偿使用财政周转金而发生的支出。其具体包括支付的资金占用费、手续费及管理机构费用等。财政周转金收入扣除必要的业务费后的净值用于补充财政周转金。

国有资本经营预算收入是指各级人民政府及其部门以所有者身份依法取得的国有资本收益。财政总预算会计中，国有资本经营预算收入主要包括利润收入、股利、利息收入、产权转让收入、清算收入等。国有资本经营预算支出是指用国有资本经营预算收入安排的支出。其主要包括两个方面：一是通过国有资本经营预算收入直接安排用于相关方面的资本性或费用性支出，即国有资本经营预算支出；二是从国有资本经营预算收入中调出，用于一般预算支出，即国有资本经营预算调出资金。

财政专户管理资金收入是指尚未纳入预算并实行财政专户管理的各项财政资金，包括教育收费、彩票发行机构和彩票销售机构的业务费用等收入。财政专户管理资金支出是指各级财政以未纳入预算并实行财政专户管理的资金安排的支出。

财政性资金的支付主要有财政直接支付、财政授权支付、财政实拨资金三种方式。

年终，财政总预算会计应将收入类及支出类会计科目的当年发生额全数从相反方向转入相关结余账户，结转后，收入类科目和支出类科目均无余额。

复习思考题

1. 什么是财政总预算会计的收入？具体包括哪些内容？
2. 什么是财政总预算会计的支出？具体包括哪些内容？
3. 基金预算收入与专用基金收入有何异同点？
4. 简述债务收入、债务转贷收入、债务转贷支出及债务还本支出的联系与区别。
5. 什么是转移性收入？什么是转移性支出？各自包括哪些内容？
6. 什么是国有资本经营预算收入？具体包括哪些内容？
7. 国有资本经营预算支出与国有资本经营预算调出资金有什么区别？
8. 财政性资金有哪些支付方式？简述其支付程序。
9. 什么是财政周转金收入？什么是财政周转金支出？各自包括哪些内容？

第五章

财政总预算会计资产、负债及净资产的核算

第一节　财政总预算会计资产的核算

财政总预算会计的资产是指一级财政掌管或控制的能以货币计量的经济资源，包括财政性存款、有价证券、暂付及应收款项、预拨经费、基建拨款、财政周转金放款、借出财政周转金以及待处理财政周转金等。

一、财政性存款的核算

（一）财政性存款的内容和管理原则

财政性存款是财政部门代表政府掌管的财政资金，包括国库存款、其他财政存款、财政零余额账户存款。

我国财政资金的管理实行国库单一账户制度。国库单一账户制度是指所有的财政资金都集中在中国人民银行国库存款账户或国库指定的代理银行开设的账户，所有财政资金的收支都通过这一账户体系进行集中收缴、拨付和清算，收入直接缴入国库或财政专户，支出通过国库单一账户体系支付的运行模式。

国库单一账户体系由财政部门在中国人民银行及其分支机构开设的国库存款账户、财政部门在商业银行开设的财政零余额账户、政府批准或授权财政部门开设的特殊性资金专户和以财政部门为预算单位开设的预算单位零余额账户以及预算外资金财政专户等构成。这些账户按工作需要设置，相互之间配套运作，共同完成国库集中收付的要求。

财政资金通过国库单一账户直接支付给商品和劳务供应者，属于直接支付类型的支出；通过单位零余额账户直接支付到收款人，属于授权支付类型的支出。

在国库单一账户制度下，财政部门不再将财政资金拨付到行政事业单位，只需给行政事业单位下达年度预算指标及审批预算单位的月度用款计划，在预算资金没有拨付给商品和劳务供应者之前，始终保留在中国人民银行的国库单一账户上，由财政部门直接管理。

财政性存款的支配权属于同级政府财政部门，并由总预算会计负责管理，统一通过国库单一账户体系收付。总预算会计在管理财政性存款中，应当遵循以下原则。

1. 集中资金，统一调度

各种应由财政部门掌管的资金，都应纳入总预算会计的存款账户，并根据事业进度和资金使用情况，保证满足计划内各项正常支出的需求，充分发挥资金效益，把资金用活用好。

2. 严格控制存款开户

财政部门的预算资金除财政部有明确规定者外，一律由总预算会计统一在国库或指定的银

行开立存款账户。不得在国家规定之外将预算资金或其他财政性资金任意转存其他金融机构。

3. 根据预算和用款计划支拨资金

财政总预算会计应根据年度预算或经批准的季度分月用款计划拨付资金，不得办理超预算、无用款计划的拨款。

4. 转账结算

财政总预算会计的各种支拨凭证只能用以转账结算，不得提取现金。这是因为财政是分配财政资金的部门，不是资金的具体使用单位，不需要支付现金，所以一律是转账结算。

5. 在存款余额内支付，不得透支

财政总预算会计只能在国库存款和其他财政存款余额内办理支付，不能办理超余额的资金拨付。这有利于各级财政总预算的执行，促使财政部门做好资金调度工作，确保财政收支平衡。

（二）财政性存款的账务处理

1. 国库存款的账务处理

国库存款是财政总预算会计存放在中国人民银行国库的预算资金存款，包括一般预算资金存款、基金预算存款、国有资本经营预算资金存款、财政专户管理资金结余存款等。

为核算和监督各级财政总预算会计在国库的预算资金存款，财政总预算会计应设置“国库存款”科目。该科目属于资产类科目，借方登记国库存款增加数，贷方登记国库存款减少数；余额在借方，反映国库存款的实际结存数。本科目根据资金性质设置明细账，进行明细核算。

财政总预算会计关于国库存款的主要账务处理如下。

(1)总预算会计收到预算收入时，根据国库报来的预算收入日报表入账，借记“国库存款”科目，贷记“一般预算收入”“基金预算收入”“国有资本经营预算收入”等科目。

(2)收到上级预算补助时，根据国库转来有关结算凭证入账，借记“国库存款”科目，贷记“补助收入”“与上级往来”等科目。

(3)收到下级财政按体制上解的款项时，根据国库转来有关结算凭证入账，借记“国库存款”科目，贷记“上解收入”“与下级往来”等科目。

(4)办理库款支付时，根据支付凭证回单入账，借记“一般预算支出”“基金预算支出”“预拨经费”等科目，贷记“国库存款”科目。

有外币收支业务的总预算会计应按外币的种类设置外币存款明细账。发生外币收支业务时，应根据中国人民银行公布的人民币外汇汇率折合为人民币记账，并登记外国货币金额和折合率。年度终了，应将外币账户余额按照期末中国人民银行颁布的人民币外汇汇价折合为人民币，作为外币账户期末人民币余额。调整后的各种外币账户人民币余额与原账面余额的差额，作为汇兑损溢列入有关支出科目。

2. 其他财政存款的账务处理

其他财政存款是指各级财政总预算会计未列入“国库存款”科目反映的各项财政性存款，包括财政周转金存款、未设国库的乡镇财政在专业银行的预算资金存款、部分由财政部指定存入专业银行的专用基金存款、未纳入预算并实行财政专户管理的存款等。

为核算和监督各级总预算会计未列入“国库存款”科目反映的各项财政性存款，财政总预算会计应设置“其他财政存款”科目。该科目属于资产类科目，借方登记其他财政存款增加数，贷方登记其他财政存款减少数；本科目借方余额反映其他财政存款的实际结存数，其年终余额结转下年。为便于分类管理，“其他财政存款”总账科目下应按交存地点和资金性质分设明细账，进行明细核算。

财政总预算会计关于其他财政存款的主要账务处理如下。

(1)收到其他财政存款时，总预算会计应根据经办行报来的收入日报表或银行收款通知入账，借记“其他财政存款”科目，贷记“专用基金收入”“财政专户管理资金收入”“财政周转金收入”等科目。

(2)总预算会计支付其他财政存款时，应根据有关支付凭证的回单入账，借记“专用基金支出”“财政专户管理资金支出”“财政周转金支出”等科目，贷记“其他财政存款”科目。

3. 国库会计的财政零余额账户存款的账务处理

财政国库也需要对其收付行为进行会计核算。在财政部层面，财政国库支付执行机构称为国库支付中心；在地方层面，称为国库支付局或国库支付中心。财政国库支付执行机构会计是财政总预算会计的延伸，执行《财政总预算会计制度》。

财政国库支付执行机构应设置“财政零余额账户存款”科目，用于核算财政国库支付执行机构在银行办理财政直接支付的业务。该科目借方登记当天国库单一账户存款划入冲销数，贷方登记财政国库支付执行机构当天发生直接支付资金数，当日资金结算后，该科目余额为零。

财政国库支付执行机构应设置“已结报支出”科目。已结报支出是指国库采用财政直接支付或授权支付方式下，划款后且已与中国人民银行国库划款凭证核对无误的结算资金，为财政国库支付执行机构特有的业务。

“已结报支出”科目属于负债类科目，用于核算财政国库资金已结清的支出数额，当天业务结束后，该科目余额应等于一般预算支出和基金预算支出之和。年终结账时，作相反的会计分录，借记“已结报支出”科目，贷记“一般预算支出”“基金预算支出”等科目。

财政总预算会计关于国库会计的财政零余额账户存款的主要账务处理如下。

(1)财政直接支付。

财政支付执行机构为预算单位直接支付款项时，借记“一般预算支出”“基金预算支出——财政直接支付”科目，贷记“财政零余额账户存款”科目。

财政国库支付执行机构经与中国人民银行国库划款凭证核对无误后，送财政总预算会计结算资金时，借记“财政零余额账户存款”科目，贷记“已结报支出——财政直接支付”科目。

年终，国库支付执行机构将预算支出与有关方面核对一致后结转时，借记“已结报支出”科目，贷记“一般预算支出”“基金预算支出”等科目。

(2)财政授权支付时。

财政国库支付执行机构对于授权支付的款项，根据代理银行报来的《财政支出日(旬、月)报表》，与中国人民银行国库划款凭证核对无误后，列报支出，并登记预算单位支出明细账，借记“一般预算支出”“基金预算支出——单位零余额账户额度”等科目，贷记“已结报支出——财政授权支出”科目。

年终，国库支付执行机构将预算支出与有关方面核对一致后结转时，借记“已结报支出”科目，贷记“一般预算支出”“基金预算支出”等科目。

年终转账后，“已结报支出”“一般预算支出”“基金预算支出”科目的余额均为零。

【例 5-1】 某市财政收到国库报来的预算收入日报表，列明当日一般预算收入合计 715 万元，基金预算收入合计 275 万元。其会计分录为：

借：国库存款——一般预算存款　　7 150 000

　　　　　——基金预算存款　　2 750 000

　贷：一般预算收入　　7 150 000

　　　基金预算收入　　2 750 000

【例 5-2】 某市财政收到国库转来的有关结算凭证，收到上级省财政部门拨来的一般预算补助款 55 万元。其会计分录为：

借：国库存款——一般预算存款　　550 000

　贷：补助收入　　550 000

【例 5-3】 某市财政收到国库转来的有关结算凭证，按照财政体制规定向上级省财政部门上解支出 11 万元。其会计分录为：

借：上解支出　　110 000

　贷：国库存款——一般预算存款　　110 000

【例 5-4】 某乡财政未设国库，收到县财政返还的一般预算收入 68 万元。其会计分录为：

借：其他财政存款——一般预算存款　　680 000

　贷：一般预算收入　　680 000

【例 5-5】 某市财政从其他财政存款账户拨付给 A 单位粮食风险基金 24 万元。其会计分录为：

借：专用基金支出——粮食风险基金　　240 000

　贷：其他财政存款——专用基金存款　　240 000

【例 5-6】 某市财政国库支付执行机构以财政直接支付方式通过财政零余额账户为预算单位支付一般预算安排的款项 616 万元，基金预算安排的款项 66 万元。财政国库支付执行机构会计编制会计分录为：

借：一般预算支出——财政直接支付　　6 160 000

　　基金预算支出——财政直接支付　　660 000

　贷：财政零余额账户存款　　6 820 000

【例 5-7】 某市财政国库支付执行机构汇总编制《预算支出结算清单》，财政直接支付应结算的款项为 682 万元。经与中国人民银行国库划款凭证核对无误，送交财政总预算会计结算资金。财政国库支付执行机构会计编制会计分录为：

借：财政零余额账户存款　　6 820 000

　贷：已结报支出——财政直接支付　　6 820 000

【例 5-8】 某市财政国库支付执行机构收到有关预算单位财政授权支付代理银行报来的财政授权支付报表。其中，以一般预算安排的授权支出为 33 万元，以基金预算安排的授权支出为 17.5 万元。经与中国人民银行国库划款凭证核对无误后，财政国库支付执行机构会计编制会计分录为：

借：一般预算支出——单位零余额账户额度　　330 000

　　基金预算支出——单位零余额账户额度　　175 000

　贷：已结报支出——财政授权支付　　505 000

【例 5-9】 年终，财政国库支付执行机构将预算支出与有关方面核对一致，其有关账户的余额为："一般预算支出——财政直接支付"88 951.5 万元，"一般预算支出——单位零余额账户额度"62 641.7 万元，"基金预算支出——单位零余额账户额度"2 200 万元。国库支付执行机构会计编制会计分录为：

借：已结报支出——财政直接支付　　889 515 000

　　　　　　——财政授权支付　　648 417 000

　贷：一般预算支出——财政直接支付　　889 515 000

　　　　　　　　——单位零余额账户额度　　626 417 000

　　基金预算支出——单位零余额账户额度　　22 000 000

二、有价证券的核算

有价证券是指各级财政按国家规定动用各项财政结余购入的中央财政以信用方式发行的国家公债。中央财政向地方财政发行的国家公债，是中央财政向地方财政进行筹款的一种方式，有助于实现中央财政预算收支平衡，控制和压缩地方支出规模；地方财政购买有价证券，有助于充分利用暂时闲置的财政资金，取得更多的财政收入，为履行政府职能提供更大的支持。

财政总预算有价证券的管理要求主要有以下几点。

(1)各级财政只能用各项财政结余购买国家指定的有价证券。

(2)有价证券应按取得时实际支付的价款记账，支付购买有价证券的资金不得列作支出核算。

(3)当期取得有价证券的兑付利息及转让有价证券取得的收入与账面成本的差额,应按照购入有价证券时的资金性质记入一般预算收入或基金预算收入入账。

(4)购入的有价证券应视同货币妥善保管，防止遗失。

为核算和监督各级政府按国家统一规定用各项财政结余购买的有价证券，财政总预算会计应设置"有价证券"科目。该科目属于资产类科目，借方登记各级政府按国家统一规定用各项财政结余购买的有价证券款；本科目借方余额反映尚未兑换的有价证券款，即有价证券的实际库存款。本科目应按有价证券种类和资金性质设置明细账，进行明细核算。

财政总预算会计关于有价证券的主要账务处理如下。

(1)购入有价证券时，借记"有价证券"科目，贷记"国库存款""其他财政存款"等科目。

(2)到期兑付有价证券时，借记"国库存款""其他财政存款"等科目，根据其兑付的本金部分贷记"有价证券"科目，利息收入根据购入有价证券时的资金性质记入"一般预算收入"或"基金预算收入"科目。

【例 5-10】 某市财政局用一般预算结余资金购买中央财政发行的公债 22 万元。其会计分录为：

借：有价证券　　220 000

　贷：国库存款——一般预算存款　　220 000

【例 5-11】 某市财政局用基金预算结余资金购买中央财政发行的公债 55 万元。其会计分录为：

借：有价证券　　550 000

　贷：国库存款——基金预算存款　　550 000

【例 5-12】某市财政将以前年度用基金预算结余购买的 3 年期国库券 11 万元提前转让，取得转让净收入 12.1 万元。其会计分录为：

借：国库存款——基金预算存款　　121 000

　贷：有价证券——基金预算结余购入　　110 000

　　基金预算收入　　11 000

【例 5-13】某市财政持有的 3 年期国库券 66 万元到期兑付，其中，用一般预算结余购入的为 44 万元，用基金预算结余购入的为 22 万元，国库券年利率为 5%，到期一次还本付息。其会计分录为：

借：国库存款——一般预算存款　　506 000

　　——基金预算存款　　253 000

　贷：有价证券——一般预算结余购入　　440 000

　　——基金预算结余购入　　220 000

　　一般预算收入　　66 000

　　基金预算收入　　33 000

三、在途款的核算

在途款是指在途未到达的款项。财政总预算会计在途款是指在规定的决算清理期和国库报解整理期内，财政总预算收到的应属于上年度收入的款项和收回的不应在上年列支的款项或其他需要作为在途款过渡的资金，即各级财政在决算清理期和库款报解整理期内发生的跨年度收支业务以及需要过渡处理的资金。在途款体现了财政部门与中国人民银行国库、所属预算单位之间预算资金待结算或待清理的关系。

为核算和监督决算清理期和库款报解整理期内发生的上下年度收入、支出业务及需要通过过渡处理的资金数，财政总预算会计应设置“在途款”科目。该科目属于资产类科目，借方登记在途款的增加数，贷方登记在途款的冲转数；年终余额在借方，反映待冲转的在途款数。记入新账后，该科目无余额。本科目应按资金性质设置明细账，进行明细核算。

财政总预算会计关于在途款的主要账务处理如下。

(1) 决算清理期内收到属于上年度收入时，在上年度账上借记“在途款”科目，贷记“一般预算收入”“补助收入”“上解收入”等收入科目。

(2) 收回属于上年度拨款或支出时，在上年度账上借记“在途款”科目，贷记“预拨经费”或“一般预算支出”等科目。

(3) 冲转在途款时，在新年度账上，借记“国库存款”科目，贷记“在途款”科目。

【例 5-14】某市财政在决算清理期内收到国库报来预算收入日报表及附件，列示所属上年度的一般预算收入为 27.5 万元。其账务处理为：

在上年度账上记：

借：在途款　　275 000

　贷：一般预算收入　　275 000

在本年度账上记：

借：国库存款——一般预算存款　　275 000

　贷：在途款　　275 000

【例 5-15】 某市财政在决算清理期内收到国库报来的收回上年度各单位一般预算支出 15.4 万元。其账务处理为：

在上年度账上记：

借：在途款　　154 000

　　贷：一般预算收入　　154 000

在本年度新账上记：

借：国库存款——一般预算存款　　154 000

　　贷：在途款　　154 000

四、暂付及应收款项的核算

暂付及应收款项属于往来结算中形成的债权，包括在预算执行过程中上下级财政结算形成的债权以及对用款单位借垫款形成的债权，具体分为暂付款和与下级往来。暂付及应收款项应按实际发生数额记账，并应及时清理结算，不得长期挂账。年末原则上应无余额。

1．暂付款

财政总预算会计的暂付款是指各级财政部门借给所属预算单位或其他单位临时急需的款项。

为核算和监督各级财政部门借给所属预算单位或其他单位临时急需的款项，财政总预算会计应设置“暂付款”科目。该科目属于资产类科目，借方登记借出、暂付给所属预算单位或其他单位临时急需的款项，贷方登记结算收回或核销后转列支出的款项；期末余额在借方，反映尚待结算的暂付款项。“暂付款”科目应及时清理结算，年终原则上应无余额。本科目应按资金性质及借款单位设置明细账，进行明细核算。

财政总预算会计关于暂付款的主要账务处理如下。

(1)借出时，借记“暂付款”科目，贷记“国库存款”“其他财政存款”科目。

(2)收回或转作预算支出时，借记“国库存款”“其他财政存款”或有关支出科目，贷记“暂付款”科目。

【例 5-16】 市教育局因修理危险校舍，向市财政紧急借款 33 万元。市财政会计分录为：

借：暂付款——教育局　　330 000

　　贷：国库存款　　330 000

【例 5-17】 承【例 5-16】，上述修理校舍款项 33 万元经研究预算已经落实，转作一般预算支出。市财政会计分录为：

借：一般预算支出　　330 000

　　贷：暂付款——教育局　　330 000

2．与下级往来

与下级往来是指在预算执行过程中上下级财政结算形成的债权。其包括：本级财政借给下级财政的款项、财政体制结算中应收未收的下级财政向上级财政上解资金，或上级财政向下级财政补助资金而形成的债权等。

为核算和监督在预算执行过程中上下级财政结算形成的债权，财政总预算会计应设置“与下级往来”科目。该科目属于往来性质的科目，借方登记借给下级财政的款项或应由下级财政上解的收入，贷方登记借款的收回或转作下级财政补助的款项。余额在借方，反映下级财政应归还本级财政的款项；余额在贷方，则反映本级财政欠下级财政的款项，在编制“资产负债表”时应以负数反映。本科目应按资金性质和下级财政部门名称设置明细账，进行明细核算。本科目应及时清理结算。应转作补助支出的部分，应在当年结清；其他年终未能结清的余额，结转下年。

财政总预算会计关于与下级往来的主要账务处理如下。

(1)借给下级财政款时，借记“与下级往来”科目，贷记“国库存款”科目。

(2)体制结算中确认应收而未收的应由下级财政上缴的收入数时，借记“与下级往来”科目，贷记“上解收入”科目。

(3)借款收回、借给下级财政款转作补助支出或体制结算应补助下级财政时，借记“国库存款”“补助支出”等有关科目，贷记“与下级往来”科目。

【例 5-18】 某市财政同意下级甲县财政局的申请，借给临时周转金 27.5 万元。其会计分录为：

借：与下级往来——甲县财政	275 000	
贷：国库存款——一般预算存款		275 000

【例 5-19】 某市财政将借给所属乙县财政的往来款项 11 万元转作对该县的补助支出。其会计分录为：

借：补助支出	110 000	
贷：与下级往来——乙县财政		110 000

【例 5-20】 某市财政收到甲县财政偿还的前期临时周转金借款 27.5 万元。其会计分录为：

借：国库存款——一般预算存款	275 000	
贷：与下级往来——甲县财政		275 000

五、预拨款项的核算

预拨款项是按规定预拨给用款单位的待结算资金，包括预拨经费和基建拨款。

预拨经费是财政部门预拨给预算单位、尚未列为预算支出的财政资金。预拨经费主要包括两种情况：一是在年度预算执行中，财政总预算会计以财政资金预拨的、应在以后各期列支的款项。这主要是对处于偏远地区的预算单位提前预拨部分经费，以保证款项及时到账，用于支付各种行政事业费用。二是在会计年度终了前预拨给用款单位的下年度经费款。这主要是对季节性较强的预算单位提前预拨部分经费，以保证需提前准备项目的开展。

基建拨款是预拨给受托经办基本建设支出的专业银行或拨付基本建设财务管理部门的基本建设款项，也是各级财政拨出的用于基本建设的款项。

各项预拨款项应按实际预拨数额记账。预拨经费(不含预拨下年度经费)应在年终前转列支出或清理收回。基建拨款应按建设单位银行支出数(限额部分)和拨付建设单位数（非限额部分)转列支出账。

对行政事业单位的拨款，应按照单位领报关系转拨。凡有上级主管部门的单位，不能作为主管会计单位，直接与各级财政部门发生领报关系。

为核算和监督财政部门预拨给行政事业单位的、尚未列为预算支出的经费，财政总预算会计应设置“预拨经费”科目。该科目属于资产类科目，借方登记预拨给用款单位的款项，贷方登记用款单位缴回的款项或转列支出的款项；本科目借方余额反映尚未转列支出或尚待收回的预拨经费数。本科目应按拨款单位设明细账，进行明细核算。

财政总预算会计关于预拨经费的主要账务处理如下。

(1)财政总预算会计预拨经费时，借记“预拨经费”科目，贷记“国库存款”科目［未设国库的乡(镇)总预算会计，贷记“其他财政存款”科目，下同］。

(2)转列支出或收到用款单位缴回数时，借记“一般预算支出”“国库存款”等科目，贷记“预拨经费”科目。

【例 5-21】 某市财政根据下年度计划和水利局申请预拨下年度农田水利经费 220 万元。其会计分录为：

借：预拨经费——水利局——下年度水利经费　　2 200 000

　　贷：国库存款　　2 200 000

【例 5-22】 承【例 5-21】，该市财政将上述预拨经费全部转列一般预算支出。其会计分录为：

借：一般预算支出　　2 200 000

　　贷：预拨经费——水利局——下年度水利经费　　2 200 000

为核算和监督基建拨款的拨付、缴回等情况，财政总预算会计应设置“基建拨款”科目。该科目属于资产类，借方登记拨付给经办基本建设支出的专业银行或基本建设财务管理部门的基建资金数，贷方登记受委托的专业银行或基本建设财务管理部门报来的拨付给建设单位的基建资金数或缴回财政的基建资金数；本科目借方余额反映尚未列报基本建设支出的基建资金数。本科目应按拨款单位设明细账，进行明细核算。直接拨给建设单位的基本建设资金，不通过本科目核算，而是在拨付时列报支出，直接记入“一般预算支出”。

财政总预算会计关于基建拨款的主要账务处理如下。

(1)拨出款项时，借记“基建拨款”科目，贷记“国库存款”科目。

(2)收到基本建设财务管理部门或受委托的专业银行报来的拨付给建设单位数及缴回财政数时，借记“一般预算支出”“国库存款”等有关科目，贷记“基建拨款”科目。

【例 5-23】 某市财政尚未实行国库集中支付制度，根据批准的基本建设计划，使用一般预算存款拨付给市建设银行基本建设款 660 万元。其会计分录为：

借：基建拨款——建设银行　　6 600 000

　　贷：国库存款——一般预算存款　　6 600 000

【例 5-24】 某市财政根据市建设银行报来的基建拨款报表，转列基建支出 638 万元，缴回 22 万元。其会计分录为：

借：一般预算支出　　6 380 000

　　国库存款——一般预算存款　　220 000

　　贷：基建拨款——市建设银行　　6 600 000

六、财政周转金资产的核算

财政周转金是由财政部门设置和管理的具有特定用途、目的的有偿使用的财政资金，与财政周转金相关的资产主要有财政周转金放款、借出财政周转金、待处理财政周转金等。

财政周转金放款是指各级财政直接贷付给所属用款单位的财政有偿资金。

借出财政周转金是指上级财政部门借给下级财政部门用于周转使用的有偿资金，属于上下级财政部门之间的融通或结算。

待处理财政周转金是指周转金放款超过约定的还款期限，经审核已成呆账，但尚未按规定程序报批核销的财政周转金。财政周转金的贷付、借出和回收，应按实际发生数额记账。

为核算和监督各级财政直接贷付给所属用款单位的财政有偿资金的贷付及收回情况，财政总预算会计应设置“财政周转金放款”科目。该科目属于资产类科目，借方登记有偿资金贷付给用款单位的款项，贷方登记有偿资金的收回数；本科目借方余额，反映总预算会计掌握的财政有偿资金放款数。本科目应按拨（放）款的对象及放款期限设分户明细账。对于周转金放款业务较多的地区，可以由总预算会计或周转金管理机构进行总分类核算，财政业务部门进行明细核算。

财政总预算会计关于财政周转金放款的主要账务处理如下。

(1)将财政周转金贷给用款单位时，借记“财政周转金放款”科目，贷记“其他财政存款”科目。

(2)收回时，借记“其他财政存款”科目，贷记“财政周转金放款”科目。

为核算和监督上级财政部门借给下级财政部门周转金的借出与收回情况，财政总预算会计应设置“借出财政周转金”科目。该科目属于资产类科目，借方登记上级财政部门借给下级财政部门周转金的借出数，贷方登记上级财政部门借给下级财政部门周转金的收回数；本科目借方余额反映尚未收回的借出周转金数。本科目应按借款对象设明细账，进行明细核算。

财政总预算会计关于借出财政周转金的主要账务处理如下。

(1)借给下级财政部门周转金时，借记“借出财政周转金”科目，贷记“其他财政存款”科目。

(2)下级财政部门归还时作相反的会计分录，借记“其他财政存款”科目，贷记“借出财政周转金”科目。

为核算和监督经审核已经成为呆账，但尚未按规定程序报批核销的逾期财政周转金的转入和核销情况，财政总预算会计应设置“待处理财政周转金”科目。该科目属于资产类科目，借方登记逾期未还的财政周转金经批准的转入数，贷方登记清理中收回的和按规定报经核销的周转金放款数；本科目借方余额反映尚待核销的待处理资金数。本科目应按欠款单位名称设置明细账，进行明细核算。

财政总预算会计关于待处理财政周转金的主要账务处理如下。

(1)逾期未还的周转金经批准转入时，借记“待处理财政周转金”科目，贷记“财政周转金放款”科目。

(2)因用款单位情况好转，在清理过程中收回部分或全部周转金放款时，借记“其他财政存款”科目，贷记“待处理财政周转金”科目。

(3)按规定程序报经核销时，借记“财政周转基金”科目，贷记“待处理财政周转金”科目。

【例 5-25】 某市财政局年初向市林业局提供周转金贷款 35 万元。其会计分录为：

借：财政周转金放款——市林业局	350 000
贷：其他财政存款——财政周转金存款	350 000

【例 5-26】 承【例 5-25】，该市财政局年末收回向市林业局提供的周转金贷款 35 万元，并取得占用费收入 12 000 元。其会计分录为：

借：其他财政存款——财政周转金存款	362 000
贷：财政周转金放款——市林业局	350 000
财政周转金收入——占用费收入	12 000

【例 5-27】 某市财政局根据所属某县财政的申请提供周转金 32 万元。其会计分录为：

借：借出财政周转金——某县　　320 000

　　贷：其他财政存款——财政周转金存款　　320 000

【例 5-28】 承【例 5-27】，市级财政收回借给所属县级财政部门的周转金 32 万元，并取得占用费收入 1 万元。其会计分录为：

借：其他财政存款——财政周转金存款　　330 000

　　贷：借出财政周转金——某县　　320 000

　　　　财政周转金收入——占用费收入　　10 000

【例 5-29】 某市财政局经审核确定借给市农业局的周转金 20 万元无法收回。其会计分录为：

借：待处理财政周转金——市农业局　　200 000

　　贷：财政周转金放款——市农业局　　200 000

【例 5-30】 承【例 5-29】，该市财政局在清理过程中收到市农业局偿付的周转金放款 14 万元，余款按规定程序予以核销。其会计分录为：

借：其他财政存款——财政周转金存款　　140 000

　　财政周转基金　　60 000

　　贷：待处理财政周转金——市农业局　　200 000

第二节　财政总预算会计负债的核算

财政总预算会计的负债是指一级财政所承担的能以货币计量、需要以资产偿付的债务，包括应付及暂收款项、按法定程序及核定的预算举借的债务、借入财政周转金等。其中，应付及暂收款项是在预算执行期间，上下级财政或财政与其他部门往来结算中形成的债务，包括结算中发生的暂存款、与上级往来款以及收到其他性质不明的款项等。按法定程序及核定的预算举借的债务是指中央预算按全国人民代表大会批准的数额举借的国内和国外债务，以及地方预算根据国家法律或国务院特别规定举借的债务。借入财政周转金是指下级财政部门从上级财政部门借入的用于周转使用的有偿资金。

各种负债应按实际发生数额和偿还数额记账。各种债务应及时结算，属于应付、暂收款及不明性质的款项应及时清理转账。

一、暂存款的核算

暂存款是各级财政部门临时发生的应付及暂收款项和收到不明性质的款项。

暂存款属于待结算的款项，结算时可能需要退还，也可能转作收入。需要注意的是，各级财政上下级之间往来的借垫款，属预算补助范围的，要直接用“补助支出”科目核算。

为核算和监督各级财政部门临时发生的应付及暂收款和收到不明性质的款项，财政总预算会计应设置“暂存款”科目。该科目属于负债类科目，贷方记各级财政部门临时发生的应付及暂收款和收到不明性质的款项，借方登记冲转的暂存款项；本科目贷方余额反映尚未结清的暂存款数额。本科目应按资金性质、债权单位或款项来源设置明细账，进行明细核算。

财政总预算会计关于暂存款的主要账务处理如下。

(1)财政部门收到暂存款时,借记“国库存款”“其他财政存款”等科目,贷记“暂存款”科目。

(2)财政部门将暂存款冲转退还时，作相反的会计分录，借记“暂存款”科目，贷记“国库存款”、“其他财政存款”等科目。

(3)财政部门将暂存款转作收入时，借记“暂存款”科目，贷记“一般预算收入”“基金预算收入”等科目。

【例 5-31】 某市财政局收到性质不明的款项 5.5 万元。其会计分录为：

借：国库存款——一般预算存款	55 000	
贷：暂存款——某单位		55 000

【例 5-32】 承【例 5-31】，经查明，上述不明性质款项中 3 万元属于市交通局的合法罚没收入，其余 2.5 万元属于误缴，按规定予以退回。其会计分录为：

借：暂存款——某单位	55 000	
贷：国库存款——一般预算存款		25 000
一般预算收入——非税收入——罚没收入		30 000

【例 5-33】 某市财政局代省财政收取财政专户管理资金 1 万元。其会计分录为：

借：其他财政存款——财政专户管理资金存款	10 000	
贷：暂存款——省财政		10 000

【例 5-34】 承【例 5-33】，市财政局将上述代收的财政专户管理资金 1 万元按规定上缴省财政。其会计分录为：

借：暂存款——省财政	10 000	
贷：其他财政存款——财政专户管理资金存款		10 000

二、与上级往来的核算

与上级往来是指本级财政与上级财政之间的往来待结算资金。如本级财政由于资金调度困难而向上级财政借入的款项，以及年终财政体制结算中本级财政应上解的款项或上级财政应补助的款项等。财政总预算会计中，与上级往来和与下级往来业务相对应，两者反映了上下级财政之间的无息债权债务关系。

为核算和监督与上级财政的往来待结算款项,财政总预算会计应设置“与上级往来” 科目。该科目属于往来性质的科目，贷方登记本级财政对上级财政的债务增加或债权减少，借方登记本级财政对上级财政的债务减少或债权增加。本科目贷方余额为本级财政欠上级财政的款项；借方余额为上级财政欠本级财政的款项，且在编制“资产负债表”时，以负数反映。该科目可按资金性质设置明细账，进行明细分类核算。

“与上级往来”科目应及时清理结算，年终未能结清的余额，结转下年。

财政总预算会计关于与上级往来的主要账务处理如下。

(1)本级财政从上级财政借入款项时,借记“国库存款”科目,贷记“与上级往来”科目；归还借款时，借记“与上级往来”科目，贷记“国库存款”科目。

(2)体制结算中发生本级财政应上缴上级财政款项时，借记“上解支出”等科目，贷记“与上级往来”科目。

(3)转作上级补助收入数或体制结算中应由上级补给款项时，借记“与上级往来”科目，贷记“补助收入”科目。

【例 5-35】 某市财政向省财政厅借入一般预算周转款项 55 万元。市财政编制其会计分录为：

借：国库存款——一般预算存款　550 000

　贷：与上级往来——一般预算资金　550 000

省财政编制其会计分录为：

借：与下级往来——一般预算资金　550 000

　贷：国库存款——一般预算存款　550 000

【例 5-36】 承【例 5-35】，月末经省财政厅同意，将上述借款中的 33 万元归还省财政、22 万元转作对本市的一般预算补助。市财政编制其会计分录为：

借：与上级往来——一般预算资金　550 000

　贷：补助收入　220 000

　　国库存款——一般预算存款　330 000

省财政编制其会计分录为：

借：国库存款——一般预算存款　330 000

　补助支出　220 000

　贷：与下级往来——一般预算资金　550 000

【例 5-37】 年终财政体制结算时，某市财政应上解省财政专项上解支出 8.8 万元。市财政编制其会计分录为：

借：上解支出——专项上解支出　88 000

　贷：与上级往来——一般预算资金　88 000

【例 5-38】 年终财政体制结算时，某市财政应获得上级省财政的体制补助收入 44 万元。市财政编制其会计分录为：

借：与上级往来——一般预算资金　440 000

　贷：补助收入　440 000

三、借入款的核算

借入款是指中央及地方财政按照法律程序及核定的预算举借的债务，包括中央预算按全国人民代表大会批准的数额举借的国内和国外债务、地方预算根据国家法律或国务院特别规定举债的债务。政府举借债务的方式主要有：向社会公开发行国债、向国家银行借款、向国外政府或国际组织借款等。借入款主要用于弥补财政赤字。上下级财政之间临时性借款以及财政部门暂存其他单位的款项等，不属于借入款范畴。

为核算和监督借入款的取得及偿还情况，财政总预算会计应设置“借入款”科目。该科目属于负债类科目，贷方登记借入的款项，借方登记偿还本金的款项；本科目贷方余额反映尚未偿还的债务。本科目应按债券种类或债权人设置明细账，进行明细核算。借入款的利息一般作为“一般预算支出”。

财政总预算会计关于借入款的主要账务处理如下。

(1) 发行债券或举借债务时，借记“国库存款”科目，贷记“借入款”科目。

(2) 到期偿还本金时，借记“借入款”科目，贷记“国库存款”科目。

(3) 支付借款利息时，借记“一般预算支出”科目，贷记“国库存款”科目。

【例 5-39】中央财政对国内平价发行一期按年付息的 5 年期国债 550 亿元，年利率为 5%。该国债发行完成，实际收款 550 亿元，支付了银行代理发行费用 5 500 万元。其会计分录为：

借：国库存款——一般预算存款　　55 000 000 000

　贷：借入款——×期国债　　55 000 000 000

借：一般预算支出——国内外债务发行费用　　55 000 000

　贷：国库存款——一般预算存款　　55 000 000

【例 5-40】 承【例 5-39】，每年支付国债利息 27.5 亿元。其会计分录为：

借：一般预算支出——国债还本付息支出——国内债务利息 2 750 000 000

　贷：国库存款——一般预算存款　　2 750 000 000

【例 5-41】中央财政某期国库券到期，一次还本付息，原发行额为 22 亿元，期限为 3 年，年利率为 5%。其会计分录为：

借：借入款——×期国债　　2 200 000 000

　一般预算支出——国债还本付息支出——国内债务利息 330 000 000

　贷：国库存款——一般预算存款　　2 530 000 000

四、借入财政周转金的核算

借入财政周转金是指下级财政部门从上级财政部门借入的用于周转使用的有偿资金。借入财政周转金与借出财政周转金相对应，属于财政周转金在上下级财政之间的融通，借出财政周转金是债权，借入财政周转金是负债。

为核算和监督本级财政部门向上级财政部门借入的财政周转金及其归还情况，财政总预算会计应设置“借入财政周转金”科目。该科目属于负债类科目，贷方登记借入的财政周转金数，借方登记偿还的财政周转金数；本科目贷方余额反映尚未归还的借入财政周转金数。

财政总预算会计关于借入财政周转金的主要账务处理如下。

(1)本级财政部门向上级财政部门借入财政周转金时，借记“其他财政存款”科目，贷记“借入财政周转金”科目。

(2)还款时，作相反的会计分录，借记“借入财政周转金”科目，贷记“其他财政存款”科目。

【例 5-42】 某市财政局向省财政厅借入有偿使用的财政周转金 28 万元。市财政编制其会计分录为：

借：其他财政存款——财政周转金存款　　280 000

　贷：借入财政周转金　　280 000

【例 5-43】 承【例 5-42】，市财政归还上述财政周转金 28 万元，并支付资金占用费 3 000 元。市财政编制其会计分录为：

借：借入财政周转金　　280 000

　财政周转金支出——占用费支出　　3 000

　贷：其他财政存款——财政周转金存款　　283 000

第三节　财政总预算会计净资产的核算

财政总预算会计的净资产是指资产减去负债的差额。净资产是一级政府所掌管的资产净值，反映了该级政府所拥有的财力以及未来持续提供公共服务的能力，包括各项结余、预算周转金及财政周转基金等。

结余是各级政府财政收支的执行结果。财政各项结余包括一般预算结余、基金预算结余、国有资本经营预算结余和专用基金结余等。各项结余必须分别核算，不得混淆。各项结余应每年结算一次。年终将各项收入与相应的支出冲销后，即成为该项资金的当年结余。当年结余加上年年末滚存结余为本年年末滚存结余。

预算周转金是各级财政为调剂预算年度内季节性收支差额，保证及时用款而设置的周转资金。

财政周转基金是本级财政用于有偿使用的资金。财政周转基金是财政资金的一个组成部分，也是财政部门分配财政资金的一种辅助形式。

一、预算结余的核算

预算结余是指公共财政预算类收入与支出的差额，反映各级财政公共预算收支的年度执行结果。年度终了，财政总预算会计应将公共财政预算类收入和支出分别结转至预算结余，从而结出年终滚存预算结余，用于安排下一年度的公共财政预算支出。

为核算和监督各级财政预算收支的年终执行结果，财政总预算会计应设置“预算结余”会计科目。该科目属于净资产类科目，借方登记年终从公共财政类有关支出科目转入的支出数，贷方登记从公共财政类有关收入科目转入的收入数。本科目年终贷方余额，反映本年的预算滚存结余(含有价证券)，转入下年度。预算结余科目不单独设置明细账。

财政总预算会计关于预算结余的主要账务处理如下。

(1)年终转账时，财政总预算会计应将“一般预算收入”和属于一般预算的“债务收入”“债务转贷收入”“补助收入——一般预算补助”“上解收入——一般性转移支付收入”“调入资金”等科目贷方余额转入“预算结余”科目贷方,即借记“一般预算收入”“债务收入”“债务转贷收入”“补助收入——一般预算补助”“上解收入——一般性转移支付收入”“调入资金”等科目，贷记“预算结余”科目。

(2)将“一般预算支出”和属于一般预算的“债务还本支出”“债务转贷支出”“补助支出——一般预算补助”“上解支出”“调出资金”等科目借方余额转入“预算结余”科目借方,即借记“预算结余”科目,贷记“一般预算支出”“债务还本支出”“债务转贷支出”“补助支出——一般预算补助”“上解支出”“调出资金”等科目。

(3)根据本年预算结余增设周转金时,财政部门应按增设数借记“预算结余”科目,贷记“预算周转金”。

【例 5-44】某市财政总预算会计进行年终结账,一般预算类收入账户的贷方余额分别为:“一般预算收入”账户 68 348.5 万元，“补助收入”账户 18 197.3 万元，“上解收入”账户 860.2 万元，“调入资金”账户 55 万元。一般预算类支出账户的借方余额分别为：“一般预算支出”账户 74 508.5 万元，“补助支出”账户 12 732.5 万元，“上解支出”账户 165 万元(有关明细账户余额略)。其会计分录为:

(1)借:	一般预算收入	683 485 000
	补助收入	181 973 000
	上解收入	8 602 000

调入资金	550 000	
贷：预算结余		874 610 000
(2)借：预算结余	874 060 000	
贷：一般预算支出		745 085 000
补助支出		127 325 000
上解支出		1 650 000

二、基金预算结余的核算

基金预算结余是指基金预算类收入与支出的差额，反映各级财政基金预算收支的年度执行结果。年度终了，财政总预算会计应将基金预算类收入和支出分别结转至基金预算结余，从而结出年终滚存基金预算结余。

为核算和监督各级财政管理的政府性基金收支的年终执行结果，财政总预算会计应设置“基金预算结余”会计科目。该科目属于净资产类科目，借方登记年终从基金预算类有关支出科目转入的支出数，贷方登记从基金预算类有关收入科目转入的收入数；本科目年终贷方余额，反映本年基金预算滚存结余，转入下年度。本科目应根据基金预算科目所列的基金项目逐一反映各项基金的结余情况。

财政总预算会计关于基金预算结余的主要账务处理如下。

(1)年终转账时，应将“基金预算收入”和属于基金预算类的“补助收入——基金预算补助”“上解收入——政府性基金转移收入”“调入资金”等科目余额转入本科目贷方，即借记“基金预算收入”“补助收入——基金预算补助”“上解收入——政府性基金转移收入”“调入资金”等科目，贷记“基金预算结余”科目。

(2)将“基金预算支出”和属于基金预算类的“补助支出——基金预算补助”“上解支出——政府性基金转移支出”“调出资金”等科目余额转入本科目借方，即借记“基金预算结余”科目，贷记“基金预算支出”“补助支出——基金预算补助”“上解支出——政府性基金转移支出”“调出资金”等科目。

【例 5-45】 某市财政总预算会计进行年终结账，基金预算类收入总分类账户的贷方余额分别为：“基金预算收入”账户 734.8 万元，“补助收入”账户 38.5 万元，“上解收入”账户 22 万元。基金预算类支出总分类账户的借方余额如下：“基金预算支出”账户 693 万元，“补助支出”账户 27.5 万元，“上解支出”账户 11 万元，“调出资金”账户 55 万元(有关明细账户余额略)。其会计分录为：

(1)借：基金预算收入	7 348 000	
补助收入	385 000	
上解收入	220 000	
贷：基金预算结余		7 953 000
(2)借：基金预算结余	7 865 000	
贷：基金预算支出		6 930 000
补助支出		275 000
上解支出		110 000
调出资金		550 000

三、专用基金结余的核算

专用基金结余是指专用基金收入与专用基金支出相抵后的差额，反映各级财政总预算会计所负责管理的专用基金的年度收支结果。专用基金结余应当在每年年终时结算一次，平时不结算。

为核算和监督财政总预算会计管理的专用基金收支的年终执行结果，财政总预算会计应设置“专用基金结余”会计科目。该科目属于净资产类科目，借方登记年终从“专用基金支出”科目转入数，贷方登记从“专用基金收入”科目转入的收入数；本科目年终贷方余额反映本年专用基金的滚存结余，转入下年度。

财政总预算会计关于专用基金结余的主要账务处理如下。

(1)年终转账时，将“专用基金收入”科目余额转入本科目，借记“专用基金收入”，贷记“专用基金结余”科目。

(2)将“专用基金支出”科目余额转入本科目，借记“专用基金结余”科目，贷记 “专用基金支出”科目。

【例 5-46】 某市财政总预算会计进行年终结账，本年“专用基金收入——粮食风险基金”账户结账前贷方余额为 154 万元，“专用基金支出——粮食风险基金”账户结账前借方余额为 121 万元。其会计分录为：

(1)借：专用基金收入——粮食风险基金	1 540 000	
贷：专用基金结余		1 540 000
(2)借：专用基金结余	1 210 000	
贷：专用基金支出——粮食风险基金		1 210 000

四、国有资本经营预算结余的核算

国有资本经营预算结余是指国有资本经营预算类资金收入与支出的差额，反映各级财政国有资本经营预算收支的年度执行结果。年度终了，财政总预算会计应将国有资本经营预算类收入和支出分别结转至国有资本经营预算结余中，从而结出年终滚存国有资本经营预算结余。

为核算和监督各级财政国有资本经营预算收支的年度执行结果，财政总预算会计应设置“国有资本经营预算结余”会计科目。该科目属于净资产类，借方登记年终从“国有资本经营预算支出”“国有资本经营预算调出资金”等科目的转入数，贷方登记年终从“国有资本经营预算收入”科目的转入数；年终余额在贷方，反映本年国有资本经营预算滚存结余，转入下年度。财政总预算会计关于国有资本经营预算结余的主要账务处理如下。

(1)年终转账时，将“国有资本经营预算收入”科目余额转入本科目，借记“国有资本经营预算收入”科目，贷记“国有资本经营预算结余”科目。

(2)将“国有资本经营预算支出”“国有资本经营预算调出资金”等科目余额转入本科目，借记“国有资本经营预算结余”科目，贷记“国有资本经营预算支出”“国有资本经营预算调出资金”等科目。

【例 5-47】 某市财政总预算会计进行年终结账，“国有资本经营预算收入”账户贷方余额为 176 万元，“国有资本经营预算支出”账户借方余额为 110 万元，“国有资本经营预算调出资金”账户借方余额为 44 万元。其会计分录为：

(1)借：国有资本经营预算收入　　　　　　　　1 760 000

　　贷：国有资本经营预算结余　　　　　　　　1 760 000

(2)借：国有资本经营预算结余　　　　　　　　1 540 000

　　贷：国有资本经营预算支出　　　　　　　　1 100 000

　　　　国有资本经营预算调出资金　　　　　　440 000

五、财政专户管理资金结余

财政专户管理资金结余是指未纳入预算并实行财政专户管理的资金收支相抵形成的结余。年度终了，财政总预算会计应将财政专户管理资金类收入和支出分别结转至财政专户管理资金结余，从而结出其期末余额，平时不予结转。

为核算和监督未纳入预算并实行财政专户管理的资金收支相抵形成的结余，财政总预算会计应设置“财政专户管理资金结余”会计科目。该科目属于净资产类科目，借方登记年终从“财政专户管理资金支出”等科目转入的支出数，贷方登记从“财政专户管理资金收入”科目转入的收入数；本科目年终贷方余额反映本年未纳入预算并实行财政专户管理的资金收支相抵后的滚存结余，转入下年度。本科目根据管理需要按部门设置明细账，进行明细核算。

财政总预算会计关于财政专户管理资金结余的主要账务处理如下。

(1)年终转账时，将“财政专户管理资金收入”等科目余额转入本科目，借记“财政专户管理资金收入”科目，贷记“财政专户管理资金结余”科目。

(2)将“财政专户管理资金支出”等科目余额转入本科目，借记“财政专户管理资金结余”科目，贷记“财政专户管理资金支出”科目。

(3)对于原来实行财政专户管理的资金，按有关规定纳入政府性基金预算或公共财政预算管理的情况，财政总预算会计应将其历年滚存的该结余资金由财政专户向同级国库办理缴库核算。财政总预算会计应当冲减“财政专户管理资金结余”，即借记“财政专户管理资金结余”科目，贷记“其他财政存款”科目；同时，记入财政收入，即借记“国库存款”科目，贷记“基金预算收入”或“一般预算收入”科目。

【例 5-48】 某市财政总预算会计进行年终结账，本年“财政专户管理资金收入”账户结账前贷方余额为 6 600 万元，“财政专户管理资金支出”账户结账前借方余额为 6 578 万元。其会计分录为：

(1)借：财政专户管理资金收入　　　　　　　　66 000 000

　　贷：财政专户管理资金结余　　　　　　　　66 000 000

(2)借：财政专户管理资金结余　　　　　　　　65 780 000

　　贷：财政专户管理资金支出　　　　　　　　65 780 000

【例 5-49】 某市财政经批准将财政专户管理资金 18 万元纳入公共财政预算管理，款项由财政专户缴入同级国库。其会计分录为：

借：财政专户管理资金结余　　　　　　　　180 000

　　贷：其他财政存款——财政专户管理资金存款　　　　180 000

同时：

借：国库存款——一般预算存款　　　　　　180 000

　　贷：一般预算收入——非税收入——其他收入　　　　180 000

六、预算周转金的核算

预算周转金是各级财政为调剂预算年度内季节性收支差额，保证及时用款而设置的周转资金。预算周转金一般用年度预算结余资金设置、补充或由上级财政部门拨入。根据《中华人民共和国预算法实施条例》第二十二条的规定，各级政府预算周转金从本级政府预算的结余中设置和补充，其额度应当逐步达到本级政府预算支出总额的 4%。一般来说，成立新的一级财政时，由于原来没有预算周转金，上级财政在财力许可的范围内应给予若干周转金。而后财政收支逐步增大，周转金需逐步增加，本级财政应从本级的结余中逐步补充预算周转金。预算周转金由本级财政部门管理，只能供平衡季节性预算收支的临时周转使用，不能用于安排财政开支，也不能任意转为结余。预算周转金存入国库存款之中，不需要单独设置存款账户。

为核算和监督各级财政设置的用于平衡季节性预算收支差额周转使用的资金，财政总预算会计应设置“预算周转金”会计科目。该科目属于净资产类科目，借方登记预算周转金核销数或上级抽回数，贷方记录设置或补充的预算周转金数。本科目借方一般无发生额。年终余额在贷方，反映逐年累计形成的预算周转金数。

财政总预算会计关于预算周转金的主要账务处理如下。

(1)本级财政用预算结余设置和补充预算周转金时，借记“预算结余”科目，贷记“预算周转金”科目。

(2)上级财政部门拨入预算周转金时,借记“国库存款”科目,贷记“预算周转金”科目。

需要注意的是，周转金动用时，直接减少“国库存款”，而不能借记“预算周转金”。若“国库存款”余额小于“预算周转金”，即表明已经动用了“预算周转金”。

【例 5-50】 某县财政部门收到市财政部门拨来资金 220 万元，指定用于县财政部门设置预算周转金。其会计分录为：

借：国库存款——一般预算存款	2 200 000	
贷：预算周转金		2 200 000

【例 5-51】 某市财政部门用上年结余的一般预算资金 110 万元补充预算周转金。其会计分录为：

借：预算结余	1 100 000	
贷：预算周转金		1 100 000

七、财政周转基金的核算

财政周转基金是本级财政用于有偿使用的资金。根据国家规定，由财政安排的有偿使用资金，在列报财政支出的同时转入。年终结算时，由财政周转金收入按规定扣除财政周转金支出后的净额予以补充。

为核算和监督各级财政部门设置的有偿使用资金，财政总预算会计应设置“财政周转基金”会计科目。该科目属于净资产类科目，借方登记财政周转基金的收回数，贷方登记财政周转基金的增补数和结转数；本科目贷方余额反映财政部门财政周转基金总额，年终余额结转下年。本科目可根据实际需要设置相应的明细账，进行明细核算。

财政总预算会计关于财政周转基金的主要账务处理如下。

(1)各级财政部门用预算资金增补有偿使用周转基金时，借记“一般预算支出”等有关预算支出科目，贷记“国库存款”科目；同时，借记“其他财政存款”科目，贷记“财政周转基金”科目。

(2)收回财政周转基金时，借记“财政周转基金”科目，贷记“一般预算支出”等有关预算支出科目。

(3)用财政周转金收入补充财政周转基金时，借记“财政周转金收入”科目，贷记“财政周转基金”科目。

【例 5-52】 某市财政局经研究决定将公共财政预算中的 67 万元改为有偿使用，转入财政周转基金。其会计分录为：

借：一般预算支出	670 000	
贷：国库存款——一般预算存款		670 000

同时：

借：其他财政存款——财政周转金存款	670 000	
贷：财政周转基金		670 000

【例 5-53】 某市财政局本年财政周转金收入 48 万元，发生财政周转金支出 23 万元，净结余转入财政周转基金。其会计分录为：

借：财政周转金收入	230 000	
贷：财政周转金支出		230 000

再将净结余转入财政周转基金，会计分录为：

借：财政周转金收入	250 000	
贷：财政周转基金		250 000

本章小结

财政总预算会计的资产是指一级财政掌管或控制的能以货币计量的经济资源，包括财政性存款、有价证券、暂付及应收款项、预拨经费、基建拨款、财政周转金放款、借出财政周转金以及待处理财政周转金等。

财政性存款是财政部门代表政府掌管的财政资金，包括国库存款、其他财政存款、财政零余额账户存款。

有价证券是指各级财政按国家规定动用各项财政结余购入的中央财政以信用方式发行的国家公债。

在途款是指各级财政在决算清理期和库款报解整理期内发生的跨年度收支业务以及需要过渡处理的资金。在途款体现着财政部门与中国人民银行国库、所属预算单位之间预算资金待结算或待清理的关系。

暂付及应收款项属于往来结算中形成的债权，包括在预算执行过程中上下级财政结算形成的债权以及对用款单位借垫款形成的债权，具体分为暂付款和与下级往来。

预拨款项是按规定预拨给用款单位的待结算资金，包括预拨经费和基建拨款。

财政周转金是由财政部门设置和管理的具有特定用途、目的的有偿使用的财政资金，与财政周转金相关的资产主要有财政周转金放款、借出财政周转金、待处理财政周转金等。

财政周转金放款是指各级财政直接贷付给所属用款单位的财政有偿资金。

借出财政周转金是指上级财政部门借给下级财政部门用于周转使用的有偿资金，属于上下级财政部门之间的融通或结算。

待处理财政周转金是指周转金放款超过约定的还款期限，经审核已成呆账，但尚未按规定程序报批核销的财政周转金。财政周转金的贷付、借出和回收，应按实际发生数额记账。

财政总预算会计的负债是指一级财政所承担的能以货币计量、需要以资产偿付的债务，包括应付及暂收款项、按法定程序及核定的预算举借的债务、借入财政周转金等。

应付及暂收款项是在预算执行期间，上下级财政或财政与其他部门往来结算中形成的债务，包括结算中发生的暂存款、与上级往来款以及收到其他性质不明的款项等。

按法定程序及核定的预算举借的债务是指中央预算按全国人民代表大会批准的数额举借的国内和国外债务以及地方预算根据国家法律或国务院特别规定举借的债务。

借入财政周转金是指下级财政部门从上级财政部门借入的用于周转使用的有偿资金。

财政总预算会计的净资产是指资产减去负债的差额。净资产是一级政府所掌管的资产净值，反映了该级政府所拥有的财力以及未来持续提供公共服务的能力，包括各项结余、预算周转金及财政周转基金等。

结余是各级政府财政收支的执行结果。财政各项结余包括一般预算结余、基金预算结余、国有资本经营预算结余和专用基金结余等。各项结余必须分别核算，不得混淆。各项结余应每年结算一次。年终将各项收入与相应的支出冲销后，即成为该项资金的当年结余。当年结余加上年年末滚存结余为本年年末滚存结余。

预算周转金是各级财政为调剂预算年度内季节性收支差额，保证及时用款而设置的周转资金。

财政周转基金是本级财政用于有偿使用的资金。它是财政资金的一个组成部分，也是财政部门分配财政资金的一种辅助形式。

复习思考题

1. 什么是财政性存款？财政性存款包括哪些部分？简述不同的财政性存款之间的区别。
2. 财政总预算会计关于有价证券的管理有哪些要求？
3. 与财政周转金相关的资产有哪些？简述它们之间的区别。
4. 简述暂存款与暂付款的区别。
5. 简述与上级往来和与下级往来的联系与区别。
6. 简述财政总预算会计中结余的概念和内容。
7. 什么是预算周转金？预算周转金如何核算？
8. 财政周转基金和预算周转金有何不同？

第六章

财政总预算会计报表

第一节　财政总预算会计报表概述

一、财政总预算会计报表的概念及种类

财政总预算会计报表是各级预算收支执行情况及其结果的定期书面报告，是各级政府和上级财政部门了解情况、掌握政策、指导预算执行工作的重要资料，也是编制下年度预算的基础。

财政总预算会计报表有资产负债表、预算执行情况表、财政周转金收支情况表、财政专户管理资金分部门收支情况表和财政专户管理资金分科目收支情况表、预算执行情况说明书及其他附表等。其他附表有基本数字表、行政事业单位收支汇总表以及所附会计报表。

二、财政总预算会计报表的编制要求

各级财政总预算会计报表要做到数字正确，报送及时，内容完整。

财政总预算会计报表的数字，必须根据核对无误的账户记录汇总，切实做到账表相符，有根有据，不能估列代编，更不能弄虚作假。

各级财政总预算会计要加强日常会计核算工作，督促有关单位及时记账、结账。所有预算单位都应在规定的期限内报出报表，以便主管部门和财政部门及时汇总。

各级财政总预算会计必须定期编制和汇总预算会计报表。各级财政总预算会计报表按旬、按月、按年编报。旬报、月报和年报的报送期限及编报内容应根据上级财政部门具体要求和本行政区域预算管理的需要办理。

财政总预算会计报表要严格按照统一规定的种类、格式、内容、计算方法和编制口径填制，以保证全国统一汇总和分析。汇总报表的单位，要把所属单位的报表汇集齐全，防止漏报。

三、财政总预算会计决算草案的审编

财政总预算会计的年报也是各级政府决算，反映年度预算收支的最终结果。

各级财政总预算会计在财政部门首长的领导下，参与或具体负责组织下列决算草案编审工作。

(1)参与组织制定决算草案编审办法。根据上级财政部门的统一要求和本行政区域预算管理的需要，提出年终收支清理、数字编列口径、决算审查和组织领导等具体要求，并对财政结算、结余处理等具体问题规定处理办法。

(2) 参与制发或根据上级财政部门的要求结合本行政区域的具体情况转（制）发本行政区域财政总决算统一表格和本级单位决算统一表格。协同财务部门设计基本数字表及其他附表。

(3) 办理全年各项收支、预拨款项、往来款项等会计对账、结账工作。

(4) 对下级财政部门和同级单位预算主管部门布置决算草案编审工作，并督促检查其及时汇总报送决算。

(5) 审查、汇总所属财政决算草案收支各表，并负责全部决算草案的审查汇总工作。

(6) 编写决算说明书，向上级财政部门汇报决算编审工作情况，进行上下级财政之间的财政体制结算以及财政总决算的文件归档工作。

各级财政部门应将汇总编制的本级决算草案及时报本级政府审定。各级财政部门应按照上级财政部门规定的时限和份数，将经本级人民政府审定的本行政区域决算草案逐级及时报送备案。计划单列城市的会计报表和年度财政决算在报送省级财政部门的同时，直接报送财政部。

第二节　编制财政总预算会计报表前的准备工作

一、年终清理结算

各级各预算会计，在会计年度结束前，应当对会计事项全面进行年终清理结算。

（一）核对年度预算

预算数字是考核决算和办理收支结算的依据，也是进行会计结算的依据。

年终前，各级总预算会计，应配合预算管理部门把本级财政总预算与上、下级财政总预算和本级各单位预算之间的全年预算数核对清楚。追加追减、上划下划数字，必须在年度终了前核对完毕。

为了便于年终清理，本年预算的追加追减和企事业单位的上划下划，一般截至 11 月底。各项预算拨款，一般截至 12 月 25 日。

（二）清理本年预算收支

凡属本年的一般预算收入，都要认真清理，年终前必须如数缴入国库。督促国库在年终库款报解整理期内，迅速报齐当年的预算收入。

应在本年预算支领列报的款项，非特殊原因，应在年终前办理完毕。

清理基金预算收支和专用基金收支，凡属应列入本年的收入，应及时催收，并缴入国库或指定的银行账户。

（三）组织征收机关和国库进行年度对账

年度终了后，按照国库制度的规定，支库应设置十天的库款报解整理期（设置决算清理期的年度，库款报解整理期相应顺延）。

各经收处 12 月 31 日前所收款项均应在“库款报解整理期”内报达支库，列入当年决算。同时，各级国库要按年度决算对账办法编制收入对账单，分送同级财政部门、征收机关核对签章。要保证财政收入数字的一致。

(四) 清理核对当年拨款支出

各级财政总预算会计对本级各单位的拨款支出应与单位的拨款收入核对清楚。对于当年安排的非包干使用的拨款，其结余部分应根据具体情况处理。属于单位正常周转占用的资金，可仍作为预算支出处理；属于应收回的拨款，应及时收回，并按收回数相应冲减预算支出；属于预拨下年度的经费，不得列入当年预算支出。

(五) 清理往来款项

各级财政的暂收、暂付等各种往来款项，要在年度终了前认真清理结算，做到人欠收回，欠人归还。

应转作各项收入或各项支出的款项，要及时转入本年有关收支账。

(六) 清理财政周转金收支

各级财政预算部门或周转金管理机构应对财政周转金收支款项、上下级财政之间的财政周转金借入借出款项进行清理。同时对于各项财政周转金贷放款进行清理。

财政周转金明细账由财政业务部门核算的，各预算部门或周转金管理机构应与业务部门的明细账进行核对，做到账账相符。

(七) 进行年终财政结算

各级财政要在年终清理的基础上，结清上下级财政总预算之间的预算调拨收支和往来款项。要按照财政管理体制的规定，计算出全年应补助、应上解和应返还数额，与年度预算执行过程中已补助、已上解和已返还数额进行比较，结合借垫款项，计算出全年最后应补或应退数额，填制《年终财政决算结算单》，经核对无误后，作为年终财政结算凭证，据以入账。

各级财政总预算会计，对年终决算清理期内发生的会计事项，应划清会计年度。属于清理上年度的会计事项，记入上年度账内；属于新年度的会计事项，记入新账。要防止错记漏记。

二、年终结账

各级财政总预算会计应当定期、及时进行会计结账。结账期限为每月一次。

经过年终清理和结算，把各项结算收支记入旧账后，即可办理年终结账。年终结账工作一般分为年终转账、结清旧账和记入新账三个环节，依次做账。

(一) 年终转账

计算出各账户 12 月合计数和全年累计数，结出 12 月末余额，编制结账前的“资产负债表”。

再将应对冲转账的各个收入、支出账户余额，填制 12 月的记账凭证(凭证按 12 月连续编号，填制实际处理日期)，分别转入“预算结余”“基金预算结余”“专用基金结余”科目冲销。

将当年“财政周转金支出”转入“财政周转金收入”科目冲销，并将财政周转金收支相抵后的余额转入“财政周转基金”。

（二）结清旧账

将各个收入和支出账户的借方、贷方结出全年总计数，然后在下面画双红线，表示本账户全部结清。

对年终有余额的账户，在“摘要”栏内注明“结转下年”字样，表示转入新账。

（三）记入新账

根据本年度各个总账账户和明细账户年终转账后的余额编制年终决算“资产负债表”和收支明细表（不编记账凭证），将表列各账户的余额直接记入新年度有关总账和明细账各账户预留空行的余额栏内，并在“摘要”栏注明“上年结转”字样，以区别新年度发生数。

决算经本级人民代表大会常务委员会（或人民代表大会）审查批准后，如需更正原报决算草案收入、支出数字时，则要相应调整旧账，重新办理结账和记入新账。

第三节　资产负债表

一、资产负债表的结构

资产负债表是反映一级政府财政资金状况的报表，包括某一特定日期一级政府控制的资产、承担的债务及拥有的净资产。

资产负债表包括表首和正表。表首由表名、编制单位、编表日期及表内金额单位组成。正表是资产负债表的基本部分，分为左右两边，左边为资产部类，右边为负债部类。

二、资产负债表的种类

（一）按编报时间

资产负债表按编报时间可分为月报和年报。

（二）按编报内容

资产负债表按编报内容可分为年终决算前资产负债表和年终决算资产负债表。由于各类收支账户只有在年终才可以将累计余额分别转入结余账户，所以，月报只有反映收入和支出的各项数字，即年终决算前报表。结清各类收入和支出账户后，再编制年终结账后的资产负债表，即年终决算报表，所以只有资产、负债和净资产项目的数字，没有收入和支出项目数字。

（三）按编制的范围

资产负债表按编制的范围可分为本级政府资产负债表和汇总资产负债表。各级总预算会计应先编出本级政府资产负债表，然后与经审核无误的所属下级总预算会计汇总的资产负债表编成本地区财政汇总的资产负债表。汇编时，应将本级财政的“与下级往来”和下级财政的“与上级往来”、本级财政的“上解收入”和下级财政的“上解支出”、本级财政的“补助支出”和下级财政的“补助收入”等核对无误后相互冲销，以免重复汇总。

三、资产负债表的格式

（一）资产负债表月报的格式

资产负债表月报反映行政单位每月末的资产、负债和净资产以及截至本位每月末的收入和支出的累计数。

在账户式的资产负债表月报中，左边为资产部类，包括“资产+支出”，右边为负债部类，包括“负债+净资产+收入”，格式如表 6-1 所示。

表 6-1　资产负债表（月报）

编报单位：　　　　　　　　　　年　月　日　　　　　　　　　　金额单位：

资产部类			负债部类		
科目名称	年初数	期末数	科目名称	年初数	期末数
资产			负债		
国库存款			暂存款		
其他财政存款			与上级往来		
有价证券			已结报支出		
在途款			借入款		
暂付款			借入财政周转金		
与下级往来			负债合计		
预拨经费			净资产		
基建拨款			预算结余		
财政周转金放款			基金预算结余		
借出财政周转金			国有资本经营预算结余		
待处理财政周转金			专用基金结余		
资产合计			预算周转金		
支出			财政周转基金		
一般预算支出			财政专户管理资金结余		
基金预算支出			净资产合计		
国有资本经营预算支出			收入		
专用基金支出			一般预算收入		
债务还本支出			基金预算收入		
债务转贷支出			国有资本经营预算收入		
补助支出			专用基金收入		
上解支出			债务收入		
调出资金			债务转贷收入		
国有资本经营预算调出资金			补助收入		
财政专户管理资金支出			上解收入		
财政周转金支出			调入资金		
支出合计			财政专户管理资金收入		
			财政周转金收入		
			收入合计		
资产部类总计			负债部类总计		

（二）资产负债表年报的格式

资产负债表年报反映行政单位每年末的资产、负债和净资产以及截至本位每年末的收入和支出的累计数。

在账户式的资产负债表年报中，左边为“资产”，右边为“负债及净资产”，格式如表 6-2 所示。

表 6-2 资产负债表(年报)

编报单位: 年 月 日 金额单位:

资产部类			负债部类		
科目名称	年初数	期末数	科目名称	年初数	期末数
资产			负债		
国库存款			暂存款		
其他财政存款			与上级往来		
有价证券			已结报支出		
在途款			借入款		
暂付款			借入财政周转金		
与下级往来			负债合计		
预拨经费			净资产		
基建拨款			预算结余		
财政周转金放款			基金预算结余		
借出财政周转金			国有资本经营预算结余		
待处理财政周转金			专用基金结余		
资产合计			预算周转金		
			财政周转基金		
			财政专户管理资金结余		
			净资产合计		
资产部类总计			负债部类总计		

四、资产负债表的编制

资产负债表一般只要求编制月报和年报。

(一)资产负债表月报的编制

资产负债表“年初数”是根据上年末资产负债表中的有关项目的“年末数”填列。

如果报表的内容和上年相比有所变化,应根据本年的编报要求分析调整上年“年末数”,再填列“年初数”。

资产负债表“年末数”根据报告期末总账及相关明细账的余额填列。

如果资产负债表中的“财政周转金”部分内容由专门机构管理,财政总预算会计也可单独编报财政周转金部分的资产负债表。

(二)资产负债表年报的编制

年终清理结算和结账后,总预算会计根据本年度各个总账账户和明细账户年终转账后的余额编制年终决算“资产负债表”。

如果资产负债表中的“财政周转金”部分内容由专门机构管理,财政总预算会计也可单独编报财政周转金部分的资产负债表。

(三)汇总资产负债表的编制

各级总预算会计应先编出本级财政的资产负债表,然后与经审核无误的所属下级财政总预算会计编报的资产负债表进行汇总,编成本地区汇总的资产负债表。汇编时,应将本级财政的“与下级往来”和下级财政的“与上级往来”、本级财政的“上解收入”和下级财政的“上解支出”、本级财政的“补助支出”和下级财政的“补助收入” 等科目核对无误后,相互冲销,以免重复汇总。

第四节　预算执行情况表

一、预算执行情况表的概念

预算执行情况表是反映预算收支执行进度、收支构成、财力形成以及分配的定期书面报告。

二、预算执行情况表的种类

（一）按编报时间

预算执行情况表按编报时间分为旬报、月报和年报。

1. 预算收支旬报

预算收支旬报反映从月初至本旬为止的预算收支的完成情况。一般要求在每月上旬、中旬报送，下旬免报。要求报送及时、迅速、简明扼要，报送的内容、时间由财政部根据情况规定，并逐级布置。

2. 预算收支月报

预算收支月报反映从年初至本月为止的预算收支的主要完成情况，分为一般预算收入月报、一般预算支出月报、基金预算收支月报，也可以将一般预算收支与基金预算收支合并编制。具体报送格式、时间由财政部根据情况规定，并逐级布置。

3. 预算收支年报

预算收支年报是各级政府决算，反映从年预算年度内政府预算收支执行情况和结果的完成情况。

（二）按编报内容

预算执行情况表按编报内容可分为公共财政收支决算总表、财政收入决算明细表、财政支出决算明细表、基金预算收支决算总表、基金收支明细表、国有资本经营预算收支决算表、财政专户管理资金分部门收支情况表和财政专户管理资金分科目收支情况表等。这些报表一般编年报。

三、预算执行情况表的格式与编制

（一）公共财政收支决算总表的格式与编制

1. 财政收支决算总表的格式

公共财政收支决算总表是反映各级财政部门预算收支执行和结余情况的报表，由收入和出两部分组成。每部分均分别列示预算科目、预算数和决算数三个栏目。

总收入部分包括税收收入、非税收入和转移性收入。其中，税收收入和非税收入按《政府收支分类科目》列示至款级科目，转移性收入列示至类级科目。总支出部分按《政府收支分类科目》的类级科目列示。其格式如表 6-3 所示。

表 6-3 ______年财政收支决算总表

编报单位：________财政局　　　　　　　　　　　　　　　　　　　　　　　　　　　　　　金额单位：

收入			支出		
预算科目	预算数	决算数	预算科目	预算数	决算数
税收收入			一、一般公共服务		
增值税			二、外交		
消费税			三、国防		
营业税			四、公共安全		
……			……		
烟叶税			十八、国债还本付息支出		
其他税收收入			十九、其他支出		
二、非税收入					
专项收入					
……					
其他收入					
本年收入合计			本年支出合计		
转移性收入			转移性支出		
收入总计			支出总计		

2. 财政收支决算总表的编制

年终清理结账后，总预算会计应按当年《政府收支分类科目》对收入与支出的分类填列预算数和决算数。具体而言，全部收入项目应按照相应一般预算收入、国有资本经营收入、补助收入、上解收入、调入资金、债务转贷收入相应明细账的金额分析填列。全部支出项目应按照相应一般预算支出、国有资本经营预算支出、补助支出、上解支出、调出资金、债务转贷支出相应明细账的金额分析填列。

(二) 财政收入决算明细表的格式与编制

1. 财政收入决算明细表的格式

财政收入决算明细表是反映各级财政部门一般预算收入决算明细情况的报表，是对财政收支决算总表收入部分的细化，可按《政府收支分类科目》列示出类、款、项、目四级科目。表 6-4 所示为财政收入决算明细表的一般格式。

表 6-4 ______年财政收入决算明细表

编报单位：_____财政局　　　　　　　　　　　　　　　　　　　　　　　　　　　　　　金额单位：

预算科目	决算科目
一、税收收入	
增值税	
国内增值税	
国有企业增值税	
……	
消费税	

续表

预算科目	决算科目
国内消费税	
……	
其他税收收入	
二、非税收入	
专项收入	
排污费收入	
……	
行政事业性收费收入	
公安行政事业性收费收入	
……	
本年收入合计	

2. 财政收入决算明细表的编制

年终清理结账后，应按照相应一般预算收入、国有资本经营收入、补助收入、上解收入、调入资金、债务转贷收入相应明细账的金额分析填列。

（三）财政支出决算明细表的格式与编制

1. 财政支出决算明细表的格式

财政支出决算明细表是反映各级财政部门一般预算支出决算明细情况的报表，是对财政收支决算总表支出部分的细化，可按《政府收支分类科目》列示出类、款、项级科目。其格式如表 6-5 所示。

表 6-5 ______年财政支出决算明细表

编报单位： 金额单位：

预算科目	决算数
一、一般公共服务	
人大事务	
……	
二、外交	
外交管理事务	
……	
本年支出合计	

2. 财政支出决算明细表的编制

年终清理结账后，应按照相应一般预算支出、国有资本经营预算支出、补助支出、上解支出、调出资金、债务转贷支出相应明细账的金额分析填列。

（四）基金预算收支决算总表的格式与编制

1. 基金预算收支决算总表的格式

基金预算收支决算总表反映各级财政部门管理的政府性基金决算收入、决算支出以及决算结余总体情况。基金预算收支决算总表的收入和支出项目一般按《政府收支分类科目》的款级科目列示。

基金预算收支决算表的收入包括“基金预算收入”科目核算的内容，以及“债务转贷收入”科目核算内容。表 6-6 所示为上海市 2011 年政府性基金收入决算表的格式。

表 6-6　上海市 2011 年政府性基金收入决算情况表

单位：亿元

项目	2010 年决算数	2011 年预算数	2011 年决算数	比上年增减%	决算数为预算数的%
文化事业建设费收入					
新增建设用地土地有偿事业费收入					
城市公用事业附加收入					
国有土地使用权出让收入*					
……					
中央财政对本市政府性基金补助收入					
动用历年结余					
调入资金					
合计					

* 国有土地使用权出让收入（简称土地出让收入）是指政府以出让等方式配置国有土地使用权取得的全部土地价款（包括受让人支付的征地和拆迁补偿费用、土地前期开发费用和土地出让收益等）。

资料来源：上海财政。

基金预算收支决算表的支出包括“基金预算支出”科目核算的内容，“补助支出”科目、“上解支出”科目、“调出资金”科目中属于基金预算支出部分内容，以及“债务转贷支出”科目核算内容。表 6-7 所示为上海市 2011 年政府性基金支出决算表的格式。

表 6-7　上海市 2011 年政府性基金支出决算情况表

单位：亿元

项目	2010 年决算数	2011 年预算数	2011 年决算数	比上年增减%	决算数为预算数的%
文化事业建设费支出					
新增建设用地土地有偿事业费支出					
城市公用事业附加支出					
国有土地使用权出让支出					
……					
地方水利建设基金支出*					
基金支出合计					
当年结余					
合计					

* 根据财政部、国家发展改革委、水利部出台的《水利建设基金筹集和使用管理办法》，地方水利建设基金从 2011 年 1 月 1 日起按新办法筹集和使用，基金收入规模增加，因此将原合并在其他政府性基金中的地方水利建设基金单列。

资料来源：上海财政。

2. 基金预算收支决算总表的编制

基金预算收支决算总表各项目应按《政府收支分类科目》中的基金预算收支科目分类填列。实际工作中也可以对政府性基金决算收入、政府性基金决算支出分别填报。

基金预算收支决算总表各项目应根据“基金预算收入”“补助收入”“上解收入”“调入资金”“债务转贷收入”“基金预算支出”“补助支出”“上解支出”和“调出资金”科目中相应明细账的金额分析填列。

(五)基金收支明细表的格式与编制

1. 基金收支明细表的格式

基金收支明细表反映各级财政部门管理的政府性基金决算收入、决算支出明细情况，是对基金预算收支决算总表的细化，列示的内容与基金预算收支决算表一致，但基金收支明细表的收入和支出项目一般按《政府收支分类科目》中的类、款和项级科目列示。同时应分别列示预算数与决算数。其一般格式如表 6-8 所示。

表 6-8 ____年基金收支明细表

编报单位： 金额单位：

收入		支出	
预算科目	决算数	预算科目	决算数
		教育	
地方教育附加收入		地方教育附加支出	
		城市中小学校舍建设	
地方文化事业建设费收入		城市中小学教学设施	
		……	
		其他文化事业建设费安排的支出	
……		……	
政府住房基金收入		政府住房基金支出	
上缴管理费		管理费用支出	
计提廉租房住房资金		廉租住房支出	
……		……	
……		……	
本年收入合计		本年支出合计	

2. 基金收支明细表的编制

基金收支明细表各项目应根据“基金预算收入”“补助收入”“上解收入”“调入资金”“债务转贷收入”“基金预算支出”“补助支出”“上解支出”和“调出资金”科目中相应明细账的金额分析填列。

(六)国有资本经营预算收支决算表的格式与编制

1. 国有资本经营预算收支决算表的格式

国有资本经营预算收支决算表是反映各级财政部门管理的国有资本经营预算决算收入、决算支出以及决算结余情况的报表。

国有资本经营预算收支决算表包括收入和支出两部分。国有资本经营预算收支决算表的收入部分应按《政府收支分类科目》中的款和项级科目列示，分别列示收入的执行数、预算

数、预算数为上年执行数的百分比三类数据。国有资本经营预算收支决算表的支出部分应按《政府收支分类科目》中的款和项级科目列示，分别列示支出的执行数、预算数、预算数为上年执行数的百分比三类数据。

表 6-9 所示为 2012 年中央国有资本经营收入预算表，其中，2011 年执行数栏即为 2011 年决算数。表 6-10 所示为 2012 年中央国有资本经营支出预算表，其中，2011 年执行数栏即为 2011 年决算数。

表 6-9　2012 年中央国有资本经营收入预算表

编报单位：　　　　　　　　　　　　　　　　　　　　　　　　　　　金额单位：

项目	2011 年执行数	2012 年预算数	预算数为上年执行数的%
一、利润收入			
烟草企业利润收入			
石油石化企业利润收入			
……			
其他国有资本经营预算企业利润收入			
二、股利、股息收入			
三、产权转让收入			
其他国有股减持收入			
金融类企业国有股减持收入			
四、清算收入			
五、其他国有资本经营收入			
中央国有资本经营收入			
上年结转收入			

资料来源：中国财政部网站。

表 6-10　2012 年中央国有资本经营支出预算表

金额单位：

项目	2011 年执行数	2012 年预算数	预算数为上年执行数的%
一、教育			
其中：其他教育支出			
二、文化体育与传媒			
其中：文化			
体育			
广播影视			
新闻出版			
……			
九、其他支出			
其中：其他支出			
十、转移性支出			
其中：调出资金			
中央国有资本经营支出			
结转下年支出			

资料来源：中国财政部网站。

2. 国有资本经营预算收支决算表的编制

国有资本经营预算收支决算表的各收入项目应根据“国有资本经营预算收入”科目的明细账金额分析填列。

国有资本经营预算收支决算表的各支出项目应根据“国有资本经营预算支出”和“国有资本经营预算调出资金”科目的明细账金额分析填列。

第五节 财政专户管理资金会计报表

为了适应预算外资金纳入预算管理的需要，规范教育收费等未纳入预算并实行财政专户管理资金的有效管理，财政总预算会计应增设反映按部门归集收入、支出和结余的财政专户管理资金分部门收支情况表，格式如表 6-11 所示，以及按科目归集的财政专户管理资金分科目收支情况表，格式如表 6-12 所示。

表 6-11 财政专户管理资金分部门收支情况表

年 月 单位：元

部门名称	年初余额	收入数		支出数		期末余额
		本月收入	累计收入	本月支出	累计支出	

表 6-12 财政专户管理资金分科目收支情况表

年 月 单位：元

科目名称	收入数		科目名称（支出功能分类）	支出数	
	本月收入	累计收入		本月支出	累计支出

第六节 财政部代理发行地方政府债券情况表

为适应财政部代理发行地方政府债券管理的需要，地方各级财政部门应于年末编制财政部代理发行的地方政府债券情况表，以反映各级地方政府本年度由财政部代理发行地方政府债券的期初余额、本期取得的收入、支出和期末余额。

财政部代理发行的地方政府债券情况表由六部分构成：①发行债券的各级政府，包括省本级、地市级和县级；②年初地方政府债券余额；③本年取得的地方政府债券收入；④本年发生的地方政府债券转贷支出；⑤本年发生的地方政府债券还本支出；⑥年末地方政府债券余额。具体格式如表 6-13 所示。

表 6-13　××年度××财政部门财政部代理发行的地方政府债券情况表

项目	年初地方政府债券余额	本年取得的地方政府债券收入	本年发生的地方政府债券转贷支出	本年发生的地方政府债券还本支出	年末地方政府债券余额
列次	1	2	3	4	5
省本级					
地市级					
县级					
合计		—	—		

本章小结

总预算会计报表是各级预算收支执行情况及其结果的定期书面报告，也是编制下年度预算的基础。总预算会计报表包括资产负债表、预算执行情况表、财政周转金收支情况表、财政专户管理资金分部门收支情况表和财政专户管理资金分科目收支情况表、预算执行情况说明书及其他附表等。各级总预算会计必须定期编制和汇总预算会计报表。

资产负债表月报左边填列资产与支出数额，右边列示负债、净资产与收入的数额；年报左边仅列示资产数额，右边仅列示负债与净资产数额。

预算执行情况表按编报时间分为旬报、月报和年报。年报应列报公共财政收支决算总表、财政收入决算明细表、财政支出决算明细表、基金预算收支决算总表和基金收支明细表、国有资本经营预算收支决算表、财政专户管理资金分部门收支情况表和财政专户管理资金分科目收支情况表等。

复习思考题

1. 总预算会计的资产负债表月报和年报依据的会计等式和编制方法有何不同？
2. 预算执行情况表的年报包括哪些内容？
3. 基金预算收支决算总表各项目应根据哪些科目余额分析填列？

第三篇　行政单位会计

第七章

行政单位会计概述

第一节　行政单位会计的概念、职责与任务

一、行政单位的概念与范围界定

行政单位是进行国家行政管理、组织经济建设和文化建设、维护社会公共秩序的单位。行政单位主要包括如下单位。

(1)国家权力机关，在我国为各级人民代表大会。

(2)行政机关，是指依宪法和有关组织法的规定设置的，行使国家行政职权，负责对国家各项行政事务进行组织、管理、监督和指挥的国家机关，通称“政府”。主要包括国务院及其所属各部委、各直属机构和办事机构；派驻国外的大使馆、代办处、领事馆和其他办事机构；地方各级人民政府及其所属的各工作部门；地方各级人民政府的派出机关，如专员公署、区公所、街道办事处、驻外地办事处；其他国家行政机关，如海关、商品检验局、劳改局(处)、公安消防队、公安机关、看守所、监狱、基层税务所、财政驻厂员、市场管理所等。

(3)司法机关，即人民法院，从属于国家权力机关。

(4)检察机关，即人民检察院。

(5)实行预算管理的其他机关、政党组织等。主要包括中国共产党、各民主党派以及共青团、妇联、工会等组织。各党派、人民团体和各种协会，虽不属于行政单位，但由于其经费由财政拨款，是按照公务员法管理的事业单位，其会计核算应遵照行政单位会计制度执行。

二、行政单位会计的组织系统

行政单位会计是指核算和监督各级各类国家机关、政党组织国家预算资金的取得、使用及其结果的一种非营利组织会计。

行政单位进行业务活动的目的是执行社会管理职能，不追求盈利能力。资金来自国家财政，渠道单一，需要通过预算申报取得国家的拨款。

按照预算管理权限，行政单位预算管理分为下列级次：

向同级财政部门申报预算的行政单位，为一级预算单位。

向上一级预算单位申报预算并有下级预算单位的行政单位，为二级预算单位。

向上一级预算单位申报预算，且没有下级预算单位的行政单位，为基层预算单位。

一级预算单位有下级预算单位的，为主管预算单位。

第二节　行政单位会计目标、基本假设及信息质量要求

一、会计目标

行政单位会计核算目标是向会计信息使用者提供与行政单位财务状况、预算执行情况等有关的会计信息，反映行政单位受托责任的履行情况，有助于会计信息使用者进行管理、监督和决策。

行政单位会计信息使用者包括人民代表大会、政府及其有关部门、行政单位自身和其他会计信息使用者。

二、会计基本假设

(一) 会计主体

行政单位应当对其自身发生的经济业务或者事项进行会计核算。我国行政单位会计主体预算管理权限可分为一级预算单位、二级预算单位和基层预算单位。人员编制少、财务工作量小等不具备独立核算条件的单位，可以实行单据报账制度。

(二) 持续运行

行政单位会计核算应以行政单位各项业务活动持续正常地进行为前提。

(三) 会计期间

行政单位应划分会计期间，分期结算账目和编制财务报告。

会计期间至少分为年度和月度。会计年度、月度等会计期间的起讫日期采用公历日期。

(四) 货币计量

行政单位会计核算应以人民币作为记账本位币。发生外币业务时，应将有关外币金额折算为人民币金额计量。

三、会计信息质量要求

(一) 可靠性

行政单位应以实际发生的经济业务或者事项为依据进行会计核算，如实反映各项会计要素的情况和结果，保证会计信息真实可靠。

(二) 相关性

行政单位提供的会计信息应当与行政单位受托责任履行情况的反映，会计信息使用者的

管理、监督和决策需要相关，有助于会计信息使用者对行政单位过去、现在或者未来的情况作出评价或者预测。

（三）完整性

行政单位应将发生的各项经济业务或者事项全部纳入会计核算，确保会计信息能够全面反映行政单位的财务状况和预算执行情况等。

（四）及时性

行政单位对于已经发生的经济业务或者事项，应及时进行会计核算，不得提前或者延后。

（五）可比性

行政单位对发生的相同或者相似的经济业务或者事项，应采用统一的会计政策，确保同一行政单位不同时期、不同行政单位会计信息口径一致，相互可比。

行政单位采用的会计政策不得随意变更。确需变更的，应将变更的内容、理由和对单位财务状况、预算执行情况的影响在附注中予以说明。

（六）明晰性

行政单位提供的会计信息应当清晰明了，便于会计信息使用者理解和使用。

第三节 行政单位会计要素及会计科目

一、行政单位会计要素

会计要素是对会计核算对象的基本分类。行政单位会计应按照业务或事项的经济特征确定会计要素。会计要素包括资产、负债、净资产、收入和支出。

（一）资产

资产是指行政单位占有或者使用的，能以货币计量的经济资源。

所谓占有，是指行政单位对经济资源拥有法律上的占有权。由行政单位管理，供社会公众使用的政府储备物资、公共基础设施等，也属于行政单位核算的资产。

行政单位的资产包括流动资产、固定资产、在建工程、无形资产等。其中，流动资产是指可以在 1 年内（含 1 年）变现或者耗用的资产，包括库存现金、银行存款、零余额账户用款额度、财政应返还额度、应收及预付款项、存货等。

（二）负债

负债是指行政单位所承担的能以货币计量，需要以资产等偿还的债务。

行政单位的负债包括流动负债和非流动负债。流动负债是指要求在 1 年以内（含 1 年）偿还的负债，包括应缴财政款、应交税费、应付职工薪酬、应付及暂存款项、应付政府补贴款等。非流动负债是指要求在 1 年以后（不含 1 年）偿还的负债，包括长期应付款等。

（三）净资产

净资产是指行政单位资产扣除负债后的余额。行政单位的净资产包括财政拨款结转、财政拨款结余、其他资金结转结余、资产基金、待偿债净资产等。

（四）收入

收入是指行政单位依法取得的非偿还性资金。

行政单位的收入包括财政拨款收入和其他收入。财政拨款收入是指行政单位从同级财政部门取得的财政预算资金。其他收入是指行政单位依法取得的除财政拨款收入以外的各项收入。

（五）支出

支出是指行政单位为保障机构正常运转和完成工作任务所发生的资金耗费和损失。

行政单位的支出包括经费支出和拨出经费。经费支出是指行政单位自身开展业务活动使用各项资金发生的基本支出和项目支出。拨出经费是指行政单位纳入单位预算管理、拨给所附属单位的非同级财政拨款资金。

（六）会计要素核算基础

行政单位会计核算一般采用收付实现制，特殊经济业务和事项应按照制度的规定采用权责发生制核算。

二、影响行政单位会计科目设置的重要会计法规

行政单位会计科目是行政单位会计要素的具体化。行政单位会计科目的设置必须遵循一定的法律法规的要求。

（一）《行政单位财务规则》

为规范行政单位的财务行为，加强行政单位财务管理和监督，提高资金使用效益，保障行政单位工作任务的完成，国家修订了《行政单位财务规则》，于 2012 年 12 月 6 日正式颁布，自 2013 年 1 月 1 日起施行。《行政单位财务规则》分总则、单位预算管理、收入管理、支出管理、结转和结余管理、资产管理、负债管理、行政单位划转撤并的财务处理、财务报告和财务分析、财务监督、附则共 11 章 63 条。行政单位会计的目标之一是反映预算执行及结果，会计科目设置应满足《行政单位财务规则》中预算管理的需要。

（二）《行政单位会计制度》

为规范行政单位会计核算，1988 年财政部发布了《事业行政单位预算会计制度》。为了利于国有行政单位适应社会主义市场经济体制的需要，进一步规范行政单位会计核算，加强会计管理，1997 年财政部发布了《行政单位会计制度》，自 1998 年 1 月 1 日起执行，同时《事业行政单位预算会计制度》废止。2012 年 12 月 18 日财政部再次发布了全面修订的《行政单位会计制度》。《行政单位会计制度》规定了会计科目的名称、核算内容、使用要求及所属明细科目的设置。

三、行政单位会计科目表

会计科目是行政单位会计设置账户、归集和核算经济业务的依据。根据《行政单位会计制度》，行政单位通用的会计科目可分为资产、负债、净资产、收入和支出五大类，具体会计科目类别、名称、编码如表 7-1 所示。

表 7-1 行政单位会计科目表

类别	编码	科目名称	类别	编码	科目名称
一、资产类	1001	库存现金	二、负债类	2301	应付账款
	1002	银行存款		2311	应付政府补贴款
	1011	零余额账户用款额度		2391	其他应付款
	1021 102101 102102	财政应返还额度 财政直接支付 财政授权支付		2411	长期应付款
				2901	受托代理负债
			三、净资产类	3001	财政拨款结转
	1212	应收账款		3002	财政拨款结余
	1213	预付账款		3101	其他资金结转结余
	1215	其他应收款		3501 350101 350111 350121 350131 350141 350151 350152	资产基金 预付款项 存货 固定资产 在建工程 无形资产 政府储备物资 公共基础设施
	1301	存货			
	1501	固定资产			
	1502	累计折旧			
	1511	在建工程			
	1601	无形资产			
	1602	累计摊销			
	1701	待处理资产损溢			
	1801	政府储备物资		3502	待偿债净资产
	1802	公共基础设施	四、收入类	4001	财政拨款收入
	1901	受托代理资产		4011	其他收入
二、负债类	2001	应缴财政款	五、支出类	5001	经费支出
	2101	应交税费		5201	拨出经费
	2201	应付职工薪酬			

四、行政单位会计科目的使用要求

行政单位应按照下列规定运用会计科目。

行政单位应对有关法律、法规允许进行的经济活动，按照规定使用会计科目进行核算，不得以规定的会计科目及使用说明作为进行有关法律、法规禁止的经济活动的依据。

有基本建设投资的行政单位，应按照国家有关基本建设投资会计核算规定，对基本建设投资进行单独设账核算。

行政单位应按照规定设置和使用会计科目，因没有相关业务不需要使用的总账科目可以不用；在不影响会计处理和编报财务报表的前提下，行政单位可以根据实际情况自行增设规定以外的明细科目，或者自行减少、合并规定的明细科目。

行政单位暂不对固定资产计提折旧的，不设置“累计折旧”科目，在进行账务处理时不考虑规定中其他科目说明中涉及的“累计折旧”科目。

财政部统一规定会计科目的编号，以便于填制会计凭证、登记账簿、查阅账目，实行会计信息化管理。行政单位不得随意打乱重编规定的会计科目编号。

本章小结

我国行政单位会计主体分为一级预算单位、二级预算单位和基层预算单位。会计核算目标是向会计信息使用者提供与行政单位财务状况、预算执行情况等有关的会计信息，反映行政单位受托责任的履行情况，有助于会计信息使用者进行管理、监督和决策。会计信息应满足可靠性、相关性、完整性、及时性、可比性和明晰性质量标准。行政单位会计包括资产、负债、净资产、收入和支出五大类会计要素。行政单位会计核算一般采用收付实现制，特殊经济业务和事项应按规定采用权责发生制核算。行政单位应按规定设置和使用会计科目。

复习思考题

1．行政单位会计的组织系统的构成如何？
2．行政单位会计应如何正确运用会计核算基础？
3．如何理解行政单位会计信息的质量要求？
4．列举 20 个行政单位会计科目。

第八章

行政单位会计收入与支出的核算

第一节　行政单位会计收入的核算

行政单位收入是指行政单位依法取得的非偿还性资金，包括财政拨款收入和其他收入。

行政单位依法取得的应当上缴财政的罚没收入、行政性收费收入、政府性基金、国有资产处置和出租出借收入等，不属于行政单位的收入。

行政单位取得的各项收入，应符合国家规定，全部纳入单位预算，并按照财务管理的分项如实核算，统一管理。行政单位应建立健全收入内部管理制度：各项收入应由财会部门归口管理并进行会计核算，严禁账外设账；业务部门应在涉及收入的合同协议签订后，及时将合同等有关材料提交财会部门作为账务处理依据，确保各项收入应收尽收，及时入账；财会部门应定期检查收入金额是否与合同约定相符，对应收未收项目应查明情况，明确责任主体，落实催收责任。有政府非税收入收缴职能的单位，应按照规定项目和标准征收政府非税收入，并按照规定开具财政票据，做到收缴分离、票款一致，并及时、足额上缴国库或财政专户，不得以任何形式截留、挪用或私分。

行政单位的收入一般应在收到款项时予以确认，并按照实际收到的金额进行计量。

一、财政拨款收入的核算

财政拨款收入是指行政单位从同级财政部门取得的财政预算资金。这是行政单位的主要收入来源，占行政单位收入总额的比重较大，也是行政单位开展业务活动的基本财力保障。

为核算和监督行政单位从同级财政部门取得的财政预算资金的拨入、缴回和年终结转等情况，行政单位会计应设置“财政拨款收入”会计科目。该科目属于收入类科目，贷方登记实际取得的财政预算资金数，借方登记财政预算资金的缴回和结转数；平时余额在贷方，反映行政单位财政拨款收入累计数，年终结账后，该科目无余额。本科目应当设置“基本支出拨款”和“项目支出拨款”和“项目支出拨款”两个明细科目，分别核算行政单位取得用于基本支出和项目支出的财政拨款资金。同时，按照《政府收支分类科目》中支出功能分类科目的项级科目进行明细核算。在“基本支出拨款”明细科目下按照“人员经费”和“日常公用经费”明细核算；在“项目支出拨款”明细科目下按照具体项目进行明细核算。有公共财政拨款、政府性基金预算拨款等两种或两种以上财政拨款的行政单位，还应按照财政拨款种类分别进行明细核算。

行政单位会计关于财政拨款收入的主要账务处理如下。

1．财政直接支付方式

行政单位根据收到的“财政直接支付入账通知书”及相关原始凭证，借记“经费支出科目，贷记“财政拨款收入”科目。

年末，行政单位根据本年度财政直接支付预算指标数与财政直接支付实际支出数的差额，借记“财政应返还额度——财政直接支付”科目，贷记“财政拨款收入”科目。

本年度财政直接支付的资金收回时，借记“财政拨款收入”科目，贷记“经费支出”等科目。

2. 财政授权支付方式

行政单位根据收到的“财政授权支付额度到账通知书”，借记“零余额账户用款额度”等科目，贷记“财政拨款收入”科目。

年末，如行政单位本年度财政授权支付预算指标数大于财政授权支付额度下达数，根据两者间的差额，借记“财政应返还额度——财政授权支付”科目，贷记“财政拨款收入” 科目。

3. 其他方式

实际收到财政拨款收入时，借记“银行存款”等科目，贷记“财政拨款收入”科目。

4. 年终结转

年末，将“财政拨款收入”本年发生额转入“财政拨款结转”，借记“财政拨款收入”科目，贷记“财政拨款结转”科目。结账后，“财政拨款收入”科目应无余额。

【例 8-1】 某行政单位收到零余额账户代理银行转来的“财政授权支付到账通知书”，列明本月基本支出用款额度 462 000 元。其会计分录为：

借：零余额账户用款额度	462 000	
贷：财政拨款收入——基本支出拨款		462 000

【例 8-2】 某行政单位通过财政直接支付大型修缮款 41 800 元，根据收到的“财政直接支付入账通知书”及相关原始凭证。其会计分录为：

借：经费支出	41 800	
贷：财政拨款收入——项目支出拨款		41 800

【例 8-3】 某行政单位收到同级财政部门拨入的当月日常办公经费 33 000 元，已转入该单位银行账户中。其会计分录为：

借：银行存款	33 000	
贷：财政拨款收入——基本支出拨款		33 000

【例 8-4】 年末结转，某行政单位将本年“财政拨款收入”发生额 80 万元转入“财政拨款结转” 科目。其会计分录为：

借：财政拨款收入	800 000	
贷：财政拨款结转		800 000

二、其他收入的核算

其他收入是指行政单位依法取得的除财政拨款收入以外的各项收入。如从非同级财政部门、上级主管部门等取得的用于完成项目或专项任务的资金、库存现金溢余等。这些收入是单位的一部分重要资金来源，也是行政单位业务活动经费的补充，需要纳入本单位预算统一管理。行政单位其他收入的具体项目和收费标准，必须按照国家统一的规定执行，不得擅自扩大收费项目或提高收费标准。

为核算和监督行政单位取得的除财政拨款收入以外的其他各项收入，行政单位会计应设置“其他收入”会计科目。该科目属于收入类科目，贷方登记实际取得的其他收入的数额，借方登记其他收入的退回及期末结转数；平时余额在贷方，反映其他收入的累计数，年终结账后，该科目应无余额。本科目应按照其他收入的类别、来源单位、项目资金和非项目资金进行明细核算。对于项目资金收入，还应按照具体项目进行明细核算。

行政单位从非同级财政部门、上级主管部门等取得指定转给其他单位，且未纳入本单位预算管理的资金，不通过本科目核算，应通过“其他应付款”科目核算。

行政单位会计关于其他收入的主要账务处理如下。

(1)收到属于其他收入的各种款项时，按照实际收到的金额，借记“银行存款”“库存现金”等科目，贷记“其他收入”科目。

(2)年末，将“其他收入”本年发生额转入其他资金结转结余，借记“其他收入”科目，贷记“其他资金结转结余”科目。结账后，“其他收入”科目应无余额。

【例 8-5】 某行政单位出售废旧物品，收到废旧物品变价收入 550 元，以现金收讫。其会计分录为：

借：库存现金　　550

　　贷：其他收入——非项目资金收入——废旧物品变价收入　　550

【例 8-6】 某行政单位收到银行存款利息 220 元。其会计分录为：

借：银行存款　　220

　　贷：其他收入——非项目资金收入——利息收入　　220

【例 8-7】 年终，某行政单位“其他收入”科目账面余额为 84 000 元，进行年终转账。其会计分录为：

借：其他收入　　84 000

　　贷：其他资金结转结余　　84 000

第二节　行政单位会计支出的核算

行政单位支出是指行政单位为保障机构正常运转和完成工作任务所发生的各项资金耗费及损失，包括经费支出和拨出经费。为全面反映支出内容和结构，加强支出财务管理，更好地安排使用各项经费，有效完成任务，行政单位支出可进一步分为基本支出和项目支出。

基本支出是指行政单位为保障机构正常运转和完成日常工作任务所发生的支出，包括人员支出和公用支出。其中，人员支出主要包括工资福利支出和对个人及家庭的补助支出；公用支出主要是指日常办公经费预算支出，如办公费、手续费、水电费、差旅费、维修费、邮电费等。

项目支出是指行政单位为完成特定的工作任务，在基本支出之外发生的支出，如专项会议费、专用设备购置费、专项大型修缮费、专项任务支出等。

行政单位应将各项支出全部纳入单位预算，严格遵守国库集中支付制度和政府采购制度，严格执行国家规定的开支范围及标准，建立健全支出管理制度。对节约潜力大、管理薄弱的支出进行重点管理和控制，由单位财务部门按照批准的预算和有关规定审核办理。行政单位从财政部门或上级预算单位取得的项目资金，应按照批准的项目和用途使用，专款专用、单独核算，并按照规定向同级财政部门或上级预算单位报告资金使用情况，接受财政部门和上级预算单位的检查监督。项目完成后，行政单位应向同级财政部门或上级预算单位报送项目支出决算和使用效果的书面报告。行政单位应加强支出的绩效管理，提高资金的使用效益；应依法加强各类票据管理，确保票据来源合法、内容真实、使用正确，不得使用虚假票据。

行政单位支出一般应在支付款项时予以确认，并按照实际支付金额进行计量。采用权责发生制确认的支出，应在其发生时予以确认，并按照实际发生额进行计量。

行政单位支出的核算包括经费支出和拨出经费的核算。

一、经费支出的核算

经费支出是指行政单位自身开展业务活动使用各项资金发生的基本支出和项目支出。这些支出是行政单位为保障机构正常运转、完成日常工作任务而必须发生的各项资金耗费，也是行政单位对财政拨款收入和其他收入统筹安排使用的结果。经费支出是行政单位财务管理和会计核算工作的重点内容，也是财政部门和上级主管单位检查考核行政单位预算执行情况的重要依据。

为满足本单位经费支出管理和会计核算的需要，行政单位的经费支出应按照不同的标准进行分类，并相互结合使用。

为核算和监督行政单位在开展业务活动中发生的各项支出，行政单位会计应设置“经费支出”会计科目。该科目属于支出类科目，借方登记发生的经费支出数，贷方登记支出收回或冲销转出数；平时余额在借方，反映行政单位当期经费支出累计数。年终结账后，该科目应无余额。该科目应当分别按照“财政拨款支出”和“其他资金支出”、“基本支出”和“项目支出”等分类进行明细核算；并按照《政府收支分类科目》中支出功能分类科目的项级科目进行明细核算。“基本支出”和“项目支出”明细科目下应当按照《政府收支分类科目》中支出经济分类科目的款级科目进行明细核算。同时在“项目支出”明细科目下按照具体项目进行明细核算。有公共财政预算拨款、政府性基金预算拨款等两种或两种以上财政拨款的行政单位，还应按照财政拨款的种类分别进行明细核算。

行政单位会计关于经费支出的主要账务处理如下。

(1)计提本单位职工薪酬时，按照计算出的金额，借记“经费支出”科目，贷记“应付职工薪酬”科目。

支付时，借记“应付职工薪酬”科目，贷记“财政拨款收入”“零余额账户用款额度”“银行存款”等科目。

(2)支付单位外部人员劳务费，按照应支付的金额，借记“经费支出”科目；按照代扣代缴个人所得税的金额，贷记“应交税费”科目；按照扣税后实际支付的金额，贷记“财政拨款收入”“零余额账户用款额度”“银行存款”等科目。

(3)支付购买存货、固定资产、无形资产、政府储备物资和工程结算的款项，按照实际支付的金额，借记“经费支出”科目，贷记“财政拨款收入”“零余额账户用款额度”“银行存款”等科目；同时，按照采购或工程结算成本，借记“存货”“固定资产”“无形资产”“在建工程”“政府储备物资”等科目，贷记“资产基金”及其明细科目。

(4)发生预付账款的，按照实际预付的金额，借记“经费支出”科目，贷记“财政拨款收入”“零余额账户用款额度”“银行存款”等科目；同时，借记“预付账款”科目，贷记“资产基金——预付款项”科目。

(5)偿还应付款项时，按照实际偿付的金额，借记“经费支出”科目，贷记“财政拨款收入”“零余额账户用款额度”“银行存款”等科目；同时，借记“应付账款”“长期应付款”科目，贷记“待偿债净资产”科目。

(6)发生其他各项支出时，按照实际支付的金额，借记“经费支出”科目，贷记“财政拨款收入”“零余额账户用款额度”“银行存款”等科目。

(7)行政单位因退货等原因发生支出收回的，属于当年支出收回的，借记“财政拨款收入”“零余额账户用款额度”“银行存款”等科目，贷记“经费支出”科目；属于以前年度支出收回的，借记“财政应返还额度”“零余额账户用款额度”“银行存款”等科目，贷记“财政拨款结转”“财政拨款结余”“其他资金结转结余”等科目。

(8)年末，将“经费支出”科目本年发生额分别转入财政拨款结转和其他资金结转结余，借记“财政拨款结转”“其他资金结转结余”科目，贷记“经费支出”科目。年终结账后，“经费支出”科目应无余额。

【例 8-8】 某行政单位开出授权支付凭证，通过单位零余额账户支付随买随用办公用品495元。其会计分录为：

借：经费支出——财政拨款支出——基本支出——办公费　　495

　　贷：零余额账户用款额度　　495

【例 8-9】 某行政单位接到代理银行通知，通过单位零余额账户支付本月电费6 600元。其会计分录为：

借：经费支出——财政拨款支出——基本支出——电费　　6 600

　　贷：零余额账户用款额度　　6 600

【例 8-10】 某行政单位开出授权支付凭证，通过单位零余额账户支付单位为职工缴纳的养老保险、失业保险、医疗保险等共计36 410元，住房公积金51 700元。其会计分录为：

借：经费支出——财政拨款支出——基本支出——社会保障缴纳　36 410

　　　　　　　　　　　　　　　　　　　　——住房公积金　　51 700

　　贷：零余额账户用款额度　　88 110

【例 8-11】 某行政单位开出授权支付凭证，从本单位零余额账户提取现金5 500元支付取暖费。其会计分录为：

借：库存现金　　5 500

　　贷：零余额账户用款额度　　5 500

借：经费支出——财政拨款支出——基本支出——取暖费　　5 500

　　贷：库存现金　　5 500

【例 8-12】 某行政单位开出授权支付凭证，通过单位零余额账户支付本单位公用机动车保险费3 960元。其会计分录为：

借：经费支出——财政拨款支出——基本支出——公务用车运行维护费　　3 960

　　贷：零余额账户用款额度　　3 960

【例 8-13】 某行政单位开出授权支付凭证，通过单位零余额账户支付本月电话费4 180元。其会计分录为：

借：经费支出——财政拨款支出——基本支出——电话费　　4 180

　　贷：零余额账户用款额度　　4 180

【例 8-14】 某行政单位开出授权支付凭证，通过单位零余额账户支付本单位复印机维修费 330 元，其会计分录为：

借：经费支出——财政拨款支出——基本支出——维修费　　330
　　贷：零余额账户用款额度　　330

【例 8-15】某行政单位经市政府批准，主办大型会议，经结算会议总费用为 242 000 元，由财政直接支付。其会计分录为：

借：经费支出——财政拨款支出——项目支出——会议费　　242 000
　　贷：财政拨款收入——项目支出拨款　　242 000

【例 8-16】某行政单位经有关部门鉴定和批准，对危房及附属设施进行维修，总支出 891 000 元，财政直接支付。其会计分录为：

借：经费支出——财政拨款支出——项目支出——维修费——大型修缮　891 000
　　贷：财政拨款收入——项目支出拨款　　891 000

二、拨出经费的核算

拨出经费是指行政单位纳入单位预算管理、拨付给所属单位的非同级财政拨款资金，如拨给所属单位的专项经费和补助经费等。需要注意的是，拨出经费不是行政单位自身实际发生的支出，只是其作为上级单位按照预算管理的要求，向所属单位转拨的非同级财政拨款资金；而经费支出则是行政单位在开展业务活动中实际发生的各项资金耗费或损失，是对本单位各项收入统筹使用的结果。

行政单位拨出经费业务应当遵守支出管理的相关规定。例如，核定预算和季度(分月)用款计划；按核定的单位预算及时拨付财政拨款资金，逐级转拨、不得越级；遵守转拨财政拨款资金的原则、依据和方式；专款专用、专项核算，按实际发生额登记入账等。

为核算和监督行政单位向所属单位拨出的纳入单位预算管理的非同级财政拨款资金，行政单位会计应设置"拨出经费"会计科目。该科目属于支出类科目，借方登记拨付的非同级财政拨款资金的数额，贷方登记收回及年终结转的数额；平时余额在借方，反映行政单位当期拨出经费的累计数。年终结账后，该科目应无余额。该科目应当分别按照"基本支出"和"项目支出"进行明细核算；还应当按照接受拨出经费的具体单位和款项类别等分别进行明细核算。

行政单位会计关于拨出经费的主要账务处理如下。

(1)向所属单位拨付非同级财政拨款资金等款项时，借记"拨出经费"科目，贷记"银行存款"等科目。

(2)收回拨出经费时，借记"银行存款"等科目，贷记"拨出经费"科目。

(3)年末，将"拨出经费"本年发生额转入其他资金结转结余，借记"其他资金结转结余"科目，贷记"拨出经费"科目。年终结账后，"拨出经费"科目应无余额。

【例 8-17】某行政单位尚未实行财政国库单一账户制度，通过银行存款账户拨给所属二级行政单位基本经费 220 000 元。其会计分录为：

借：拨出经费——基本支出　　220 000
　　贷：银行存款　　220 000

二级行政单位收到上述拨入经费，编制其会计分录为：

借：银行存款　　220 000
　　贷：财政拨款收入——基本支出拨款　　220 000

【例 8-18】 某行政单位收到所属二级行政单位交回的多拨的基本支出经费 11 000 元。其会计分录为：

借：银行存款　　11 000

　　贷：拨出经费　　11 000

【例 8-19】 某行政单位尚未实行财政国库单一账户制度，通过银行存款账户拨给所属二级行政单位项目支出经费 66 000 元。其会计分录为：

借：拨出经费——项目支出　　66 000

　　贷：银行存款　　66 000

【例 8-20】 年终，某行政单位“拨出经费”总账科目借方余额 198 000 元；各明细科目借方余额分别为：“拨出经费——基本支出”132 000 元，“拨出经费——项目支出”66 000 元，进行年终结转。其会计分录为：

借：其他资金结转结余——非项目结余——收支转账　　132 000

　　　　　　　　　　——项目结余——收支转账　　66 000

　　贷：拨出经费——基本支出　　132 000

　　　　　　　　——项目支出　　66 000

本章小结

行政单位收入是行政单位依法取得的非偿还性资金，包括财政拨款收入和其他收入。财政拨款收入是行政单位从同级财政部门取得的财政预算资金。这是行政单位的主要收入来源，占行政单位收入总额的比重较大，也是行政单位开展业务活动的基本财力保障。其他收入是行政单位依法取得的除财政拨款收入以外的各项收入，如从非同级财政部门、上级主管部门等取得的用于完成项目或专项任务的资金、库存现金溢余等。这些收入是行政单位的一部分重要资金来源，也是行政单位业务活动经费的补充。

行政单位依法取得的应当上缴财政的罚没收入、行政性收费收入、政府性基金、国有资产处置和出租出借收入等，不属于行政单位的收入。

行政单位支出是行政单位为保障机构正常运转和完成工作任务所发生的各项资金耗费及损失，包括经费支出和拨出经费。经费支出是指行政单位自身开展业务活动使用各项资金发生的基本支出和项目支出。这些支出是行政单位为保障机构正常运转、完成日常工作任务必须发生的各项资金耗费，也是行政单位对财政拨款收入和其他收入统筹安排使用的结果。拨出经费是行政单位纳入单位预算管理、拨付给所属单位的非同级财政拨款资金，如拨给所属单位的专项经费和补助经费等。拨出经费不是行政单位自身实际发生的支出，只是其作为上级单位按照预算管理的要求，向所属单位转拨的非同级财政拨款资金。

行政单位会计的收入和支出可通过财政直接支付、财政授权支付和实拨资金等方式进行结算。

复习思考题

1．行政单位会计的收入和支出分别包括哪些内容？

2．简述财政拨款收入和其他收入的联系与区别。

3．经费支出与拨出经费有何不同？

4．财政拨款收入在财政直接支付和授权支付方式下的核算有何不同？

5．行政单位支出管理有何规定与要求？

第九章

行政单位会计资产、负债及净资产的核算

第一节　行政单位会计资产的核算

行政单位的资产是指行政单位占有或使用的，能以货币计量的经济资源。所谓占有，是指行政单位对该经济资源拥有法律上的占有权。由行政单位直接支配，供社会公众使用的政府储备物资、公共基础设施等，也属于行政单位核算的资产。

行政单位的资产包括流动资产和非流动资产。流动资产是指可以在1年内(含1年)变现或耗用的资产，包括货币资金、财政应返还额度、应收及预付款项、存货等。非流动资产是指除流动资产以外的其他资产，包括固定资产、无形资产、受托代理资产等。

行政单位对符合资产定义的经济资源，应当在取得对其相关的权利并且能够可靠地进行货币计量时确认，并将确认的资产项目，列入资产负债表。行政单位的资产应按照取得时的实际成本进行计量。除国家另有规定外，行政单位不得自行调整其账面价值。

行政单位应建立健全单位资产管理制度，加强和规范资产配置、使用和处置管理，维护资产的安全完整。行政单位不得以任何形式占有、使用国有资产对外投资或举办经济实体。对于未与行政单位脱钩的经济实体，行政单位应按照有关规定进行监管。除法律、行政法规另有规定外，行政单位不得举借债务，不得对外提供担保；未经同级财政部门批准，行政单位不得将占有、使用的国有资产对外出租、出借。行政单位资产处置应遵循公开、公平、公正的原则，依法进行评估，严格履行相关审批程序。

一、货币资金的核算

行政单位的货币资金是指行政单位以货币资金形态存在的资产，包括库存现金、银行存款、零余额账户用款额度等。行政单位应当按照有关规定，做好货币资金的财务管理和会计核算工作。

(一)库存现金

库存现金是指存放在行政单位会计部门的现金，主要用于行政单位日常零星开支。行政单位应严格按照国家有关现金管理的规定收支现金，并按照《行政单位会计制度》的规定核算现金的各项收支业务。

为核算和监督行政单位库存现金的收支及结存情况，行政单位会计应设置“库存现金”会计科目。该科目属于资产类科目，借方记录行政单位库存现金的增加数，贷方记录库存现金的减少数；余额在借方，反映行政单位实际持有的库存现金数。行政单位应当设置“现金日记账”，由出纳人员根据收付款凭证，按照业务发生顺序逐笔登记。每日终了，应计算当

日的现金收入合计数、现金支出合计数和结余数，并将结余数与实际库存数核对，做到账款相符。行政单位有外币现金的，应分别按照人民币、外币种类设置“现金日记账”，进行明细核算。

行政单位会计关于库存现金的主要账务处理如下。

(1)从银行等金融机构提取现金，按照实际提取的金额，借记“库存现金”科目，贷记“银行存款”“零余额账户用款额度”等科目。

将现金存入银行等金融机构，借记“银行存款”科目，贷记“库存现金”科目。

将现金退回单位零余额账户，借记“零余额账户用款额度”科目，贷记“库存现金”科目。

(2)因支付内部职工出差等原因所借的现金，借记“其他应收款”科目，贷记“库存现金”科目。

出差人员报销差旅费时，按照应报销的金额，借记有关科目；按照实际借出的现金金额，贷记“其他应收款”科目；按照其差额，借记或贷记“库存现金”科目。

(3)因开展业务或其他事项收到现金，借记“库存现金”科目，贷记有关科目；因购买服务、商品或者其他事项支出的现金，借记有关科目，贷记“库存现金”科目。

(4)收到受托代理的现金时，借记“库存现金”科目，贷记“受托代理负债”科目；支付受托代理的现金时，借记“受托代理负债”科目，贷记“库存现金”科目。

(5)每日终了结算现金收支，核对库存现金时发现有待查明原因的现金短缺或溢余，应通过“待处理财产损溢”科目核算。属于现金短缺，应按照实际短缺的金额，借记“待处理财产损溢”科目，贷记“库存现金”科目；属于现金溢余，应按照实际溢余的金额，借记“库存现金”科目，贷记“待处理财产损溢”科目。待查明原因后作如下处理：

如为现金短缺，属于应由责任人赔偿或向有关人员追回的部分，借记“其他应收款”科目，贷记“待处理财产损溢”科目，属于无法查明原因的，列为“经费支出”。

如为现金溢余，属于应支付给有关人员或单位的，借记“待处理财产损溢”科目，贷记“其他应付款”科目，属于无法查明原因的，列为“其他收入”。

(二)银行存款

银行存款是指行政单位存入银行及其他金融机构的各种款项，包括人民币存款和外币存款两种。行政单位应严格按照国家有关支付结算办法的规定办理银行存款收支业务，并按照《行政单位会计制度》的规定核算银行存款的各项收支业务。

为核算和监督行政单位存入银行或者其他金融机构的各种存款，行政单位会计应设置“银行存款”会计科目。该科目属于资产类科目，借方记录行政单位银行存款的增加数，贷方记录银行存款的减少数；期末余额在借方，反映行政单位实际存放在银行或其他金融机构的款项。

行政单位应当按开户银行或其他金融机构、存款种类及币种等，分别设置“银行存款日记账”，由出纳人员根据收付款凭证，按照业务的发生顺序逐笔登记，每日终了应结出余额。

“银行存款日记账”应定期与“银行对账单”核对，至少每月核对一次。月度终了，行政单位账面余额与银行对账单余额之间如有差额，必须逐笔查明原因并进行处理。按月编制“银行存款余额调节表”，调节相符。

行政单位会计关于银行存款的主要账务处理如下。

(1)将款项存入银行或者其他金融机构，借记“银行存款”科目，贷记“库存现金”“其他收入”等有关科目。

(2)提取和支出存款时，借记有关科目，贷记“银行存款”科目。

(3)收到银行存款利息，借记“银行存款”科目，贷记“其他收入”等科目；支付银行手续费或银行扣收罚金等时，借记“经费支出”科目，贷记“银行存款”科目。

(4)收到受托代理的银行存款时，借记“银行存款”科目，贷记“受托代理负债”科目；支付受托代理的存款时，借记“受托代理负债”科目，贷记“银行存款”科目。

(5)行政单位发生外币业务的，应按照业务发生当日或当期期初的即期汇率，将外币金额折算为人民币金额记账，并登记外币金额和汇率。期末，各种外币账户的期末余额，应按照期末的即期汇率折算为人民币，作为外币账户期末人民币余额。调整后的各种外币账户人民币余额与原账面余额的差额，作为汇兑损溢计入当期支出。

以外币购买物资、劳务等，按照购入当日或当期期初的即期汇率将支付的外币或应支付的外币折算为人民币金额，借记有关科目，贷记“银行存款”“应付账款”等科目的外币账户。

以外币收取相关款项等，按照收入确认当日或当期期初的即期汇率将收取的外币或应收取的外币折算为人民币金额，借记“银行存款”“应收账款”等科目的外币账户，贷记有关科目。

期末，将各外币账户按期末汇率调整后的人民币余额与原账面人民币余额的差额作为汇兑损溢，借记或贷记“银行存款”“应收账款”“应付账款”等科目，贷记或借记“经费支出”等科目。

（三）零余额账户用款额度

零余额账户用款额度是指实行国库集中支付的行政单位根据财政部门批复的用款计划收到和支用的零余额账户用款额度。

在国库集中支付制度下，行政单位在国库集中支付代理银行开设单位零余额账户，用于财政授权支付的结算。财政部门根据总体预算安排和资金计划，定期向行政单位下达财政授权支付额度，行政单位可在下达的额度内，自行签发授权支付令，通知银行办理资金支付业务。

零余额账户用款额度是预算单位零余额账户的用款额度，具有与人民币相同的支付结算功能，可用于办理转账、汇兑、委托收款、提取现金等支付业务。单位的自有收入、经营收入、往来收入等非财政性资金，不得进入本单位零余额账户。

为核算和监督零余额账户用款额度的收支情况，行政单位会计应设置“零余额账户用款额度”会计科目。该科目属于资产类科目，借方记录行政单位财政授权支付额度的取得和年初恢复数，贷方记录财政授权支付额度的使用和年终注销数；期末借方余额，反映行政单位尚未支用的零余额账户用款额度。年度终了注销单位零余额账户用款额度后，本科目应无余额。

行政单位会计关于零余额账户用款额度的主要账务处理如下。

(1)收到“财政授权支付额度到账通知书”时，根据通知书所列数额，借记“零余额账户用款额度”科目，贷记“财政拨款收入”科目。

(2)按规定支用额度时，借记“经费支出”等科目，贷记“零余额账户用款额度”科目。

(3) 从零余额账户提取现金时，借记“库存现金”科目，贷记“零余额账户用款额度”科目。

(4) 年末，根据代理银行提供的对账单作银行注销额度的相关账务处理，借记“财政应返还额度——财政授权支付”科目，贷记“零余额账户用款额度”科目。如单位本年度财政授权支付预算指标数大于财政授权支付额度下达数，根据两者间的差额，借记“财政应返还额度——财政授权支付”科目，贷记“财政拨款收入”科目。

下年年初，行政单位根据代理银行提供的额度恢复到账通知书作恢复额度的相关账务处理，借记“零余额账户用款额度”科目，贷记“财政应返还额度——财政授权支付”科目。行政单位收到财政部门批复的上年末下达零余额账户用款额度时，借记“零余额账户用款额度”科目，贷记“财政应返还额度——财政授权支付”科目。

【例 9-1】 某行政单位从单位零余额账户中提取现金 3 300 元，以备日常零星开支。其会计分录为：

借：库存现金　　3 300

　　贷：零余额账户用款额度　　3 300

【例 9-2】 某行政单位用现金购买零星办公用品，共计 660 元。其会计分录为：

借：经费支出　　660

　　贷：库存现金　　660

【例 9-3】 李明报销邮寄费 176 元，付给现金。其会计分录为：

借：经费支出　　176

　　贷：库存现金　　176

【例 9-4】 某行政单位盘点库存现金时，发现短缺 220 元，原因不明。其会计分录为：

借：待处理财产损溢　　220

　　贷：库存现金　　220

【例 9-5】 承【例 9-4】，上述短款无法查明原因，经批准列入日常经费处理。其会计分录为：

借：经费支出　　220

　　贷：待处理财产损溢　　220

【例 9-6】 某行政单位盘点库存现金时，发现现金溢余 332 元。其会计分录为：

借：库存现金　　332

　　贷：待处理财产损溢　　332

【例 9-7】 承【例 9-6】，上述溢余无法查明原因，作其他收入处理。其会计分录为：

借：待处理财产损溢　　332

　　贷：其他收入　　332

【例 9-8】 某行政单位尚未实行国库集中支付制度，收到财政部门拨付的本月经费 165 000 元。其会计分录为：

借：银行存款　　165 000

　　贷：财政拨款收入　　165 000

【例 9-9】 某行政单位收到本月银行存款利息收入 2 596 元。其会计分录为：

借：银行存款　　2 596

　　贷：其他收入　　2 596

【例 9-10】 某市水利局出纳李红在当日结账时发现现金溢余 3 000 元。经调查，少付职工李四报销的差旅费 2 400 元，其他无法查明原因，报经批准后计入其他收入。其相关会计分录为：

(1) 查明原因前：

借：库存现金　　3 000

　　贷：待处理财产损溢　　3 000

(2) 查明原因，报经批准后：

借：待处理财产损溢　　3 000

　　贷：其他应付款——李四　　2 400

　　　　其他收入　　600

(3) 给李四支付时：

借：其他应付款——李四　　2 400

　　贷：库存现金　　2 400

【例 9-11】 某行政单位收到银行转来的"授权支付额度到账通知书"，列示财政部门为本单位核定的本月零余额账户用款额度为 22 万元。其会计分录为：

借：零余额账户用款额度　　220 000

　　贷：财政拨款收入　　220 000

【例 9-12】 某行政单位开出授权支付凭证，通过单位零余额账户用款额度购买零星办公用品，支付价款 1 080 元。其会计分录为：

借：经费支出　　1 080

　　贷：零余额账户用款额度　　1 080

【例 9-13】 某行政单位开出授权支付凭证，通过单位零余额账户用款额度购买存货一批 38 000 元，库存已验收入库。其会计分录为：

借：经费支出　　38 000

　　贷：零余额账户用款额度　　38 000

同时：

借：存货　　38 000

　　贷：资产基金——存货　　38 000

【例 9-14】 年末，某行政单位尚有 5.5 万元的财政授权支付额度未支用，依据代理银行提供的对账单位注销相关额度。其会计分录为：

借：财政应返还额度——财政授权支付　　55 000

　　贷：零余额账户用款额度　　55 000

二、应返还、应收及预付款项的核算

应返还、应收及预付款项是指行政单位在开展业务活动中形成的各种债权，包括财政应返还额度、应收账款、预付账款和其他应收款。行政单位应加强应返还、应收及预付款项的管理，严格控制规模，并及时进行清理，不得长期挂账。

(一) 财政应返还额度

财政应返还额度是指实行国库集中支付的行政事业单位应收财政返还的资金额度，包括财政直接支付的应返还额度和财政授权支付的应返还额度。

财政直接支付的应返还额度为行政单位本年度财政直接支付用款额度与当年财政直接支付实际支出数的差额。

财政授权支付的应返还额度包括两部分：一是财政已授权，但尚未下达至行政单位零余额账户的额度；二是财政已授权下达至行政单位零余额账户，但行政单位尚未实际使用的额度。

财政部门对行政单位年终尚未使用或尚未收到的用款额度，采用年终注销、次年经批复后予以恢复供其使用的管理办法。因此，行政单位在年终注销尚未使用或尚未收到的用款额度时，形成了相应的财政应返还额度。

为核算和监督实行国库集中支付的行政单位应收财政返还的资金额度，行政单位会计应设置“财政应返还额度”会计科目。该科目属于资产类科目，借方记录财政应返还额度的增加数，贷方记录财政应返还额度的减少数；期末借方余额反映行政单位应收财政返还的资金额度。本科目应当设置“财政直接支付”“财政授权支付”两个明细科目，进行明细核算。

行政单位会计关于财政应返还额度的主要账务处理如下。

1. 财政直接支付

年末，行政单位根据本年度财政直接支付预算指标数与财政直接支付实际支出数的差额，借记“财政应返还额度——财政直接支付”科目，贷记“财政拨款收入”科目。

下一年度恢复此额度并使用时，借记“经费支出”科目，贷记“财政应返还额度——财政直接支付”科目。

又恢复的额度用完后，行政单位使用当年的预算指标额度安排支出时，借记“经费支出”科目，贷记“财政拨款收入”科目。

2. 财政授权支付

年末，对于财政已授权但尚未下达至行政单位零余额账户的额度，借记“财政应返还额度——财政授权支付”科目，贷记“财政拨款收入”科目。

同时，将财政已授权下达至行政单位零余额账户，但行政单位尚未实际使用的额度予以注销，借记“财政应返还额度——财政授权支付”科目，贷记“零余额账户用款额度”科目。

年度终了，注销行政单位零余额账户用款额度后，零余额账户用款额度科目应无余额。

上述注销的额度，在下年度恢复或下达时，在下年度的账上借记“零余额账户用款额度”，贷记“财政应返还额度——财政授权支付”科目。之后，再使用时，借记“经费支出”“库存现金”等科目，贷记“零余额账户用款额度”科目。

【例 9-15】 某行政单位当年财政授权支付预算指标数为 231 万元，下达至零余额账户的用款额度为 220 万元，该单位当年通过单位零余额账户实际支用 200 万元。年底注销相关额度。其会计分录为：

借：财政应返还额度——财政授权支付	310 000
贷：财政拨款收入	110 000
零余额账户用款额度	200 000

【例 9-16】 承【例 9-15】，次年年初，该行政单位根据代理银行提供的额度恢复到账通知书，上述注销的额度予以恢复。其会计分录为：

借：零余额账户用款额度	310 000
贷：财政应返还额度——财政授权支付	310 000

【例 9-17】 某行政单位年终确认本年度财政直接支付实际发生数 430 万元，当年财政直接支付预算指标数 530 万元。其会计分录为：

借：财政应返还额度——财政直接支付　　　　1 000 000

　　贷：财政拨款收入　　　　1 000 000

【例 9-18】 承【例 9-17】，次年年初，该行政单位收到财政直接支付额度恢复通知书，经批准使用上年尚未使用的财政直接支付用款额度 79 200 元购买一批办公设备，设备已验收交付使用。其会计分录为：

借：经费支出　　　　79 200

　　贷：财政应返还额度——财政直接支付　　　　79 200

同时：

借：固定资产　　　　79 200

　　贷：资产基金——固定资产　　　　79 200

(二)应收账款

应收账款是指行政单位由于出租资产、出售物资等而应当收取的款项，包括本单位收到的商业汇票。行政单位应加强应收账款管理，确保本单位各项款项应收尽收，及时入账，并按规定上缴财政；对应收未收项目应查明情况，明确责任主体，落实催收责任。

为核算和监督行政单位出租资产、出售物资等应收取的款项，行政单位会计应设置“应收账款”会计科目。该科目属于资产类科目，借方记录行政单位出租资产、出售物资等应收取的款项及取得的商业汇票，贷方记录已收回的应收账款、商业汇票，或被注销的应收账款等；期末借方余额，反映行政单位尚未收回的应收账款。本科目应按照购货、接受服务单位(或个人)或开出、承兑商业汇票的单位等进行明细核算。

应收账款应在资产已出租或物资已出售，且尚未收到款项时确认。

行政单位会计关于应收账款的主要账务处理如下。

1. 出租资产发生的应收账款

出租资产尚未收到款项时，按照应收未收金额，借记“应收账款”科目，贷记“其他应付款”科目。

收回应收账款时，借记“银行存款”等科目，贷记“应收账款”科目。同时，借记“其他应付款”科目；按照应缴的税费，贷记“应交税费”科目，按照扣除应交税费后的净额，贷记“应缴财政款”科目。

2. 出售物资发生的应收账款

物资已发出并到达约定状态且尚未收到款项时，按照应收未收金额，借记“应收账款”科目，贷记“待处理财产损溢”科目。

收回应收账款时，借记“银行存款”等科目，贷记“应收账款”科目。

3. 收到商业汇票

(1)出租资产收到商业汇票时，按照商业汇票的票面金额，借记“应收账款”科目，贷记“其他应付款”科目。

(2)出售物资收到商业汇票时，按照商业汇票的票面金额，借记“应收账款”科目，贷记“待处理财产损溢”科目。

(3) 商业汇票到期收回款项时，借记“银行存款”等科目，贷记“应收账款”科目。其中，出租资产收回款项的，还应同时借记“其他应付款”科目；按照应缴的税费，贷记“应交税费”科目，按照扣除应交税费后的净额，贷记“应缴财政款”科目。

行政单位应当设置“商业汇票备查簿”，逐笔登记每一笔应收商业汇票的种类、号数、出票日期、到期日、票面金额、交易合同号等相关信息资料。商业汇票到期结清票款或退票后，应当在备查簿内逐笔注销。

4. 应收账款的核销

对逾期 3 年或以上、有确凿证据表明确实无法收回的应收账款，按规定报经批准后予以核销。核销的应收账款应在备查簿中保留登记。

(1) 转入待处理财产损溢时，按照待核销的应收账款金额，借记“待处理财产损溢”科目，贷记“应收账款”科目。

对无法收回的应收账款核销时，借记“其他应付款”科目，贷记“待处理财产损溢”科目。

(2) 已核销的应收账款在以后期间收回的，借记“银行存款”科目，贷记“应缴财政款”等科目。

【例 9-19】 某行政单位出租办公用房 10 间，月租金 11 万元，每月收一次租金，房子已出租 1 个月，仍未收到租金。其会计分录为：

借：应收账款　　　　110 000

　　贷：其他应付款　　　　110 000

【例 9-20】 某行政单位经批准出售一批旧电脑，变价收入 16 500 元，电脑已发出，但尚未收到款项。该批电脑账面余额 110 000 元，已提折旧 88 000 元。其会计分录为：

(1) 借：应收账款　　　　16 500

　　　贷：待处理财产损溢——处置净收入　　　　16 500

(2) 借：待处理财产损溢——处置资产价值　　　　22 000

　　　累计折旧　　　　88 000

　　　贷：固定资产　　　　110 000

【例 9-21】 承【例 9-20】，上述款项通过银行存款收讫。其会计分录为：

(1) 借：银行存款　　　　16 500

　　贷：应收账款　　　　16 500

(2) 借：资产基金——固定资产　　　　22 000

　　贷：待处理财产损溢——处置资产价值　　　　22 000

(3) 借：待处理财产损溢——处置净收入　　　　16 500

　　贷：应缴财政款　　　　16 500

【例 9-22】 某行政单位一笔 8 800 元的应收账款超过 3 年，经确认已无法收回，按规定报经批准后予以核销。其会计分录为：

(1) 转入待处理财产损溢时：

借：待处理财产损溢　　　　8 800

　　贷：应收账款　　　　8 800

(2) 报经批准核销时：

借：其他应付款　　　　8 800

贷：待处理财产损溢　　8 800

(3)上述核销的应收账款在以后年度收回时：

借：银行存款　　8 800

贷：应缴财政款　　8 800

(三)预付账款

预付账款是指行政单位按照购货、服务合同规定预付给供应单位(或个人)的款项。作为一项短期性债权，预付账款反映了行政单位要求供应单位(或个人)按合同规定提供商品或服务的权利。

为核算和监督预付账款的发生及结转收回等情况，行政单位会计应设置“预付账款”会计科目。该科目属于资产类科目，借方登记预付的款项，贷方登记收到所购商品或劳务时结算的预付款项；期末借方余额，反映行政单位实际预付但尚未结算的款项。

行政单位依据合同规定支付的定金，也通过本科目核算。行政单位支付的可以收回的订金，不通过本科目核算，应当通过“其他应收款”科目核算。

“预付账款”科目应当按照供应单位(或个人)进行明细核算。

预付账款应在已支付款项且尚未收到物资或服务时确认。

行政单位会计关于预付账款的主要账务处理如下。

1. 预付账款的发生和使用

发生预付账款时，借记“预付账款”科目，贷记“资产基金—预付款项”科目；同时，借记“经费支出”科目，贷记“财政拨款收入”“零余额账户用款额度”“银行存款”等科目。

收到所购物资或服务时，按照相应预付账款金额，借记“资产基金——预付款项”科目，贷记“预付账款”科目；发生补付款项的，按照实际补付的款项，借记“经费支出”科目，贷记“财政拨款收入”“零余额账户用款额度”“银行存款”等科目。收到物资的，同时按照收到所购物资的成本，借记有关资产科目，贷记“资产基金”及相关明细科目。

2. 预付账款的退回

发生当年预付账款退回的，借记“资产基金——预付款项”科目，贷记“预付账款”科目；同时，借记“财政拨款收入”“零余额账户用款额度”“银行存款”等科目，贷记“经费支出”科目。

发生以前年度预付账款退回的，借记“资产基金——预付款项”科目，贷记“预付账款”科目；同时，借记“财政应返还额度”“零余额账户用款额度”“银行存款”等科目，贷记“财政拨款结转”“财政拨款结余”“其他资金结转结余”等科目。

3. 预付账款的核销

逾期3年或以上、有确凿证据表明确实无法收到所购物资和服务，且无法收回的预付账款，按照规定报经批准后予以核销。核销的预付账款应在备查簿中保留登记。

(1)转入待处理财产损溢时，按照待核销的预付账款金额，借记“待处理财产损溢”科目，贷记“预付账款”科目。

经批准核销时，借记“资产基金——预付款项”科目，贷记“待处理财产损溢”科目。

(2)已核销的预付账款在以后期间又收回的，借记“零余额账户用款额度”“银行存款”等科目，贷记“财政拨款结转”“财政拨款结余”“其他资金结转结余”等科目。

【例 9-23】 某行政单位购买设备两台，每台价款 110 000 元，该行政单位通过单位零余额账户先支付 50%的预付款。2 个月后设备运抵该单位并经调试成功，该行政单位于验收合格日通过单位零余额账户支付剩余 50%价款。其会计分录为：

(1) 支付预付款时：

借：预付账款　　110 000

　　贷：资产基金——预付款项　　110 000

借：经费支出　　110 000

　　贷：零余额账户用款额度　　110 000

(2) 2 个月后，收回所购设备，并支付剩余 50%的价款。其会计分录为：

借：资产基金——预付款项　　110 000

　　贷：预付账款　　110 000

借：经费支出　　110 000

　　贷：零余额账户用款额度　　110 000

借：固定资产　　220 000

　　贷：资产基金——固定资产　　220 000

【例 9-24】 某行政单位 3 年前为购买某项设备，通过财政授权支付预付款 60 万元。现有确凿证据表明所购设备无法收到，预付的款项业无法收回，按规定报经批准核销。其会计分录为：

(1) 转入待处理财产损溢时：

借：待处理财产损溢　　600 000

　　贷：预付账款　　600 000

(2) 经批准核销时：

借：资产基金——预付款项　　600 000

　　贷：待处理财产损溢　　600 000

(3) 假若已核销的预付账款在以后期间又收回并存入银行：

借：银行存款　　600 000

　　贷：其他资金结转结余——非项目结余　　600 000

（四）其他应收款

其他应收款是指行政单位除应收账款、预付账款以外的其他各项应收及暂付款项，如职工预借的差旅费、拨付给内部有关部门的备用金、应向职工收取的各种垫付款项等。

为核算和监督其他应收款的发生及收回等情况，行政单位会计应设置“其他应收款”会计科目。该科目属于资产类科目，借方登记发生的各项其他应收款项，贷方登记收回或转销的其他应收款项；期末借方余额反映行政单位尚未收回的其他应收款。本科目应当按照其他应收款的类别以及债务单位（或个人）进行明细核算。

行政单位会计关于其他应收款的主要账务处理如下。

1．其他应收款的发生及收回或转销

发生其他应收款项时，借记“其他应收款”科目，贷记“零余额账户用款额度”“银行存款”“库存现金”等科目。

收回或转销上述款项时，借记“银行存款”“库存现金”“零余额账户用款额度”或“经费支出”等科目，贷记“其他应收款”科目。

2. 备用金

行政单位内部实行备用金制度的，有关部门使用备用金以后应及时到财务部门报销并补足备用金。财务部门核定并发放备用金时，借记“其他应收款”等科目，贷记“库存现金”等科目。根据报销数用现金补足备用金定额时，借记“经费支出”科目，贷记“库存现金”等科目，报销数和拨补数都不再通过本科目核算。

3. 其他应收款的核销

逾期 3 年或以上、有确凿证据表明确实无法收回的其他应收款，按规定报经批准后予以核销。核销的其他应收款应在备查簿中保留登记。

(1)转入待处理财产损溢时，按照待核销的其他应收款金额，借记“待处理财产损溢”科目，贷记“其他应收款”科目。

经批准核销时，借记“经费支出”科目，贷记“待处理财产损溢”科目。

(2)已核销的其他应收款在以后期间又收回的，如属于在核销年度内收回的，借记“银行存款”“库存现金”等科目，贷记“经费支出”科目；如属于在核销年度以后收回的，借记“银行存款”“库存现金”等科目，贷记“财政拨款结转”“财政拨款结余”“其他资金结转结余”等科目。

【例 9-25】 某行政单位职工方某出差，预借差旅费 2 500 元，以现金付讫。其会计分录为：

借：其他应收款——方某　　2 500
　　贷：库存现金　　2 500

【例 9-26】 承【例 9-25】，方某出差回来报销差旅费 2 000 元，余款退回。其会计分录为：

借：库存现金　　500
　　经费支出　　2 000
　　贷：其他应收款——方某　　2 500

【例 9-27】 某行政单位以委托付款方式支付本月电费 16 500 元，其中 880 元为代本单位职工家属宿舍暂垫款项，将在职工工资中扣回。其会计分录为：

借：经费支出　　15 620
　　其他应收款　　880
　　贷：银行存款　　16 500

【例 9-28】 某行政单位对备用金采用定额预付制。2017 年 1 月 5 日，设立管理部门定额备用金，由王红负责管理，备用金定额 3 000 元，财务科开出现金支票。1 月 16 日，王红交来购买办公用品的普通发票，金额 1 200 元，财务科以现金补足备用金。1 月 22 日，经批准，增加管理部门定额备用金额度 1 000 元，以现金付讫。1 月 30 日，由于机构变动，经批准撤销管理部门定额备用金。王红交回购买零星办公用品的发票 500 元及剩余现金。其相关会计分录如下：

(1)2017 年 1 月 5 日，财务部门核定并发放备用金：

借：其他应收款——管理部门——王红　　3 000
　　贷：银行存款　　3 000

(2)1 月 16 日，根据报销数用现金补足备用金定额：

借：经费支出　　1 200

　　贷：库存现金　　1 200

(3) 1 月 22 日，增加管理部门定额备用金：

借：其他应收款——管理部门——王红　　1 000

　　贷：库存现金　　1 000

(4) 1 月 30 日，经批准撤销管理部门定额备用金：

借：经费支出　　500

　　库存现金　　3 500

　　贷：其他应收款——管理部门——王红　　4 000

【例 9-29】 年末，某行政单位将逾期 3 年以上、有确凿证据表明无法收回租借的包装物押金 4 000 元，按规定予以核销。2 年后，上述已核销的其他应收款又收回 800 元。其相关会计分录如下：

(1) 转入待处理财产损溢时：

借：待处理财产损溢　　4 000

　　贷：其他应收款——包装物押金　　4 000

(2) 经批准核销时：

借：经费支出　　4 000

　　贷：待处理财产损溢　　4 000

(3) 已核销的其他应收款又收回：

借：库存现金　　800

　　贷：其他资金结转结余　　800

三、存货的核算

存货是指行政单位在开展业务活动及其他活动中为耗用而储存的各种物资，包括材料、燃料、包装物和低值易耗品以及未达到固定资产标准的家具、用具、装具等。也就是说，行政单位的存货分为两种情况：一种是使用后被消耗或逐渐消耗而不能复原的物资；另一种是在使用过程中保持物质形态不变，但达不到固定资产标准的物资。

需要注意的是，行政单位接受委托人指定受赠人的转赠物资，不属于本单位存货，会计核算时通过“受托代理资产”科目核算；行政单位随买随用的零星办公用品等，也不属于本单位存货的范围，会计核算时是在购进的当时直接列作支出。

为核算和监督行政单位在开展业务活动及其他活动中为耗用而储存的各种物资，行政单位会计应设置“存货”会计科目。该科目属于资产类科目，借方记录存货的增加数，贷方记录存货的减少数；期末借方余额反映行政单位存货的实际成本。本科目应按照存货的种类、规格和保管地点等进行明细核算。行政单位有委托加工存货业务的，应在本科目下设置“委托加工存货成本”科目。出租、出借的存货，应设置备查簿进行登记。

存货应在其到达存放地点并验收时确认。

行政单位会计关于存货的主要账务处理如下。

1. 存货的取得

存货在取得时，应按照其实际成本入账。(1) 购入的存货，其成本包括购买价款、相关税费、运输费、装卸费、保险费以及其他使得存货达到目前场所和状态所发生的支出。

购入的存货验收入库，按照确定的成本，借记“存货”科目，贷记“资产基金——存货”科目；同时，按照实际支付的金额，借记“经费支出”科目，贷记“财政拨款收入”“零余额账户用款额度”“银行存款”等科目；对于尚未付款的，应当按照应付未付的金额，借记“待偿债净资产”科目，贷记“应付账款”科目。

(2)置换换入的存货，其成本按照换出资产的评估价值，加上支付的补价或减去收到的补价，加上为换入存货支付的其他费用(运输费等)确定。

换入的存货验收入库，按照确定的成本，借记“存货”科目，贷记“资产基金——存货”科目；同时，按实际支付的补价、运输费等金额，借记“经费支出”科目，贷记“财政拨款收入”“零余额账户用款额度”“银行存款”等科目。

(3)接受捐赠、无偿调入的存货，其成本按照有关凭据注明的金额加上相关税费、运输费等确定；没有相关凭据可供取得，但依法经过资产评估的，其成本应按照评估价值加上相关税费、运输费等确定；没有相关凭据可供取得，也未经评估的，其成本比照同类或类似存货的市场价格加上相关税费、运输费等确定；没有相关凭据，也未经评估的，其同类或类似存货的市场价格无法可靠取得，该存货按照名义金额入账。

接受捐赠、无偿调入的存货验收入库，按照确定的成本，借记“存货”科目，贷记“资产基金——存货”科目；同时，按实际支付的相关税费、运输费等金额，借记“经费支出”科目，贷记“财政拨款收入”“零余额账户用款额度”“银行存款”等科目。

(4)委托加工的存货，其成本按照未加工存货的成本加上加工费用和往返运输费确定。

委托加工的存货出库，借记“存货——委托加工存货成本”科目，贷记本科目下的相关明细科目。支付加工费用和相关运输费等时，借记“经费支出”科目，贷记“财政拨款收入”“零余额账户用款额度”“银行存款”等科目；同时，按照相同的金额，借记“存货——委托加工存货成本”科目，贷记“资产基金——存货”科目。委托加工完成的存货验收入库时，按照委托加工存货的成本，借记“存货”科目下的相关明细科目，贷记“存货——委托加工存货成本”科目。

【例 9-30】 某行政单位购入材料 110 000 元，当日收到货物并验收合格入库，另外支付运杂费 220 元，价款采用财政授权支付方式支付。两个月后，该单位领用这批材料中的一半。其会计分录为：

(1)材料验收入库时：

借：存货	110 220	
贷：资产基金——存货		110 220
借：经费支出	110 220	
贷：零余额账户用款额度		110 220

(2)两个月后，领用材料时：

借：资产基金——存货	55 110	
贷：存货		55 110

【例 9-31】 某行政单位收到财政部门委托代理银行转来的财政直接支付入账通知单，财政部门为该单位支付了批量购买的办公用具的货款 20 万元，增值税 34 000 元。其会计分录为：

借：存货　234 000

　　贷：资产基金——存货　234 000

同时：

借：经费支出　234 000

　　贷：财政拨款收入　234 000

【例 9-32】 2017 年 3 月 27 日，某行政单位以一闲置设备换入一批专用材料 2 000 千克，运输材料支付的费用为 10 060 元。闲置设备的公允价值为 356 000 元，原始入账价值为 216 000 元，设备按规定不计提折旧。材料用于正常办公，并已验收入库。另需支付材料补价 23 000 元。通过零余额账户支付上述相关款项。其会计分录为：

(1) 借：存货　389 060

　　　贷：资产基金——存货　389 060

(2) 借：资产基金——固定资产——某设备　216 000

　　　贷：固定资产——某设备　216 000

(3) 借：经费支出　33 060

　　　贷：零余额账户用款额度　33 060

【例 9-33】 某行政单位委托外单位加工专用材料一批，发出材料成本 30 000 元。加工完毕发生加工费用 69 000 元，发出材料及运回时共发生运费 1 500 元。均通过单位零余额账户支付。存货加工完毕验收入库。其会计分录为：

(1) 委托加工的存货出库：

借：存货——委托加工存货成本　30 000

　　贷：存货——××材料　30 000

(2) 支付加工费用和相关运输费等：

借：经费支出　70 500

　　贷：零余额账户用款额度　70 500

同时：

借：存货——委托加工存货成本　70 500

　　贷：资产基金——存货　70 500

(3) 委托加工完成的存货验收入库，按照委托加工存货的成本：

借：存货——××存货　100 500

　　贷：存货——委托加工存货成本　100 500

2. 存货的发出

存货发出时，应当根据实际情况采用先进先出法、加权平均法或者个别计价法确定发出存货的实际成本。计价方法一经确定，不得随意变更。

(1) 开展业务活动等领用、发出存货，按照领用、发出存货的实际成本，借记“资产基金——存货”科目，贷记“存货”科目。

(2) 经批准对外捐赠、无偿调出存货时，按照对外捐赠、无偿调出存货的实际成本，借记“资产基金——存货”科目，贷记“存货”科目。

对外捐赠、无偿调出存货发生由行政单位承担的运输费等支出，借记“经费支出”科目，贷记“财政拨款收入”“零余额账户用款额度”“银行存款”等科目。

(3)经批准对外出售、置换换出的存货，应当转入待处理财产损溢，按照相关存货的实际成本，借记“待处理财产损溢”科目，贷记“存货”科目。

实现出售、置换换出时，按照存货的实际成本，借记“资产基金——存货”科目，贷记“待处理财产损溢——待处理财产价值”科目。

出售、置换换出过程中收到或应收相关的价款、补价等款项时，借记“银行存款”“库存现金”“应收账款”等科目，贷记“待处理财产损溢——处理净收入”“应交税费”等科目。

出售、置换换出过程中，发生相关运费等费用时，借记“待处理财产损溢——处理净收入”科目，贷记“库存现金”“银行存款”等科目。

出售、置换完毕，若有净收入，则应上缴财政，借记“待处理财产损溢——处理净收入”科目，贷记“应缴财政款”科目；若有净损失，则借记“经费支出”科目，贷记“待处理财产损溢——处理净收入”科目。

【例 9-34】 某行政单位经批准对外出售B存货一批，账面价值为3 300元，变价收入2 640元，款项通过银行存款收讫。其会计分录为：

(1)存货出售时：

借：银行存款	2 640	
贷：应缴财政款		2 640
借：待处理财产损溢——待处理财产价值	3 300	
贷：存货		3 300

(2)期末，冲减资产基金：

借：资产基金——存货	3 300	
贷：待处理财产损溢——待处理财产价值		3 300

【例 9-35】 某单位经批准向偏远山区捐赠库存的物资一批，该批物资实际成本50 000元，捐赠过程中该单位承担运费1 500元，以银行存款支付。其会计分录为：

借：资产基金——存货	50 000	
贷：存货		50 000
借：经费支出	1 500	
贷：银行存款		1 500

3. 存货的清查

行政单位的存货应定期进行清查盘点，每年至少盘点一次。对于发生的存货盘盈、盘亏，应及时查明原因，按规定报经批准后进行账务处理。

(1)盘盈的存货，按照取得同类或类似存货的实际成本确定入账价值；没有同类或类似存货的实际成本，按照同类或类似存货的市场价格确定入账价值；同类或类似存货的实际成本或市场价格无法可靠取得的，按照名义金额入账。

盘盈的存货，按照确定的入账价值，借记“存货”科目，贷记“待处理财产损溢”科目。

经批准核销时，借记“待处理财产损溢”科目，贷记“资产基金——存货”科目。

(2)盘亏、报废、毁损的存货，按照相关存货的账面余额，借记“待处理财产损溢”科目，贷记“存货”科目。

经批准核销时，借记“资产基金——存货”科目，贷记“待处理财产损溢”科目。

行政单位存货在盘亏、报废、毁损过程中取得的残值变价收入、发生的相关费用以及最终净收入或净支出的账务处理方法，参见“存货”出售、置换换出过程中的相关核算方法。

【例 9-36】 某行政单位组织财产清查，发现 A 存货盘盈 2 件，同类存货市场价格每件 330 元；盘亏 B 存货 12 千克，账面价值每千克 13.2 元。其会计分录为：

(1)调整账面记录：

借：存货——A　　660

　　贷：待处理财产损溢　　660

借：待处理财产损溢　　158.4

　　贷：存货——B　　158.4

(2)报经批准处理时：

借：待处理财产损溢　　660

　　贷：资产基金——存货 A　　660

借：资产基金——存货 B　　158.4

　　贷：待处理财产损溢　　158.4

四、固定资产的核算

(一)固定资产概述

固定资产是指使用期限超过 1 年(不含 1 年)、单位价值在规定标准以上，并在使用过程中基本保持原有物质形态的资产。行政单位的固定资产一般分为六类：房屋及构筑物；通用设备；专用设备；文物和陈列品；图书、档案；家具、用具、装具及动植物。

行政单位应当根据固定资产定义、有关主管部门对固定资产的统一分类，结合本单位的具体情况，制定适合本单位的固定资产目录、具体分类方法，作为进行固定资产核算的依据。

1. 固定资产的确认标准

固定资产的各组成部分具有不同的使用寿命、适用不同折旧率的，应分别将各组成部分确认为单项固定资产。

单位价值虽未达到规定标准，但是耐用时间超过 1 年(不含 1 年)的大批同类物资，应确认为固定资产。

购入需要安装的固定资产，应先通过“在建工程”科目核算，安装完毕交付使用时再确认为固定资产。

行政单位的软件，如果其构成相关硬件不可缺少的组成部分，应将该软件的价值包括在所属的硬件价值中，一并作为固定资产确认；如果其不构成相关硬件不可缺少的组成部分，应将该软件确认为无形资产，通过“无形资产”核算。

行政单位购建房屋及构筑物不能够分清支付价款中的房屋及构筑物与土地使用权部分的，应全部确认为固定资产；能够分清支付价款中的房屋及构筑物与土地使用权部分的，应将其中的房屋及构筑物部分确认为固定资产，将其中的土地使用权部分确认为无形资产，通过“无形资产”核算；境外行政单位购买具有所有权的土地，确认为固定资产。

行政单位借入、以经营租赁方式租入的固定资产，不确认为行政单位的固定资产，但应当设置备查簿进行登记。

2. 固定资产的确认时点

购入、换入、无偿调入、接受捐赠不需要安装的固定资产，在固定资产验收合格时确认。

购入、换入、无偿调入、接受捐赠需要安装的固定资产，在固定资产安装完成交付使用时确认。

自行建造、改建、扩建的固定资产，在建造完成交付使用时确认。

3. 固定资产的折旧

《行政单位会计制度》规定，行政单位应对本单位的固定资产、公共基础设施计提折旧。这是指行政单位在固定资产、公共基础设施预计使用寿命内，按照确定的方法对应计提折旧额进行的系统分摊。但行政单位对下列固定资产不计提折旧：①文物及陈列品；②图书、档案；③动植物；④以名义金额入账的固定资产；⑤境外行政单位持有的能够与房屋及构筑物区分、拥有所有权的土地。

《行政单位会计制度》对行政单位固定资产、公共基础设施计提折旧的有关说明如下。

(1)行政单位应根据固定资产、公共基础设施的性质和实际使用情况，合理确定其折旧年限。省级以上财政部门、主管部门对行政单位固定资产、公共基础设施折旧年限作出规定的，从其规定。

(2)行政单位一般应采用年限平均法或工作量法计提固定资产、公共基础设施折旧。

(3)行政单位固定资产、公共基础设施的应折旧金额为其成本，计提固定资产、公共基础设施折旧不考虑预计净残值。

(4)行政单位一般应当按月计提固定资产、公共基础设施折旧。当月增加的固定资产、公共基础设施，当月不计提折旧，从下月起计提折旧；当月减少的固定资产、公共基础设施，当月照提折旧，从下月起不计提折旧。

(5)固定资产、公共基础设施提足折旧后，无论能否继续使用，均不再计提折旧；提前报废的固定资产、公共基础设施，也不再补提折旧；已提足折旧的固定资产、公共基础设施，可以继续使用的，应继续使用，规范管理。

(6)固定资产、公共基础设施因改建、扩建或修缮等原因而提高使用效能或延长使用年限的，应按照重新确定的固定资产、公共基础设施成本以及重新确定的折旧年限，重新计算折旧额。

(二)账户设置

为核算固定资产的原始价值、计提的折旧以及工程的在建成本等情况，行政单位应分别设置“固定资产”“累计折旧”“在建工程”三个总账科目。

1. “固定资产”账户

“固定资产”科目核算行政单位固定资产原始价值的增减变动和结存等情况。该科目属于资产类科目，借方登记增加的固定资产的原始价值，贷方登记减少的固定资产的原始价值；期末余额在借方，反映行政单位期末固定资产的原始价值。行政单位应当设置“固定资产登记簿”和“固定资产卡片”，按照固定资产类别、项目和使用部门等进行明细核算。出租、出借的固定资产，应设置备查簿进行登记。

2. “累计折旧”账户

“累计折旧”科目核算行政单位固定资产、公共基础设施计提的累计折旧。该科目属于资产类科目，是固定资产、公共基础设施的备抵账户。贷方登记固定资产、公共基础设施折旧的计提数，即累计折旧的增加数；借方登记因固定资产、公共基础设施的减少而转出的累计折旧数，即累计折旧的减少数。期末余额在贷方，反映行政单位对固定资产、公共基础设施计提的折旧累计数。本科目应按照固定资产、公共基础设施的类别、项目等进行明细核算。

占有公共基础设施的行政单位，应在本科目下设置“固定资产累计折旧”和“公共基础设施累计折旧”两个一级明细科目，分别核算对固定资产和公共基础设施计提的折旧。

3. “在建工程”账户

“在建工程”科目核算行政单位已经发生必要支出,但尚未完工交付使用的各种建筑(包括新建、改建、扩建、修缮等)、设备安装工程和信息系统建设工程的实际成本。不能增加固定资产、公共基础设施使用效能或延长其使用寿命的修缮、维护等，不通过本科目核算。该科目属于资产类科目，借方登记建造和安装过程中所发生的全部支出，贷方登记结转完工交付使用的工程的实际成本；期末余额在借方，反映行政单位尚未完工的在建工程发生的实际成本。本科目应按照具体工程项目等进行明细核算；需要分摊计入不同工程项目的间接工程成本，应通过本科目下设置的“待摊投资”明细科目核算。

行政单位的基本建设投资应按照国家有关规定单独建账、单独核算，同时按照本制度的规定至少按月并入本科目及其他相关科目反映。

行政单位应在本科目下设置“基建工程”明细科目，核算由基建账套并入的在建工程成本。有关基建并账的具体账务处理另行规定。

在建工程应在属于在建工程的成本发生时确认。

(三)账务处理

1. 固定资产的增加

固定资产的增加是指行政单位通过购入、自行建造、置换、接受捐赠、无偿调入等方式取得的固定资产。固定资产在取得时应按照其实际成本入账。

(1)购入的固定资产。

购入的固定资产，其成本包括实际支付的购买价款、相关税费，使固定资产交付使用前所发生的可归属于该项资产的运输费、装卸费、安装费和专业人员服务费等。

以一笔款项购入多项没有单独标价的固定资产，按照各项固定资产同类或类似固定资产市场价格的比例对总成本进行分配，分别确定各项固定资产的入账价值。

购入不需要安装的固定资产，按照确定的固定资产成本，借记“固定资产”科目，贷记“资产基金——固定资产”科目；同时，按照实际支付的金额，借记“经费支出”科目，贷记“财政拨款收入”“零余额账户用款额度”“银行存款”等科目。

购入需要安装的固定资产，先通过“在建工程”科目核算，借记“在建工程”科目，贷记“资产基金——在建工程”科目；同时，按照实际支付的金额，借记“经费支出”科目，贷记“财政拨款收入”“零余额账户用款额度”“银行存款”等科目。安装完工交付使用时，借记“固定资产”科目，贷记“资产基金——固定资产”科目；同时，借记“资产基金——在建工程”科目，贷记“在建工程”科目。

购入固定资产分期付款或扣留质量保证金的，在取得固定资产时，按照确定的固定资产成本，借记“固定资产”科目(不需要安装)或“在建工程”科目(需要安装)，贷记“资产基金——

固定资产或在建工程”科目；同时，按照已实际支付的价款，借记“经费支出”科目，贷记“财政拨款收入”“零余额账户用款额度”“银行存款”等科目；按照应付未付的款项或扣留的质量保证金等金额，借记“待偿债净资产”科目，贷记“应付账款”或“长期应付款”科目。

(2) 自行建造的固定资产。

自行建造的固定资产，其成本包括建造该项资产至交付使用前所发生的全部必要支出。

固定资产的各组成部分需要分别核算的，按照各组成部分固定资产造价确定其成本；没有各组成部分固定资产造价的，按照各组成部分固定资产同类或类似固定资产市场造价的比例对总造价进行分配，确定各组成部分固定资产的成本。

交付使用前，借记“在建工程”科目，贷记“资产基金——在建工程”科目；同时，按照实际支付的金额，借记“经费支出”科目，贷记“财政拨款收入”“零余额账户用款额度”“银行存款”等科目。

工程完工交付使用时，按照自行建造过程中发生的实际支出，借记“固定资产”科目，贷记“资产基金——固定资产”科目；同时，借记“资产基金——在建工程”科目，贷记“在建工程”科目。

已交付使用但尚未办理竣工决算手续的固定资产，按照估计价值入账，待确定实际成本后再进行调整。

行政单位的信息系统建设参照自行建造固定资产的账务处理办法。发生各项信息系统建设支出时，借记“在建工程”科目，贷记“资产基金——在建工程”科目；同时，按照实际支付的金额，借记“经费支出”科目，贷记“财政拨款收入”“零余额账户用款额度”“银行存款”等科目。

信息系统建设完成交付使用时，按照交付使用信息系统的实际成本，借记“固定资产”“无形资产”科目，贷记“资产基金——固定资产或无形资产”科目；同时，借记“资产基金——在建工程”科目，贷记“在建工程”科目。

(3) 自行繁育的动植物。

自行繁育的动植物，其成本包括在达到可使用状态前所发生的全部必要支出。

购入需要繁育的动植物，按照购入的成本，借记“固定资产——未成熟动植物”科目，贷记“资产基金——固定资产”科目；同时，按照实际支付的金额，借记“经费支出”科目，贷记“财政拨款收入”“零余额账户用款额度”“银行存款”等科目。

发生繁育费用，按照实际支付的金额，借记“固定资产——未成熟动植物”科目，贷记“资产基金——固定资产”科目；同时，借记“经费支出”科目，贷记“财政拨款收入”“零余额账户用款额度”“银行存款”等科目。

动植物达到可使用状态时，借记“固定资产——成熟动植物”科目，贷记“固定资产——未成熟动植物”科目。

(4) 置换取得的固定资产。

置换取得的固定资产，其成本按照换出资产的评估价值加上支付的补价或减去收到的补价，加上为换入固定资产支付的其他费用（运输费等）确定，借记“固定资产”科目（不需要安装）或“在建工程”科目（需要安装），贷记“资产基金——固定资产或在建工程”科目；按照实际支付的补价、相关税费、运输费等，借记“经费支出”科目，贷记“财政拨款收入”“零余额账户用款额度”“银行存款”等科目。

(5)接受捐赠、无偿调入的固定资产。

接受捐赠、无偿调入的固定资产，其成本按照有关凭据注明的金额加上相关税费、运输费等确定；没有相关凭据可供取得，但依法经过资产评估的，其成本应按照评估价值加上相关税费、运输费等确定；没有相关凭据可供取得，也未经评估的，其成本比照同类或类似固定资产的市场价格加上相关税费、运输费等确定；没有相关凭据，也未经评估的，其同类或类似固定资产的市场价格无法可靠取得，所取得的固定资产应按照名义金额入账。

接受捐赠、无偿调入的固定资产，按照确定的成本，借记"固定资产"科目(不需要安装)或"在建工程"科目(需要安装)，贷记"资产基金——固定资产或在建工程"科目；按照实际支付的相关税费、运输费等，借记"经费支出"科目，贷记"财政拨款收入""零余额账户用款额度""银行存款"等科目。

【例 9-37】 某行政单位以财政直接支付方式购买轿车一辆，价税合计 53 万元。其会计分录为:

借：经费支出　　530 000

　　贷：财政拨款收入　　530 000

借：固定资产　　530 000

　　贷：资产基金——固定资产　　530 000

【例 9-38】 某市园林局向 A 公司购入桦树幼苗一批进行培育，价格为 150 000 元，购买化肥 20 000 元，3 个月幼苗培育成熟。均以零余额账户支付。其会计分录为:

(1)购入需要繁育的动植物，按照购入的成本:

借：固定资产——未成熟动植物　　150 000

　　贷：资产基金——固定资产　　150 000

同时，按照实际支付的金额:

借：经费支出　　150 000

　　贷：零余额账户用款额度　　150 000

(2)发生繁育费用，按照实际支付的金额:

借：固定资产——未成熟动植物　　20 000

　　贷：资产基金——固定资产　　20 000

同时:

借：经费支出　　20 000

　　贷：零余额账户用款额度　　20 000

(3)动植物达到可使用状态时:

借：固定资产——成熟动植物　　170 000

　　贷：固定资产——未成熟动植物　　170 000

【例 9-39】 某行政单位经批准用一批政府储备物资置换一套不需要安装的办公设备。政府储备物资的原价为 2 300 000 元，评估价值为 2 000 000 元，设备及储备物资的运输费用为 39 000 元，运输费以单位零余额账户支付。其会计分录为:

借：固定资产　　2 039 000

　　贷：资产基金——固定资产　　2 039 000

同时:

借：资产基金——政府储备物资　　2 300 000

　　贷：政府储备物资　　2 300 000

按照实际支付的运输费等：

借：经费支出　　39 000

　　贷：零余额账户用款额度　　39 000

【例 9-40】 某市财政局 2017 年 1 月进行信息系统建设，发生各项建设支出总计 15 万元，以财政授权方式支付。5 月 20 日上述信息系统建设完工交付使用。其会计分录为：

(1)发生各项建设支出时，按照实际支付的金额：

借：在建工程　　150 000

　　贷：资产基金——在建工程　　150 000

同时，按照实际支付的金额：

借：经费支出　　150 000

　　贷：零余额账户用款额度　　150 000

(2)信息系统建设完成交付使用时，按照交付使用信息系统的实际成本：

借：资产基金——在建工程　　150 000

　　贷：在建工程　　150 000

同时：

借：规定资产　　150 000

　　贷：资产基金——固定资产　　150 000

2. 固定资产的折旧

固定资产的折旧是指行政单位在固定资产预计使用寿命内，按照确定的方法对应计提折旧额进行系统分摊。

行政单位按月计提固定资产、公共基础设施折旧时，按照实际计提的金额，借记“资产基金——固定资产、公共基础设施”科目，贷记“累计折旧”科目。

【例 9-41】 某行政单位办公家具账面余额 19.8 万元，折旧年限为 5 年，按使用年限法计提折旧 3 300 元。其会计分录为：

借：资产基金——固定资产　　3 300

　　贷：累计折旧　　3 300

3. 固定资产的后续支出

固定资产的后续支出是指行政单位固定资产投入使用后，为延长其使用年限、维持或增加使用性能等原因而发生的各项支出。行政单位与固定资产有关的后续支出，应当区分以下情况进行处理。

(1)不计入固定资产的后续支出。

为维护固定资产正常使用而发生的日常修理等后续支出，应计入当期支出，而不计入固定资产成本，借记“经费支出”科目，贷记“财政拨款收入”“零余额账户用款额度”“银行存款”等科目。

(2)计入固定资产的后续支出。

为增加固定资产使用效能或延长其使用寿命而发生的改建、扩建或修缮等后续支出，应计入固定资产成本，通过“在建工程”科目核算，完工交付使用时转入固定资产。

① 将固定资产转入改建、扩建或修缮等时，按照固定资产的账面价值，借记“在建工程科目，贷记“资产基金——在建工程”科目；同时，按照固定资产的账面价值，借记“资产基金——固定资产”科目，按照固定资产已计提折旧，借记“累计折旧”科目，按照固定资产的账面余额，贷记“固定资产”科目。

② 将改建、扩建或修缮的建筑部分拆除时，按照拆除部分的账面价值(没有固定资产拆除部分的账面价值的，比照同类或类似固定资产的实际成本或市场价格及其拆除部分占全部固定资产价值的比例确定)，借记“资产基金——在建工程”科目，贷记“在建工程”科目。改建、扩建或修缮的建筑部分拆除获得残值收入时，借记“银行存款”等科目，贷记“经费支出”科目；同时，借记“资产基金——在建工程”科目，贷记“在建工程”科目。

③ 根据工程进度支付工程款时，按照实际支付的金额，借记“经费支出”科目，贷记“财政拨款收入”“零余额账户用款额度”“银行存款”等科目；同时，按照相同的金额，借记“在建工程”科目，贷记“资产基金——在建工程”科目。在结算工程价款时，按照工程价款结算账单上列明的金额(扣除已支付的金额)，借记“在建工程”科目，贷记“资产基金——在建工程”科目；同时，按照实际支付的金额，借记“经费支出”科目，贷记“财政拨款收入”“零余额账户用款额度”“银行存款”等科目，按照应付未付的金额，借记“待偿债净资产”科目，贷记“应付账款”科目。

④ 支付工程价款结算账单以外的款项时，借记“在建工程”科目，贷记“资产基金——在建工程”科目；同时，借记“经费支出”科目，贷记“财政拨款收入”“零余额账户用款额度”“银行存款”等科目。

⑤ 工程项目结束，需要分摊间接工程成本的，按照应当分摊到该项目的间接工程成本，借记“在建工程——××项目”科目，贷记“在建工程——待摊投资”科目。

⑥ 建筑工程项目完工交付使用时，按照交付使用工程的实际成本，借记“资产基金——在建工程”科目，贷记“在建工程”科目；同时，借记“固定资产”“无形资产”科目(交付使用的工程项目中有能够单独区分成本的无形资产)，贷记“资产基金——固定资产、无形资产”科目。

⑦ 建筑工程项目完工交付使用时扣留质量保证金的，按照扣留的质量保证金金额，借记“待偿债净资产”科目，贷记“长期应付款”等科目。

⑧ 为工程项目配套而建成的、产权不归属本单位的专用设施，将专用设施产权移交其他单位时，按照应交付专用设施的实际成本，借记“资产基金——在建工程”科目，贷记“在建工程”科目。

⑨ 工程完工但不能形成资产的项目，应按照规定报经批准后予以核销。转入待处理资产损溢时，按照不能形成资产的工程项目的实际成本，借记“待处理财产损溢”科目，贷记“在建工程”科目。

【例 9-42】 某行政单位车辆发生维修保养费 1 500 元，以单位零余额账户支付。其会计分录为：

借：经费支出	1 500	
贷：零余额账户用款额度		1 500

【例 9-43】 某市农委的锅炉房使用多年转入大修，该锅炉房原价 400 万元，已计提折旧 250 万元，支付给工程公司修理费 12 万元，以单位零余额账户支付。其会计分录为：

(1)将锅炉房转入大修：

借：在建工程　　1 500 000

　　贷：资产基金——在建工程　　1 500 000

借：资产基金——固定资产　　1 500 000

　　累计折旧　　2 500 000

　　贷：固定资产　　4 000 000

(2)发生维修费：

借：经费支出　　120 000

　　贷：零余额账户用款额度　　120 000

借：在建工程　　120 000

　　贷：资产基金——在建工程　　120 000

(3)维修完工，交付使用：

借：资产基金——在建工程　　1 620 000

　　贷：在建工程——××项目　　1 620 000

借：固定资产　　1 620 000

　　贷：资产基金——固定资产　　1 620 000

【例 9-44】 某行政单位对一座建筑物进行改建。该建筑物的原价为 220 万元，计提的累计折旧为 22 万元，改建过程中发生支出 66 万元，以零余额账户用款额度支付。被替换部分固定资产的账面原价为 11 万元，出售所得价款 5 500 元，存入银行。其会计分录为：

(1)将固定资产转入改扩建：

借：在建工程——××项目　　1 980 000

　　贷：资产基金——在建工程　　1 980 000

借：资产基金——固定资产　　1 980 000

　　累计折旧　　220 000

　　贷：固定资产　　2 200 000

(2)发生改扩建支出：

借：经费支出　　660 000

　　贷：零余额账户用款额度　　660 000

借：在建工程——××项目　　660 000

　　贷：资产基金——在建工程　　660 000

(3)拆除部分固定资产时：

被拆除部分的账面价值=110 000−220 000×110 000 ÷ 2 200 000=99 000(元)

借：资产基金——在建工程　　99 000

　　贷：在建工程——××项目　　99 000

(4)取得改扩建收入：

借：银行存款　　5 500

　　贷：经费支出　　5 500

(5)改扩建项目完工，交付使用：

借：资产基金——在建工程　　2 535 500
　　贷：在建工程——××项目　　2 535 500
借：固定资产　　2 535 500
　　贷：资产基金——固定资产　　2 535 500

4. 固定资产的处置

固定资产的处置是指行政单位的固定资产退出本单位的业务及其他业务活动时而进行的处理工作。行政单位应根据固定资产的具体处置方式进行相应的账务处理。

(1) 出售、置换换出、报废、毁损固定资产。

行政单位经批准出售、置换换出、报废、毁损的固定资产转入待处理财产损溢时，按照固定资产的账面价值，借记“待处理财产损溢——待处理财产价值”科目；按照已计提折旧，借记“累计折旧”科目；按照固定资产的账面余额，贷记“固定资产”科目。

报经批准后，按照相关固定资产的账面价值，借记“资产基金——固定资产”科目，贷记“待处理财产损溢——待处理财产价值”科目。

出售、置换换出过程中收到或应收相关的价款、补价等款项或报废、毁损过程中取得的残值变价收入时，借记“银行存款”“库存现金”“应收账款”等科目，贷记“待处理财产损溢——处理净收入”等科目。

出售、置换换出、报废、毁损过程中，发生相关费用或税金时，借记“待处理财产损溢——处理净收入”科目，贷记“库存现金”“银行存款”“应交税费”等科目。

出售、置换、报废、毁损完毕，若有净收入，则应上缴财政，借记“待处理财产损溢——处理净收入”科目，贷记“应缴财政款”科目；若有净损失，则借记“经费支出”科目，贷记“待处理财产损溢——处理净收入”科目。

(2) 无偿调出、对外捐赠固定资产。

经批准无偿调出、对外捐赠固定资产时，按照固定资产的账面价值，借记“资产基金——固定资产”科目；按照已计提折旧，借记“累计折旧”科目；按照固定资产的账面余额，贷记“固定资产”科目。

无偿调出、对外捐赠固定资产时发生的由行政单位承担的拆除费用、运输费等，按照实际支付的金额，借记“经费支出”科目，贷记“财政拨款收入”“零余额账户用款额度”“银行存款”等科目。

【例 9-45】 某行政单位经批准报废计算机一台，账面余额 5 500 元，该计算机已计提折旧 2 420 元。其会计分录为：

借：待处理财产损溢——待处理财产价值　　3 080
　　累计折旧　　2 420
　　贷：固定资产　　5 500
借：资产基金——固定资产　　3 080
　　贷：待处理财产损溢　　3 080

【例 9-46】 某行政单位经批准出售专用设备一台，账面余额 143 000 元，已提折旧 33 000 元，取得价款 44 000 元，已经交货，款项存入银行。另以银行存款支付运输费 330 元。其会计分录为：

(1) 经批准发出设备时：

借：待处理财产损溢——待处理财产价值　　110 000
　　累计折旧　　33 000
　　贷：固定资产　　143 000

(2)取得价款时：

借：银行存款　　44 000
　　贷：待处理财产损溢——处置净收入　　44 000

同时：

借：资产基金——固定资产　　110 000
　　贷：待处理财产损溢——待处理财产价值　　110 000

(3)支付运输费时：

借：待处理财产损溢——处置净收入　　330
　　贷：银行存款　　330

(4)清理固定资产净收入：

借：待处理财产损溢——处置净收入　　43 670
　　贷：应缴财政款　　43 670

5. 固定资产的清查

行政单位的固定资产应定期进行清查盘点，每年至少盘点一次。对于固定资产或工程物资发生盘盈、盘亏的，应及时查明原因，按照规定报经批准后进行账务处理。

(1)盘盈。

盘盈的固定资产，按照取得同类或类似固定资产的实际成本确定入账价值；没有同类或类似固定资产的实际成本，按照同类或类似固定资产的市场价格确定入账价值；同类或类似固定资产的实际成本或市场价格无法可靠取得，按照名义金额入账。

盘盈的固定资产，按照确定的入账价值，借记“固定资产”科目，贷记“待处理财产损溢”科目。

报经批准予以处理时，借记“待处理财产损溢”科目，贷记“资产基金——固定资产”科目。

(2)盘亏。

盘亏的固定资产，按照盘亏固定资产的账面价值，借记“待处理财产损溢——待处理财产价值”科目；按照已计提折旧，借记“累计折旧”科目；按照固定资产账面余额，贷记“固定资产”科目。

报经批准予以核销时，借记“资产基金——固定资产”科目，贷记“待处理财产损溢——待处理财产价值”科目。

【例 9-47】 某行政单位盘盈设备 1 台，同类市场价 14 000 元。其会计分录为：

借：固定资产　　14 000
　　贷：待处理财产损溢　　14 000

经批准处理：

借：待处理财产损溢　　14 000
　　贷：资产基金——固定资产　　14 000

【例 9-48】 某市地震局丢失一辆汽车，该车原价 500 000 元，已提折旧 390 000 元。报经批准后，由保管人李明赔偿25 000元。其会计分录为：

借：待处理财产损溢——待处理财产价值　　110 000
　　累计折旧　　390 000
　　贷：固定资产　　500 000

经批准处理：

借：资产基金——固定资产　　85 000
　　其他应收款——李明　　25 000
　　贷：待处理财产损溢　　110 000

五、无形资产的核算

（一）无形资产概述

1．无形资产的概念及管理

无形资产是指行政单位持有的不具有实物形态，但能为行政单位提供某种权利的非货币性资产，包括著作权、土地使用权、专利权、非专利技术等。行政单位购入的不构成相关硬件不可缺少组成部分的软件，也属于本单位的无形资产。

行政单位应加强无形资产管理，明确相关部门和岗位的职责权限，强化对配置、使用和处置等关键环节的管控，防止无形资产流失，提高无形资产使用效益，保障行政单位履行职能。具体来说，行政单位应对无形资产实施归口管理，明确资产使用和管理责任人，落实资产使用人在资产管理中的责任；建立无形资产信息系统管理，做好无形资产的统计、报告、分析工作，实现对无形资产的动态管理；按照国家国有资产管理的相关规定，明确无形资产处置（包括调剂、出售、置换等）的程序、审批权限和责任，严格履行审批手续，未经批准不得处置。

无形资产应在完成对其权属的规定登记或其他证明单位取得无形资产时确认，并按照其实际成本入账。

2．无形资产的摊销

行政单位应对无形资产进行摊销，以名义金额计量的无形资产除外。摊销是指在无形资产使用寿命内，按照确定的方法对应摊销金额进行系统分摊。对行政单位无形资产摊销的有关说明如下。

（1）行政单位应按照以下原则确定无形资产的摊销年限：

法律规定了有效年限的，按照法律规定的有效年限作为摊销年限。

法律没有规定有效年限的，按照相关合同或单位申请书中的受益年限作为摊销年限。

法律没有规定有效年限、相关合同或单位申请书也没有规定受益年限的，按照不少于10年的期限摊销。

非大批量购入、单价小于1 000元的无形资产，可以于购买的当期，一次将成本全部摊销。

（2）行政单位应采用年限平均法计提无形资产摊销。

（3）行政单位无形资产的应摊销金额为其成本。

（4）行政单位应自无形资产取得当月起，按月计提摊销；无形资产减少的当月，不再计提摊销。

(5) 无形资产提足摊销后，无论能否继续带来服务潜力或经济利益，均不再计提摊销；核销的无形资产，如果未提足摊销，也不再补提摊销。

(6) 因发生后续支出而增加无形资产成本的，应按照重新确定的无形资产成本，重新计算摊销额。

（二）账户设置

为核算行政单位无形资产的取得、摊销和处置等情况，行政单位应当设置“无形资产”“累计摊销”总账科目。

1. “无形资产”账户

“无形资产”科目核算行政单位各项无形资产的原价。该科目属于资产类科目，借方登记行政单位无形资产的增加数，贷方登记无形资产因处置等转出的减少数；期末借方余额反映行政单位无形资产的原价。本科目应按照无形资产的类别、项目等设置明细账，进行明细核算。

2. “累计摊销”账户

“累计摊销”科目核算行政单位无形资产计提的累计摊销。该科目属于资产类科目，是“无形资产”账户的备抵账户，贷方登记当期行政单位计提的无形资产摊销数，借方登记因无形资产的减少而转出的累计摊销数；期末贷方余额，反映行政单位计提的无形资产摊销累计数。本科目应按照无形资产的类别、项目等设置明细账，进行明细核算。

（三）账务处理

1. 无形资产的取得

无形资产取得时，应按照其实际成本入账。

(1) 外购。

外购的无形资产，其成本包括实际支付的购买价款、相关税费以及可归属于该项资产达到预定用途所发生的其他支出。

购入的无形资产，按照确定的成本，借记“无形资产”科目，贷记“资产基金——无形资产”科目；同时，按照实际支付的金额，借记“经费支出”科目，贷记“财政拨款收入”“零余额账户用款额度”“银行存款”等科目。

购入无形资产尚未付款的，取得无形资产时，按照确定的成本，借记“无形资产”科目，贷记“资产基金——无形资产”科目；同时，按照应付未付的款项金额，借记“待偿债净资产”科目，贷记“应付账款”科目。

(2) 委托软件公司开发软件。

委托软件公司开发软件，视同外购无形资产进行处理。

软件开发前按照合同约定预付开发费用时，借记“预付账款”科目，贷记“资产基金——预付款项”科目；同时，借记“经费支出”科目，贷记“财政拨款收入”“零余额账户用款额度”“银行存款”等科目。

软件开发完成交付使用，并支付剩余或全部软件开发费用时，按照软件开发费用总额，借记“无形资产”科目，贷记“资产基金——无形资产”科目；按照实际支付的金额，借记“经费支出”科目，贷记“财政拨款收入”“零余额账户用款额度”“银行存款”等科目；按照冲销的预付开发费用，借记“资产基金——预付款项”科目，贷记“预付账款”科目。

⑶ 自行开发。

自行开发并按法律程序申请取得的无形资产，按照依法取得时发生的注册费、聘请律师费等费用确定成本。

取得无形资产时，按照确定的成本，借记“无形资产”科目，贷记“资产基金——无形资产”科目；同时，按照实际支付的金额，借记“经费支出”科目，贷记“财政拨款收入”“零余额账户用款额度”“银行存款”等科目。

依法取得前所发生的研究开发支出，应当于发生时直接计入当期支出，但不计入无形资产的成本，借记“经费支出”科目，贷记“财政拨款收入”“零余额账户用款额度”“财政应返还额度”“银行存款”等科目。

⑷ 置换取得的无形资产。

置换取得的无形资产，其成本按照换出资产的评估价值加上支付的补价或减去收到的补价，加上为换入无形资产支付的其他费用(登记费等)确定。置换取得的无形资产，按照确定的成本，借记“无形资产”科目，贷记“资产基金——无形资产”科目；按照实际支付的补价、相关税费等,借记“经费支出”科目,贷记“财政拨款收入”“零余额账户用款额度”“银行存款”等科目。

⑸ 接受捐赠、无偿调入的无形资产。

接受捐赠、无偿调入的无形资产，其成本按照有关凭据注明的金额加上相关税费确定；没有相关凭据可供取得,但依法经过资产评估的,其成本应按照评估价值加上相关税费确定；没有相关凭据可供取得，也未经评估的，其成本比照同类或类似资产的市场价格加上相关税费确定；没有相关凭据，也未经评估的，其同类或类似无形资产的市场价格无法可靠取得，所取得的无形资产应按照名义金额入账。

接受捐赠、无偿调入无形资产时，按照确定的无形资产成本，借记“无形资产”科目，贷记“资产基金——无形资产”科目；按照发生的相关税费，借记“经费支出”科目，贷记“零余额账户用款额度”“银行存款”等科目。

【例 9-49】 某行政单位从某科研所购入一套管理软件，价值 44 000 元，通过零余额账户用款额度支付。其会计分录为:

借：经费支出	44 000	
贷：零余额账户用款额度		44 000
借：无形资产	44 000	
贷：资产基金——无形资产		44 000

【例 9-50】 某市财政局和甲软件开发公司签订合同，委托该公司开发财政总预算会计软件，预付开发商开发费用 10 万元，以单位零余额账户支付。软件开发完成，以单位零余额账户补付软件开发费用 20 万元。其会计分录为:

(1)软件开发前按照合同约定预付开发费用时:

借：预付账款	100 000	
贷：资产基金——预付款项		100 000

同时:

借：经费支出　　100 000

　　贷：零余额账户用款额度　　100 000

(2) 软件开发完成交付使用：

借：无形资产　　300 000

　　贷：资产基金——无形资产　　300 000

按照补付的金额：

借：经费支出　　200 000

　　贷：零余额账户用款额度　　200 000

另冲销预付费用：

借：资产基金——预付款项　　100 000

　　贷：预付账款　　100 000

【例 9-51】 某行政单位为开发某项专利技术，用银行存款支付研究开发支出 15 万元。专利技术完成研究开发，按法律程序申请取得专利权，发生的注册费、律师咨询费等共计 3 000 元，以单位零余额账户支付。其会计分录为：

(1) 用银行存款支付研究开发支出：

借：经费支出　　150 000

　　贷：银行存款　　150 000

(2) 取得无形资产时，按照确定的成本：

借：无形资产　　3 000

　　贷：资产基金——无形资产　　3 000

同时，按照实际支付的金额：

借：经费支出　　3 000

　　贷：零余额账户用款额度　　3 000

2. 无形资产的摊销

行政单位自无形资产取得当月起，应按年限平均法计提无形资产摊销。行政单位无形资产的应摊销金额为其成本。行政单位按月计提无形资产摊销时，按照应计提的金额，借记“资产基金——无形资产”科目，贷记“累计摊销”科目。

【例 9-52】 某行政单位计提本月无形资产摊销 1 540 元。其会计分录为：

借：资产基金——无形资产　　1 540

　　贷：累计摊销　　1 540

3. 无形资产的后续支出

与无形资产有关的后续支出，分以下情况处理。

(1) 为增加无形资产使用效能而发生的后续支出，如对软件进行升级改造或扩展其功能等所发生的支出，应计入无形资产的成本，借记“无形资产”科目，贷记“资产基金——无形资产”科目；同时，借记“经费支出”科目，贷记“财政拨款收入”“零余额账户用款额度”“银行存款”等科目。

(2) 为维护无形资产的正常使用而发生的后续支出，如对软件进行的漏洞修补、技术维护等所发生的支出，应计入当期支出，而不计入无形资产的成本，借记“经费支出”贷记“财政拨款收入”“零余额账户用款额度”“银行存款”等科目。

【例 9-53】 某行政单位通过零余额账户支付软件维护费 2 200 元。其会计分录为：

借：经费支出　　2 200

　　贷：零余额账户用款额度　　2 200

4. 无形资产的处置

无形资产的处置是指行政单位无形资产产权的转移及核销，包括各类无形资产的出售、置换、无偿调出、对外捐赠及核销等。行政单位应根据无形资产处置的具体情况，进行相应的账务处理。

(1)出售、置换换出无形资产。

行政单位报经批准出售、置换换出无形资产转入待处理财产损溢时，按照待出售、置换换出无形资产的账面价值，借记“待处理财产损溢——待处理财产价值”科目；按照已计提摊销，借记“累计摊销”科目；按照无形资产的账面余额，贷记“无形资产”科目。

实现出售、置换换出时，借记“资产基金——无形资产”科目，贷记“待处理财产损溢——待处理财产价值”科目。

出售、置换换出过程中收到或应收相关的价款、补价等款项时，借记“银行存款”“库存现金”“应收账款”等科目，贷记“待处理财产损溢——处理净收入”等科目。

出售、置换换出过程中，发生相关费用或税金时，借记“待处理财产损溢——处理净收入”科目，贷记“库存现金”“银行存款”“应交税费”等科目。

出售、置换完毕，若有净收入，则应上缴财政，借记“待处理财产损溢——处理净收入”科目，贷记“应缴财政款”科目；若有净损失或净支出，则借记“经费支出”科目，贷记“待处理财产损溢——处理净收入”科目。

(2)无偿调出、对外捐赠无形资产。

报经批准无偿调出、对外捐赠无形资产，按照无偿调出、对外捐赠无形资产的账面价值，借记“资产基金——无形资产”科目；按照已计提摊销，借记“累计摊销”科目；按照无形资产的账面余额，贷记“无形资产”科目。

无偿调出、对外捐赠无形资产发生由行政单位承担的相关费用支出等，按照实际支付的金额，借记“经费支出”科目，贷记“财政拨款收入”“零余额账户用款额度”“银行存款”等科目。

(3)无形资产的核销。

无形资产预期不能为行政单位带来服务潜力或经济利益的，应按规定报经批准后将无形资产的账面价值予以核销。

待核销的无形资产转入待处理财产损溢时，按照待核销无形资产的账面价值，借记“待处理财产损溢”科目；按照已计提摊销，借记“累计摊销”科目；按照无形资产的账面余额，贷记“无形资产”科目。

报经批准予以核销时，借记“资产基金——无形资产”科目，贷记“待处理财产损溢”科目。

【例 9-54】 行政单位经批准将其拥有的一项专利权转让，取得转让收入 36 300 元该专利权账面余额 55 000 元，已计提摊销 22 000 元。其会计分录为：

(1)经批准转让时：

借：待处理财产损溢——待处理财产价值　　33 000

累计摊销　　　　　　　　　　　　　　　　　　22 000
　　贷：无形资产　　　　　　　　　　　　　　　　　　55 000

(2) 无形资产实际转让时：

借：资产基金——无形资产　　　　　　　　　　　33 000
　　贷：待处理财产损溢——待处理财产价值　　　　　33 000

(3) 取得转让收入时：

借：银行存款　　　　　　　　　　　　　　　　　36 300
　　贷：待处理财产损溢——处理净收入　　　　　　　36 300

(4) 结转无形资产转让收入：

借：待处理财产损溢——处理净收入　　　　　　　36 300
　　贷：应缴财政款　　　　　　　　　　　　　　　36 300

【例 9-55】 某市外文局将一批不能为单位带来经济利益的著作权予以核销。该批著作权原值 89 000 元，累计摊销 9 000 元。其会计分录为：

借：待处理财产损溢　　　　　　　　　　　　　　80 000
　　累计摊销　　　　　　　　　　　　　　　　　　9 000
　　贷：无形资产　　　　　　　　　　　　　　　　　89 000

报经批准予以核销时：

借：资产基金——无形资产　　　　　　　　　　　80 000
　　贷：待处理财产损溢　　　　　　　　　　　　　80 000

六、政府储备物资的核算

政府储备物资是指行政单位为应对突发公共事件、调节市场供求、保障社会经济正常运行而储备的各种物资，如帐篷、救生衣、毛毯、睡袋、发电机、切割机等纳入政府应急储备项目的各种物资。

需要注意的是，负责采购并拥有储备物资调拨权力的行政单位(简称采购单位)将政府储备物资交由其他行政单位(简称代储单位)代为储存的，由采购单位将其作为政府储备物资核算，代储单位将其作为受托代理资产核算。

完善政府储备物资体系，是各级政府应对突发公共事件、提高应急管理工作综合水平的关键。政府储备物资要统筹规划，分级实施，统一调配，资源共享。

为核算和监督行政单位直接储存管理的各项政府应急或救灾储备物资等，行政单位会计应设置“政府储备物资”会计科目。该科目属于资产类科目，借方登记政府储备物资的增加数，贷方登记政府储备物资的减少数；期末余额在借方，反映行政单位管理的政府储备物资的实际成本。本科目应按照政府储备物资的种类、品种、存放地点等进行明细核算。

政府储备物资应当在其到达存放地点并验收时确认。

行政单位会计关于政府储备物资的核算同存货的核算类似，主要账务处理如下。

(一) 政府储备物资的增加

1. 购入

购入的政府储备物资，其成本包括购买价款、相关税费、运输费、装卸费、保险费以及其他使政府储备物资达到目前场所和状态所发生的支出。但需要注意的是，单位支付的政府储备物资保管费、仓库租赁费等日常储备费用，不计入政府储备物资的成本。

购入的政府储备物资验收入库，按照确定的成本，借记“政府储备物资”科目，贷记“资产基金——政府储备物资”科目；同时，按实际支付的金额，借记“经费支出”科目，贷记“财政拨款收入”“零余额账户用款额度”“银行存款”等科目。

2. 接受捐赠、无偿调入

接受捐赠、无偿调入的政府储备物资，其成本按照有关凭据注明的金额加上相关税费、运输费等确定；没有相关凭据可供取得，但依法经过资产评估的，其成本应当按照评估价值加上相关税费、运输费等确定；没有相关凭据可供取得，也未经评估的，其成本比照同类或类似政府储备物资的市场价格加上相关税费、运输费等确定。

接受捐赠、无偿调入的政府储备物资验收入库，按照确定的成本，借记“政府储备物资”科目，贷记“资产基金——政府储备物资”科目；由行政单位承担运输费用等的，按实际支付的相关税费、运输费等金额，借记“经费支出”科目，贷记“财政拨款收入”“零余额账户用款额度”“银行存款”等科目。

（二）政府储备物资的减少

政府储备物资的减少是指政府储备物资的发出。政府储备物资发出时，应根据实际情况采用先进先出法、加权平均法或者个别计价法确定发出政府储备物资的实际成本。计价方法一经确定，不得随意变更。

1. 对外捐赠、无偿调出

经批准对外捐赠、无偿调出政府储备物资时，按照对外捐赠、无偿调出政府储备物资的实际成本，借记“资产基金——政府储备物资”科目，贷记“政府储备物资”科目。

对外捐赠、无偿调出政府储备物资发生由行政单位承担的运输费等支出时，借记“经费支出”科目，贷记“财政拨款收入”“零余额账户用款额度”“银行存款”等科目。

2. 出售

行政单位报经批准将不需要储备的物资出售时，应转入待处理财产损溢，按照相关储备物资的账面余额，借记“待处理财产损溢——待处理财产价值”科目，贷记“政府储备物资”科目。实际出售以及出售过程中发生的收入、费用支出等事项的会计处理与存货的出售处理相同。

（三）政府储备物资的清查

行政单位管理的政府储备物资应定期进行清查盘点，每年至少盘点一次。对于发生的政府储备物资盘盈、盘亏或者报废、毁损，应及时查明原因，按规定报经批准后进行账务处理。

(1) 盘盈的政府储备物资，按照取得同类或类似政府储备物资的实际成本确定入账价值；没有同类或类似政府储备物资的实际成本，按照同类或类似政府储备物资的市场价格确定入账价值。

盘盈的政府储备物资，按照确定的入账价值，借记“政府储备物资”科目，贷记“待处理财产损溢——待处理财产价值”科目；报经批准处理时，借记“待处理财产损溢——待处理财产价值”科目，贷记“资产基金——政府储备物资”科目。

(2)盘亏或者报废、毁损的政府储备物资，转入待处理财产损溢时，按照其账面余额，借记“待处理财产损溢——待处理财产价值”科目，贷记“政府储备物资”科目；报经批准处理时，借记“资产基金——政府储备物资”科目，贷记“待处理财产损溢——待处理财产价值”科目。

政府储备物资在报废、毁损处理过程中取得的残值收入、发生的相关费用支出以及净收入或净支出的账务处理参照政府储备物资售出时的相关核算办法。

【例 9-56】 某行政单位通过财政直接支付购入救灾储备物资一批，价款 132 000 元，支付运杂费 800 元，该物资已验收入库。其会计分录为：

借：政府储备物资	132 800	
贷：资产基金——政府储备物资		132 800
借：经费支出	132 800	
贷：财政拨款收入		132 800

【例 9-57】 某市国土局通过零余额账户购入一批抗震救灾政府储备物资，购买价款为 128 000 元，相关税费 12 400 元，装卸费及保险费为 22 000 元，购入的政府储备物资已验收入库。其会计分录为：

借：政府储备物资	162 400	
贷：资产基金——政府储备物资		162 400
借：经费支出	162 400	
贷：零余额账户用款额度		162 400

【例 9-58】 某地区发生地震，某市国土局经批准向灾区无偿调出政府储备物资，该批物资的实际成本是 270 000 元。另发生运费 3 000 元，以银行存款支付。其会计分录为：

借：资产基金——政府储备物资	270 000	
贷：政府储备物资		270 000
借：经费支出	3 000	
贷：银行存款		3 000

【例 9-59】 某市地震局的一批地震救灾物资由于遭大雨淋湿毁损，该批物资的实际成本是 3 700 元。其会计分录为：

借：待处理财产损溢	3 700	
贷：政府储备物资		3 700
经批准核销：		
借：资产基金——政府储备物资	3 700	
贷：待处理财产损溢		3 700

七、公共基础设施的核算

公共基础设施是指由行政单位占有并直接负责维护管理、供社会公众使用的工程性公共基础设施资产，包括城市交通设施、公共照明设施、环保设施、防灾设施、健身设施、广场及公共构筑物等其他公共设施。

行政单位应当加强公共基础设施的安全规范管理，充分发挥公共基础设施功能，为社会经济发展提供优质服务。

行政单位应当结合本单位的具体情况，制定适合于本单位管理的公共基础设施目录、分类方法，作为进行公共基础设施核算的依据。

为核算和监督行政单位占有并直接负责维护管理、供社会公众使用的工程性公共基础设施资产，行政单位会计应设置“公共基础设施”会计科目。该科目属于资产类科目，借方记录公共基础设施的增加，贷方记录公共基础设施的减少；期末余额在借方，反映行政单位管理的公共基础设施的实际成本。本科目应按照公共基础设施的类别和项目进行明细核算。

应该注意的是，与公共基础设施配套使用的修理设备、工具器具、车辆等动产，作为管理公共基础设施的行政单位的固定资产核算，不通过本科目核算；与公共基础设施配套、供行政单位在公共基础设施管理中自行使用的房屋构筑物等，能够与公共基础设施分开核算的，作为行政单位的固定资产核算，不通过本科目核算。

行政单位会计关于公共基础设施的核算与固定资产的核算类似，主要账务处理如下。

1. 公共基础设施取得

公共基础设施在取得时，应当按照其成本入账。

(1)行政单位自行建设的公共基础设施，其成本包括建造该公共基础设施至交付使用前所发生的全部必要支出。

公共基础设施的各组成部分需要分别核算的，按照各组成部分造价确定其成本；没有各组成部分的造价的，按照各组成部分同类或类似市场造价的比例对总造价进行分配，确定各组成部分的成本。

交付使用前，借记“在建工程”科目，贷记“资产基金——在建工程”科目；同时，按照实际支付的金额，借记“经费支出”科目，贷记“财政拨款收入”“零余额账户用款额度”“银行存款”等科目。

工程完工交付使用时，按照自行建造过程中发生的实际支出，借记“公共基础设施”科目，贷记“资产基金——公共基础设施”科目；同时，借记“资产基金——在建工程”科目，贷记“在建工程”科目。

已交付使用但尚未办理竣工决算手续的公共基础设施，按照估计价值入账，待确定实际成本后再进行调整。

(2)接受其他单位移交的公共基础设施，其成本按照公共基础设施的原账面价值确认，借记“公共基础设施”科目，贷记“资产基金——公共基础设施”科目。

2. 公共基础设施的折旧

行政单位按月计提公共基础设施折旧时，按照实际计提的金额，借记“资产基金——公共基础设施”科目，贷记“累计折旧”科目。

3. 公共基础设施的后续支出

与公共基础设施有关的后续支出类同固定资产的后续支出，分别依据以下情况处理。

(1)为增加公共基础设施使用效能或延长其使用寿命而发生的改建、扩建或大型修缮等后续支出，应计入公共基础设施成本，通过“在建工程”科目核算，完工交付使用时转入“公共基础设施”科目。

(2)为维护公共基础设施的正常使用而发生的日常修理等后续支出，应计入当期支出，借记有关支出科目，贷记“财政拨款收入”“零余额账户用款额度”“银行存款”等科目。

4. 公共基础设施的处置

行政单位管理的公共基础设施向其他单位移交、毁损、报废时，应按照规定报经批准后进行账务处理。

(1)经批准向其他单位移交公共基础设施时，按照移交公共基础设施的账面价值，借记“资产基金——公共基础设施”科目；按照已计提折旧，借记“累计折旧”科目；按照公共基础设施的账面余额，贷记“公共基础设施”科目。

(2)报废、毁损的公共基础设施，转入待处理财产损溢时，按照待处理公共基础设施的账面价值，借记“待处理财产损溢——待处理财产价值”科目；按照已计提折旧，借记“累计折旧”科目；按照公共基础设施的账面余额，贷记“公共基础设施”科目。报经批准后核销以及报废、毁损处置过程中发生的收入、费用支出等相关事项的处理同固定资产的处理方法相同。

【例 9-60】 某市城建局根据市政规划于 2016 年 5 月开始建造广场喷水池，该项目假设期间共发生相关支出 350 000 元，以银行存款支付，8 月完工。其会计分录为：

(1)建设支出时：

借：在建工程　　350 000

　　贷：资产基金——在建工程　　350 000

同时，按照实际支付的金额：

借：经费支出　　350 000

　　贷：银行存款　　350 000

(2)工程完工交付使用，按照自行建造过程中发生的实际支出：

借：公共基础设施　　350 000

　　贷：资产基金——公共基础设施　　350 000

同时：

借：资产基金——在建工程　　350 000

　　贷：在建工程　　350 000

【例 9-61】 某市城建局根据市政府的统一规划，经批准将广场的喷泉移交市园林局。广场喷泉原值 350 000 元，已提折旧 50 000 元。

(1)市园林局编制其会计分录为：

借：公共基础设施　　300 000

　　贷：资产基金——公共基础设施　　300 000

(2)市城建局编制其会计分录为：

借：资产基金——公共基础设施　　300 000

　　累计折旧　　50 000

　　贷：公共基础设施　　350 000

【例 9-62】 某市由于遭受地震，道路受到毁损。该道路原值 13 000 000 元，已提折旧 5 000 000 元。其会计分录为：

借：待处理财产损溢——待处理财产价值　　8 000 000

　　累计折旧　　5 000 000

　　贷：公共基础设施　　13 000 000

报经批准后核销：

借：资产基金——公共基础设施　　8 000 000

　　贷：待处理财产损溢——待处理财产价值　　8 000 000

八、受托代理资产的核算

受托代理资产是指行政单位接受委托方委托管理的各项资产，包括受托指定转赠的物资、受托储存管理的物资等。在受托代理业务中，行政单位通常只从委托方收到受托资产并按照委托人的意愿将资产转赠给受赠人或直接进行储存管理。行政单位不能将这些资产用于本单位开展的业务活动及其他活动，但却对其承担相应的管理责任，因此需要纳入会计核算范围予以反映和报告。

为核算和监督行政单位接受委托方委托管理的各项资产，行政单位会计应设置“受托代理资产”会计科目。该科目属于资产类科目，借方登记受托代理资产的增加数，贷方登记受托代理资产的减少数；期末借方余额反映单位受托代理资产中实物资产的价值。本科目应按照资产的种类和委托人进行明细核算；属于转赠资产的，还应按照受赠人进行明细核算。

受托代理资产应在行政单位收到受托代理的资产时确认。

行政单位会计关于受托代理资产的主要账务处理如下。

1. 受托转赠物资

(1)接受委托人委托需要转赠给受赠人的物资，其成本按照有关凭据注明的金额确定；没有相关凭据可供取得的，其成本比照同类或类似物资的市场价格确定。

接受委托转赠的物资验收入库，按照确定的成本，借记“受托代理资产”科目，贷记“受托代理负债”科目；受托协议约定由行政单位承担相关税费、运输费等的，还应按照实际支付的相关税费、运输费等金额，借记“经费支出”科目，贷记“银行存款”等科目。

(2)将受托转赠物资交付受赠人时，按照转赠物资的成本，借记“受托代理负债”科目，贷记“受托代理资产”科目。

(3)转赠物资的委托人取消了对捐赠物资的转赠要求，且不再收回捐赠物资的，应当将转赠物资转为本单位的存货或固定资产，按照转赠物资的成本，借记“受托代理负债”科目，贷记“受托代理资产”科目；同时，借记“存货”或“固定资产”科目，贷记“资产基金——存货或固定资产”科目。

2. 受托储存管理物资

(1)接受委托人委托储存管理的物资，其成本按照有关凭据注明的金额确定。

接受委托储存的物资验收入库，按照确定的成本，借记“受托代理资产”科目，贷记“受托代理负债”科目。

(2)支付由受托单位承担的与受托储存管理的物资相关的运输费、保管费等费用时，按照实际支付的金额，借记“经费支出”科目，贷记“银行存款”等科目。

(3)根据委托人要求交付受托储存管理的物资时，按照储存管理物资的成本，借记“受托代理负债”科目，贷记“受托代理资产”科目。

3. 受托代理现金或银行存款

行政单位收到的受托代理资产为现金或银行存款时，不通过“受托代理资产”科目核算，而是通过“库存现金”“银行存款”科目进行核算，但需在“库存现金”“银行存款”科目下设置“受托代理资产”明细科目进行核算。

(1)收到受托代理的现金或银行存款时：

借：库存现金/银行存款——受托代理资产

　　贷：受托代理负债

(2)支付受托代理的现金或银行存款时：

借：受托代理负债

　　贷：库存现金/银行存款——受托代理资产

【例 9-63】 某省 A 市民政局收到某公司捐赠的救灾帐篷 1 000 套，受托协议约定，由 A 市民政局转赠 A 市某县灾区，A 市民政局将帐篷运达灾区共发生运费 1 600 元，用银行存款支付。捐赠公司提供的发票注明单位帐篷的出厂价是 400 元。A 市民政局相关会计分录为：

(1)接受转赠帐篷时：

借：受托代理资产——帐篷	400 000	
贷：受托代理负债——A 市某县灾区		400 000

(2)发生运费：

借：经费支出	1 600	
贷：银行存款		1 600

(3)将转赠物资交付给受赠人时：

借：受托代理负债——A 市某县灾区	400 000	
贷：受托代理资产——帐篷		400 000

【例 9-64】 某省 A 市民政局接受某公司委托管理其捐赠的应急除雪机 2 台，每台发票价格 82 000 元。受托协议约定，由 A 市民政局负担相应的保管费用 600 元，用银行存款支付。A 市民政局相关会计分录为：

(1) 接受委托保管时：

借：受托代理资产——应急除雪机	164 000	
贷：受托代理负债		164 000

(2)承担保管费用时：

借：经费支出	600	
贷：银行存款		600

【例 9-65】 某省 A 市民政局接受社会委托转捐银行存款 205 000 元。A 市民政局根据受托协议已将 40 000 元转赠给受捐人。A 市民政局相关会计分录为：

(1)收到受托代理的银行存款时：

借：银行存款——受托代理资产	205 000	
贷：受托代理负债		205 000

(2)根据受托协议转赠时：

借：受托代理负债	40 000	
贷：银行存款——受托代理资产		40 000

【例 9-66】 2016 年 7 月某教育局接受 H 公司委托，将 H 公司捐赠的 200 台电脑转赠给该教育局所属的甲学校和乙学校，每个学校 100 台。200 台电脑价款总计 100 万元；电脑在

运输过程中发生运费等 2 000 元，由该教育局负担，以现金支付。9 月，按照约定，该教育局将其中的 100 台电脑转赠给甲学校；同时接到 H 公司通知，取消对乙学校的捐赠，而且 H 公司不再收回所捐赠的电脑。该教育局相关会计处理为：

(1)接受转赠的电脑时：

借：受托代理资产——电脑　　1 000 000

　　贷：受托代理负债——H 公司——甲学校　　500 000

　　　　　　　　　　　　　　　——乙学校　　500 000

(2)发生运费：

借：经费支出　　2 000

　　贷：库存现金　　2 000

(3)对甲学校捐赠时：

借：受托代理负债——H 公司——甲学校　　500 000

　　贷：受托代理资产——电脑　　500 000

(4)取消对乙学校的捐赠，且 H 公司不再收回所捐电脑：

借：受托代理负债——H 公司——乙学校　　500 000

　　贷：受托代理资产——电脑　　500 000

同时：

借：固定资产　　500 000

　　贷：资产基金——固定资产　　500 000

九、待处理财产损溢的核算

为核算行政单位待处理财产的价值及损溢，行政单位会计应设置“待处理财产损溢”会计科目。该科目属于资产类科目，期末如为借方余额，反映尚未处理完毕的各种财产的价值及净损失；期末如为贷方余额，反映尚未处理完毕的各种财产净溢余。年度终了，报经批准处理后，本科目一般应无余额。本科目应按照待处理财产项目进行明细核算；对于在财产处理过程中取得收入或发生相关费用的项目，还应当设置“待处理财产价值”“处理净收入”明细科目，进行明细核算。

行政单位财产的处理包括资产的出售、报废、毁损、盘盈、盘亏，以及货币性资产损失核销等。行政单位财产的处理，一般应当先记入“待处理财产损溢”科目，按照规定报经批准后及时进行相应的账务处理。年终结账前一般应处理完毕。

行政单位会计关于待处理财产损溢的主要账务处理如下。

1. 按照规定报经批准处理无法查明原因的现金短缺或溢余

(1)属于无法查明原因的现金短缺，报经批准核销的，借记“经费支出”科目，贷记“待处理财产损溢”科目。

(2)属于无法查明原因的现金溢余，报经批准后，借记“待处理财产损溢”科目，贷记“其他收入”科目。

2. 按照规定报经批准核销无法收回的应收账款、其他应收款

(1)转入待处理财产损溢时，借记“待处理财产损溢”科目，贷记“应收账款”“其他应收款”科目。

(2)报经批准对无法收回的其他应收款予以核销时，借记“经费支出”科目，贷记“待处理财产损溢”科目；对无法收回的应收账款予以核销时，借记“其他应付款”等科目，贷记本科目。

3. 按照规定报经批准核销的预付账款、无形资产

(1)转入待处理财产损溢时，借记“待处理财产损溢”科目(核销无形资产的，还应借记“累计摊销”科目)，贷记“预付账款”“无形资产”科目。

(2)报经批准予以核销时，借记“资产基金——预付款项、无形资产”科目，贷记“待处理财产损溢”科目。

4. 出售、置换换出存货、固定资产、无形资产、政府储备物资

(1)转入待处理财产损溢时，借记“待处理财产损溢——待处理财产价值”科目(出售、置换换出固定资产的，还应当借记“累计折旧”科目；出售、置换换出无形资产的，还应借记“累计摊销”科目)，贷记“存货”“固定资产”“无形资产”“政府储备物资”等科目。

(2)实现出售、置换换出时，借记“资产基金”及相关明细科目，贷记“待处理财产损溢——待处理财产价值”科目。

(3)出售、置换换出资产过程中收到价款、补价等收入，借记“库存现金”“银行存款”等科目，贷记“待处理财产损溢——处理净收入”科目。

(4)出售、置换换出资产过程中发生相关费用，借记“待处理财产损溢——处理净收入”科目，贷记“库存现金”“银行存款”“应交税费”等科目。

(5)出售、置换换出完毕并收回相关的应收账款后，按照处置收入扣除相关税费后的净收入，借记“待处理财产损溢——处理净收入”科目，贷记“应缴财政款”。如果处置收入小于相关税费的，按照相关税费减去处置收入后的净支出，借记“经费支出”科目，贷记“待处理财产损溢——处理净收入”科目。

5. 盘亏、毁损、报废各种实物资产

(1)转入待处理财产损溢时，借记“待处理财产损溢——待处理财产价值”科目(处置固定资产、公共基础设施的，还应当借记“累计折旧”科目)，贷记“存货”“固定资产”“在建工程”“政府储备物资”“公共基础设施”等科目。

(2)报经准予以核销时，借记“资产基金”及相关明细科目，贷记“待处理财产损溢——待处理财产价值”科目。

(3)毁损、报废各种实物资产过程中取得的残值变价收入、发生相关费用，以及取得的残值变价收入扣除相关费用后的净收入或净支出的账务处理，比照上述有关出售资产进行处理。

6. 核销不能形成资产的在建工程成本

转入待处理财产损溢时，借记“待处理财产损溢”科目，贷记“在建工程”科目。报经批准予以核销时，借记“资产基金——在建工程”科目，贷记“待处理财产损溢”科目。

7. 盘盈存货、固定资产、政府储备物资等实物资产

转入待处理财产损溢时，借记“存货”“固定资产”“政府储备物资”等科目，贷记“待处理财产损溢”科目。报经批准予以处理时，借记“待处理财产损溢”科目，贷记“资产基金”及相关明细科目。

【例 9-67】 某行政单位将闲置不用的专用材料对外出售，材料成本 15 000 元，收到售

价 20 000 元，增值税 3 400 元，均存入开户银行。另发生运费 500 元，用现金支付。其相关会计分录为：

(1) 决定出售时：

借：待处理财产损溢——待处理财产价值　　15 000

　　贷：存货——某材料　　15 000

(2) 实际售出时：

借：资产基金——存货——某材料　　15 000

　　贷：待处理财产损溢——待处理财产价值　　15 000

(3) 收到售价时：

借：银行存款　　23 400

　　贷：待处理财产损溢——处理净收入　　20 000

　　　　应交税费——应交增值税　　3 400

(4) 发生运费：

借：待处理财产损溢——处理净收入　　500

　　贷：库存现金　　500

(5) 结转净收入：

借：待处理财产损溢——处理净收入　　19 500

　　贷：应缴财政款　　19 500

(6) 上缴财政款：

借：应缴财政款　　19 500

　　贷：银行存款　　19 500

【例 9-68】 某行政单位拍卖超标汽车 2 台，该汽车账面价值金额为 350 000 元，不计提折旧。拍卖所得价款 351 000 元，其中增值税 51 000 元。拍卖发生的相关费用 10 000 元。均通过银行存款收付。其相关会计分录为：

(1) 决定拍卖时：

借：待处理财产损溢——待处理财产价值　　350 000

　　贷：固定资产——汽车　　350 000

(2) 实现拍卖时：

借：资产基金——固定资产——汽车　　350 000

　　贷：待处理财产损溢——待处理财产价值　　350 000

(3) 收到款项：

借：银行存款　　351 000

　　贷：待处理财产损溢——处理净收入　　300 000

　　　　应交税费——应交增值税　　51 000

(4) 支付拍卖费用：

借：待处理财产损溢——处理净收入　　10 000

　　贷：库存现金　　10 000

(5) 结转净收入：

借：待处理财产损溢——处理净收入　　290 000

贷：应缴财政款　　　　290 000

(6)上缴财政款：

借：应缴财政款　　　　290 000

贷：银行存款　　　　290 000

第二节　行政单位会计负债的核算

行政单位负债是指行政单位所承担的能以货币计量，需要以资产等偿还的债务。负债是行政单位在开展业务及其他活动过程中形成的现时义务。

行政单位在开展业务活动、履行职能过程时通常会承担一些代收代管任务，如收到应上缴财政的各项资金、应发放的政府补贴等。这些资金不归行政单位占有或使用，在尚未上缴或支付前会形成行政单位的负债。

行政单位的负债按照偿还时间的要求，分为流动负债和非流动负债。流动负债是指要求在1年以内(含1年)偿还的债务，包括应缴财政款、应交税费、应付职工薪酬、应付及暂存款项、应付政府补贴款等。非流动负债是指要求在1年以上(不含1年)偿还的债务，包括长期应付款等。

行政单位对符合负债定义的债务，应在确定承担偿债责任并且能够可靠地进行货币计量时确认，按照承担的相关合同金额或实际发生额进行计量。符合负债定义并确认的负债项目，应列入行政单位的资产负债表。

行政单位承担或有责任(偿债责任需要通过不确定事项的发生或不发生予以证实)的负债，不列入资产负债表，但应在财务报表附注中予以披露。

行政单位应按照国库集中收缴的有关规定及时、足额地上缴国库，不得隐瞒、滞留、截留、挪用和坐支。行政单位应加强对暂存款项的管理，不得将应纳入单位收入管理的款项列入暂存款项；对各种暂存款项应及时清理、结算，不得长期挂账。

一、应缴财政款的核算

应缴财政款是指行政单位取得的按规定应上缴财政的款项，包括罚没收入、行政事业性收费、政府性基金、国有资产处置和出租收入等。需要注意的是，行政单位按照国家税法等有关规定应缴纳的各种税费，不属于应缴财政款，属于“应交税费”。

应缴财政款应依法收取，及时足额上缴财政国库。

为了核算和监督行政单位关于应缴财政款的取得、处置及上缴等情况，行政单位会计应设置“应缴财政款”会计科目。该科目属于负债类科目，贷方登记按规定取得的应缴财政的款项，借方登记已上缴财政的款项；本科目贷方余额反映行政单位应上缴财政但尚未缴纳的款项。年终清缴后，本科目一般应无余额。本科目应按照应缴财政款项的类别进行明细核算。

应缴财政款应在收到应缴财政的款项时确认。

行政单位会计关于应缴财政款的主要账务处理如下。

(1)取得按照规定应上缴财政的款项时，借记“银行存款”等科目，贷记“应缴财政款”科目。

(2)上缴应缴财政的款项时，按照实际上缴的金额，借记“应缴财政款”科目，贷记“银行存款”科目。

(3)对于应上缴财政的处置净收入的账务处理，参见“待处理财产损溢”科目。

【例 9-69】 某行政单位将长期无法认领的财物拍卖出售，取得价款 38 500 元，存入银行。其会计分录为：

借：银行存款	38 500	
贷：应缴财政款		38 500

【例 9-70】 承【例 9-69】，该行政单位按照当地财政部门规定的时间，将上述款项上缴国库。其会计分录为：

借：应缴财政款	38 500	
贷：银行存款		38 500

二、应交税费的核算

应交税费是指行政单位按照税法等的规定应缴纳的各种税费，包括城市维护建设税、教育费附加、房产税、车船税、城镇土地使用税以及代扣代缴的个人所得税。

行政单位应按照税法的规定履行纳税义务，及时计算和缴纳相关税费。应交税费应在产生缴纳税费义务时予以确认。

为核算和监督行政单位应缴纳的各种税费的形成及缴纳情况，行政单位会计应设置“应交税费”会计科目。该科目属于负债类科目，贷方登记行政单位应缴而未缴的各种税费数，借方登记实际上缴数；期末贷方余额反映行政单位应缴未缴的税费金额。本科目应按照应缴纳的税费种类进行明细核算。

行政单位会计关于应交税费的主要账务处理如下。

(1)因资产处置等发生城市维护建设税、教育费附加等缴纳义务时，按照税法等的规定计算的应交税费金额，借记“待处理财产损溢”科目，贷记“应交税费”科目；实际缴纳时，借记“应交税费”科目，贷记“银行存款”等科目。

(2)因出租资产等发生城市维护建设税、教育费附加等缴纳义务时，按照税法等规定计算的应交税费金额，借记“应缴财政款”等科目，贷记“应交税费”科目；实际缴纳时，借记“应交税费”科目，贷记“银行存款”等科目。

(3)代扣代缴个人所得税，按照税法等的规定计算的应代扣代缴的个人所得税金额，借记“应付职工薪酬”科目(从职工工资中代扣个人所得税)或“经费支出”科目(从劳务费中代扣个人所得税)，贷记“应交税费”科目；实际缴纳时，借记“应交税费”科目，贷记“财政拨款收入”“零余额账户用款额度”“银行存款”等科目。

三、应付职工薪酬的核算

应付职工薪酬是指行政单位按照有关规定应付给职工及为职工支付的各种薪酬，包括基本工资、奖金、国家统一规定的津贴补贴、社会保险费、住房公积金等。它们构成了行政单位负债的一项重要内容。行政单位应加强和规范应付职工薪酬管理，全面、准确地核算和反映职工薪酬发放业务，并按照规定的形式向本单位职工支付各种薪酬。

为核算和监督行政单位应付职工薪酬的结算及发放情况，行政单位应设置“应付职工薪酬”会计科目。该科目属于负债类科目，贷方记录行政单位应付而未付的职工薪酬，借方记录实际支付的职工薪酬；期末贷方余额，反映行政单位应付未付的职工薪酬。本科目应根据国家有关规定按照“工资(离退休费)”“地方(部门)津贴补贴”“其他个人收入”“社会保险费”“住房公积金”等进行明细核算。

应付职工薪酬应在规定支付职工薪酬的时间确认。

行政单位会计关于应付职工薪酬的主要账务处理如下。

(1)发生应付职工薪酬时，按照计算出的应付职工薪酬金额，借记“经费支出”科目，贷记“应付职工薪酬”科目。

(2)向职工支付工资、津贴补贴等薪酬时，按照实际支付的金额，借记“应付职工薪酬”科目，贷记“财政拨款收入”“零余额账户用款额度”“银行存款”等科目。

从应付职工薪酬中代扣为职工垫付的水电费、房租等费用时，按照实际扣除的金额，借记“应付职工薪酬——工资”科目，贷记“其他应收款”等科目。

从应付职工薪酬中代扣代缴个人所得税，按照代扣代缴的金额，借记“应付职工薪酬——工资”科目，贷记“应交税费”科目。

从应付职工薪酬中代扣代缴社会保险费和住房公积金，按照代扣代缴的金额，借记“应付职工薪酬——工资”科目，贷记“其他应付款”科目。

(3)缴纳单位为职工承担社会保险费和住房公积金时，借记“应付职工薪酬”科目(社会保险费、住房公积金)，贷记“财政拨款收入”“零余额账户用款额度”“银行存款”等科目。

【例 9-71】 某行政单位发放本月工资 550 000 元，津贴 330 000 元，奖金 110 000 元，按规定应代扣代缴个人所得税 33 000 元，该单位以银行转账方式支付薪酬并上缴代扣代缴的个人所得税。其会计分录为：

(1)计算应付职工薪酬时：

借：经费支出　　990 000

　　贷：应付职工薪酬　　990 000

(2)从应付职工薪酬中代扣代缴个人所得税时：

借：应付职工薪酬　　33 000

　　贷：应交税费——应缴个人所得税　　33 000

(3)向职工支付工资、津贴补贴等薪酬时：

借：应付职工薪酬　　957 000

　　贷：银行存款　　957 000

(4)上缴代扣代缴的个人所得税时：

借：应交税费——应缴个人所得税　　33 000

　　贷：银行存款　　33 000

四、应付账款的核算

应付账款是指行政单位因购买物资或服务、工程建设等而应付的偿还期限在 1 年（含 1 年)的款项。行政单位应付账款应按照规定办理结算，对无法偿付或债权人豁免偿还的应付账款，及时按照规定报经批准后进行账务处理。

为核算和监督行政单位因购买物资或服务、工程建设等而应付未付的款项，行政单位会计应设置“应付账款”会计科目。该科目属于负债类科目，贷方记录行政单位因购买物资或服务、工程建设等而应付未付的款项，借方记录应付账款的偿还数；期末贷方余额反映行政单位尚未支付的应付账款。本科目应按照债权单位(或个人)进行明细核算。

应付账款应在收到所购物资或服务、完成工程时确认。

行政单位会计关于应付账款的主要账务处理如下。

(1)收到所购物资或服务、完成工程但尚未付款时，按照应付未付款项的金额，借记“待偿债净资产”科目，贷记“应付账款”科目。

(2)偿付应付账款时，借记“应付账款”科目，贷记“待偿债净资产”科目；同时，借记“经费支出”科目，贷记“财政拨款收入”“零余额账户用款额度”“银行存款”等科目。

(3)无法偿付或债权人豁免偿还的应付账款，应按照规定报经批准后进行账务处理。经批准核销时，借记“应付账款”科目，贷记“待偿债净资产”科目。核销的应付账款应在备查簿中保留登记。

【例 9-72】 某行政单位购买办公家具一批，价款 8 360 元，家具已收，款项未付。其会计分录为:

借：待偿债净资产　　8 360
　　贷：应付账款　　8 360

同时:

借：存货　　8 360
　　贷：资产基金——存货　　8 360

【例 9-73】 承【例 9-72】，该行政单位以零余额账户支付上述款项。其会计分录为:

借：应付账款　　8 360
　　贷：待偿债净资产　　8 360

同时:

借：经费支出　　8 360
　　贷：零余额账户用款额度　　8 360

五、应付政府补贴款的核算

应付政府补贴款是指负责发放政府补贴的行政单位，按照规定应支付给政府补贴接受者的各种政府补贴款。行政单位应严格按照规定对政府补贴接受者进行审核认定，及时发放政府补贴款，坚决杜绝截留、挤占、挪用等现象，并对政府补贴款进行跟踪检查和监督，确保资金安全、有效、规范地运用。行政单位负责发放的各种政府补贴款不能用于本单位开展业务及其他活动，尚未发放之前形成行政单位的一项负债。

为核算和监督行政单位按规定应付政府补贴款的发放等情况，行政单位应设置“应付政府补贴款”会计科目。该科目属于负债类科目，贷方记录行政单位按规定应发放的政府补贴款，借方记录实际支付的政府补贴款；期末贷方余额，反映行政单位应付未付的政府补贴金额。本科目应按照应支付的政府补贴种类进行明细核算。行政单位还应按照补贴接受者建立备查簿，进行相应明细核算。

应付政府补贴款应在规定发放政府补贴的时间确认。

行政单位会计关于应付政府补贴款的主要账务处理如下。

(1) 发生应付政府补贴时，按照规定计算出的应付政府补贴金额，借记“经费支出”科目，贷记“应付政府补贴款”科目。

(2) 支付应付的政府补贴款时，借记“应付政府补贴款”科目，贷记“零余额账户用款额度”“银行存款”等科目。

【例 9-74】 某行政单位收到按照规定应支付给接受者的政府补贴款 110 000 元，存入银行。其会计分录为:

借：银行存款　　110 000

　　贷：应付政府补贴款　　110 000

【例 9-75】 承【例 9-74】，该行政单位通过银行转账将上述补贴款支付给补贴对象。其会计分录为:

借：应付政府补贴款　　110 000

　　贷：银行存款　　110 000

【例 9-76】 某行政单位按规定计算出应向中小企业支付发展补贴资金 36 万元，款项尚未支付。其会计分录为:

借：经费支出　　360 000

　　贷：应付政府补贴款　　360 000

【例 9-77】 承【例 9-76】，该行政单位通过单位零余额账户将上述补贴款支付给中小企业。其会计分录为:

借：应付政府补贴款　　360 000

　　贷：零余额账户用款额度　　360 000

六、其他应付款的核算

其他应付款是指行政单位除应缴财政款、应交税费、应付职工薪酬、应付政府补贴款、应付账款以外的其他各项偿还期在 1 年以内（含 1 年）的应付及暂存款项，如收取的押金、保证金、未纳入行政单位预算管理的转拨资金、代扣代缴职工社会保险费和住房公积金等。

为核算和监督行政单位各项其他应付款的情况，行政单位会计应设置“其他应付款”会计科目。该科目属于负债类科目，贷方记录行政单位发生的其他各项应付及暂存款项数额，借方记录其他各项应付及暂存款项的实际支付或核销；期末贷方余额，反映行政单位尚未支付的其他应付款。本科目应按照其他应付款的类别以及债权单位（或个人）进行明细核算。

行政单位会计关于其他应付款的主要账务处理如下。

(1) 发生其他各项应付及暂存款项时，借记“银行存款”等科目，贷记“其他应付款”科目。

(2) 支付其他各项应付及暂存款项时，借记“其他应付款”科目，贷记“银行存款”等科目。

(3) 因故无法偿付或债权人豁免偿还的其他应付款项，应按规定报经批准后进行账务处理。经批准核销时，借记“其他应付款”科目，贷记“其他收入”科目。核销的其他应付款应在备查簿中保留登记。

【例 9-78】 某行政单位收到 A 单位租用本单位固定资产交来的押金 22 000 元，存入银行。其会计分录为:

借：银行存款　　22 000

　　贷：其他应付款　　22 000

【例 9-79】 承【例 9-78】，债权人 A 单位无故消失，行政单位无法支付押金，报经批准后进行账务处理。其会计分录为：

借：其他应付款——A 单位　　22 000

　　贷：其他收入　　22 000

七、长期应付款的核算

长期应付款是指行政单位发生的偿还期限超过 1 年(不含 1 年)的应付款项，如跨年度分期付款购入固定资产的价款等。长期应付款应按照以下条件确认：因购买物资、服务等发生的长期应付款，应在收到所购物资或服务时确认；因其他原因发生的长期应付款，应在承担付款义务时确认。

长期应付款需要行政单位在较长时间内予以支付，因此需要纳入预算管理，统筹规划、合理安排，避免财务风险。

为核算和监督行政单位长期应付款的发生及偿付情况，行政单位会计应设置“长期应付款”会计科目。该科目属于负债类科目，贷方记录发生的长期应付款的数额，借方记录长期应付款的偿付或核销；期末贷方余额，反映行政单位尚未支付的长期应付款。本科目应按照长期应付款的类别以及债权单位(或个人)进行明细核算。

行政单位会计关于长期应付款的主要账务处理如下。

(1)发生长期应付款时，按照应付未付的金额，借记“待偿债净资产”科目，贷记“长期应付款”科目。

(2)偿付长期应付款时，借记“经费支出”科目，贷记“财政拨款收入”“零余额账户用款额度”“银行存款”等科目；同时，借记“长期应付款”科目，贷记“待偿债净资产”科目。

(3)无法偿付或债权人豁免偿还的长期应付款，应按照规定报经批准后进行账务处理。经批准核销时，借记“长期应付款”科目，贷记“待偿债净资产”科目。核销的长期应付款应在备查簿中保留登记。

【例 9-80】 2016 年 7 月 1 日，某行政单位以分期付款方式购买精密检测仪器一台，价款 88 000 元，双方协定首付 22 000 元，其余款项以零余额账户用款额度分三次付清，每半年付款一次。其会计分录为：

(1)7 月 1 日，仪器到货，以零余额账户用款额度支付首付款：

借：固定资产　　88 000

　　贷：资产基金——固定资产　　88 000

借：经费支出　　22 000

　　贷：零余额账户用款额度　　22 000

借：待偿债净资产　　66 000

　　贷：长期应付款　　66 000

(2)12 月 1 日，支付分期价款 22 000 元：

借：经费支出　　22 000

　　贷：零余额账户用款额度　　22 000

借：长期应付款　　22 000

　　贷：待偿债净资产　　22 000

八、受托代理负债的核算

受托代理负债是指行政单位接受委托，取得受托管理资产时形成的负债。行政单位应加强受托代理负债的管理，按照有关规定认真履行本单位承担的受托代理义务，保证受托管理资产的安全完整。

为核算和监督行政单位接受委托，取得受托管理资产时形成的负债，行政单位会计应设置“受托代理负债”会计科目。该科目属于负债类科目，贷方记录行政单位实际发生的受托代理负债，借方记录受托代理负债的偿付或核销；期末贷方余额反映行政单位尚未清偿的受托代理负债。本科目应按照委托人等进行明细核算；属于指定转赠物资和资金的，还应按照指定受赠人进行明细核算。

《行政单位会计制度》规定，受托代理负债应在行政单位收到受托代理资产并产生受托代理义务时确认。其账务处理参见“受托代理资产”“库存现金”“银行存款”等科目的相关内容。

第三节　行政单位会计净资产的核算

行政单位的净资产是指行政单位资产扣除负债后的余额。行政单位的净资产包括财政拨款结转、财政拨款结余、其他资金结转结余、资产基金、待偿债净资产等。行政单位会计的净资产反映了行政单位占有或使用的、可以用于开展业务及其他活动的剩余资源，体现了行政单位未来持续提供公共物品或服务的能力。

行政单位净资产的核算实际上是结转资金和结余资金的核算。其中，结转资金是指当年预算已执行但未完成，或者因故未执行，下一年度需要按照原定用途继续使用的资金；结余资金是指当年预算工作目标已完成，或者因故终止，当年剩余的资金。结转资金在规定使用年限未使用或未使用完的，视为结余资金。

财政拨款结转和结余的管理，应按照同级财政部门的规定执行。

一、财政拨款结转的核算

财政拨款结转是指行政单位当年预算已执行但未完成，或者因故未执行，下一年度需要按照原定用途继续使用的财政拨款滚存资金，包括基本支出结转、项目支出结转。

为核算和监督行政单位滚存的财政拨款资金，行政单位会计应设置“财政拨款结转”会计科目。该科目属于净资产类科目，贷方记录财政拨款收入转入数、年初余额调增数、归集调入数以及单位内部调剂数等，借方记录财政拨款支出转入数、年初余额调减数、归集上缴数以及剩余结转数等；期末贷方余额，反映行政单位滚存的财政拨款结转资金数额。本科目应设置“基本支出结转”“项目支出结转”两个明细科目；在“基本支出结转”明细科目下按照“人员经费”和“日常公用经费”进行明细核算，在“项目支出结转”明细科目下按照具体项目进行明细核算；本科目还应按照《政府收支分类科目》中支出功能分类科目的项级科目进行明细核算。

有公共财政预算拨款、政府性基金预算拨款等两种或两种以上财政拨款的行政单位，还应按照财政拨款种类分别进行明细核算。

本科目还可以根据管理需要按照财政拨款结转变动原因，设置“收支转账”“结余转账”“年初余额调整”“归集上缴”“归集调入”“单位内部调剂”“剩余结转”等明细科目，进行明细核算。

行政单位会计关于财政拨款结转的主要账务处理如下。

1. 调整以前年度财政拨款结转

因发生差错更正、以前年度支出收回等原因，需要调整财政拨款结转的，按照实际调增财政拨款结转的金额，借记“零余额账户用款额度”“银行存款”等有关科目，贷记“财政拨款结转——年初余额调整”科目；按照实际调减财政拨款结转的金额，借记“财政拨款结转——年初余额调整”科目，贷记“零余额账户用款额度”“银行存款”等有关科目。

2. 从其他单位调入财政拨款结余资金

按照规定从其他单位调入财政拨款结余资金时，按照实际调增的额度数额或调入的资金数额，借记“零余额账户用款额度”“银行存款”等科目，贷记“财政拨款结转——归集调入”科目及其明细。

3. 上缴财政拨款结转

按照规定上缴财政拨款结转资金时，按照实际核销的额度数额或上缴的资金数额，借记“财政拨款结转——归集调入”科目及其明细，贷记“财政应返还额度”“零余额账户用款额度”“银行存款”等科目。

4. 单位内部调剂结余资金

经财政部门批准对财政拨款结余资金改变用途，调整用于其他未完成项目等，按照调整的金额，借记“财政拨款结余——单位内部调剂”科目及其明细，贷记“财政拨款结转——单位内部调剂”科目及其明细。

5. 结转本年财政拨款收入和支出

(1)年末，将财政拨款收入本年发生额转入“财政拨款结转”科目，借记“财政拨款收入——基本支出拨款、项目支出拨款”科目及其明细，贷记“财政拨款结转”科目(收支转账——基本支出结转、项目支出结转)及其明细。

(2)年末，将财政拨款支出本年发生额转入“财政拨款结转”科目，借记“财政拨款结转”科目(收支转账——基本支出结转、项目支出结转)及其明细，贷记“经费支出——财政拨款支出——基本支出、项目支出”科目及其明细。

6. 将完成项目的结转资金转入财政拨款结余

年末完成上述财政拨款收支转账后，行政单位对各项目执行情况进行分析，按照有关规定将符合财政拨款结余性质的项目余额转入财政拨款结余，借记“财政拨款结转”科目(结余转账——项目支出结转)及其明细，贷记“财政拨款结余”(结余转账——项目支出结余)科目及其明细。

7. 年末冲销有关明细科目余额

年末收支转账后，行政单位应将“财政拨款结转”科目所属“收支转账”“结余转账”“年初余额调整”“归集上缴”“归集调入”“单位内部调剂”等明细科目余额转入“剩余结转”明细科目；转账后，“财政拨款结转”科目除“剩余结转”明细科目外，其他明细科目应无余额。

【例 9-81】 基本业务资料：

（1）2016 年 1 月，某行政单位因部分办公设备退货而发生以前年度支出收回共计 2 万元，存入银行。

（2）2016 年 3 月，该行政单位收到银行转来的“授权支付额度到账通知书”，按照规定收到从其他单位调入的财政拨款结余资金 15 万元。

（3）2016 年 4 月，该行政单位按照规定以银行存款上缴财政拨款结转资金 8 万元。

（4）2016 年 5 月，该行政单位经财政部门批准对财政拨款结余 A 资金 3 万元改变用途供其他未完成项目 B 使用。

（5）2015 年 12 月 31 日，该行政单位各收支账户如下：

财政拨款收入——基本支出拨款	2 500 000
——项目支出拨款	400 000
其他收入——项目资金收入	1 200 000
——非项目资金收入	750 000
经费支出——财政拨款支出——基本支出	1 100 000
——项目支出	185 000
——其他资金支出——基本支出	1 050 000
——项目支出	680 000

（6）2016 年 12 月 31 日，该行政单位对财政拨款各项目的执行情况进行分析，按照有关规定将符合财政拨款结余资金性质的项目 C 的余额 6 万元，转入财政拨款结余。

（7）年末冲销有关明细账户。

相关会计分录如下：

（1）借：银行存款	20 000	
贷：财政拨款结余——年初余额调整		20 000
同时：		
借：资产基金——存货	20 000	
贷：存货		20 000
（2）借：零余额账户用款额度	150 000	
贷：财政拨款结余——归集调入		150 000
（3）借：财政拨款结余——归集上缴	80 000	
贷：银行存款		80 000
（4）借：财政拨款结余——单位内部调剂——A	30 000	
贷：财政拨款结余——单位内部调剂——B		30 000

（5）结转本年财政拨款收入、支出：

借：财政拨款收入——基本支出拨款	2 500 000	
——项目支出拨款	400 000	
贷：财政拨款结转——收支转账——基本支出结转		2 500 000
——项目支出结转		400 000
同时：		
借：财政拨款结转——收支转账——基本支出结转	1 100 000	
——项目支出结转	185 000	

贷：经费支出——财政拨款支出——基本支出　　1 100 000
——项目支出　　185 000

(6)将完成项目的结转资金转入财政拨款结余：

借：财政拨款结余——结余转账——项目支出结转 C　　60 000
贷：财政拨款结余——结余转账——项目支出结余 C　　60 000

(7)借：财政拨款结转——年初余额调整　　20 000
——归集调入　　150 000
——单位内部调剂——B　　30 000
——收支转账——基本支出结转　　2 500 000
——项目支出结转　　400 000
贷：财政拨款结转——剩余结转　　3 100 000

同时：

借：财政拨款结转——剩余结转　　1 455 000
贷：财政拨款结转——归集上缴　　80 000
——单位内部调剂——A　　30 000
——收支转账——基本支出结转　　1 100 000
——项目支出结转　　185 000
——结余转账——项目支出结转 C　　60 000

完成上述转账后，“财政拨款结转”科目除“剩余结转”明细科目有余额 1 645 000 元外，其他明细科目均无余额。

二、财政拨款结余的核算

财政拨款结余是指行政单位当年预算工作目标已完成，或者因故终止，当年剩余的资金。行政单位结转资金在规定使用年限未使用或未使用完的，视为结余资金。

为核算和监督行政单位滚存的财政拨款项目支出结余资金的情况，行政单位应设置“财政拨款结余”会计科目。该科目属于净资产类科目，贷方记录行政单位财政拨款结余年初余额调增数、剩余结转数、年末冲销数，借方记录行政单位财政拨款结余年初调减数、归集上缴数、单位内部调剂数等；期末贷方余额反映行政单位滚存的财政拨款结余资金数额。本科目应按照具体项目及《政府收支分类科目》中支出功能分类科目的项级科目等进行明细核算。

有公共财政预算拨款、政府性基金预算拨款等两种或两种以上财政拨款的行政单位，还应按照财政拨款的种类分别进行明细核算。

本科目还可以根据管理需要按照财政拨款结余变动原因，设置“结余转账”“年初余额调整”“归集上缴”“单位内部调剂”“剩余结余”等明细科目，进行明细核算。

行政单位会计关于财政拨款结余的主要账务处理如下。

1. 调整以前年度财政拨款结余

因发生差错更正、以前年度支出收回等原因，需要调整财政拨款结余的，按照实际调增财政拨款结余的金额，借记“零余额账户用款额度”“银行存款”等有关科目，贷记“财政拨款结余——年初余额调整”科目；按照实际调减财政拨款结余的金额，借记“财政拨款结余——年初余额调整”科目，贷记“零余额账户用款额度”“银行存款”等有关科目。

2. 上缴财政拨款结余

行政单位按照规定上缴财政拨款结余时，按照实际核销的额度数额或上缴的资金数额，借记“财政拨款结余——归集上缴”科目及其明细，贷记“财政应返还额度”“零余额账户用款额度”“银行存款”等科目。

3. 单位内部调剂结余资金

经财政部门批准将本单位完成项目结余资金调整用于基本支出或其他未完成项目支出时，按照批准调剂的金额，借记“财政拨款结余——单位内部调剂”科目及其明细，贷记“财政拨款结转——单位内部调剂”科目及其明细。

4. 将完成项目的结转资金转入财政拨款结余

年末，对财政拨款各项目执行情况进行分析，按照有关规定将符合财政拨款结余性质的项目余额转入本科目，借记“财政拨款结转——结余转账——项目支出结转”科目及其明细，贷记“财政拨款结余——结余转账——项目支出结余”科目及其明细。

5. 年末冲销有关明细科目余额

年末，将“财政拨款结余”科目所属“结余转账”“年初余额调整”“归集上缴”“单位内部调剂”等明细科目余额转入“剩余结余”明细科目；转账后，“财政拨款结余”科目除“剩余结余”明细科目外，其他明细科目应无余额。

【例 9-82】 承【例 9-81】，

(1) 2016 年 3 月，该行政单位收回一笔逾期 3 年且已核销的项目预付账款 10 000 元，存入银行。

(2) 2016 年 4 月，该行政单位按照规定以银行存款上缴财政拨款结余资金 40 000 元。

(3) 2016 年 5 月，该行政单位经财政部门批准将本单位完成项目 D 的结余资金 70 000 元调整用于基本支出或其他未完成项目 E 的支出。

(4) 2016 年 12 月 31 日，该行政单位对财政拨款各项目的执行情况进行分析，按照有关规定将符合财政拨款结余资金性质的项目的余额 60 000 元，转入财政拨款结余。

(5) 年末冲销有关明细科目余额。

相关会计分录为：

(1) 借：银行存款	10 000	
贷：财政拨款结余——年初余额调整		10 000
(2) 借：财政拨款结余——归集上缴	40 000	
贷：银行存款		40 000
(3) 借：财政拨款结余——单位内部调剂——D	70 000	
贷：财政拨款结转——单位内部调剂——E		70 000
(4) 借：财政拨款结转——结余转账——项目支出结转 C	60 000	
贷：财政拨款结余——结余转账——项目支出结余 C		60 000
(5) 借：财政拨款结余——年初余额调整	10 000	
——结余转账——项目支出结余 C	60 000	
贷：财政拨款结余——剩余结转		70 000

同时：

借：财政拨款结余——剩余结转　　110 000

　　贷：财政拨款结余——归集上缴　　40 000

　　　　——单位内部调剂——D　　70 000

完成上述转账后，“财政拨款结余”科目除“剩余结余”明细科目有余额40 000元外，其他明细科目均无余额。

三、其他资金结转结余的核算

其他资金结转结余是指行政单位除财政拨款收支以外的各项收支相抵后剩余的滚存资金，包括项目结转和非项目结余。其中，项目结转是指行政单位除财政拨款收支以外的专项资金收入与其相关支出相抵后的剩余滚存资金。这些资金属于非财政专项资金，应结转下年度按规定用途继续使用。项目完成后，行政单位应按规定处理剩余专项资金，或者缴回原拨款单位，或者留归本单位使用。非项目结余是指行政单位除财政拨款收支以外的各非专项资金收入与其相关支出相抵后的余额。行政单位非项目结余资金可以结转下一年继续使用，用于弥补以后年度单位收支差额，或经批准转入其他用途、补充项目结余资金；国家另有规定的，从其规定。

为核算和监督行政单位除财政拨款收支以外的其他各项收支相抵后剩余的滚存资金情况，行政单位会计应设置“其他资金结转结余”会计科目。该科目属于净资产类科目，贷方记录行政单位其他资金收入转入数及因各种原因导致的其他资金结转结余增加数，借方记录其他资金支出转入数以及其他资金结转结余的减少数；期末贷方余额反映行政单位滚存的各项非财政拨款资金结转结余数额。本科目应设置“项目结转”和“非项目结余”明细科目，分别对项目资金和非项目资金进行明细核算。对于项目结转，还应按照具体项目进行明细核算。

本科目还可以根据管理需要按照其他资金结转结余变动原因，设置“收支转账”“年初余额调整”“结余调剂”“剩余结转结余”等明细科目，进行明细核算。

行政单位会计关于其他资金结转结余的主要账务处理如下。

1. 调整以前年度其他资金结转结余

因发生差错更正、以前年度支出收回等原因，需要调整其他资金结转结余的，按照实际调增的金额，借记“零余额账户用款额度”“银行存款”等有关科目，贷记“其他资金结转结余——年初余额调整”科目及其相关明细；按照实际调减的金额，借记“其他资金结转结余——年初余额调整”科目及其相关明细，贷记“零余额账户用款额度”“银行存款”等有关科目。

2. 结转本年其他资金收入和支出

(1) 年末，将其他收入中的项目资金收入本年发生额转入“其他资金结转结余”科目，借记“其他收入”科目及其明细，贷记“其他资金结转结余——项目结转——收支转账”科目及其明细；将其他收入中的非项目资金收入本年发生额转入“其他资金结转结余”科目，借记“其他收入”科目及其明细，贷记“其他资金结转结余——非项目结余——收支转账”科目及其明细。

(2) 年末，将其他资金支出中的项目支出本年发生额转入“其他资金结转结余”科目，借记“其他资金结转结余——非项目结余——收支转账”科目及其明细，贷记“经费支出——其他资金支出——项目支出”“拨出经费——项目支出”科目及其明细。

将其他资金支出中的基本支出本年发生额转入“其他资金结转结余”科目，借记“其他资金结转结余——非项目结余——收支转账”科目，贷记“经费支出——其他资金支出——

基本支出”“拨出经费——基本支出”科目。

3. 缴回或转出项目结余

完成上述转账后，行政单位应对本年年末各项目执行情况进行分析，区分年末已完成项目和尚未完成项目，在此基础上，对完成项目的剩余资金根据不同情况进行账务处理。

(1)需要缴回原项目资金出资单位的，按照缴回的金额，借记“其他资金结转结余——项目结转——结余调剂”科目及其明细，贷记“银行存款”“其他应付款”等科目。

(2)将项目剩余资金留归本单位用于其他非项目用途的，按照剩余的项目资金金额，借记“其他资金结转结余——项目结转——结余调剂”科目及其明细，贷记“其他资金结转结余——非项目结余——结余调剂”科目。

4. 用非项目资金结余补充项目资金

行政单位按照实际补充项目资金的金额，借记“其他资金结转结余——非项目结余——结余调剂”科目，贷记“其他资金结转结余——项目结转——结余调剂”科目及其明细。

5. 年末冲销有关明细科目余额

年末收支转账后，行政单位应将“其他资金结转结余”科目所属“收支转账”“年初余额调整”“结余调剂”等明细科目余额转入“剩余结转结余”明细科目；转账后，“其他资金结转结余”科目除“剩余结转结余”明细科目外，其他明细科目应无余额。

【例 9-83】 承【例 9-82】,

(1)2016 年 2 月，该行政单位收到一笔上年度的预付账款退款 13 000 元，存入银行。需调整其他资金结余。

(2)结转本年其他资金收入及支出。

(3)2016 年 12 月 31 日，该行政单位对各项目执行情况进行分析，发现项目 F 和项目 G 均已完成。其中项目 F 的剩余资金 46 000 元需缴回原项目资金出资单位；项目 G 的剩余资金 53 000 元，留归本单位用于其他非项目用途。

另外，本单位经批准用非项目资金 32 000 元补偿项目 D 的资金。

(4)年末冲销有关明细账户。

相关会计分录为:

	借方	贷方
(1)借：资产基金——预付款项	13 000	
贷：预付账款		13 000
同时:		
借：银行存款	13 000	
贷：其他资金结转结余——年初余额调整		13 000
(2)借：其他收入——项目资金收入	1 200 000	
——非项目资金收入	750 000	
贷：其他资金结转结余——项目结转——收支转账		1 200 000
——非项目结余——收支转账		750 000
借：其他资金结转结余——项目结转——收支转账	680 000	
——非项目结余——收支转账	1 050 000	
贷：经费支出——其他资金支出——基本支出		1 050 000
——项目支出		680 000

(3)借：其他资金结转结余——项目结转——结余调剂 F　　46 000
　　贷：银行存款/其他应付款　　46 000
借：其他资金结转结余——项目结转——结余调剂 C　　53 000
　　贷：其他资金结转结余——非项目结余——结余调剂　　53 000
借：其他资金结转结余——非项目结余——结余调剂　　32 000
　　贷：其他资金结转结余——项目结转——结余调剂 D　　32 000
(4)借：其他资金结转结余——年初余额调整　　13 000
　　——项目结转——收支转账　　1 200 000
　　——非项目结余——收支转账　　750 000
　　——非项目结余——结余调剂　　53 000
　　——项目结转——结余调剂 D　　32 000
　　贷：其他资金结转结余——剩余结转结余　　2 048 000
同时：
借：其他资金结转结余——剩余结转结余　　1 861 000
　　贷：其他资金结转结余——项目结转——收支转账　　680 000
　　——非项目结余——收支转账　　1 050 000
　　——项目结转——结余调剂 F　　46 000
　　——项目结转——结余调剂 C　　53 000
　　——非项目结余——结余调剂　　32 000

完成上述转账后，“其他资金结转结余”科目除“剩余结转结余”明细科目有余额 187 000 元外，其他明细科目均无余额。

四、资产基金的核算

资产基金是指行政单位的预付账款、存货、固定资产、在建工程、无形资产、政府储备物资、公共基础设施等非货币性资产在净资产中占用的金额。

对于行政单位而言，非货币性资产不像货币性资产那样，可以直接用于开展业务及其他活动过程中的各种资金支出。所以，资产基金反映了行政单位不能作为支出资金来源的净资产，体现了行政单位在剩余资源使用上存在的限制。

为核算和监督行政单位的非货币性资产在净资产中占用的金额，行政单位会计应设置“资产基金”会计科目。该科目属于净资产类科目，贷方记录资产基金的增加额，借方记录资产基金的减少额；期末贷方余额，反映行政单位非货币性资产在净资产中占用的金额。本科目应设置“预付款项”“存货”“固定资产”“在建工程”“无形资产”“政府储备物资”、“公共基础设施”等明细科目，进行明细核算。

行政单位会计关于资产基金的主要账务处理如下。

(1)资产基金应在发生预付账款，取得存货、固定资产、在建工程、无形资产、政府储备物资、公共基础设施时确认。

① 发生预付账款时，按照实际发生的金额，借记“预付账款”科目，贷记“资产基金——预付款项”科目；同时，按照实际支付的金额，借记“经费支出”科目，贷记“财政拨款收入”“零余额账户用款额度”“银行存款”等科目。

② 取得存货、固定资产、在建工程、无形资产、政府储备物资、公共基础设施等资产时，按照取得资产的成本，借记“存货”“固定资产”“在建工程”“无形资产”“政府储备物资”“公共基础设施”等科目，贷记“资产基金”科目(存货、固定资产、在建工程、无形资产、政府储备物资、公共基础设施)；同时，按照实际发生的支出，借记“经费支出”科目，贷记“财政拨款收入”“零余额账户用款额度”“银行存款”等科目。

(2)收到预付账款购买的物资或服务时，应相应冲减资产基金。

按照相应的预付账款金额，借记“资产基金——预付款项”科目，贷记“预付账款”科目。

(3)领用和发出存货、政府储备物资时，应相应冲减资产基金。

领用和发出存货、政府储备物资时，按照领用和发出存货、政府储备物资的成本，借记“资产基金”科目(存货、政府储备物资)，贷记“存货”“政府储备物资”科目。

(4)计提固定资产折旧、公共基础设施折旧、无形资产摊销时，应冲减资产基金。

计提固定资产折旧、公共基础设施折旧、无形资产摊销时，按照计提的折旧、摊销金额，借记“资产基金”科目(固定资产、公共基础设施、无形资产)，贷记“累计折旧”“累计摊销”科目。

(5)无偿调出、对外捐赠存货、固定资产、无形资产、政府储备物资、公共基础设施时，应冲减该资产对应的资产基金。

① 无偿调出、对外捐赠存货、政府储备物资时，按照存货、政府储备物资的账面余额，借记“资产基金”科目及其明细，贷记“存货”“政府储备物资”等科目。

② 无偿调出、对外捐赠固定资产、公共基础设施、无形资产时，按照相关固定资产、公共基础设施、无形资产的账面价值，借记“资产基金”科目及其明细；按照已计提折旧、已计提摊销的金额，借记“累计折旧”“累计摊销”科目；按照固定资产、公共基础设施、无形资产的账面余额，贷记“固定资产”“公共基础设施”“无形资产”科目。

资产基金的核算与各类资产的账务处理紧密相连，具体参见各类资产的核算。

五、待偿债净资产的核算

待偿债净资产是指行政单位因发生应付账款和长期应付款而相应需要在净资产中冲减的金额。行政单位各项应付账款和长期应付款需要在本期或以后期间支付，并计入本单位当期的经费支出。为加强支出控制和资金管理，行政单位发生应付账款和长期应付款时，就应进行相应的账务处理，以反映需要从本单位结转结余资金中抵减的金额。所以，待偿债净资产是行政单位为满足资金支出需要而保留的准备金，也反映了行政单位在使用剩余资源上受到的限制。

为核算和监督行政单位因发生应付账款和长期应付款而相应需要在净资产中冲减的金额，行政单位会计应设置“待偿债净资产”会计科目。该科目属于净资产类科目，贷方记录行政单位因偿付应付账款和长期应付款而减少的待偿债净资产，借方记录因发生应付账款和长期应付款而增加的待偿债净资产；期末借方余额，反映行政单位因尚未支付的应付账款和长期应付款而需要相应冲减净资产的金额。

行政单位会计关于待偿债净资产的主要账务处理如下。

(1)发生应付账款、长期应付款时，按照实际发生的金额，借记“待偿债净资产”科目，贷记“应付账款”“长期应付款”等科目。

(2)偿付应付账款、长期应付款时，按照实际偿付的金额，借记“应付账款”“长期应付款”等科目，贷记“待偿债净资产”科目；同时，按照实际支付的金额，借记“经费支出”科目，贷记“财政拨款收入”“零余额账户用款额度”“银行存款”等科目。

(3)因债权人原因，核销确定无法支付的应付账款、长期应付款时，按照报经批准核销的金额，借记“应付账款”“长期应付款”科目，贷记“待偿债净资产”科目。

侍偿债净资产的核算与应付账款、长期应付款的账务处理紧密相连，具体参见应付账款、长期应付款的核算。

本章小结

行政单位的资产是指行政单位占有或使用的，能以货币计量的经济资源，包括流动资产和非流动资产。流动资产是指可以在1年内(含1年)变形或耗用的资产，包括货币资金、财政应返还额度、应收及预付款项、存货等。非流动资产是指除流动资产以外的其他资产，包括固定资产、无形资产、受托代理资产等。资产的会计处理主要包括资产的取得、耗用、出租、出售、盘盈、盘亏、报废、毁损及处置等。固定资产、公共基础设施和无形资产的会计处理还涉及其价值摊销及后续支出。

行政单位负债是指行政单位所承担的能以货币计量，需要以资产等偿还的债务。按照偿还时间的要求，行政单位负债可分为流动负债和非流动负债。流动负债是指要求在1年以内(含1年)偿还的债务，包括应缴财政款、应交税费、应付职工薪酬、应付及暂存款项、应付政府补贴款等。非流动负债是指要求在1年以上(不含1年)偿还的债务，包括长期应付款等。负债的会计处理主要包括负债的形成及偿付。

行政单位的净资产是指行政单位资产扣除负债后的余额，包括财政拨款结转、财政拨款结余、其他资金结转结余、资产基金、待偿债净资产等。行政单位净资产的会计处理包括结转与结余的形成及转化，资产基金与待偿债净资产的形成和核销。

复习思考题

1. 行政单位固定资产的取得方式有哪些？不同取得方式下的固定资产的成本如何确定？
2. 什么是财政应返还额度？财政应返还额度应如何确定？
3. 什么是行政单位的零余额账户用款额度？具体核算包括哪些内容？
4. 什么是行政单位的资产？具体包括哪些内容？
5. 什么是行政单位的政府储备物资和公共基础设施？各自如何核算？
6. 什么是受托代理资产？什么是受托代理负债？ 二者的核算有何联系与区别？
7. 什么是行政单位的负债？具体包括哪些内容？
8. 什么是应付政府补贴款？如何核算？
9. 什么是应缴财政款？如何核算？
10. 应付账款与长期应付款有何联系与区别？
11. 什么是行政单位的净资产？具体包括哪些内容？
12. 什么是财政拨款结转？什么是财政拨款结余？ 二者有何联系与区别？
13. 什么是资产基金？资产基金由哪些内容构成？
14. 什么是待偿债净资产？如何核算？

第十章

行政单位会计报表

第一节　行政单位财务报告概述

一、行政单位财务报告的概念

行政单位的财务报告是反映行政单位一定时期财务状况和预算执行结果的总结性书面文件，包括财务报表和财务情况说明书。其中，财务报表是反映行政单位财务状况和预算执行情况等的书面文件，由会计报表和报表附注构成。

会计报表包括资产负债表、收入支出表、财政拨款收入支出表。

财务情况说明书，主要说明行政单位本期收入、支出、结转、结余、专项资金使用及资产负债变动等情况，以及影响财务状况变化的重要事项，并总结财务管理经验，对存在的问题提出改进意见。

二、行政单位会计报表的编制要求

行政单位资产负债表、财政拨款收入支出表和经费支出明细表应至少按照年度编制，收入支出表应至少按照月度和年度编制。

行政单位不得违反规定，随意改变财务报表格式、编制依据和方法，不得随意改变财务报表有关数据的会计口径。

行政单位的会计报表应根据登记完整、核对无误的账簿记录和其他有关资料编制，提供真实、完整的财务报表。行政单位财务报表的编号、名称及编制期如表 10-1 所示。

表 10-1　行政单位会计报表

编号	会计报表名称	编制期
会行政 01 表	资产负债表	年度
会行政 02 表	收入支出表	月度、年度
会行政 03 表	财政拨款收入支出表	年度
附注		年度

三、行政单位财务报告的公开

行政单位应建立健全内部控制制度、经济责任制度、财务信息披露制度等监督制度，依法公开财务信息。

公开的财务报表应包括行政单位资产负债表、财政拨款收入支出表及其附注。

行政单位的财务报表附注至少应披露下列内容：

① 遵循《行政单位会计制度》的声明。

② 单位整体财务状况、预算执行情况的说明。

③ 财务报表中列示的重要项目的进一步说明，包括其主要构成、增减变动情况等。

④ 重要资产处置、资产重大损失情况的说明。

⑤ 未以货币计量的资产名称、数量等情况，以及未以货币计量理由的说明。

⑥ 或有负债情况的说明。

⑦ 会计政策变更及其影响的说明。

⑧ 以前年度结转结余调整情况的说明。

⑨ 财政部门或主管部门要求单独说明的报表项目情况。

⑩ 有助于理解和分析财务报表的其他需要说明事项。

第二节　资产负债表

一、资产负债表的格式

资产负债表是反映行政单位在某一特定日期财务状况的报表。

资产负债表应按照资产、负债和净资产分类、分项列示。其格式如表 10-2 所示。

表 10-2　资产负债表

会行政 01 表

编制单位：　　　　年　月　日　　　　单位：元

资产	年初余额	期末余额	负债和净资产	年初余额	期末余额
流动资产：			流动负债：		
库存现金			应缴财政款		
银行存款			应交税费		
财政应返还额度			应付职工薪酬		
应收账款			应付账款		
预付账款			应付政府补贴款		
其他应收款			其他应付款		
存货			一年内到期的非流动负债		
流动资产合计			流动负债合计		
固定资产			非流动负债：		
固定资产原价			长期应付款		
减：固定资产累计折旧			受托代理负债		
在建工程			负债合计		
无形资产					
无形资产原价					
减：累计摊销					
待处理财产损溢			财政拨款结转		
政府储备物资			财政拨款结余		
公共基础设施			其他资金结转结余		
公共基础设施原价			其中：项目结余		
减：公共基础设施累计折旧			资产基金		
公共基础设施在建工程			待偿债净资产		
受托代理资产			净值产合计		
资产总计			负债和净资产总计		

二、资产负债表的具体内容

（一）资产类项目的具体内容

1. 流动资产项目

（1）“库存现金”项目，反映行政单位期末库存现金的金额。

（2）“银行存款”项目，反映行政单位期末银行存款的金额。

（3）“财政应返还额度”项目，反映行政单位期末财政应返还额度的金额。

（4）“应收账款”项目，反映行政单位期末尚未收回的应收账款余额。

（5）“预付账款”项目，反映行政单位预付给商品或者劳务供应者的款项。

（6）“其他应收款”项目，反映行政单位期末尚未收回的其他应收款余额。

（7）“存货”项目，反映行政单位期末为开展业务活动耗用而储存的存货实际成本。

2. 非流动资产项目

（1）“固定资产”项目，反映行政单位期末各项固定资产的账面价值。

（2）“固定资产原价”项目，反映行政单位期末各项固定资产的原价。

（3）“固定资产累计折旧”项目，反映行政单位期末各项固定资产的累计折旧。

（4）“在建工程”项目,反映行政单位期末除公共基础设施在建工程以外的尚未完工交付使用的在建工程的实际成本。

（5）“无形资产”项目，反映行政单位期末各项无形资产的账面价值。

（6）“无形资产原价”项目，反映行政单位期末各项无形资产的原价。

（7）“累计摊销”项目，反映行政单位期末各项无形资产的累计摊销。

（8）“待处理财产损溢”项目，反映行政单位期末待处理财产的价值及处置损溢。

（9）“政府储备物资”项目，反映行政单位期末储存管理的各种政府储备物资的实际成本。

（10）“公共基础设施”项目，反映行政单位期末占有并直接管理的公共基础设施的账面价值。

（11）“公共基础设施原价”项目，反映行政单位期末占有并直接管理的公共基础设施的原价。

（12）“公共基础设施累计折旧”项目，反映行政单位期末占有并直接管理的公共基础设施的累计折旧金额。

（13）“公共基础设施在建工程”项目，反映行政单位期末尚未完工交付使用的公共基础设施在建工程的实际成本。

（14）“受托代理资产”项目，反映行政单位期末受托代理资产的价值。

（二）负债类项目的具体内容

1. 流动负债项目

（1）“应缴财政款”项目，反映行政单位按规定应当上缴财政的款项。

（2）“应交税费”项目，反映行政单位应交未交的各种税费。

（3）“应付职工薪酬”项目，反映行政单位期末尚未支付给职工的各种薪酬。

(4)“应付账款”项目,反映行政单位期末尚未支付的偿还期限不超过1年(含1年)的应付账款的金额。

(5)“应付政府补贴款”项目，反映行政单位期末尚未支付的应付政府补贴款的金额。

(6)“其他应付款”项目，反映行政单位期末尚未支付的其他各项应付及暂收款项的金额。

(7)“一年内到期的非流动负债”项目,反映行政单位期末承担的1年以内(含1年)到偿还期的非流动负债。

2. 非流动负债项目

(1)“长期应付款”项目，反映行政单位期末承担的偿还期限超过1年的应付款项。

(2)“受托代理负债”项目，反映行政单位期末受托代理负债的金额。

(三)净资产类项目的具体内容

(1)“财政拨款结转”项目，反映行政单位期末滚存的财政拨款结转资金。

(2)“财政拨款结余”项目，反映行政单位期末滚存的财政拨款结余资金。

(3)“其他资金结转结余”项目,反映行政单位期末滚存的除财政拨款以外的其他结转结余资金。其中“项目结余”项目,反映行政单位期末滚存的非财政拨款未完成项目结余资金。

(4)“资产基金”项目，反映行政单位期末为预付账款、存货、固定资产、在建工程、无形资产、政府储备物资、公共基础设施等非货币性资产在净资产中占用的金额。

(5)“待偿债净资产”项目,反映行政单位期末因应付账款和长期应付款等负债而相应需要在净资产中冲减的金额。

三、资产负债表的填列

(一)“年初余额”栏的填列

资产负债表“年初余额”栏内各项数字，应当根据上年年末资产负债表“期末余额”栏内数字填列。如果本年度资产负债表规定的各个项目的名称和内容同上年度不相一致，应对上年年末资产负债表各项目的名称和数字按照本年度的规定进行调整,填入本表“年初余额”栏内。

(二)“期末余额”栏的填列

资产负债表“期末余额”各项目的填列方法可归纳为如下几种情况。

1. 根据相关科目的期末余额直接填列

(1)直接填列的资产项目。这类项目有：没有属于受托代理现金的库存现金、没有属于受托代理存款的银行存款、财政应返还额度、应收账款、其他应收款、预付账款、存货、固定资产原价、无形资产原价、累计摊销、待处理财产损溢、政府储备物资、公共基础设施原价。

(2)直接填列的负债项目。这类项目有：应缴财政款、应交税费、应付职工薪酬、应付账款、应付政府补贴款、其他应付款(如为借方余额，则以“–”号填列)。

(3)直接填列的净资产项目。这类项目有：财政拨款结转、财政拨款结余、其他资金结余、资产基金、待偿债净资产(如为借方余额，则以“–”号填列)。

【例 10-1】某行政单位年末“应收账款”“固定资产”“待偿债净资产”科目的借方余额分别为：101 305 元、197 000 元和 39 755 元；“应缴财政款”“应付职工薪酬”“财政拨款结转”“资产基金”科目的年末贷方余额分别为 2 138 532 元、568 500 元、2 722 313 元和 28 516 728 元。

年末资产负债表填列的项目金额分别为：应收账款 101 305 元、固定资产原价 197 000 元、应缴财政款 2 138 532 元、应付职工薪酬 568 500 元、财政拨款结转 2 722 313 元、资产基金 28 516 728 元、待偿债净资产–39 755 元。

2. 根据相关科目的期末余额之差填列

这类项目有：

“固定资产”项目，应根据“固定资产”科目期末余额减去“累计折旧——固定资产累计折旧”科目期末余额后的金额填列。

“无形资产”项目，应根据“无形资产”科目期末余额减去“累计摊销”科目期末余额后的金额填列。

“公共基础设施”项目，应根据“公共基础设施”科目的期末余额减去“累计折旧——公共基础设施累计折旧”科目期末余额后的金额填列。

【例 10-2】某行政单位“固定资产”科目的年末借方余额 7 569 115 元，“累计折旧——固定资产累计折旧”年末贷方余额为 48 816 元。

“固定资产”项目填列的金额为：

$$7\ 569\ 115-48\ 816=7\ 520\ 299\text{（元）}$$

3. 根据相关科目的期末余额分析填列

这类项目主要是涉及受托代理业务的库存现金、银行存款、受托代理资产、受托代理负债和一年内到期的非流动负债。

(1)有属于受托代理现金的“库存现金”时，“库存现金”项目应根据“库存现金”科目期末余额减去其中属于受托代理现金余额后的金额填列。

(2)有属于受托代理存款的“银行存款”项目时，“银行存款”项目应根据“银行存款”科目的期末余额减去其中属于受托代理存款余额后的金额填列。

(3)“受托代理资产”项目：应根据“受托代理资产”科目的期末余额(扣除其中受托储存管理物资的金额)填列；期末库存现金和银行存款中有属于受托代理资产的，应根据“受托代理资产”科目的期末余额(扣除其中受托储存管理物资的金额)加上“库存现金”“银行存款”科目中属于受托代理资产的现金余额和银行存款余额的合计数填列。

(4)“在建工程”项目：应根据“在建工程”科目中属于非公共基础设施在建工程的期末余额填列。

(5)“公共基础设施在建工程”项目：应根据“在建工程”科目中属于公共基础设施在建工程的期末余额填列。

(6)一年内到期的长期负债项目：根据长期负债科目余额分析填列。

(7)长期应付款项目：应根据“长期应付款”科目的期末余额减去其中将于 1 年内(含 1 年)到期的长期应付款余额后的金额填列。

(8)受托代理负债项目:应根据“受托代理负债”科目的期末余额扣除其中受托储存管理物资对应的金额填列。

【例 10-3】 某行政单位“银行存款”科目的期末余额为 4 332 571 元，其中属于受托代理的存款为 340 000 元，“受托代理资产”科目的期末余额为 860 000 元，其中，受托储存管理物资的金额为 333 000 元。

年末资产负债表下列项目填列的金额分别为:

银行存款

4 332 571–340 000=3 992 571（元）

受托代理资产

860 000+340 000–333 000=867 000（元）

(三)按月编制资产负债表时的填列

行政单位按月编制资产负债表的，应遵照以下规定编制。

1. “零余额账户用款额度”项目的填列

月度资产负债表应在资产部分“银行存款”项目下增加“零余额账户用款额度”项目。该项目反映行政单位期末零余额账户用款额度的金额，应根据“零余额账户用款额度”科目的期末余额填列。

2. “财政拨款结转”项目的填列

该项目应根据“财政拨款结转”科目的期末余额，加上“财政拨款收入”科目本年累计发生额，减去“经费支出财政拨款支出”科目本年累计发生额后的余额填列。

3. “其他资金结转结余”项目的填列

该项目应根据“其他资金结转结余”科目的期末余额，加上“其他收入”科目本年累计发生额，减去“经费支出——其他资金支出”科目本年累计发生额，再减去“拨出经费”科目本年累计发生额后的余额填列。

4. “项目结转”项目的填列

该项目应根据“其他资金结转结余”科目中“项目结转”明细科目的期末余额，加上“其他收入”科目中项目收入的本年累计发生额，减去“经费支出——其他资金支出”科目中项目支出本年累计发生额,再减去“拨出经费”科目中项目支出本年累计发生额后的余额填列。

5. 其他项目的填列

月度资产负债表其他项目的填列方法与年度资产负债表的填列方法相同。

第三节 收入支出表

一、收入支出表的格式

收入支出表是反映行政单位在某一会计期间全部收支情况的报表。

收入支出表应按照收入、支出的构成和结转结余情况分类、分项列示。其格式如表 10-3 所示。

表 10-3　收入支出表

会行政 02 表

编制单位：　　　　　　　　　　　　年　　月　　日　　　　　　　　　　　　单位：元

项目	行次	本月数	本年累计数
一、年初各项资金结转结余	1		
(一)年初财政拨款结转结余	2		
1. 财政拨款结转	3		
2. 财政拨款结余	4		
(二)年初其他资金结转结余	5		
二、各项资金结转结余调整及变动	6		
(一)财政拨款结转结余调整及变动	7		
(二)其他资金结转结余调整及变动	8		
三、收入合计	9		
(一)财政拨款收入	10		
1. 基本支出拨款	11		
2. 项目支出拨款	12		
(二)其他资金收入	13		
1. 非项目收入	14		
2. 项目收入	15		
四、支出合计	16		
(一)财政拨款支出	17		
1. 基本支出	18		
2. 项目支出	19		
(二)其他资金支出	20		
1. 非项目支出	21		
2. 项目支出	22		
五、本期收支差额	23		
(一)财政拨款收支差额	24		
(二)其他资金收支差额	25		
六、年末各项资金结转结余	26		
(一)年末财政拨款结转结余	27		
1. 财政拨款结转	28		
2. 财政拨款结余	29		
(二)年末其他资金结转结余	30		

二、收入支出表的具体内容

(一)“本月数”栏的具体内容

收入支出表“本月数”栏反映各项目的本月实际发生数。

(二)“本年累计数”栏的具体内容

收入支出表“本年累计数”栏反映各项目自年初起至报告期末止的累计实际发生数。

(三)“本月数”栏各项目的具体内容

1. 年初各项资金结转结余

“年初各项资金结转结余”项目及其所属各明细项目，反映行政单位本年年初所有资金结转结余的金额。

2. 各项资金结转结余调整及变动

“各项资金结转结余调整及变动”项目及其所属各明细项目，反映行政单位因发生需要调整以前年度各项资金结转结余的事项，以及本年因调入、上缴或交回等导致各项资金结转结余变动的金额。

3. 收入合计

“收入合计”项目，反映行政单位本期取得的各项收入的金额。

(1)“财政拨款收入”项目及其所属明细项目,反映行政单位本期从同级财政部门取得的各类财政预算拨款的金额。

(2)“其他资金收入”项目及其所属明细项目,反映行政单位本期取得的各类非财政拨款金额。

4. 支出合计

“支出合计”项目，反映行政单位本期发生的各项资金支出金额。

(1)“财政拨款支出”项目及其所属明细项目，反映行政单位本期发生的财政拨款支出金额。

(2)“其他资金支出”项目及其所属明细项目,反映行政单位本期使用各类非财政拨款资金性的支出金额。

5. 本期收支差额

“本期收支差额”项目及其所属各明细项目，反映行政单位本期发生的各项资金收入和支出相抵后的余额。

(1)“财政拨款收支差额”项目,反映行政单位本期发生的财政拨款资金收入和支出相抵后的余额。

(2)“其他资金收支差额”项目，反映行政单位本期发生的非财政拨款资金收入和支出相抵后的余额。

6. 年末各项资金结转结余

“年末各项资金结转结余”项目及其所属各明细项目，反映行政单位截至本年末的各项资金结转结余金额。

三、收入支出表的填列

(一)“本月数”栏的填列

在编制年度收入支出表时，应将“本月数”栏改为“上年数”栏，反映上年度各项目的实际发生数；如果本年度该表规定的各个项目的名称和内容同上年度不一致，应对上年度该表各项目的名称和数字按照本年度的规定进行调整，填入本年度该表的“上年数”栏。

(二)“本年累计数”栏的填列

编制年度收入支出表时，应将“本年累计数”栏改为“本年数”。

(三)“本月数”栏各项目的填列

1. 年初各项资金结转结余

各明细项目应根据“财政拨款结转”“财政拨款结余”“其他资金结转结余”及其明细科目的年初余额填列。

“年初各项资金结转结余”项目及其所属各明细项目的数额，应与上年度收入支出表中“年末各项资金结转结余”中各明细项目的数额相等。

2. 各项资金结转结余调整及变动

“各项资金结转结余调整及变动”项目及其所属各明细项目分别两种情况填列：

(1)“财政拨款结转结余调整及变动”项目，根据“财政拨款结转”“财政拨款结余”科目下的“年初余额调整”“归集上缴”“归集调入”明细科目的本期贷方发生额合计数减去本期借方发生额合计数的差额填列；如为负数，以“-”号填列。

(2)“其他资金结转结余调整及变动”项目，根据“其他资金结转结余”科目下的“年初余额调整”“结余调剂”明细科目的本期贷方发生额合计数减去本期借方发生额合计数的差额填列；如为负数，以“-”号填列。

3. 收入合计

“收入合计”项目，应根据“财政拨款收入”科目的本期发生额加上“其他收入”的本期发生额的合计数填列。

(1)“财政拨款收入”项目及其所属明细项目，应根据“财政拨款收入”科目及其所属明细科目的本期发生额填列。

(2)“其他资金收入”项目及其所属明细项目，应根据“其他收入”科目及其所属明细科目的本期发生额填列。

4. 支出合计

“支出合计”项目，应根据“经费支出”和“拨出经费”科目的本期发生额的合计数填列。

(1)“财政拨款支出”项目及其所属明细项目，应根据“经费支出——财政拨款支出”科目及其所属明细科目的本期发生额填列。

(2)“其他资金支出”项目及其所属明细项目，应根据“经费支出——其他资金支出”和“拨出经费”科目及其所属明细科目的本期发生额的合计数填列。

5. 本期收支差额

(1)“财政拨款收支差额”项目，应根据本表中“财政拨款收入”项目金额减去“财政拨款支出”项目金额后的余额填列；如为负数，以“-”号填列。

(2)“其他资金收支差额”项目，应根据本表中“其他资金收入”项目金额减去“其他资金支出”项目金额后的余额填列；如为负数，以“-”号填列。

6. 年末各项资金结转结余

“年末各项资金结转结余”项目及其所属各明细项目，应根据“财政拨款结转”“财政拨款结余”“其他资金结转结余”科目的年末余额填列。

(四) 按年编制收入支出表时的填列

“年初各项资金结转结余”“年末各项资金结转结余”项目及其所属各明细项目，只在编制年度收入支出表时填列；编制月度收入支出表时，不填列此项目。

第四节 财政拨款收入支出表

一、财政拨款收入支出表的格式

财政拨款收入支出表是反映行政单位在某一会计期间财政拨款收入、支出、结转及结余情况的报表。其格式如表 10-4 所示。

表 10-4 财政拨款收入支出表

会行政 03 表

编制单位： ________年度 单位：元

项目	年初财政拨款结转结余		调整年初财政拨款结转结余	归集调入或上缴	单位内部调剂		本年财政拨款收入	本年财政拨款支出	年末财政拨款结转结余	
	结转	结余			结转	结余			结转	结余
一、公共财政预算资金										
(一)基本支出										
1. 人员经费										
2. 日常公用经费										
(二)项目支出										
1. ××项目										
2. ××项目										
……										
二、政府性基金预算资金										
(一)基本支出										
1. 人员经费										
2. 日常公用经费										
(二)项目支出										
1. ××项目										
2. ××项目										
……										
总计										

财政拨款收入支出表，“项目”栏内各项目，应根据行政单位取得的财政拨款种类分项设置。

其中“项目支出”下，根据每个项目设置；行政单位取得除公共财政预算拨款和政府性基金预算拨款以外的其他财政拨款的，应按照财政拨款种类增加相应的资金项目及其明细项目。

二、财政拨款收入支出表的具体内容

(一)基本内容

行政单位财政拨款收入支出项目包括公共财政预算资金和政府性基金预算资金两大种类，每个种类又分为基本支出和项目支出两类，基本支出类项目下又包括人员经费和日常公用经费两个具体项目，项目支出下，根据每个项目设置。

(二)项目具体内容

“年初财政拨款结转结余”栏中各项目，反映行政单位年初各项财政拨款结转和结余的金额。

“调整年初财政拨款结转结余”栏中各项目，反映行政单位对年初财政拨款结转结余的调整金额。

“归集调入或上缴”栏中各项目，反映行政单位本年取得主管部门归集调入的财政拨款结转结余资金和按规定实际上缴的财政拨款结转结余资金金额。

“单位内部调剂”栏中各项目，反映行政单位本年财政拨款结转结余资金在内部不同项目之间的调剂金额。

"本年财政拨款收入"栏中各项目，反映行政单位本年从同级财政部门取得的各类财政预算拨款金额。

"本年财政拨款支出"栏中各项目，反映行政单位本年发生的财政拨款支出金额。

"年末财政拨款结转结余"栏中各项目，反映行政单位年末财政拨款结转结余的金额。

三、财政拨款收入支出表各项目的填列

"年初财政拨款结转结余"栏中各项目，应根据"财政拨款结转""财政拨款结余"及其明细科目的年初余额填列。本栏目中各项目的数额，应当与上年度财政拨款收入支出表中"年末财政拨款结转结余"栏中各项目的数额相等。

"调整年初财政拨款结转结余"栏中各项目,应根据"财政拨款结转""财政拨款结余"科目中"年初余额调整"科目及其所属明细科目的本年发生额填列。如调整减少年初财政拨款结转结余，以"-"号填列。

"归集调入或上缴"栏中各项目,应根据"财政拨款结转""财政拨款结余"科目中"归集上缴"和"归集调入"科目及其所属明细科目的本年发生额填列。对归集上缴的财政拨款结转结余资金，以"-"号填列。

"单位内部调剂"栏中各项目，应根据"财政拨款结转"和"财政拨款结余"科目中的"单位内部调剂"及其所属明细科目的本年发生额填列。对单位内部调剂减少的财政拨款结转结余项目，以"-"号填列。

"本年财政拨款收入"栏中各项目，应根据"财政拨款收入"科目及其所属明细科目的本年发生额填列。

"本年财政拨款支出"栏中各项目，应根据"经费支出"科目及其所属明细科目的本年发生额填列。

"年末财政拨款结转结余"栏中各项目,应根据"财政拨款结转""财政拨款结余"科目及其明细科目的年末余额填列。

本章小结

我国行政单位财务报告包括资产负债表、收入支出表、财政拨款收入支出表以及相关附表、报表附注表和财务状况说明书。行政单位会计应定期编制真实、完整、可比的财务报告。财务报告应按规定对外公开，并按规定对财务报表进行财务分析，并将财务分析结果报送相关部门。资产负债表年报和月报的填列方法有所不同，依据项目内容可以采用按相应会计科目的期末余额直接填列、差额填列和分析填列等不同方法。年度收入支出表的年报和月报的填列方法也有所不同。表内多数项目一般根据相应科目及其所属明细科目的本期发生额填列。"财政拨款收支差额"和"其他资金收支差额"项目则根据相应科目差额填列。财政拨款收入支出表各项目主要根据相应科目及其所属明细科目的本年发生额填列。

复习思考题

1. 列举资产负债表项目的填列方法。
2. 说明财政拨款收支差额的计算方法。
3. 单位内部调剂项目如何填列?

第四篇　事业单位会计

第十一章

事业单位会计概述

第一节　事业单位会计组织系统与会计制度

一、事业单位会计的概念

事业单位是指国家为了社会公益目的，由国家机关举办或者其他组织利用国有资产举办的，从事教育、科技、文化、卫生等活动的社会服务组织。

事业单位既不同于企业，也不同于行政单位，不同的事业单位所属行业和部门不尽相同，所从事的具体业务活动也存在一定差异，但是它们都具有一些共同特点，具体而言：①事业单位一般不直接提供物质产品，主要提供无形的产品和服务；②事业单位不以营利为目的，不具有社会管理职能；③事业单位的出资者不要求投资回报，但资产在使用方面要受到出资者的限定。

事业单位会计，即是以货币为主要计量单位，运用一系列会计方法，反映和监督事业单位预算资金执行情况及其结果和经营资金的增减变动及结果的一种专业会计。它既包括适用《事业单位会计制度》的事业单位会计，也包括适用行业事业会计制度的事业单位会计。

二、事业单位会计的组织系统

根据《事业单位会计制度》(以下简称《制度》)的规定："我国事业单位会计组织系统分为主管会计单位、二级会计单位和基层会计单位三级。向同级财政部门申报经费，并发生预算管理关系，下面有所属会计单位的，为主管会计单位。向主管会计单位或上级会计单位申报经费，并发生预算管理关系，下面有所属会计单位的，为二级会计单位。向上级会计单位申报经费，并发生预算管理关系，下面没有所属会计单位的，为基层会计单位。"三级会计单位实行独立会计核算，负责组织管理本单位的全部会计工作，不具备独立核算条件的，实行单据报账制度，作为报销单位管理。

事业单位会计组织系统的基本原理与行政单位会计组织系统相比，主要区别在于：由于有行政隶属关系的存在，事业单位一般都会从属相关的行政主管部门或者行业行政主管单位，以致大多数行政单位是主管会计单位，而大多数的事业单位是二级事业单位，也即这些事业单位不会直接与同级财政部门发生预算管理关系，只会直接与其所隶属的行政单位发生预算管理关系。比如小学、中学、高等学校等教育事业单位一般隶属于教育局或教育部，直接与其所隶属的教育局或教育部发生预算管理关系,不会直接与同级财政部门发生预算管理关系。医院、疾病预防控制中心、医疗急救中心、卫生学校等医疗卫生事业单位一般隶属于卫生局或卫计委，与卫生局或卫计委发生行政隶属和经费申报关系。不过，有些事业单位例外，虽然其在业务上接受相应行业的行政单位指导，但它们却直接与财政部门发生预算管理关系，这种事业单位不再是二级会计单位，而是属于主管会计单位。

三、事业单位会计制度的适用范围

(一)适用《事业单位会计制度》的各级各类国有事业单位

《制度》适用于中华人民共和国境内的各级各类国有事业单位，具体可以分为以下几类：①教育事业单位；②科学事业单位；③文化事业单位；④体育事业单位；⑤广播电视事业单位；⑥新闻出版事业单位；⑦文物事业单位；⑧档案事业单位；⑨地震事业单位；⑩林业园林事业单位；⑪水利事业单位；⑫医疗卫生事业单位；⑬环保环卫事业单位；⑭房地产事业单位；⑮其他事业单位等。

参照公务员法管理的事业单位对《制度》的适用，由财政部另行规定。

(二)适用行业事业会计制度的事业单位

适用特殊行业会计制度的事业单位，不执行《制度》，具体如下。

按规定执行《医院会计制度》的医院等事业单位，按规定执行《高等学校会计制度》的国立高等学校，按规定执行《土地储备资金会计核算办法》的土地储备中心，按规定执行《科学事业单位会计制度》的国有科学事业单位等。这些会计制度统称为行业事业会计制度。

有些事业单位可能适用不止一套事业单位会计制度，如作为事业单位的土地储备机构，其日常经费核算适用《制度》，而受政府委托营运的土地储备资金则适用《土地储备资金会计核算办法》。

(三)执行企业会计准则或小企业会计准则的事业单位

纳入企业财务管理体系执行企业会计准则或小企业会计准则的事业单位(如附属于事业单位但自负盈亏、独立核算的招待所等)，执行企业会计准则或小企业会计准则。

第十一章至第十四章仅涉及适用《制度》的各级各类国有事业单位。

第二节　事业单位会计的特点

一、收入来源渠道多

事业单位的收入是指事业单位开展业务及其他活动依法取得的非偿还性资金，来源主要依赖财政部门拨款，也可以自己创收，包括财政补助收入、事业收入、上级补助收入、附属单位上缴收入、经营收入和其他收入等。

二、支出使用途径多

行政单位的支出主要是经费支出和拨出经费等。事业单位的支出或者费用是指事业单位开展业务及其他活动发生的资金耗费和损失。事业单位支出使用的途径比较多，既有自身开展业务活动的支出，又有转拨给所属单位的支出，包括事业支出、对附属单位补助支出、上缴上级支出、经营支出和其他支出等。

三、会计主体层次多

事业单位的组织结构本身具有多层次的特点，按照机构建制和经费领报关系，事业单位会计分为主管事业单位会计、二级事业单位会计和基层哑单位会计等几级。同时，就单个事业单位来看，资金来源渠道较多，支出方向也不单纯用于本单位的支出需要。例如，红十字总会的会计适用《制度》，而红十字会下属的各具体基金(如“壹基金”等)却适用《民间非营利组织会计制度》。因而，事业单位会计组织结构呈现多元化的特征。

四、多种会计核算基础并行

在会计核算基础方面，行政单位采用收付实现制，企业采用权责发生制。

事业单位会计核算一般采用收付实现制，但部分经济业务或者事项的核算应按规定采用权责发生制。例如，事业单位可以按照《事业单位财务规则》或相关财务制度的规定对固定资产计提折旧，对无形资产进行摊销，体现权责发生制的要求，但行政单位会计不计提折旧，应摊销无形资产。一般而言，事业单位的经营性收支业务核算可采用权责发生制。

第三节　事业单位会计目标、基本假设及信息质量要求

一、会计目标

事业单位会计核算的目标是向会计信息使用者提供与事业单位财务状况、事业成果、预算执行等有关的会计信息，反映事业单位受托责任的履行情况，有助于会计信息使用者进行社会管理，作出经济决策。

事业单位会计信息使用者包括政府及其有关部门、举办(上级)单位、债权人、事业单位自身和其他利益相关者。

二、会计基本假设

事业单位会计核算应以事业单位各项业务活动持续正常地进行为前提。

事业单位应划分会计期间，分期结算账目和编制财务会计报告。会计期间至少分为年度和月度。会计年度、月度等会计期间的起讫日期采用公历日期。

事业单位会计核算以人民币作为记账本位币。发生外币业务时，应将有关外币金额折算为人民币金额计量。

事业单位会计核算一般采用收付实现制；部分经济业务或者事项采用权责发生制核算的，

由财政部在会计制度中具体规定。行业事业单位的会计核算采用权责发生制的，由财政部在相关会计制度中规定。

三、会计信息质量要求

（一）真实可靠

事业单位应以实际发生的经济业务或者事项为依据进行会计核算，如实反映各项会计要素的情况和结果，保证会计信息真实可靠。

（二）全面完整

事业单位应将发生的各项经济业务或者事项统一纳入会计核算，确保会计信息能够全面反映事业单位的财务状况、事业成果、预算执行等情况。

（三）及时性

事业单位对于已经发生的经济业务或者事项，应及时进行会计核算，不得提前或者延后。

（四）可比性

事业单位提供的会计信息应具有可比性。

同一事业单位不同时期发生的相同或者相似的经济业务或者事项，应采用一致的会计政策，不得随意变更。确需变更的，应将变更的内容、理由和对单位财务状况及事业成果的影响在附注中予以说明。

同类事业单位中不同单位发生的相同或者相似的经济业务或者事项，应采用统一的会计政策，确保同类单位会计信息口径一致，相互可比。

（五）相关性

事业单位提供的会计信息应与事业单位受托责任履行情况的反映、会计信息使用者的管理、决策需要相关，有助于会计信息使用者对事业单位过去、现在或者未来的情况作出评价或者预测。

（六）可理解性

事业单位提供的会计信息应清晰明了，便于会计信息使用者理解和使用。

第四节　事业单位会计要素及会计科目

一、事业单位会计要素

会计要素是对会计核算对象的基本分类。事业单位会计要素包括资产、负债、净资产、收入、支出或者费用。

资产是指事业单位占有或者使用的能以货币计量的经济资源，包括各种财产、债权和其他权利。事业单位的资产按照流动性，分为流动资产和非流动资产。

负债是指事业单位所承担的能以货币计量，需要以资产或者劳务偿还的债务。事业单位的负债按照流动性，分为流动负债和非流动负债。

净资产是指事业单位资产扣除负债后的余额。事业单位的净资产包括事业基金、非流动资产基金、专用基金、财政补助结转结余、非财政补助结转结余等。

收入是指事业单位开展业务及其他活动依法取得的非偿还性资金。事业单位的收入包括财政补助收入、事业收入、上级补助收入、附属单位上缴收入、经营收入和其他收入等。

支出或者费用是指事业单位开展业务及其他活动发生的资金耗费和损失。事业单位的支出或者费用包括事业支出、对附属单位补助支出、上缴上级支出、经营支出和其他支出等。

二、影响事业单位会计科目设置的重要会计法规

事业单位会计科目是事业单位会计要素的具体化。它是事业单位会计设置账户、归集和核算经济业务的依据。

事业单位会计科目的设置必须遵循一定的法律法规的要求，受相应法律法规的影响。

（一）《事业单位会计准则》

1997 年 5 月 28 日财政部印发了《事业单位会计准则(试行)》，从 1998 年 1 月 1 日开始执行。2012 年 12 月 5 日经中华人民共和国财政部部务会议修订通过，修订后的《事业单位会计准则》于 2012 年 12 月 6 日公布，分总则、会计信息质量要求、资产、负债、净资产、收入、支出或者费用、财务会计报告、附则共 9 章 49 条，自 2013 年 1 月 1 日起施行，同时《事业单位会计准则(试行)》废止。《事业单位会计准则》奠定了会计科目设置的基本框架。

（二）《事业单位财务规则》

为进一步规范事业单位的财务行为，加强事业单位财务管理和监督，提高资金使用效益，保障事业单位健康发展，《事业单位财务规则》于 2012 年 2 月 7 日由中华人民共和国财政部令第 68 号发布，分总则、单位预算管理、收入管理、支出管理、结转和结余管理、专用基金管理、资产管理、负债管理、事业单位清算、财务报告和财务分析、财务监督、附则共 12 章 68 条，自 2012 年 4 月 1 日起施行。事业单位会计的目标之一是反映预算执行及结果，会计科目设置应满足《事业单位财务规则》中预算管理的需要。

（三）《事业单位会计制度》

为规范事业单位会计核算，1988 年财政部发布了《事业行政单位预算会计制度》。1997 年，为有利于国有事业单位能够适应社会主义市场经济体制的需要，进一步规范事业单位会计核算，加强会计管理，根据《事业单位会计准则(试行)》，1997 年 7 月 17 日财政部发布了《事业单位会计制度》，自 1998 年 1 月 1 日起执行，同时《事业行政单位预算会计制度》废止。2012 年 12 月 19 日财政部再次根据《事业单位会计准则》修订发布了新的《事业单位会计制度》，自 2013 年 1 月 1 日起施行，同时 1998 年开始执行的《事业单位会计制度》废止。2013 年实施的《事业单位会计制度》规定了现行会计科目的名称、核算内容、使用要求及所属明细科目的设置。

三、事业单位会计科目表

根据 2013 年实行的《事业单位会计制度》事业单位通用的会计科目，事业单位会计科目可分为资产、负债、净资产、收入和支出五大类。具体如表 11-1 所示。

表 11-1　事业单位通用会计科目表

类　别	编　码	科目名称	类　别	编　码	科目名称
一、资产类	1001	库存现金	三、净资产	3001	事业基金
	1002	银行存款		3101	非流动资产基金
	1011	零余额账户用款额度		310101	长期投资
	1101	短期投资		310102	固定资产
	1201	财政应返还额度		310103	在建工程
	120101	财政直接支付		310104	无形资产
	120102	财政授权支付		3201	专用基金
	1211	应收票据		3301	财政补助结转
	1212	应收账款		330101	基本支出结转
	1213	预付账款		330102	项目支出结转
	1215	其他应收款		3302	财政补助结余
	1301	存货		3401	非财政补助结转
	1401	长期投资		3402	事业结余
	1501	固定资产		3403	经营结余
	1502	累计折旧		3404	非财政补助结余分配
	1511	在建工程	四、收入	4001	财政补助收入
	1601	无形资产		4101	事业收入
	1602	累计摊销		4201	上级补助收入
	1701	待处置资产损溢		4301	附属单位上缴收入
二、负债类	2001	短期借款		4401	经营收入
	2101	应交税费		4501	其他收入
	2102	应缴国库款	五、支出	5001	事业支出
	2103	应缴财政专户款		5101	上缴上级支出
	2201	应付职工薪酬		5201	对附属单位补助支出
	2301	应付票据		5301	经营支出
	2302	应付账款		5401	其他支出
	2303	预收账款			
	2305	其他应付款			
	2401	长期借款			
	2402	长期应付款			

四、事业单位会计科目的使用要求

各级各类事业单位在使用统一设置的事业单位通用会计科目时应遵循如下要求：

(1)应使用按规定统一设置的会计科目，不得擅自更改统一设置的会计科目名称，不需要的会计科目可以不用。

(2)在使用会计科目的编号时，应同时使用会计科目的名称，不得只使用会计科目的编号，不使用会计科目的名称。

(3)统一规定的会计科目编号，各单位不得打乱重编。

本章小结

事业单位会计，是以货币为主要计量单位，运用一系列会计方法，反映和监督事业单位预算资金和经营资金的增减变动及结果的一种专业会计。我国事业单位会计要素由资产、负债、净资产、收入和支出构成。事业单位会计制度适用中华人民共和国境内的各级各类国有事业单位。事业单位会计组织系统分为主管会计单位、二级会计单位和基层会计单位三级。事业单位与行政单位会计和企业会计相比，呈现出收入来源渠道多、支出使用途径多、会计主体层次多、多种会计核算基础并行等特点。事业单位应根据《事业单位会计制度》的规定设置和使用会计科目。

复习思考题

1. 什么是事业单位的会计？它具体可适用的范围有哪些？
2. 事业单位会计有哪些特点？
3. 事业单位通用会计科目分为哪几类？
4. 事业单位通用会计科目要遵循哪些使用要求？

第十二章

事业单位会计收入与支出的核算

第一节　事业单位会计收入的核算

事业单位收入是指事业单位为开展业务活动，依法取得的非偿还性资金，主要包括财政补助收入、上级补助收入、事业收入、经营收入、附属单位上缴收入、其他收入等。

按照事业单位收入取得的方式，财政补助收入和上级补助收入属补助类收入；事业收入和经营收入属于业务活动类收入；附属单位上缴收入和其他收入属于其他类收入。按其资金性质，财政补助收入属于财政性资金收入；上级补助收入、事业收入、经营收入、附属单位上缴收入、其他收入属于非财政性资金收入。

事业单位收入的分类及其关系如表 12-1 所示。

表 12-1　事业单位收入的分类及其关系

取得方式	内　容	资金性质
补助类收入	财政补助收入	财政性资金收入
	上级补助收入	非财政性资金收入
业务活动类收入	事业收入	
	经营收入	
其他类收入	附属单位上缴收入	
	其他收入	

注：事业收入如果是来自同级财政部门从财政专户核拨的资金，则其亦属于财政性资金收入。

事业单位收入应以收付实现制作为主要确认基础，特定情况采用权责发生制基础确认。在收付实现制基础下，事业单位的收入应在收到款项时予以确认，并按照实际收到的金额进行计量；采用权责发生制确认的收入，应在发生时予以确认，并按照实际发生的数额计量。如采用权责发生制确认的经营收入，要求在提供劳务或发出商品同时，依据收讫价款或者索取价款的凭据予以确认。

事业单位应加强对收入的管理，要将各项收入全部纳入单位预算，统一核算、统一管理，保证收入的合法性与合理性；要正确划分各项收入，依法缴纳各种税费；要充分利用现有条件积极组织收入，提高经费自给率和自我发展能力。

一、补助收入的核算

补助收入是指政府财政部门、上级主管部门和其他政府机构给予事业单位补助所形成的收入，包括财政补助收入和上级补助收入。

财政补助收入是指事业单位从同级财政部门取得的各类财政拨款，包括基本支出补助和项目支出补助。财政补助收入来自国家财政资金，是国家根据预算安排给予事业单位的补助款项。它们构成了事业单位的经常性资金来源，可以弥补事业经费的不足，促使事业单位更好地履行职责。从财政性资金支付方式来看，事业单位可以通过财政直接支付、财政授权支付或实拨资金方式取得财政补助款项。但需要注意的是，财政补助收入不包括国家对事业单位的基本建设投资。

上级补助收入是指事业单位从主管部门或上级单位取得的非财政补助收入。根据事业单位管理体制，事业单位一般都有主管部门或上级单位。而且，主管部门或上级单位可以利用自身组织收入或集中下级单位的收入，对事业单位进行补助，以调剂事业单位资金余缺。

财政补助收入是事业单位从同级财政部门取得的财政性资金，这些资金纳入政府财政预算管理，并根据部门预算和分月用款计划安排拨付使用，通常构成事业单位的一项常规性收入。而上级补助收入不同于财政补助收入，上级补助收入并非来自财政部门的财政性资金，是由事业单位主管部门或上级单位拨入的非财政性资金。主管部门或上级单位通常根据自身资金情况和事业单位的实际需要予以拨付，并不构成事业单位的常规性收入。

事业单位补助收入的核算包括财政补助收入的核算和上级补助收入的核算。

（一）财政补助收入的核算

为核算和监督事业单位从同级财政部门取得的各类财政拨款，事业单位会计应设置“财政补助收入”会计科目。该科目属于收入类科目，贷方记录事业单位实际收到的财政补助收入数额，借方记录财政补助收入的缴回或结转数；平时余额在贷方，反映事业单位实际收到的财政补助收入累计数；年终结转后，本科目应无余额。本科目应当设置“基本支出”和“项目支出”两个明细科目；两个明细科目下按照《政府收支分类科目》中支出功能分类的相关科目进行明细核算；同时在“基本支出”明细科目下按照“人员经费”和“日常经费”进行明细核算，在“项目支出”明细科目下按照具体项目进行明细核算。

事业单位会计关于财政补助收入的主要账务处理如下。

(1)财政直接支付方式下，事业单位根据财政国库支付执行机构委托代理银行转来的“财政直接支付入账通知书”及原始凭证，按照通知书中的直接支付入账金额，借记有关科目，贷记“财政补助收入”科目。

年度终了，根据本年度财政直接支付预算指标数与当年财政直接支付实际支出数的差额，借记“财政应返还额度——财政直接支付”科目，贷记“财政补助收入”科目。

(2)财政授权支付方式下，事业单位根据代理银行转来的“授权支付到账通知书”，按照通知书中的授权支付额度，借记“零余额账户用款额度”科目，贷记“财政补助收入”科目。

年度终了，事业单位本年度财政授权支付预算指标数大于零余额账户用款额度下达数的，根据未下达的用款额度，借记“财政应返还额度——财政授权支付”科目，贷记“财政补助收入”科目。

(3)其他方式下，按照实际收到的金额，借记“银行存款”等科目，贷记“财政补助收入”科目。

(4)因购货退回等发生国库直接支付款项退回的，属于以前年度支付的款项，按照退回金额，借记“财政应返还额度”科目，贷记“财政补助结转”“财政补助结余”“存货”等有关科目；属于本年度支付的款项，按照退回金额，借记“财政补助收入”科目，贷记“事业支出”“存货”等有关科目。

(5)期末，将“财政补助收入”科目本期发生额转入财政补助结转，借记“财政补助收入”科目，贷记“财政补助结转”科目。

【例 12-1】 某事业单位收到代理银行转来的“财政直接支付入账通知书”和“工资发放明细表”，代理银行已将 1 064 580 元划入单位职工个人账户。其会计分录为：

借：事业支出　　1 064 580

　　贷：应付职工薪酬　　1 064 580

同时：

借：应付职工薪酬　　1 064 580

　　贷：财政补助收入——基本支出——人员经费　　1 064 580

【例 12-2】 某事业单位收到代理银行转来的“财政直接支付入账通知书”，事业单位购买的办公用品已经采购完成，共计 5 060 元，已经验收入库。其会计分录为：

借：存货　　5 060

　　贷：财政补助收入——基本支出——日常公用经费　　5 060

【例 12-3】 某事业单位收到代理银行转来的“财政直接支付入账通知书”，财政部门通过财政直接支付方式为单位支付办公楼维修工程款 429 000 元。其会计分录为：

借：事业支出　　429 000

　　贷：财政补助收入——项目支出——办公楼维修　　429 000

【例 12-4】 某事业单位当年财政直接支付预算指标数为 86 845 000 元，当年财政直接支付实际支出数为 86 592 000 元。其会计分录为：

借：财政应返还额度——财政直接支付　　253 000

　　贷：财政补助收入　　253 000

【例 12-5】 某事业单位收到代理银行转来的“财政授权支付入账通知书”，本月获得授权支付额度为 4 807 000 元，其中基本支出补助 4 400 000 元、项目支出补助 407 000 元。其会计分录为：

借：零余额账户用款额度　　4 807 000

　　贷：财政补助收入——基本支出　　4 400 000

　　　　　　　　　　——项目支出　　407 000

【例 12-6】 某事业单位当年财政授权支付预算指标数为 6 578 000 元，当年财政授权支付额度下达数为 6 556 000 元。其会计分录为：

借：财政应返还额度——财政授权支付　　22 000

　　贷：财政补助收入　　22 000

【例 12-7】 某事业单位收到开户银行转来的资金到账通知书，财政部门拨入的项目经费 176 000 元已经到账。其会计分录为：

借：银行存款　　176 000

　　贷：财政补助收入——项目支出　　176 000

【例 12-8】 某事业单位当年财政补助收入——直接支付 415 800 000 元，财政补助收入——授权支付 293 700 000 元。年末，结转财政补助收入。其会计分录为：

借：财政补助收入——财政直接支付　　415 800 000
　　　　　　　——财政授权支付　　293 700 000
　贷：财政补助结转　　709 500 000

（二）上级补助收入的核算

上级补助收入是事业单位取得的非财政补助资金，需要按照主管部门和上级单位的要求进行管理。根据资金的限定性，上级补助收入分为专项资金收入和非专项资金收入。

专项资金收入是事业单位收到的从主管部门或上级单位拨入的具有指定用途并需要单独报账的资金，用于完成一些专门任务或特殊项目。非专项资金收入是事业单位从主管部门或上级单位取得的未限定用途的资金，用于维持单位正常运行，完成日常工作任务。

为核算和监督事业单位从主管部门和上级单位取得的非财政补助收入，事业单位会计应设置“上级补助收入”会计科目。该科目属于收入类科目，贷方记录事业单位实际收到的非财政补助资金的数额，借方记录上级补助收入的缴回或结转数；平时余额在贷方，反映事业单位实际收到上级补助收入的累计数；年终结转后，本科目应无余额。本科目应按照发放补助单位、补助项目、《政府收支分类科目》中支出功能分类相关科目等进行明细核算。上级补助收入中的专项资金收入，还应按具体项目进行明细核算。

事业单位会计关于上级补助收入的主要账务处理如下。

（1）收到上级补助收入时，按照实际收到的金额，借记“银行存款”等科目，贷记“上级补助收入”科目。

（2）期末，将“上级补助收入”科目本期发生额中的专项资金收入结转入“非财政补助结转”科目，借记“上级补助收入”科目下各专项资金收入明细科目，贷记“非财政补助结转”科目；将“上级补助收入”科目本期发生额中的非专项资金收入结转入“事业结余”科目，借记“上级补助收入”科目下各非专项资金收入明细科目，贷记“事业结余”科目。

【例 12-9】 某事业单位收到上级主管部门拨来的非财政补助款项 1 298 000 元，其中专项资金 968 000 元。

（1）收到款项时会计分录为：

借：银行存款　　1 298 000
　贷：上级补助收入——主管部门——基本支出　　330 000
　　　　　　　　　　　　　　——项目支出　　968 000

（2）年终转账时会计分录为：

借：上级补助收入——主管部门——基本支出　　330 000
　　　　　　　　　　　　　——项目支出　　968 000
　贷：非财政补助结转　　968 000
　　　事业结余　　330 000

二、业务活动收入的核算

业务活动收入是指事业单位由于向社会提供服务、商品等而收取的款项，包括事业收入和经营收入。

事业收入是指事业单位开展专业业务活动及其辅助活动取得的收入。所谓专业业务活动，是指根据事业单位专业特点所从事的业务活动，如文化事业单位的演出活动、卫生事业单位的医疗保健活动、农业事业单位的技术推广活动等。辅助活动是指直接为专业活动服务的行政管理活动，如事业单位的行政管理活动、后勤服务活动以及其他相关活动等。通过上述活动取得的收入，应作为事业收入进行管理和核算。事业收入包括提供服务取得的收入和销售商品取得的收入。事业单位开展业务活动提供服务虽不以营利为目的，但需要按照成本补偿的原则，收取服务费用，因此事业收入是有偿收入，一般按收付实现制基础确认，按实际收到的金额计量。

经营收入是指事业单位在专业业务活动及其辅助活动之外开展非独立核算经营活动取得的收入。它主要包括非独立核算部门销售商品收入，提供服务收入，未纳入“收支两条线”管理要求的出租房屋、场地、设备等取得的租赁收入以及其他各项经营收入等。事业单位的经营收入具备两个必要的特征：一是经营收入是事业单位通过开展经营活动取得的，而不是开展专业业务活动及其辅助活动取得的；二是事业单位取得经营收入的经营活动是非独立核算的。只有同时具备这两个特征的收入才能确认为事业单位的经营收入。经营收入应在提供服务或发出存货，同时收讫价款或者取得索取价款的凭据时，按照实际收到的或应收的金额确认收入。

（一）事业收入的核算

事业收入是事业单位开展专业业务活动及其辅助活动取得的收入。按照资金管理方式的不同，事业收入可以划分为财政专户返还收入和其他事业收入两类。

财政专户返还收入是指同级财政部门通过财政专户返还给事业单位的业务收入。事业单位取得的事业性收费如果已纳入财政专户管理，事业单位在收取后需要上缴同级财政部门设立的财政资金专户，支出时再由同级财政部门按资金收支计划从财政专户拨付。在财政专户返还方式管理下，事业单位收到的款项为代理财政收取，按照国家有关规定应上缴国库或财政专户，不计入事业收入；从财政专户核拨给事业单位的资金和经核准不上缴国库或财政专户的资金，才能计入事业收入。事业单位在实际收到从财政专户返还的款项或经核准不上缴国库或财政专户资金时，方可确认事业收入。

其他事业收入是指未采用财政专户返还方式管理的普通事业收入。如果事业单位的某些事业性收费没有要求采用财政专户管理，事业单位在实际收到款项时即可确认事业收入。

为核算和监督事业单位开展专业业务活动及其辅助活动取得的收入，事业单位会计应设置“事业收入”会计科目。该科目属于收入类科目，贷方记录事业单位取得的事业收入数，借方记录事业收入的退回和结转数；期末结转后，本科目应无余额。本科目应按照事业收入类别、项目、《政府收支分类科目》中支出功能分类相关科目等进行明细核算。事业收入中如有专项资金收入，还应按具体项目进行明细核算。

事业单位会计关于事业收入的主要账务处理如下。

1. 采用财政专户返还方式管理的事业收入

收到应上缴财政专户的事业收入时，按照收到的款项金额，借记“银行存款”“库存现金”等科目，贷记“应缴财政专户款”科目；向财政专户上缴款项时，按照实际上缴的款项金额，借记“应缴财政专户款”科目，贷记“银行存款”等科目；收到从财政专户返还的事业收入时，按照实际收到的返还金额，借记“银行存款”等科目，贷记“事业收入”科目。

2. 其他事业收入

收到事业收入时，按照收到的款项金额，借记“银行存款”“库存现金”等科目，贷记“事业收入”科目。涉及增值税业务的，相关账务处理参照“经营收入”科目。

3. 期末结转

期末，将“事业收入”科目本期发生额中的专项资金收入结转入“非财政补助结转”科目，借记“事业收入”科目下各专项资金收入明细科目，贷记“非财政补助结转”科目；将“事业收入”科目本期发生额中的非专项资金收入结转入“事业结余”科目，借记“事业收入”科目下各非专项资金收入明细科目，贷记“事业结余”科目。

【例 12-10】 某事业单位实行财政专户返还方式管理办法，按收入总额的 80%比例返还该单位。2016 年 10 月，从事专业业务活动取得收入 5 122 700 元。该项收入采用集中汇缴的方式通过财政部门为单位设置的过渡账户缴入同级财政专户。其会计分录为：

(1) 收到款项时：

借：银行存款	5 122 700	
贷：应缴财政专户款		5 122 700

(2) 上缴款项时：

借：应缴财政专户款	5 122 700	
贷：银行存款		5 122 700

(3) 收到从财政专户返还的款项时：

借：银行存款	4 098 160	
贷：事业收入		4 098 160

【例 12-11】 某事业单位收到代理银行转来“财政授权支付到账通知书”，财政部门通过财政授权支付方式核拨的财政专户管理资金 66 000 元已经下达。其会计分录为：

借：零余额账户用款额度	66 000	
贷：事业收入		66 000

【例 12-12】 某事业单位开展专业业务活动取得一笔事业收入，金额为 2 453 元，款项已存入银行。其会计分录为：

借：银行存款	2 453	
贷：事业收入		2 453

【例 12-13】 某事业单位开展专业业务活动销售自制产品一批，共取得销售收入 27 192 元，该事业单位为小规模纳税人。其会计分录为：

借：银行存款	27 192	
贷：事业收入		26 400
应交税费——应交增值税		792

【例 12-14】 年终结转，某事业单位当年共取得事业收入 10 780 000 元，其中专项资金 3 190 000 元，其余为非专项资金收入。其会计分录为：

借：事业收入	10 780 000	
贷：非财政补助结转		3 190 000
事业结余		7 590 000

(二)经营收入的核算

为核算和监督事业单位在专业业务活动及其辅助活动之外开展非独立核算经营活动取得的收入，事业单位会计应设置“经营收入”会计科目。该科目属于收入类科目，贷方记录经营收入的取得，借方记录经营收入的冲销或期末结转等减少数；期末结转后，本科目应无余额。本科目应按照经营活动类别、项目、《政府收支分类科目》中支出功能分类相关科目等进行明细核算。

事业单位会计关于经营收入的主要账务处理如下：

(1)经营收入应在提供服务或发出存货，同时收讫价款或者取得索取价款的凭据时，按照实际收到或应收的金额确认收入。

实现经营收入时，按照确定的收入金额，借记“银行存款”“应收账款”“应收票据”等科目，贷记“经营收入”科目。

属于增值税小规模纳税人的事业单位实现经营收入，按实际出售价款，借记“银行存款”、“应收账款”“应收票据”等科目；按出售价款扣除增值税额后的金额，贷记“经营收入”科目；按应交增值税金额，贷记“应交税费——应交增值税”科目。

属于增值税一般纳税人的事业单位实现经营收入，按包含增值税的价款总额，借记“银行存款”“应收账款”“应收票据”等科目；按扣除增值税销项税额后的金额，贷记“经营收入”科目；按增值税专用发票上注明的增值税金额，贷记“应交税费——应交增值税”科目。

(2)期末，将“经营收入”科目本期发生额转入经营结余，借记“经营收入”科目，贷记“经营结余”科目。

【例 12-15】 某事业单位所属非独立核算的复印社，收到服务收入 616 元，已存入银行。其会计分录为：

借：银行存款	616	
贷：经营收入——服务收入		616

【例 12-16】 某事业单位为一般纳税人，某日开展非独立核算经营活动对外销售产品一批，价值 51 480 元(含税)，款项尚未收到。其会计分录为：

借：应收账款	51 480	
贷：经营收入——产品销售收入		44 000
应交税费——应交增值税(销项税额)		7 480

【例 12-17】 某事业单位为小规模纳税人，其非独立核算的汽车修理厂对外提供服务，取得收入 3 399 元(含税)，款项已存入银行。其会计分录为：

借：银行存款	3 399	
贷：经营收入——汽车服务收入		3 300
应交税费——应交增值税		99

【例 12-18】 年终，某事业单位将“经营收入”科目贷方余额 137 500 元转入“经营结余”科目。其会计分录为：

借：经营收入	137 500	
贷：经营结余		137 500

三、其他活动收入的核算

事业单位的其他活动收入包括附属单位上缴收入和其他收入。

附属单位上缴收入是指事业单位附属独立核算单位按照有关规定上缴的收入。所谓附属单位，是指事业单位内部设立的、实行独立核算的下级单位，包括附属事业单位和附属企业。这些附属单位与事业单位存在一定的管理体制关系，按照有关规定附属单位上缴一定的款项时，便形成附属单位上缴收入。应该注意的是，事业单位与附属单位之间的往来款项结算，作为债权收回处理；事业单位开展非独立核算经营活动取得的收入作为经营收入处理；事业单位对附属单位经营项目进行投资所取得的投资收益，作为其他收入处理，均不属于事业单位附属单位上缴收入的范畴。

其他收入是指事业单位除财政补助收入、事业收入、上级补助收入、附属单位上缴收入、经营收入以外的各项收入，包括投资收益、银行存款利息收入、租金收入、捐赠收入、现金盘盈收入、存货盘盈收入、收回已核销应收及预付款项、无法偿付的应付及预收款项等。事业单位取得的其他收入必须按照国家有关规定合理收取,如果符合纳税条件的必须依法纳税。此外，其他收入应纳入事业单位收入和支出预算，综合统筹安排使用。

(一)附属单位上缴收入的核算

为核算和监督事业单位附属独立核算单位按照有关规定上缴的收入，事业单位会计应设置“附属单位上缴收入”会计科目。该科目属于收入类科目，贷方记录事业单位收到的附属独立核算单位按照有关规定上缴的收入数，借方记录缴款的退回数及期末的结转数；期末结转后，本科目应无余额。本科目应按照附属单位、缴款项目、《政府收支分类科目》中支出功能分类相关科目等进行明细核算。附属单位上缴收入中如有专项资金收入，还应按具体项目进行明细核算。

事业单位会计关于附属单位上缴收入的主要账务处理如下。

(1)事业单位收到附属单位缴来款项时，按照实际收到金额，借记“银行存款”等科目，贷记“附属单位上缴收入”科目；发生缴款退回时作相反的会计分录。

(2)期末，将“附属单位上缴收入”科目本期发生额中的专项资金收入结转入非财政补助结转，借记“附属单位上缴收入”科目下各专项资金收入明细科目，贷记“非财政补助结转”科目；将“附属单位上缴收入”科目本期发生额中的非专项资金收入结转入“事业结余”科目，借记“附属单位上缴收入”科目下各非专项资金收入明细科目，贷记“事业结余”科目。

【例 12-19】某事业单位 2017 年收到所属独立核算的甲单位上缴的款项共计 143 000 元，其中专项资金 66 000 元；乙单位上缴的款项 363 000 元，均为非专项资金。其会计分录为:

(1)收到款项时:

借：银行存款	506 000	
贷：附属单位上缴收入——甲单位		143 000
——乙单位		363 000

(2)年终转账:

借：附属单位上缴收入——甲单位	143 000	

——乙单位　　363 000

贷：事业结余　　440 000

非财政补助结转　　66 000

（二）其他收入的核算

为核算和监督事业单位其他收入的取得、退回和结转，事业单位会计应设置“其他收入”科目。该科目属于收入类科目，贷方记录其他收入的取得，借方记录其他收入的退回及期末结转数；期末结转后，本科目无余额。本科目应按照其他收入的类别、《政府收支分类科目》中支出功能分类相关科目等进行明细核算。对于事业单位对外投资实现的投资净损溢，应单独设置“投资收益”明细科目进行核算；其他收入中如有专项资金收入（如限定用途的捐赠收入），还应按具体项目进行明细核算。

事业单位会计关于其他收入的主要账务处理如下。

1. 投资收益

对外投资持有期间收到利息、利润等时，按实际收到的金额，借记“银行存款”等科目，贷记“其他收入”科目（投资收益）。出售或到期收回国债投资本息，按照实际收到的金额，借记“银行存款”等科目；按照出售或收回国债投资的成本，贷记“短期投资”、“长期投资”科目；按其差额，贷记或借记“其他收入”科目（投资收益）。

2. 银行存款利息收入、租金收入

收到银行存款利息、资产承租人支付的租金时，按照实际收到的金额，借记“银行存款”等科目，贷记“其他收入”科目。

3. 捐赠收入

接受捐赠现金资产时，按照实际收到的金额，借记“银行存款”等科目，贷记“其他收入”科目。

接受捐赠的存货验收入库后，按照确定的成本，借记“存货”科目；按照发生的相关税费、运输费等，贷记“银行存款”等科目；按照其差额，贷记“其他收入”科目。

需要注意的是，接受捐赠固定资产、无形资产等非流动资产，不通过“其他收入”科目核算。

4. 现金盘盈收入

每日现金账款核对中如发现现金溢余，属于无法查明原因的部分，借记“库存现金”科目，贷记“其他收入”科目。

5. 存货盘盈收入

盘盈的存货，按照确定的入账价值，借记“存货”科目，贷记“其他收入”科目。

6. 收回已核销应收及预付款项

已核销应收账款、预付账款、其他应收款在以后期间收回的，按照实际收回的金额，借记“银行存款”等科目，贷记“其他收入”科目。

7. 无法偿付的应付及预收款项

无法偿付或债权人豁免偿还的应付账款、预收账款、其他应付款及长期应付款，借记“应付账款”“预收账款”“其他应付款”“长期应付款”等科目，贷记“其他收入”科目。

8. 期末结转

期末，将“其他收入”科目本期发生额中的专项资金收入结转入“非财政补助结转”科目，借记“其他收入”科目下各专项资金收入明细科目，贷记“非财政补助结转”科目；将“其他收入”科目本期发生额中的非专项资金收入结转入“事业结余”科目，借记“其他收入”科目下各非专项资金收入明细科目，贷记“事业结余”科目。

【例 12-20】 2017 年 5 月，某事业单位发生如下业务：持有的 1 年期国债到期，收回本金 132 000 元，利息收入 5 280 元，款项已存入银行；收到联营乙公司分配的 2016 年利润 209 000 元，存入银行；持有的 3 年期国债到期，收回的本金和利息分别为 110 000 元和 19 800 元。其会计分录为：

(1) 收到 1 年期国债本金及利息时：

借：银行存款	137 280	
贷：短期投资		132 000
其他收入——投资收益		5 280

(2) 收到联营投资的利润时：

借：银行存款	209 000	
贷：其他收入——投资收益		209 000

(3) 收到 3 年期国债本金及利息时：

借：银行存款	129 800	
贷：长期投资——长期债券投资		110 000
其他收入——投资收益		19 800

同时：

借：非流动资产基金——长期投资	110 000	
贷：事业基金		110 000

【例 12-21】 某事业单位将暂时闲置的房屋出租，收到承租人交来的本季度租金 8 250 元，款项已存入银行。其会计分录为：

借：银行存款	8 250	
贷：其他收入——租金收入		8 250

【例 12-22】 某事业单位接受捐赠现金资产 286 000 元，已存入银行，根据捐赠人的意愿，此款项限定用于事业单位所开展的一项公益项目；接受捐赠材料一批，按照同类材料的市场价格计价为 352 000 元，已验收入库，并以银行存款支付运杂费等费用 1 430 元。其会计分录为：

(1) 接受捐赠现金资产时：

借：银行存款	286 000	
贷：其他收入——捐赠收入——某公益项目		286 000

(2) 接受捐赠材料时：

借：存货	353 430	
贷：银行存款		1 430
其他收入——捐赠收入		352 000

【例 12-23】 某事业单位在现金账款核对中发现现金溢余 2 132 元，无法查明原因，经批准计入其他收入。其会计分录为：

借：库存现金　　2 132

　　贷：其他收入——现金盘盈收入　　2 132

【例 12-24】 某事业单位盘盈存货一批，按照同类存货的市场价格确认其价值为 6 300 元，经批准计入其他收入。其会计分录为：

借：存货　　6 300

　　贷：其他收入——存货盘盈收入　　6 300

【例 12-25】 某事业单位接到银行通知，收到甲公司偿还款项 81 400 元，之前该事业单位已将该笔款项作为坏账处理。其会计分录为：

借：银行存款　　81 400

　　贷：其他收入——收回已核销款项收入　　81 400

【例 12-26】 某事业单位经营业务的一项应付账款，账面余额为 5 720 元，因债权人乙公司解散无法偿还，予以核销。其会计分录为：

借：应付账款——乙公司　　5 720

　　贷：其他收入——无法偿付款项收入　　5 720

【例 12-27】 年终，某事业单位当年“其他收入”科目账面余额为 970 882 元，其中属于专项资金的为 286 000 元，其余为非专项资金。其会计分录为：

借：其他收入　　970 882

　　贷：非财政补助结转　　286 000

　　　　事业结余　　684 882

第二节　事业单位会计支出的核算

事业单位支出是指事业单位为开展业务及其他活动发生的资金耗费和损失，主要包括事业支出、经营支出、上缴上级支出、对附属单位补助支出、其他支出等。

事业单位取得的资金通常具有一些指定目的或用途并需要单位报账，如专门用于进行某项课题研究、开展某项环境保护公益项目等，而有些资金则未受限定。因此，事业单位的支出按照支出资金的限定性，可以划分为限定性支出和非限定性支出。

事业单位支出按其资金的性质，又可划分为财政补助支出和非财政补助支出。财政补助支出是指事业单位用财政补助资金安排的各项支出，一般发生在事业支出中，通常分为基本支出和项目支出；非财政补助支出是指事业单位用财政补助收入以外的资金安排的支出，通常分为非财政专项资金支出和其他资金支出。

事业单位支出的分类及其关系如表 12-2 所示。

事业单位的支出一般应在实际支付时予以确认，并按照实际支付金额进行计量。采用权责发生制确认的支出或费用，应在其发生时予以确认，并按照实际发生额进行计量。通常情况下，事业单位支出的会计核算采用与相关收入相对应的确认基础。事业单位的事业支出、上缴上级支出、对附属单位补助支出以及其他支出一般按收付实现制确认，经营支出采用权责发生制确认，以便与经营收入相配比，反映事业单位经营活动的财务成果。

表 12-2　事业单位支出的分类及其关系

内　　容	资金性质	资金限定性
事业支出	财政补助支出	基本支出
		项目支出
	非财政补助支出	专项资金支出
		其他资金支出
上缴上级支出	非财政补助支出	专项资金支出
		其他资金支出
对附属单位补助支出	非财政补助支出	专项资金支出
		其他资金支出
经营支出	非财政补助支出	其他资金支出
其他支出	非财政补助支出	专项资金支出
		其他资金支出

事业单位应将各项支出全部纳入单位预算，建立健全支出管理制度；事业单位支出应严格执行国家有关财务规章制度规定的开支范围及开支标准。国家有关财务规章制度没有统一规定的，由事业单位规定，报主管部门和财政部门备案。事业单位的规定违反法律制度和国家政策的，主管部门和财政部门应令其改正。

一、事业支出的核算

事业支出是指事业单位开展专业业务活动及其辅助活动发生的基本支出和项目支出。其中，基本支出是指事业单位为保障自身正常运转、完成日常工作任务而发生的支出，包括人员支出和公用支出。基本支出是事业单位的基本资金消耗，具有常规性、稳定性的特点。项目支出是指事业单位为完成专项工作或特定业务，实现社会事业发展目标，而在基本支出以外发生的支出。项目支出需要经过申报、筛选、立项、审批及检查验收的一系列过程，由专项资金作为财力保证，与基本支出相比具有非常规性、非稳定性的特点。

为核算和监督事业单位开展专业业务活动及其辅助活动发生的基本支出和项目支出情况，事业单位会计应设置“事业支出”会计科目。该科目属于支出类科目，借方登记实际发生的事业支出，贷方登记当年支出收回数和期末结转数；平时余额在借方，表示实际支出累计数；年终结账后，本科目应无余额。本科目应按照“基本支出”和“项目支出”“财政补助支出”“非财政专项资金支出”和“其他资金支出”等层级进行明细核算，并按照《政府收支分类科目》中支出功能分类相关科目进行明细核算。

事业单位会计关于事业支出的主要账务处理如下。

(1) 为从事专业业务活动及其辅助活动人员计提的薪酬等，借记“事业支出”科目，贷记“应付职工薪酬”等科目。

(2) 开展专业业务活动及其辅助活动领用的存货，按领用存货的实际成本，借记“事业支出”科目，贷记“存货”科目。

(3) 开展专业业务活动及其辅助活动中发生的其他各项支出，借记“事业支出”科目，贷记“库存现金”“银行存款”“零余额账户用款额度”“财政补助收入”等科目。

(4) 期末，将“事业支出”科目(财政补助支出)本期发生额结转入“财政补助结转”科目，借记“财政补助结转——基本支出结转、项目支出结转”科目，贷记“事业支出”科目(财政补助支出——基本支出、项目支出)或“事业支出”科目(基本支出——财政补助支出、项目支出——财政补助支出)。

将“事业支出”科目(非财政专项资金支出)本期发生额结转入“非财政补助结转”科目，借记“非财政补助结转”科目，贷记“事业支出”科目(非财政专项资金支出)或“事业支出”科目(项目支出——非财政专项资金支出)；将“事业支出”科目(其他资金支出)本期发生额结转入“事业结余”科目，借记“事业结余”科目，贷记“事业支出”科目(其他资金支出)或“事业支出”科目(基本支出——其他资金支出、项目支出——其他资金支出)。

【例 12-28】 某事业单位用事业收入支付一笔公务接待费用 3 190 元，款项已通过银行支付。其会计分录为：

借：事业支出——其他资金支出——基本支出——公务接待费　　3 190

　　贷：银行存款　　3 190

【例 12-29】 某事业单位使用上级主管部门拨入的课堂研究经费，以现金支付项目研究人员差旅费 3 960 元。其会计分录为：

借：事业支出——非财政专项资金支出——项目支出　　3 960

　　贷：库存现金　　3 960

同时，需要对事业支出进行明细核算，完整的会计科目为“事业支出——非财政专项资金支出——项目支出——某课题经费”。

【例 12-30】 某事业单位承办某大型工作会议，以银行存款支付会议场地租赁费 8 800 元，文件资料印刷费 4 180 元，伙食补助费 14 080 元。所付款项为财政部门当年拨入的项目经费。其会计分录为：

借：事业支出——财政补助支出——项目支出　　27 060

　　贷：银行存款　　27 060

【例 12-31】 某事业单位收到代理银行转来的“财政直接支付入账通知书”，事业单位新招聘人员的业务培训费 19 800 元，已经由财政部门支付给培训机构。其会计分录为：

借：事业支出——财政补助支出——基本支出　　19 800

　　贷：财政补助收入　　19 800

【例 12-32】 2017 年 3 月 10 日，某事业单位收到代理银行转来的“财政直接支付入账通知书”，通过财政直接支付方式发放职工绩效工资 1 025 200 元。其会计分录为：

借：事业支出——财政补助支出——基本支出　　1 025 200

　　贷：应付职工薪酬　　1 025 200

同时：

借：应付职工薪酬　　1 025 200

　　贷：财政补助收入　　1 025 200

【例 12-33】 某事业单位采用财政授权支付方式，通过单位零余额账户支付一笔专用设备购置款 275 000 元，设备已验收并投入使用。该项支出列入单位的实验室建设项目支出预算。其会计分录为：

借：事业支出——财政补助支出——项目支出　　275 000

　　贷：零余额账户用款额度　　275 000

同时：

借：固定资产　　275 000
　　贷：非流动资产基金——固定资产　　275 000

同时，需要对事业支出进行明细核算，完整的会计科目为“事业支出——财政补助支出——项目支出——实验室建设项目”。

【例 12-34】 某事业单位为维修办公楼领用 A 材料，该批材料为财政拨款购入，成本为 3 520 元。其会计分录为：

借：事业支出——财政补助支出——基本支出——维修(护)费　　3 520
　　贷：存货　　3 520

二、经营支出的核算

经营支出是指事业单位在专业业务活动及其辅助活动之外开展非独立核算经营活动发生的支出，包括职工薪酬、公务费、业务费、设备购置费、修缮费及其他费用等。事业单位经营支出的特点表现为：支出是因非独立核算的经营性业务而产生的；支出需要由经营活动收入来补偿；经营支出应当与经营收入相互配比，以反映经营活动所取得的财务成果。事业单位开展非独立核算经营活动的，应正确归集开展经营活动发生的各项费用数，无法直接归集的，应按照规定的标准或比例合理分摊。

为核算和监督事业单位在专业业务活动及其辅助活动之外开展非独立核算经营活动发生的支出情况，事业单位会计应设置“经营支出”会计科目。该科目属于支出类科目，借方登记实际发生的经营支出，贷方登记当年支出收回数和期末结转数；平时余额在借方，表示实际支出累计数；年终结账后，本科目应无余额。本科目应按照经营活动类别、项目、《政府收支分类科目》中支出功能分类相关科目等进行明细核算。

事业单位会计关于经营支出的主要账务处理如下。

(1)为在专业业务活动及其辅助活动之外开展非独立核算经营活动人员计提的薪酬等，借记“经营支出”科目，贷记“应付职工薪酬”等科目。

(2)在专业业务活动及其辅助活动之外开展非独立核算经营活动领用、发出的存货，按领用、发出存货的实际成本，借记“经营支出”科目，贷记“存货”科目。

(3)在专业业务活动及其辅助活动之外开展非独立核算经营活动中发生的其他各项支出，借记“经营支出”科目，贷记“库存现金”“银行存款”“应交税费”等科目。

(4)期末，将“经营支出”科目本期发生额转入经营结余，借记“经营结余”科目，贷记“经营支出”科目。

【例 12-35】 某事业单位为非独立核算的招待所，2017 年 8 月应付职工工资总额为 125 840 元，代扣个人所得税 1 760 元，代扣社会保险费 4 180 元，以上款项均以银行存款支付。其会计分录为：

(1)计提职工薪酬时：

借：经营支出　　125 840
　　贷：应付职工薪酬——工资(离退休费)　　125 840

(2)代扣个人所得税、社会保险费时：

借：应付职工薪酬——工资(离退休费)　　5 940
　　贷：应付职工薪酬——社会保险费　　4 180

应交税费——应缴个人所得税　　1 760

(3)发放工资、代缴代扣个人所得税和社会保险费时:

借：应付职工薪酬——工资(离退休费)　　119 900

——社会保险费　　4 180

应交税费——应缴个人所得税　　1 760

贷：银行存款　　125 840

【例 12-36】 某事业单位开展非独立核算经营活动，为生产产品领用 A 材料 770 元，其会计分录为:

借：经营支出　　770

贷：存货——A 材料　　770

【例 12-37】 年终结账，某事业单位将“经营支出”科目借方余额 74 690 元转入“经营结余”科目。其会计分录为:

借：经营结余　　74 690

贷：经营支出　　74 690

三、上缴上级支出的核算

上缴上级支出是指附属于上级单位的、独立核算的事业单位按照财政部门和主管部门的规定上缴上级单位的支出。其主要来自独立核算的事业单位利用自身资源取得的非财政补助收入。按规定，非财政补助收入大于支出较多的事业单位，可以实行收入上缴办法，具体办法由财政部门会同有关主管部门根据事业单位具体情况而定。但是，事业单位返还上级单位在其事业支出中垫支的工资、水电费、房租、住房公积金及福利费等各项费用时，应计入相应的支出项目，不能作为上缴上级支出处理。上缴上级支出与主管部门或上级单位的“附属单位上缴收入”相对应，属于非财政性资金往来款项业务，反映了有关单位之间调剂收支余缺的机动财力。

为核算和监督事业单位按照财政部门和主管部门的规定上缴上级单位的支出的情况，事业单位会计应设置“上缴上级支出”会计科目。该科目属于支出类科目，借方登记事业单位按规定标准或比例上缴上级单位的支出数，贷方登记期末结转数；平时余额在借方，表示事业单位当年上缴上级单位的支出累计数；年终结账后，本科目应无余额。本科目应按照收缴款项单位、缴款项目、《政府收支分类科目》中支出功能分类相关科目等进行明细核算。

事业单位会计关于上缴上级支出的主要账务处理如下。

(1)按规定将款项上缴上级单位的，按照实际上缴的金额，借记“上缴上级支出”科目，贷记“银行存款”等科目。

(2)期末,将“上缴上级支出”科目本期发生额转入“事业结余”科目,借记“事业结余”科目，贷记“上缴上级支出”科目。

【例 12-38】 某事业单位按规定比例计算上缴上级支出 27 500 元，已通过银行转账上缴了款项。其会计分录为:

借：上缴上级支出　　27 500

贷：银行存款　　27 500

【例 12-39】 年终，某事业单位将“上缴上级支出”账户余额 27 500 元转入事业结余。其会计分录为：

借：事业结余　　27 500

　　贷：上缴上级支出　　27 500

四、对附属单位补助支出的核算

对附属单位补助支出是指事业单位用财政补助收入之外的收入对实行独立核算的附属单位进行补助而发生的支出。附属单位是实行独立核算的下级单位，包括附属事业单位和附属企业。作为上级单位，可以对附属单位进行一定的资金补助，以支持其更好地开展业务活动。对附属单位进行补助的款项一般来自事业单位在业务活动中所取得的自有资金、上级单位补助款以及下级单位的上缴收入，不能用财政补助收入进行补助。本级事业单位的“对附属单位补助支出”与其下级单位的“上级补助收入”相对应，属于非财政性资金往来款项业务，反映了有关单位之间调剂收支结余的机动财力。

为核算和监督事业单位用财政补助收入之外的收入对附属单位补助发生的支出情况，事业单位会计应设置“对附属单位补助支出”会计科目。该科目属于支出类科目，借方登记事业单位对附属单位的补助支出数，贷方登记其收回数及期末结转数；平时余额在借方，表示事业单位对附属单位的补助累计数；年终结账后，本科目应无余额。本科目应按照接受补助单位、补助项目、《政府收支分类科目》中支出功能分类相关科目等进行明细核算。

事业单位会计关于对附属单位补助支出的主要账务处理如下。

(1)发生对附属单位补助支出的，按照实际支出的金额，借记“对附属单位补助支出”科目，贷记“银行存款”等科目。

(2)期末，将本科目本期发生额转入事业结余，借记“事业结余”科目，贷记“对附属单位补助支出”科目。

【例 12-40】 某事业单位用自有资金通过银行向所属 B 单位拨付补助款 38 500 元。其会计分录为：

借：对附属单位补助支出　　38 500

　　贷：银行存款　　38 500

【例 12-41】 年终，某事业单位将“对附属单位支出”账户余额 27 500 元转入“事业结余”账户。其会计分录为：

借：事业结余　　27 500

　　贷：对附属单位补助支出　　27 500

五、其他支出的核算

其他支出是指事业单位除事业支出、上缴上级支出、对附属单位补助支出、经营支出以外的各项支出，包括利息支出、捐赠支出、现金盘亏损失、资产处置损失、接受捐赠(调入)非流动资产发生的税费支出等。事业单位应将其他支出全部纳入单位预算，建立健全支出管理制度，统一核算、统一管理。

为核算和监督事业单位发生的其他各项支出情况，事业单位会计应设置“其他支出”会计科目。该科目属于支出类科目，借方登记实际发生的其他支出数，贷方登记其期末结转数；

平时余额在借方，表示事业单位其他支出累计数；年终结账后，本科目应无余额。本科目应按照其他支出的类别、《政府收支分类科目》中支出功能分类相关科目等进行明细核算。其他支出中如有专项资金支出，还应按具体项目进行明细核算。

事业单位会计关于其他支出的主要账务处理如下。

(1)利息支出。支付银行借款利息时，借记“其他支出”科目，贷记“银行存款”科目。

(2)捐赠支出。对外捐赠现金资产，借记“其他支出”科目，贷记“银行存款”等科目。对外捐出存货，借记“其他支出”科目，贷记“待处置资产损溢”科目。需要注意的是，对外捐赠固定资产、无形资产等非流动资产，不通过本科目核算。

(3)现金盘亏损失。每日现金账款核对中如发现现金短缺，属于无法查明原因的部分，报经批准后，借记“其他支出”科目，贷记“库存现金”科目。

(4)资产处置损失。报经批准核销应收及预付款项、处置存货，借记“其他支出”科目，贷记“待处置资产损溢”科目。

(5)接受捐赠(调入)非流动资产发生的税费支出。接受捐赠、无偿调入非流动资产发生的相关税费、运输费等，借记“其他支出”科目，贷记“银行存款”等科目。以固定资产、无形资产取得长期股权投资，所发生的相关税费计入“其他支出”科目。具体账务处理参见“长期投资”科目。

(6)期末，将“其他支出”科目本期发生额中的专项资金支出结转入“非财政补助结转”科目，借记“非财政补助结转”科目，贷记“其他支出”科目下各专项资金支出明细科目；将“其他支出”科目本期发生额中的非专项资金支出结转入“事业结余”科目，借记“事业结余”科目，贷记“其他支出”科目下各非专项资金支出明细科目。

【例 12-42】 某事业单位归还银行 1 年期借款，本金 110 000 元，利息 6 600 元。其会计分录为：

借：短期借款	110 000	
其他支出——利息支出	6 600	
贷：银行存款		116 600

【例 12-43】 某事业单位通过银行捐赠给某希望小学 165 000 元。其会计分录为：

借：其他支出——捐赠支出	165 000	
贷：银行存款		165 000

【例 12-44】 某事业单位向某地震灾区捐赠自用存货一批，该批存货账面余额为 330 000 元。其会计分录为：

(1)将存货转入待处置资产时：

借：待处置资产损溢	330 000	
贷：存货		330 000

(2)将存货捐出时：

借：其他支出——捐赠支出	330 000	
贷：待处置资产损溢		330 000

【例 12-45】 某事业单位盘点现金时发现短款 1 000 元，经查明，其中 600 元为李某报销差旅费时多付的款项，李某同意归还；其余 400 元无法查明原因，报经批准予以核销。其会计分录为：

借：其他支出——现金盘亏损失　　400
　　其他应收款——李某　　600
　　贷：库存现金　　1 000

【例 12-46】 某事业单位一笔应收账款 7 700 元已经超过 3 年尚未收到，报经批准予以核销。其会计分录为：

(1) 将应收账款转入待处置资产时：

借：待处置资产损溢　　7 700
　　贷：应收账款　　7 700

(2) 经批准核销应收账款时：

借：其他支出——资产处置损失　　7 700
　　贷：待处置资产损溢　　7 700

【例 12-47】 某事业单位为增值税一般纳税人，盘点时发现盘亏非自用材料一批，账面余额为 4 400 元，报经批准予以核销。其会计分录为：

(1) 将盘亏的材料转入待处置资产时：

借：待处置资产损溢　　5 148
　　贷：存货　　4 400
　　　　应交税费——应交增值税(进项税额转出)　　748

(2) 经批准核销材料时：

借：其他支出——资产处置损失　　5 148
　　贷：待处置资产损溢　　5 148

【例 12-48】 某事业单位接受捐赠一台专用设备，同类设备的市场价格为 198 000 元，用银行存款支付运输费 330 元。其会计分录为：

借：固定资产　　198 330
　　贷：非流动资产基金——固定资产　　198 330

同时：

借：其他支出——接受捐赠运费支出　　330
　　贷：银行存款　　330

【例 12-49】 年终转账，某事业单位当年“其他支出”科目账面余额为 306 460 元，其中属于专项资金支出的为 197 780 元、非专项资金支出为 108 680 元。其会计分录为：

借：非财政补助结转　　197 780
　　事业结余　　108 680
　　贷：其他支出　　306 460

本章小结

事业单位收入是指事业单位为开展业务活动，依法取得的非偿还性资金。事业单位收入相较于行政单位的收入而言来源多，主要包括财政补助收入、上级补助收入、事业收入、经营收入、附属单位上缴收入、其他收入等。相应的，事业单位的支出渠道也较多，主要包括事业支出、上缴上级支出、经营支出、对附属单位补助支出、其他支出等。

事业单位收入应以收付实现制作为主要确认基础，特定情况采用权责发生制基础确认。事业单位的事业支出、上缴上级支出、对附属单位补助支出以及其他支出一般按收付实现制确认，经营支出采用权责发生制确认，以便与经营收入相配比，反映事业单位经营活动的财务成果。通常情况下，事业单位支出的会计核算采用与相关收入相对应的确认基础。

事业单位的各项收入与支出应根据《政府收支分类科目》、部门预算和其他管理要求相结合进行明细分类核算。期末，应将各项收支进行结转，期末结转后均无余额。

复习思考题

1. 事业单位的收入包括哪些内容?
2. 什么是财政补助收入? 什么是上级补助收入? 二者有何异同?
3. 事业单位的其他收入包括哪些内容?
4. 什么是事业收入? 什么是经营收入? 二者有何异同?
5. 事业单位的支出包括哪些内容?
6. 附属单位上缴收入与上缴上级支出有何联系与区别?
7. 对附属单位补助支出与上级补助收入有何联系与区别?
8. 事业支出与经营支出有何联系与区别?

第十三章

事业单位会计资产、负债及净资产的核算

第一节　事业单位会计资产的核算

事业单位资产是指事业单位占有或者使用的能以货币计量的经济资源，包括各种财产、债权和其他权利。事业单位的资产按其流动性可分为流动资产和非流动资产。

事业单位的流动资产是指预计在1年内(含1年)变现或耗用的资产，包括货币资金、短期投资、应收及预付款项、存货等；事业单位的非流动资产是指流动资产以外的资产，包括长期投资、在建工程、固定资产、无形资产等。

事业单位的资产应按照取得时的实际成本进行计量，除国家另有规定外，事业单位不得自行调整其账面价值。事业单位资产的处置应遵循公开、公平、公正和竞争、择优的原则，严格履行相关审批程序。

事业单位应按照科学规范、从严控制、保障事业发展需要的原则，建立健全单位资产管理制度，加强和规范资产配置、使用和处置管理，维护资产安全完整；同时事业单位应提高资产使用效率，按照国家有关规定实行资产共享、共用，保障事业单位健康发展。

一、货币资金的核算

事业单位的货币资金是指事业单位以货币资金形态存在的资产，包括库存现金、银行存款、零余额账户用款额度等。事业单位应按照有关规定，做好货币资金的财务管理和会计核算工作。

(一)库存现金

库存现金是指存放在事业单位内的用于日常零星开支的现金。事业单位应严格按照国家有关现金管理和《事业单位会计制度》的规定办理现金的各项收支业务。

为核算和监督事业单位库存现金的收支及结存情况，事业单位会计应设置“库存现金”会计科目。该科目属于资产类科目，借方记录事业单位库存现金的增加数，贷方记录库存现金的减少数；余额在借方，反映事业单位实际持有的库存现金数。事业单位应设置“现金日记账”，由出纳人员根据收付款凭证，按照业务发生顺序逐笔登记。每日终了，应计算当日的现金收入合计数、现金支出合计数和结余数，并将结余数与实际库存数核对，做到账款相符。事业单位有外币现金的，应分别按照人民币、各种外币设置“现金日记账”明细核算。

事业单位会计关于库存现金的主要账务处理如下。

(1)从银行等金融机构提取现金，按照实际提取的金额，借记“库存现金”科目，贷记“银

行存款”“零余额账户用款额度”等科目；将现金存入银行等金融机构，借记“银行存款”等科目，贷记“库存现金”科目。

(2) 因支付内部职工出差等原因所借的现金，按照实际借出的现金金额，借记“其他应收款”科目，贷记“库存现金”科目。出差人员报销差旅费时，按照应报销的金额，借记有关科目；按照实际借出的现金金额，贷记“其他应收款”科目；按照其差额，借记或贷记“库存现金”科目。

(3) 因开展业务或其他事项收到现金，按照实际收到的金额，借记“库存现金”科目，贷记有关科目；因购买服务、商品或者其他事项支出现金，借记有关科目，贷记“库存现金”科目。

(4) 每日账款核对中发现现金溢余或短缺的，应当及时进行处理。

如发现现金溢余，属于应支付给有关人员或单位的部分，借记“库存现金”科目，贷记“其他应付款”科目；属于无法查明原因的部分，借记“库存现金”科目，贷记“其他收入”科目。

如发现现金短缺，属于应由责任人赔偿的部分，借记“其他应收款”科目，贷记“库存现金”科目；属于无法查明原因的部分，报经批准后，借记“其他支出”科目，贷记“库存现金”科目。

现金收入业务较多、单独设有收款部门的事业单位，收款部门的收款员应将每天所收现金连同收款凭据等一并交财务部门核收记账；或者将每天所收现金直接送存开户银行后，将收款凭据及向银行送存现金的凭证等一并交财务部门核收记账。

（二）银行存款

银行存款是指事业单位存入银行及其他金融机构的各种款项，包括人民币存款和外币存款两种。事业单位应严格按照国家有关支付结算办法的规定办理银行存款收支业务，并按照《事业单位会计制度》的规定核算银行存款的各项收支业务。

为核算和监督事业单位存入银行或者其他金融机构的各种存款，事业单位会计应设置“银行存款”会计科目。该科目属于资产类科目，借方记录事业单位银行存款的增加数，贷方记录银行存款的减少数；期末余额在借方，反映事业单位实际存放在银行或其他金融机构的款项。

事业单位应按开户银行或其他金融机构、存款种类及币种等，分别设置“银行日记账”，由出纳人员根据收付款凭证，按照业务的发生顺序逐笔登记，每日终了时应结出余额。“银行存款日记账”应定期与“银行对账单”核对，至少每月核对一次。月度终了，事业单位银行存款账面余额与银行对账单余额之间如有差额，必须逐笔查明原因并进行处理，按月编制“银行存款余额调节表”调节相符。

事业单位会计关于银行存款的主要账务处理如下。

(1) 将款项存入银行或其他金融机构，借记“银行存款”科目，贷记“库存现金”“事业收入”“经营收入”等有关科目。

(2) 提取和支出存款时，借记“库存现金”“事业支出”“经营支出”等有关科目，贷记“银行存款”科目。

(3) 事业单位发生外币业务的，应按照业务发生当日（或当期期初，下同）的即期汇率，将外币金额折算为人民币记账，并登记外币金额和汇率。期末，各种外币账户的外币余额应按照期末的即期汇率折算为人民币，作为外币账户期末人民币余额。调整后的各种外币账户人民币余额与原账面人民币余额的差额，作为汇兑损溢计入相关支出。

以外币购买物资、劳务等，按照购入当日的即期汇率将支付的外币或应支付的外币折算为人民币金额，借记“事业支出”“存货”等有关科目，贷记“银行存款”“应付账款”等科目的外币账户。

以外币收取相关款项等，按照收取款项或收入确认当日的即期汇率将收取的外币或应收取的外币折算为人民币金额，借记“银行存款”“应收账款”等科目的外币账户，贷记“事业收入”“经营收入”等有关科目。

期末，根据各外币账户按期末汇率调整后的人民币余额与原账面人民币余额的差额，作为汇兑损溢，借记或贷记“银行存款”“应收账款”“应付账款”等科目，贷记或借记“事业支出”“经营支出”等科目。

（三）零余额账户用款额度

零余额账户用款额度是指实行国库集中支付的事业单位根据财政部门批复的用款计划收到和支用的零余额账户用款额度。

为核算和监督零余额账户用款额度的收到及支取情况，事业单位会计应设置“零余额账户用款额度”会计科目。该科目属于资产类科目，借方记录事业单位财政授权支付额度的取得、退回和年初恢复数，贷方记录财政授权支付额度的使用和年终注销数；期末借方余额，反映事业单位尚未支用的零余额账户用款额度。年度终了注销单位零余额账户用款额度后，本科目应无余额。

事业单位会计关于零余额账户用款额度的主要账务处理如下。

(1)在财政授权支付方式下，收到代理银行盖章的“授权支付到账通知书”时，根据通知书所列数额，借记“零余额账户用款额度”科目，贷记“财政补助收入”科目。

(2)按规定支用额度时，借记“事业支出”“存货”等有关科目，贷记“零余额账户用款额度”科目。

(3)从零余额账户提取现金时，借记“库存现金”科目，贷记“零余额账户用款额度”科目。

(4)因购货退回等发生国库授权支付额度退回的，属于以前年度支付的款项，按照退回金额，借记“零余额账户用款额度”科目，贷记“财政补助结转”“财政补助结余”“存货”等有关科目；属于本年度支付的款项，按照退回金额，借记“零余额账户用款额度”科目，贷记“事业支出”“存货”等有关科目。

(5)年度终了，依据代理银行提供的对账单作注销额度的相关账务处理，借记“财政应返还额度——财政授权支付”科目，贷记“零余额账户用款额度”科目。

事业单位本年度财政授权支付预算指标数大于零余额账户用款额度下达数的，根据未下达的用款额度，借记“财政应返还额度——财政授权支付”科目，贷记“财政补助收入”科目。

下年年初，事业单位依据代理银行提供的额度恢复到账通知书作恢复额度的相关账务处理，借记“零余额账户用款额度”科目，贷记“财政应返还额度——财政授权支付”科目。

事业单位收到财政部门批复的上年年末未下达零余额账户用款额度的，借记“零账户用款额度”科目，贷记“财政应返还额度——财政授权支付”科目。

【例 13-1】 某事业单位从银行提取现金 3 300 元备用。其会计分录为：

借：库存现金　　3 300

　　贷：银行存款　　3 300

【例 13-2】 职工李云预借差旅费 880 元。其会计分录为：

借：其他应收款——李云　　880

　　贷：库存现金　　880

【例 13-3】 承【例 13-2】，李云出差归来，实际报销差旅费 803 元，退回现金 77 元。其会计分录为：

借：库存现金　　77

　　事业支出　　803

　　贷：其他应收款——李云　　880

【例 13-4】 某事业单位从某零余额账户中提取现金 1 660 元，准备购买办公用品。其会计分录为：

借：库存现金　　1 660

　　贷：零余额账户用款额度　　1 660

【例 13-5】 某事业单位以现金购买办公用品 330 元，直接投入使用。其会计分录为：

借：事业支出　　330

　　贷：库存现金　　330

【例 13-6】 某事业单位销售产品一批，收到货款 11 000 元，增值税 1 870 元，款项已存入银行。其会计分录为：

借：银行存款　　12 870

　　贷：经营收入　　11 000

　　　　应交税费——应交增值税(销项税额)　　1 870

【例 13-7】 某事业单位收回应收账款 5 500 元，款项已存入银行。其会计分录为：

借：银行存款　　5 500

　　贷：应收账款　　5 500

【例 13-8】 某事业单位 5 月 13 日收到国外某公益组织捐赠的款项 11 000 美元，当日汇率为$1=￥6.27。其会计分录为：

借：银行存款——美元户　　68 970

　　贷：其他收入——捐赠收入　　68 970

【例 13-9】 承【例 13-8】，5 月 26 日按规定使用上述款项 10 230 元，当日汇率为$1=￥6.26。其会计分录为：

借：事业支出——其他资金支出　　64 039.8

　　贷：银行存款——美元户　　64 039.8

【例 13-10】 承【例 13-9】，期末，“银行存款——美元户”账户余额为 770 美元，账户人民币余额为 4 482 元。12 月 31 日，中国人民银行颁布的汇率为$1=￥6.25。其会计分录为：

借：事业支出——其他资金支出　　330.5

贷：银行存款——美元户　　330.5

【例 13-11】 某事业单位收到代理银行转来的“财政授权支付到账通知书”，反映该事业单位获得财政授权支付额度 501 600 元。其会计分录为：

借：零余额账户用款额度　　501 600

　贷：财政补助收入　　501 600

【例 13-12】 某事业单位通过单位零余额账户购买了一批办公用品，金额共计 13 200 元，该批办公用品已验收入库。其会计分录为：

借：存货　　13 200

　贷：零余额账户用款额度　　13 200

【例 13-13】 某事业单位从单位零余额账户支付咨询费 3 410 元，因收款人账号写错，被退回代理银行。其会计分录为：

借：零余额账户用款额度　　3 410

　贷：事业支出　　3 410

二、对外投资的核算

对外投资是事业单位依法使用货币资金、实物、无形资产等方式向其他单位的投资。对外投资有助于拓展事业单位的业务活动范围，提高资金使用的有效性，弥补事业经费的不足，更好地开展社会公益性服务，更大限度地发挥事业单位的作用，推动事业发展目标的实现。

事业单位主要从事非营利活动，以社会效益为主要衡量标准，所以对外投资不构成其经济活动的主要内容。事业单位应严格遵守国家法律、行政法规以及财政部门、主管部门有关事业单位对外投资的规定，严格控制对外投资业务。在保证事业单位正常运转和事业发展的前提下，按照国家有关规定可以对外投资，但应履行相关审批程序。

事业单位不得使用财政拨款及其结余进行对外投资，不得从事股票、期货、基金、企业债券等投资，国家另有规定的除外。事业单位以非货币性资产进行对外投资的，应按照国家有关规定进行资产评估，合理确定资产价值。事业单位不得以国家专项储备物资和国家规定的不得用于对外投资的其他财产向外单位投资。

按照对外投资的期限，事业单位对外投资可以划分为短期投资和长期投资。短期投资是指事业单位依法取得的，持有时间不超过 1 年(含 1 年)的投资，主要是国债投资；长期投资是指事业单位依法取得的，持有时间超过 1 年(不含 1 年)的股权和债权性质的投资。

事业单位对外投资的核算主要包括短期投资的核算和长期投资的核算。

(一)短期投资的核算

为核算和监督事业单位依法取得的，持有时间不超过 1 年(含 1 年)的投资，事业单位会计应设置“短期投资”会计科目。该科目属于资产类科目，借方登记事业单位短期投资的取得成本，贷方记录处置短期投资时结转的实际成本；期末借方余额反映事业单位持有的短期投资成本。本科目应按照国债投资的种类等进行明细核算。

事业单位会计关于短期投资的主要账务处理如下。

(1)短期投资在取得时，应按照其实际成本(包括购买价款以及税金、手续费等相关税费)作为投资成本，借记“短期投资”科目，贷记“银行存款”等科目。

(2)短期投资持有期间收到利息时，按实际收到的金额，借记“银行存款”科目，贷记“其他收入——投资收益”科目。

(3)出售短期投资或到期收回短期国债本息，按照实际收到的金额，借记“银行存款”科目；按照出售或收回短期国债的成本，贷记“短期投资”科目；按其差额，贷记或借记“其他收入——投资收益”科目。

【例 13-14】 某事业单位购入期限 1 年的国债 66 000 元，票面年利率为 3.6%，以银行存款支付购入国债的款项。其会计分录为：

借：短期投资	66 000	
贷：银行存款		66 000

【例 13-15】 某事业单位到期收回之前所购入的短期国债本息，共收到款项 90 904 元，该国债的账面成本为 88 000 元。其会计分录为：

借：银行存款	90 904	
贷：短期投资		88 000
其他收入——投资收益		2 904

(二)长期投资的核算

为核算和监督事业单位依法取得的，持有时间超过 1 年(不含 1 年)的股权和债权性质的投资，事业单位会计应设置“长期投资”会计科目。该科目属于资产类科目，借方登记事业单位长期投资的增加额，贷方记录长期投资的减少额；期末借方余额反映事业单位持有的长期投资成本。本科目应按照长期投资的种类和被投资单位等进行明细核算。

事业单位关于长期投资的主要账务处理如下。

1. 长期股权投资

(1)长期股权投资的取得。

长期股权投资在取得时，应按照其实际成本作为投资成本。

以货币资金取得的长期股权投资，按照实际支付的全部价款(包括购买价款以及税金、手续费等相关税费)作为投资成本，借记“长期投资”科目，贷记“银行存款”等科目；同时，按照投资成本金额，借记“事业基金”科目，贷记“非流动资产基金——长期投资”科目。

以固定资产取得的长期股权投资，按照评估价值加上相关税费作为投资成本，借记“长期投资”科目，贷记“非流动资产基金——长期投资”科目；按发生的相关税费，借记“其他支出”科目，贷记“银行存款”“应交税费”等科目。同时，按照投出固定资产对应的非流动资产基金，借记“非流动资产基金——固定资产”科目，按照投出固定资产已计提折旧，借记“累计折旧”科目，按投出固定资产的账面余额，贷记“固定资产”科目。

以已入账无形资产取得的长期股权投资，按照评估价值加上相关税费作为投资成本，借记“长期投资”科目，贷记“非流动资产基金——长期投资”科目；按发生的相关税费，借记“其他支出”科目，贷记“银行存款”“应交税费”等科目。同时，按照投出无形资产对应的非流动资产基金，借记“非流动资产基金——无形资产”科目，按照投出无形资产已计提摊销，借记“累计摊销”科目，按照投出无形资产的账面余额，贷记“无形资产”科目。

以未入账无形资产取得的长期股权投资，按照评估价值加上相关税费作为投资成本，借记“长期投资”科目，贷记“非流动资产基金——长期投资”科目，按发生的相关税费，借记“其他支出”科目，贷记“银行存款”“应交税费”等科目。

(2)长期股权投资的投资收益。

长期股权投资持有期间，收到利润等投资收益时，按照实际收到的金额，借记“银行存款”等科目，贷记“其他收入——投资收益”科目。

(3)长期股权投资的转让。

转让长期股权投资，转入待处置资产时，按照待转让长期股权投资的账面余额，借记“待处置资产损溢——处置资产价值”科目，贷记“长期投资”科目。

实际转让时，按照所转让长期股权投资对应的非流动资产基金，借记“非流动资产基金——长期投资”科目，贷记“待处置资产损溢——处置资产价值”科目。

转让长期股权投资过程中取得价款、发生相关税费，以及转让价款扣除相关税费后的净收入的账务处理，参见“待处置资产损溢”科目。

(4)长期股权投资的核销。

因被投资单位破产清算等原因，有确凿证据表明长期股权投资发生损失，按规定报经批准后予以核销。

将待核销长期股权投资转入待处置资产时，按照待核销的长期股权投资账面余额，借记“待处置资产损溢”科目，贷记“长期投资”科目。报经批准予以核销时，借记“非流动资产基金——长期投资”科目，贷记“待处置资产损溢”科目。

【例 13-16】 某事业单位以非财政货币资金 330 000 元对甲单位进行长期股权投资，以取得甲单位的部分股份。其会计分录为：

借：长期投资——长期股权投资	330 000	
贷：银行存款		330 000

同时：

借：事业基金	330 000	
贷：非流动资产基金——长期投资		330 000

【例 13-17】 某事业单位以固定资产进行一项长期股权投资，固定资产的账面余额为 154 000 元，已计提折旧为 55 000 元。该固定资产的评估价值为 121 000 元，应交增值税为 2 420 元。以银行存款支付评估费 5 830 元。其会计分录为：

借：长期投资——长期股权投资	129 250	
贷：非流动资产基金——长期投资		129 250
借：其他支出	8 250	
贷：应交税费——应交增值税		2 420
银行存款		5 830

同时：

借：非流动资产基金——固定资产	99 000	
累计折旧	55 000	
贷：固定资产		154 000

【例 13-18】 某事业单位以无形资产进行一项长期股权投资，无形资产的账面余额为 192 500 元，已计提摊销 47 300 元。该项无形资产的评估价值为 135 300 元，以银行存款支付评估费 1 650 元。其会计分录为：

借：长期投资——长期股权投资　　136 950
　贷：非流动资产基金——长期投资　　136 950
借：其他支出　　1 650
　贷：银行存款　　1 650
同时：
借：非流动资产基金——无形资产　　145 200
　累计摊销　　47 300
　贷：无形资产　　192 500

【例 13-19】 某事业单位的一项长期投资取得投资收益 34 760 元，款项已经存入银行。其会计分录为：

借：银行存款　　34 760
　贷：其他收入——投资收益　　34 760

【例 13-20】 某事业单位向其他单位转让一项长期股权投资，取得转让价款 203 500 元，已存入银行，发生相关费用 1 430 元，通过银行支付。该项长期股权投资的账面余额为 184 800 元。其会计分录为：

(1)转入待处置资产时：
借：待处置资产损溢——处置资产价值　　184 800
　贷：长期投资——长期股权投资　　184 800
(2)实际转让时：
借：非流动资产基金——长期投资　　184 800
　贷：待处置资产损溢——处置资产价值　　184 800
(3)转让价款存入银行时：
借：银行存款　　203 500
　贷：待处置资产损溢——处置净收入　　203 500
(4)支付相关费用时：
借：待处置资产损溢——处置净收入　　1 430
　贷：银行存款　　1 430
(5)结算处置净收入时：
借：待处置资产损溢——处置净收入　　202 070
　贷：应缴国库款　　202 070

【例 13-21】 某事业单位一项长期股权投资因被投资单位破产清算，该长期股权投资账面余额为 462 000 元，按规定报经批准后予以核销。其会计分录为：

借：待处置资产损溢——处置资产价值　　462 000
　贷：长期投资——长期股权投资　　462 000
同时：
借：非流动资产基金——长期投资　　462 000
　贷：待处置资产损溢——处置资产价值　　462 000

2. 长期债券投资

(1)长期债券投资的取得。

长期债券投资在取得时，应按照其实际成本作为投资成本。

以货币资金购入的长期债券投资，按照实际支付的全部价款(包括购买价款以及税金、手续费等相关税费)作为投资成本，借记“长期投资”科目，贷记“银行存款”等科目；同时，按照投资成本金额，借记“事业基金”科目，贷记“非流动资产基金——长期投资”科目。

(2)长期债券投资的投资收益。

长期债券投资持有期间收到利息时，按照实际收到的金额，借记“银行存款”等科目，贷记“其他收入——投资收益”科目。

(3)长期债券投资的转让。

对外转让或到期收回长期债券投资本息，按照实际收到的金额，借记“银行存款”等科目，按照收回长期投资的成本，贷记“长期投资”科目，按照其差额，贷记或借记“其他收入——投资收益”科目；同时，按照收回长期投资对应的非流动资产基金，借记“非流动资产基金——长期投资”科目，贷记“事业基金”科目。

【例 13-22】 某事业单位购入 3 年期的国债 176 000 元，票面年利率为 5%，以银行存款支付。其会计分录为:

借：长期投资——长期债券投资	176 000	
贷：银行存款		176 000

同时:

借：事业基金	176 000	
贷：非流动资产基金——长期投资		176 000

【例 13-23】 某事业单位收到国债利息收入 8 800 元，已存入银行。其会计分录为:

借：银行存款	8 800	
贷：其他收入——投资收益		8 800

【例 13-24】 某事业单位收回到期的 5 年期国债本息共计 171 600 元，已存入银行，该国债的账面余额为 132 000 元。其会计分录为:

借：银行存款	171 600	
贷：长期投资——长期债券投资		132 000
其他收入——投资收益		39 600

同时:

借：非流动资产基金——长期投资	132 000	
贷：事业基金		132 000

三、应返还、应收及预付款项的核算

应返还、应收及预付款项是指事业单位在开展业务活动中形成的各种债权，包括财政应返还额度、应收账款、应收票据、其他应收款和预付账款。事业单位应加强应返还、应收及预付款项的管理，以提高资金使用的有效性，避免出现损失。

(一)财政应返还额度

财政应返还额度是指实行国库集中支付的事业单位应收财政返还的资金额度，包括财政直接支付下的财政应返还额度和财政授权支付下的财政应返还额度。

在财政直接支付下，财政应返还额度为事业单位本年度财政直接支付预算指标数与当年财政直接支付实际支出数的差额。

在财政授权支付下，财政应返还额度包括两部分：一是财政部门已授权，但尚未下达至事业单位零余额账户的额度；二是财政部门已下达至事业单位零余额账户，但事业单位尚未实际支用的额度。

由于财政部门对事业单位年终尚未使用或尚未收到的用款额度，采用年终注销、次年经批复后予以恢复使用的管理办法，因此构成了事业单位相应的财政应返还额度这一特殊资产。

为核算和监督实行国库集中支付的事业单位应收财政返还的资金额度，事业单位会计应设置“财政应返还额度”会计科目。该科目属于资产类科目，借方记录财政应返还额度的增加数，贷方记录财政应返还额度的减少数；期末借方余额反映事业单位应收财政返还的资金额度。本科目应设置“财政直接支付”“财政授权支付”两个明细科目进行明细核算。

事业单位会计关于财政应返还额度的主要账务处理如下。

1. 财政直接支付

年度终了，事业单位根据本年度财政直接支付预算指标数与当年财政直接支付实际支出数的差额，借记“财政应返还额度——财政直接支付”科目，贷记“财政补助收入”科目。

下年度恢复财政直接支付额度后，事业单位以财政直接支付方式发生实际支出时，借记“事业支出”“存货”等有关科目，贷记“财政应返还额度——财政直接支付”科目。

恢复的额度用完后，事业单位使用当年的预算指标额度安排支出时，借记“事业支出”等科目，贷记“财政补助收入”科目。

2. 财政授权支付

年度终了，事业单位依据代理银行提供的对账单作注销额度的相关账务处理，借记“财政应返还额度——财政授权支付”科目，贷记“零余额账户用款额度”科目。

事业单位本年度财政授权支付预算指标数大于零余额账户用款额度下达数的，根据未下达的用款额度，借记“财政应返还额度——财政授权支付”科目，贷记〔2010〕财政补助收入”科目。

下年年初，事业单位依据代理银行提供的额度恢复到账通知书作恢复额度的相关账务处理，借记“零余额账户用款额度”科目，贷记“财政应返还额度——财政授权支付”科目。

事业单位收到财政部门批复的上年年末未下达零余额账户用款额度时，借记“零余额账户用款额度”科目，贷记“财政应返还额度——财政授权支付”科目。之后使用时，借记“事业支出”“库存现金”等科目，贷记“零余额账户用款额度”科目。

【例 13-25】 年末，某事业单位“零余额账户用款额度”账户借方余额为 53 570 元，予以注销。其会计分录为：

借：财政应返还额度——财政授权支付　　53 570

　　贷：零余额账户用款额度　　53 570

【例 13-26】 承【例 13-25】，次年年初该事业单位收到代理银行提供的财政授权支付额度恢复到账通知书，恢复财政授权支付额度 53 570 元。其会计分录为：

借：零余额账户用款额度　　53 570

　　贷：财政应返还额度——财政授权支付　　53 570

【例 13-27】 某事业单位本年度财政直接支付预算指标数为 1 413 500 元，财政直接支付实际支出数为 1 377 200 元，二者差额为 36 300 元。其会计分录为：

借：财政应返还额度——财政直接支付　　36 300

　　贷：财政补助收入　　36 300

【例 13-28】 承【例 13-27】，次年年初该事业单位收到财政直接支付额度恢复通知书，恢复财政直接支付额度 36 300 元。事业单位对于恢复的财政直接支付额度不作账务处理。

【例 13-29】 承【例 13-28】，次年年初该事业单位收到代理银行转来的财政直接支付入账通知书、财政部门使用恢复的上年度的用款额度为本单位支付培训费 25 300 元。其会计分录为：

借：事业支出——财政补助支出　　25 300

　　贷：财政返还额度——财政直接支付　　25 300

【例 13-30】 某事业单位本年度财政授权支付预算指标数为 1 375 000 元，单位零余额账户实际收到下达的用款额度为 1 364 000 元，本年度财政授权支付实际支出数为 1 337 600 元。其会计分录为：

借：财政应返还额度——财政授权支付　　37 400

　　贷：财政补贴收入　　11 000

　　　　零余额账户用款额度　　26 400

【例 13-31】 承【例 13-30】，次年年初该事业单位收到财政授权支付额度恢复通知书，上年注销的财政授权支付额度 37 400 元已全额恢复，并且已下达到代理银行。其会计分录为：

借：零余额账户用款额度　　37 400

　　贷：财政应返还额度——财政授权支付　　37 400

【例 13-32】 承【例 13-31】，次年年初该事业单位使用恢复的财政授权支付一笔公务接待费用 19 800 元，款项已通过单位零余额账户支付。其会计分录为：

借：事业支出——财政补助支出　　19 800

　　贷：零余额账户用款额度　　19 800

（二）应收账款

应收账款是指事业单位因开展经营活动销售产品、提供有偿服务等而应收取的款项。

为核算和监督事业单位因开展经营活动销售产品、提供有偿服务等而应收取的款项，事业单位会计应设置“应收账款”会计科目。该科目属于资产类科目，借方记录事业单位因开展经营活动销售产品、提供有偿服务等应收取的款项，贷方记录已收回的应收账款或被注销的应收账款；期末借方余额反映事业单位尚未收回的应收账款。本科目应按照购货、接受劳务单位（或个人）进行明细核算。

事业单位会计关于应收账款的主要账务处理如下。

（1）发生应收账款时，按照应收未收金额，借记“应收账款”科目，按照确认的收入金额，贷记“经营收入”等科目，按照应交增值税金额，贷记“应交税费——应交增值税”科目。

（2）收回应收账款时，按照实际收到的金额，借记“银行存款”等科目，贷记“应收账款”科目。

（3）逾期三年或以上、有确凿证据表明确实无法收回的应收账款，按规定报经批准后予以核销。核销的应收账款应在备查簿中保留登记。转入待处置资产时，按照待核销的应收账款金额，借记“待处置资产损溢”科目，贷记“应收账款”科目。报经批准予以核销时，借记“其他支出”科目，贷记“待处置资产损溢”科目。已核销应收账款在以后期间收回的，按照实际收回的金额，借记“银行存款”等科目，贷记“其他收入”科目。

【例 13-33】 某事业单位为增值税一般纳税人，开展经营活动销售产品一批，价款 50 600 元，增值税款 8 602 元，货款尚未收到。其会计分录为：

借：应收账款　　59 202

　　贷：经营收入　　50 600

　　　　应交税费——应交增值税(销项税额)　　8 602

【例 13-34】 承【例 13-33】，收到上述货款 59 202 元存入银行。其会计分录为：

借：银行存款　　59 202

　　贷：应收账款　　59 202

【例 13-35】 某事业单位对应收账款的账龄进行分析，发现逾期 3 年并且确实无法收回的应收账款余额为 35 970 元，将其转为待核销资产，同时上报财政部门审批。

其会计分录为：

借：待处置资产损溢　　35 970

　　贷：应收账款　　35 970

【例 13-36】 承【例 13-35】，上述待核销资产经财政部门批准后予以核销。其会计分录为：

借：其他支出——资产处置损失　　35 970

　　贷：待处置资产损溢　　35 970

【例 13-37】 承【例 13-36】，已核销的应收账款又收回 6 600 元。其会计分录为：

借：银行存款　　6 600

　　贷：其他收入　　6 600

（三）应收票据

应收票据是指事业单位因开展经营活动销售产品、提供有偿服务等而收到的商业汇票，包括银行承兑汇票和商业承兑汇票。

为核算和监督事业单位应收票据的取得及款项收回等情况，事业单位会计应设置“应收票据”会计科目。该科目属于资产类科目，借方记录事业单位收到的商业汇票金额，贷方记录到期收回或已办理贴现，或转让的商业汇票金额；期末借方余额反映事业单位持有的商业汇票票面金额。本科目应按照开出、承兑商业汇票的单位等进行明细核算。

事业单位应设置应收票据备查簿，逐笔登记每一应收票据的种类、号数、出票日期、到期日、票面金额、交易合同号和付款人、承兑人、背书人姓名或单位名称、背书转让日、贴现日期、贴现率和贴现净额、收款日期、收回金额和退票情况等资料。应收票据到期结清票款或退票后，应在备查簿内逐笔注销。

事业单位会计关于应收票据的主要账务处理如下。

(1)因销售产品、提供服务等收到商业汇票，按照商业汇票的票面金额，借记“应收票据”科目，按照确认的收入金额，贷记“经营收入”等科目，按照应交增值税金额，贷记“应交税费——应交增值税”科目。

(2)持未到期的商业汇票向银行贴现，按照实际收到的金额(扣除贴现息后的净额)，借记"银行存款"科目，按照贴现息，借记"经营支出"等科目，按照商业汇票的票面金额，贷记"应收票据"科目。

(3)将持有的商业汇票背书转让以取得所需物资时，按照取得物资的成本，借记有关科目，按照商业汇票的票面金额，贷记"应收票据"科目，如有差额，借记或贷记"银行存款"等科目。

(4)商业汇票到期时，应分别依据以下情况处理。

① 收回应收票据，按照实际收到的商业汇票票面金额，借记"银行存款"科目，贷记"应收票据"科目。

② 因付款人无力支付票款，收到银行退回的商业承兑汇票、委托收款凭证、未付票款通知书或拒付款证明等，按照商业汇票的票面金额，借记"应收账款"科目，贷记"应收票据"科目。

【例 13-38】 某事业单位开展经营活动向甲公司销售产品一批，货已发出，价款 33 00 元，应交增值税 5 610 元。收到 4 个月到期的不带息商业汇票一张，面值 38 610 元。其会计分录为：

借：应收票据——甲公司	38 610	
贷：经营收入		33 000
应交税费——应交增值税		5 610

【例 13-39】 承【例 13-38】，该事业单位 3 个月后持票据办理贴现，贴现率为 9%。其会计分录为：

贴现息=38 610×9%×(1 ÷ 12)=289.58(元)(保留两位小数)

贴现净值=38 610–289.58=38 320.42(元)

借：银行存款	38 320.42	
经营支出	289.58	
贷：应收票据——甲公司		38 610

【例 13-40】 某事业单位持有的不带息商业汇票到期，收回款项 25 740 元，已存入银行。其会计分录为：

借：银行存款	25 740	
贷：应收票据——某单位		25 740

(四)预付账款

预付账款是指事业单位按照购货、劳务合同规定预付给供应单位(或个人)的款项。

为核算和监督预付账款的发生及结转收回等情况，事业单位会计应设置"预付账款"会计科目。该科目属于资产类科目，借方登记预付的款项，贷方登记收到所购商品或劳务时结算的预付款项；期末借方余额，反映事业单位实际预付但尚未结算的款项。本科目应按照供应单位(或个人)进行明细核算。事业单位应通过明细核算或辅助登记方式，登记预付账款的资金性质(区分财政补助资金、非财政专项资金和其他资金)。

事业单位会计关于预付账款的主要账务处理如下。

1．预付账款的发生和使用

发生预付账款时，按照实际预付的金额，借记“预付账款”科目，贷记“零余额账户用款额度”“财政补助收入”“银行存款”等科目。

收到所购物资或劳务，按照购入物资或劳务的成本，借记有关科目，按照相应预付账款金额，贷记“预付账款”科目，按照补付的款项，贷记“零余额账户用款额度”“财政补助收入”“银行存款”等科目。

收到所购固定资产、无形资产的，按照确定的资产成本，借记“固定资产”“无形资产”科目，贷记“非流动资产基金——固定资产、无形资产”科目；同时，按资产购置支出，借记“事业支出”“经营支出”等科目，按照相应预付账款金额，贷记“预付账款”科目，按照补付的款项，贷记“零余额账户用款额度”“财政补助收入”“银行存款”等科目。

2．预付账款的核销

逾期三年或以上、有确凿证据表明因供货单位破产、撤销等原因已无望再收到所购物资，且确实无法收回的预付账款，按规定报经批准后予以核销。核销的预付账款应在备查簿中保留登记。

转入待处置资产时，按照待核销的预付账款金额，借记“待处置资产损溢”科目，贷记“预付账款”科目。报经批准予以核销时，借记“其他支出”科目，贷记“待处置资产损溢”科目。已核销的预付账款在以后期间收回的，按照实际收回的金额，借记“银行存款”等科目，贷记“其他收入”科目。

【例 13-41】 某事业单位订购某种材料，通过单位零余额账户预付货款 2 640 元。其会计分录为：

借：预付账款	2 640	
贷：零余额账户用款额度		2 640

【例 13-42】 承【例 13-41】，所订材料到货，发票账单同时到达，价款 8 800 元，增值税款为 1 496 元，通过单位零余额账户补付货款 7 656 元。其会计分录为：

借：存货	8 800	
应交税费——应交增值税(进项税额)	1 496	
贷：预付账款		2 640
零余额账户用款额度		7 656

（五）其他应收款

其他应收款是指事业单位除财政应返还额度、应收账款、应收票据、预付账款以外的其他各项应收及暂付款项，如职工预借的差旅费、拨付给内部有关部门的备用金、应向职工收取的各种垫付款项等。

为核算和监督其他应收款的发生及收回等情况，事业单位会计应设置“其他应收款”会计科目。该科目属于资产类科目，借方登记发生的各项其他应收及暂付款项，贷方登记收回或转销的其他应收款项；期末借方余额，反映事业单位尚未收回的其他应收款。本科目应按照其他应收款的类别以及债务单位(或个人)进行明细核算。

事业单位会计关于其他应收款的主要账务处理如下。

1. 其他应收款的发生及收回或转销

发生其他各种应收及暂付款项时，借记“其他应收款”科目，贷记“银行存款”“库存现金”等科目。收回或转销其他各种应收及暂付款项时，借记“库存现金”“银行存款”等科目，贷记“其他应收款”科目。

2. 备用金

事业单位内部实行备用金制度的，有关部门使用备用金以后应及时到财务部门报销并补足备用金。财务部门核定并发放备用金时，借记“其他应收款”科目，贷记“库存现金”等科目。根据报销数用现金补足备用金定额时，借记有关科目，贷记“库存现金”等科目，报销数和拨补数都不再通过本科目核算。

3. 其他应收款的核销

逾期三年或以上、有确凿证据表明确实无法收回的其他应收款，按规定报经批准后予以核销的其他应收款应在备查簿中保留登记。

转入待处置资产时，按照待核销的其他应收款金额，借记“待处置资产损溢”科目，贷记“其他应收款”科目。

报经批准予以核销时，借记“其他支出”科目，贷记“待处置资产损溢”科目。

已核销其他应收款在以后期间收回的，按照实际收回的金额，借记“银行存款”等科目，贷记“其他收入”科目。

【例 13-43】 某事业单位工作人员李某出差预借差旅费 2 200 元。其会计分录为:

借：其他应收款——李某	2 200	
贷：库存现金		2 200

【例 13-44】 承【例 13-43】，李某出差归来报销差旅费，根据审核后的差旅费报销金额为 2 057 元，退回现金 143 元。其会计分录为:

借：库存现金	143	
事业支出	2 057	
贷：其他应收款——李某		2 200

【例 13-45】 某事业单位内部实行备用金制度，向业务部门核定并发放备用金 6 600 元。其会计分录为:

借：其他应收款——某业务部门	6 600	
贷：库存现金		6 600

四、存货的核算

存货是指事业单位在开展业务活动及其他活动中为耗用而储存的各种材料、燃料、包装物、低值易耗品及达不到固定资产标准的用具、装具、动植物等的实际成本。

事业单位随买随用的零星办公用品，可以在购进时直接列作支出，不作为存货进行管理。

为核算和监督事业单位在开展业务活动及其他活动中为耗用而储存的各种物资，事业单位会计应设置“存货”会计科目。该科目属于资产类科目，借方记录存货的增加数，贷方记录存货的减少数；期末借方余额，反映事业单位存货的实际成本。本科目应按照存货的种类、规格、保管地点等进行明细核算。

事业单位应通过明细核算或辅助登记方式，登记取得存货成本的资金来源（区分财政补助资金、非财政专项资金和其他资金)。发生自行加工存货业务的事业单位，应在“存货”科目下设置“生产成本”明细科目,归集核算自行加工存货所发生的实际成本(包括耗用的直接材料费用、发生的直接人工费用和分配的间接费用)。

事业单位会计关于存货的主要账务处理如下。

1. 存货的取得

存货在取得时，应按照其实际成本入账。

(1)购入的存货，其成本包括购买价款、相关税费、运输费、装卸费、保险费以及其他使得存货达到目前场所和状态所发生的其他支出。事业单位按照税法的规定属于增值税一般纳税人的,其购进非自用(如用于生产对外销售的产品)材料所支付的增值税款不计入材料成本。

购入的存货验收入库，按确定的成本，借记“存货”科目，贷记“银行存款”“应付账款”“财政补助收入”“零余额账户用款额度”等科目。

属于增值税一般纳税人的事业单位购入非自用材料的,按确定的成本(不含增值税进项税额)，借记“存货”科目，按增值税专用发票上注明的增值税额，借记“应交税费——应交增值税(进项税额)”科目，按实际支付或应付的金额，贷记“银行存款”“应付账款”等科目。

(2)自行加工的存货,其成本包括耗用的直接材料费用、发生的直接人工费用和按照一定方法分配的与存货加工有关的间接费用。

自行加工的存货在加工过程中发生各种费用时，借记“存货——生产成本”科目，贷记“存货”(领用材料相关的明细科目)、“应付职工薪酬”“银行存款”等科目。

加工完成的存货验收入库,按照所发生的实际成本,借记“存货”科目(相关明细科目),贷记“存货——生产成本”科目。

(3)接受捐赠、无偿调入的存货,其成本按照有关凭据注明的金额加上相关税费、运输费等确定；没有相关凭据的，其成本比照同类或类似存货的市场价格加上相关税费、运输费等确定；没有相关凭据、同类或类似存货的市场价格，也无法可靠取得的，该存货按照名义金额入账。相关财务制度仅要求进行实物管理的除外。

接受捐赠、无偿调入的存货验收入库，按照确定的成本，借记“存货”科目，按照发生的相关税费、运输费等，贷记“银行存款”等科目，按照其差额，贷记“其他收入”科目。

在名义金额入账的情况下，按照名义金额，借记“存货”科目，贷记“其他收入”科目，按照发生的相关税费、运输费等，借记“其他支出”科目，贷记“银行存款”等科目。

2. 存货的发出

存货在发出时，应根据实际情况采用先进先出法、加权平均法或者个别计价法确定发出存货的实际成本。计价方法一经确定，不得随意变更。低值易耗品的成本于领用时一次摊销。

(1)开展业务活动等领用、发出存货，按领用、发出存货的实际成本，借记“事业支出”“经营支出”等科目，贷记“存货”科目。

(2)对外捐赠、无偿调出存货，转入待处置资产时，按照存货的账面余额，借记“待处置资产损溢”科目，贷记“存货”科目。

属于增值税一般纳税人的事业单位对外捐赠、无偿调出购进的非自用材料，转入待处置资产时，按照存货的账面余额与相关增值税进项税额转出金额的合计金额，借记“待处置资产损溢”科目，按存货的账面余额，贷记“存货”科目，按转出的增值税进项税额，贷记“应交税费——应交增值税（进项税额转出）”科目。

实际捐出、调出存货时，按照“待处置资产损溢”科目的相应余额，借记“其他支出”科目，贷记“待处置资产损溢”科目。

3. 存货的清查

事业单位的存货应定期进行清查盘点，每年至少盘点一次。对于发生的存货盘盈、盘亏或者报废、毁损，应及时查明原因，按规定报经批准后进行账务处理。

(1)盘盈的存货，按照同类或类似存货的实际成本或市场价格确定入账价值；同类或类似存货的实际成本、市场价格均无法可靠取得的，按照名义金额入账。盘盈的存货，按照确定的入账价值，借记“存货”科目，贷记“其他收入”科目。

(2)盘亏或者毁损、报废的存货，转入待处置资产时，按照待处置存货的账面余额，借记“待处置资产损溢”科目，贷记“存货”科目。

属于增值税一般纳税人的事业单位购进的非自用材料发生盘亏或者毁损、报废的转入待处置资产时，按照存货的账面余额与相关增值税进项税额转出金额的合计金额，借记“待处置资产损溢”科目，按存货的账面余额，贷记“存货”科目，按转出的增值税进项税额，贷记“应交税费——应交增值税（进项税额转出）”科目。

报经批准予以处置时，按照“待处置资产损溢”科目的相应余额，借记“其他支出”科目，贷记“待处置资产损溢”科目。处置存货过程中所取得的收入、发生的费用，以及处置收入扣除相关处置费用后的净收入的账务处理，参见“待处置资产损溢”科目。

【例 13-46】 某事业单位购入自用甲材料一批，价款 6 600 元，运费 253 元，以银行存款支付，材料已验收入库。其会计分录为：

借：存货——甲材料	6 853	
贷：银行存款		6 853

【例 13-47】 某事业单位（增值税一般纳税人）通过财政直接支付方式购入非自用乙材料一批，价值 9 781 元，材料已交付事业单位。其会计分录为：

借：存货——乙材料	8 360	
应交税费——应交增值税（进项税额）	1 421	
贷：财政补助收入		9 781

【例 13-48】 某事业单位为生产甲产品领用 A 材料一批，成本为 9 075 元；支付生产工人工资 1 892 元。其会计分录为：

借：存货——生产成本	10 967	
贷：存货——A 材料		9 075
应付职工薪酬		1 892

【例 13-49】 承【例 13-48】，甲产品生产完工验收入库。其会计分录为：

借：存货——甲产品	10 967	
贷：存货——生产成本		10 967

【例 13-50】 某事业单位接受捐赠材料一批，相关凭据注明该材料价值为 13 200 元，另以银行存款支付运费 330 元，材料已验收入库。其会计分录为：

借：存货	13 530	
贷：银行存款		330

其他收入　　　　13 200

【例 13-51】 某事业单位将所生产的甲产品予以出售，结转实际成本 10 967 元。其会计分录为：

借：经营支出　　　　10 967

　　贷：存货——甲产品　　　　10 967

【例 13-52】 某事业单位(增值税一般纳税人)计划向某希望小学捐赠一批外购非自用丙材料，该批材料账面价值为 22 000 元。其会计分录为：

借：待处置资产损溢　　　　25 740

　　贷：存货——丙材料　　　　22 000

　　　　应交税费——应交增值税(进项税额转出)　　　　3 740

【例 13-53】 承【例 13-52】，某事业单位将捐赠的丙材料交付给某希望小学。其会计分录为：

借：其他支出　　　　25 740

　　贷：待处置资产损溢　　　　25 740

【例 13-54】 某事业单位年终清查盘点，发现盘盈丁材料 6 件，按同类材料的成本其价值为 844.8 元。其会计分录为：

借：存货——丁材料　　　　844.8

　　贷：其他收入　　　　844.8

【例 13-55】 某事业单位年终清查盘点，发现盘亏自用甲材料一批，账面价值 1 408 元。其会计分录为：

借：待处置资产损溢　　　　1 408

　　贷：存货——甲材料　　　　1 408

【例 13-56】 承【例 13-55】，上述盘亏的甲材料经批准予以核销。其会计分录为：

借：其他支出——资产处置损失　　　　1 408

　　贷：待处置资产损溢　　　　1 408

五、固定资产的核算

(一)固定资产概述

固定资产是指事业单位持有的使用期限超过 1 年(不含 1 年)、单位价值在规定标准以上，并在使用过程中基本保持原有物质形态的资产。事业单位的固定资产一般分为六类：房屋及建筑物；专用设备；通用设备；文物和陈列品；图书、档案；家具、用具、装具及动植物等。

1. 固定资产的确认标准

单位价值虽未达到规定标准，但使用期限超过 1 年(不含 1 年)的大批同类物资，确认为固定资产。

对于应用软件，如果其是构成相关硬件不可缺少的组成部分，应将该软件价值包括在所属硬件价值中，一并作为固定资产进行核算；如果其不是构成相关硬件不可缺少的组成部分，应将该软件作为无形资产核算。

事业单位以经营租赁租入的固定资产，不作为固定资产核算，应另设备查簿进行登记。

购入需要安装的固定资产，应当先通过“在建工程”科目核算，安装完毕交付使用时再确认为固定资产。

2. 固定资产的折旧

折旧是指在固定资产使用寿命内，按照确定的方法对应折旧金额进行系统分摊。事业单位应对除下列各项资产以外的其他固定资产计提折旧：文物和陈列品；动植物；图书、档案；以名义金额计量的固定资产。

《事业单位会计制度》关于事业单位按其计提固定资产折旧的有关说明如下。

(1) 事业单位应根据固定资产的性质和实际使用情况，合理确定其折旧年限。省级以上财政部门、主管部门对事业单位固定资产折旧年限作出规定的，从其规定。

(2) 事业单位一般应采用年限平均法或工作量法计提固定资产折旧。

(3) 事业单位固定资产的应折旧金额为其成本，计提固定资产折旧不考虑预计净残值。

(4) 事业单位一般应按月计提固定资产折旧。当月增加的固定资产，当月不提折旧，从下月起计提折旧；当月减少的固定资产，当月照提折旧，从下月起不提折旧。

(5) 固定资产提足折旧后，无论能否继续使用，均不再计提折旧；提前报废的固定资产，也不再补提折旧。已提足折旧的固定资产，可以继续使用的，应继续使用，规范管理。

(6) 计提融资租入固定资产折旧时，应采用与自有固定资产相一致的折旧政策。能够合理确定租赁期届满时将会取得租入固定资产所有权的，应在租入固定资产尚可使用年限内计提折旧；无法合理确定租赁期届满时能够取得租入固定资产所有权的，应在租赁期与租入固定资产尚可使用年限两者中较短的期间内计提折旧。

(7) 固定资产因改建、扩建或修缮等原因而延长其使用年限的，应按照重新确定的固定资产的成本以及重新确定的折旧年限，重新计算折旧额。

3. 固定资产的管理

事业单位应建立健全固定资产管理制度，加强固定资产配置、使用和管理，保证固定资产的安全、完整。事业单位对固定资产的管理要求包括以下几个方面。

(1) 事业单位应根据固定资产定义、有关主管部门对固定资产的统一分类，结合本单位的具体情况，制定适合本单位的固定资产目录、具体分类方法，作为进行固定资产核算的依据。

(2) 事业单位可以按规定提取修购基金，为固定资产的重置和更新改造积累资金。

(3) 事业单位应定期或不定期地对固定资产进行清查盘点。年终时应全面清理盘点，以如实反映本单位固定资产的实存情况。

(4) 事业单位购置、调拨、报废或变卖固定资产的，必须按规定程序报经审批。

(二) 账户设置

为核算固定资产的原始价值、计提的折旧以及工程的在建成本等情况，事业单位应分别设置“固定资产”“累计折旧”“在建工程”三个总账科目。

1. “固定资产”账户

“固定资产”科目核算事业单位固定资产的原始价值。该科目属于资产类科目，借方登记增加的固定资产的原始价值，贷方登记减少的固定资产的原始价值；期末余额在借方，反映事业单位期末固定资产的原始价值。事业单位应设置“固定资产登记簿”和“固定资产卡片”，按照固定资产类别、项目和使用部门等进行明细核算。出租、出借的固定资产，应设置备查簿进行登记。

2. “累计折旧”账户

“累计折旧”科目核算事业单位固定资产计提的累计折旧。该科目属于资产类科目，是“固定资产”账户的备抵账户，贷方登记固定资产折旧的计提数，即累计折旧的增加数；借方登记事业单位因固定资产的减少而转出的累计折旧数，即累计折旧的减少数；期末余额在贷方，反映事业单位对固定资产计提的折旧累计数。本科目应按照所对应固定资产的类别、项目等进行明细核算。

3. “在建工程”账户

“在建工程”科目核算事业单位已经发生的必要支出，但尚未完工交付使用的各种建筑（包括新建、改建、扩建、修缮等）和设备安装工程的实际成本。该科目属于资产类科目，借方登记建造和安装过程中所发生的全部支出，贷方登记结转完工交付使用的工程的实际成本；期末余额在借方，反映事业单位尚未完工的在建工程发生的实际成本。本科目应按照工程性质和具体工程项目等进行明细核算。

事业单位的基本建设投资应按照国家有关规定单独建账、单独核算，同时按照《事业单位会计制度》的规定至少按月并入“在建工程”科目及其他相关科目反映。事业单位应在“在建工程”科目下设置“基建工程”明细科目，核算由基建账套并入的在建工程成本。

（三）账务处理

1. 固定资产的增加

固定资产的增加是指事业单位通过购入、自行建造、接受捐赠、融资租入等方式取得的固定资产。固定资产在取得时应按照其实际成本入账。

（1）购入的固定资产。

购入的固定资产，其成本包括购买价款、相关税费以及固定资产交付使用前所发生的可归属于该项资产的运输费、装卸费、安装调试费和专业人员服务费等。以一笔款项购入多项没有单独标价的固定资产，按照各项固定资产同类或类似资产市场价格的比例对总成本进行分配，分别确定各项固定资产的入账成本。

购入不需要安装的固定资产，按照确定的固定资产成本，借记“固定资产”科目，贷记“非流动资产基金——固定资产”科目；同时，按照实际支付金额，借记“事业支出”“经营支出”“专用基金——修购基金”等科目，贷记“财政补助收入”“零余额账户用款额度”“银行存款”等科目。

购入需要安装的固定资产，先通过“在建工程”科目核算，按照确定的成本，借记“在建工程”科目，贷记“非流动资产基金——在建工程”科目；同时，按照实际支付金额，借记“事业支出”“经营支出”等科目，贷记“财政补助收入”“零余额账户用款额度”“银行存款”等科目。发生安装费用时，借记“在建工程”科目，贷记“非流动资产基金——在建工程”科目；同时，借记“事业支出”“经营支出”等科目，贷记“财政补收入”“零余额账户用款额度”、“银行存款”等科目。设备安装完工交付使用时，借记“固定资产”科目，贷记“非流动资产基金——固定资产”科目；同时，借记“非流动资产基金——在建工程”科目，贷记“在建工程”科目。

购入固定资产扣留质量保证金的，应在取得固定资产时，按照确定的成本，借记“固定资产”科目(不需要安装)或“在建工程”科目(需要安装)，贷记“非流动资产基金——固定资产、在建工程”科目。同时，取得固定资产全款发票的，应同时按照构成资产成本的全部支出金额，借记“事业支出”“经营支出”“专用基金——修购基金”等科目，按照实际支付金额，贷记“财政补助收入”“零余额账户用款额度”“银行存款”等科目。按照扣留的质量保证金，贷记“其他应付款”科目[扣留期在 1 年以内(含 1 年)]或“长期应付款”(扣留期超过 1 年)；取得的发票金额不包括质量保证金的，应同时按照不包括质量保证金的支出金额，借记“事业支出”“经营支出”“专用基金——修购基金”等科目，贷记“财政补助收入”“零余额账户用款额度”“银行存款”等科目。质保期满支付质量保证金时，借记“其他应付款”“长期应付款”科目，或借记“事业支出”“经营支出”“专用基金——修购基金”等科目，贷记“财政补助收入”“零余额账户用款额度”“银行存款”等科目。

(2) 自行建造的固定资产。

自行建造的固定资产，其成本包括建造该项资产至交付使用前所发生的全部必要支出。

工程完工交付使用之前，按照自行建造过程中发生的实际支出，借记“在建工程”科目，贷记“非流动资产基金——在建工程”科目；同时，按照实际支付金额，借记“事业支出”“经营支出”等科目，贷记“财政补助收入”“零余额账户用款额度”“银行存款”等科目。

工程完工交付使用时，按自行建造过程中发生的实际支出，借记“固定资产”科目，贷记“非流动资产基金——固定资产”科目；同时，借记“非流动资产基金——在建工程”科目，贷记“在建工程”科目。

已交付使用但尚未办理竣工决算手续的固定资产，按照估计价值入账，待确定实际成本后再进行调整。

(3) 融资租入的固定资产。

以融资租赁租入的固定资产，其成本按照租赁协议或者合同确定的租赁价款、相关税费以及固定资产交付使用前所发生的可归属于该项资产的运输费、途中保险费、安装调试费等确定。

融资租入的固定资产，按照确定的成本，借记“固定资产”科目(不需要安装)或“在建工程”科目(需要安装)，按照租赁协议或者合同确定的租赁价款，贷记“长期应付款”科目，按照其差额，贷记“非流动资产基金——固定资产、在建工程”科目。同时，按照实际支付的相关税费、运输费、途中保险费、安装调试费等，借记“事业支出”“经营支出”等科目，贷记“财政补助收入”“零余额账户用款额度”“银行存款”等科目。定期支付租金时，按照支付的租金金额，借记“事业支出”“经营支出”等科目，贷记“财政补助收入”“零余额账户用款额度”“银行存款”等科目；同时，借记“长期应付款”科目，贷记“非流动资产基金——固定资产”科目。

跨年度分期付款购入固定资产的账务处理，参照“融资租入固定资产”。

(4) 接受捐赠、无偿调入的固定资产。

接受捐赠、无偿调入的固定资产，其成本按照有关凭据注明的金额加上相关税费、运输费等确定；没有相关凭据的，其成本比照同类或类似固定资产的市场价格加上相关税费、运输费等确定；没有相关凭据，同类或类似固定资产的市场价格也无法可靠取得的，该固定资产按照名义金额入账。接受捐赠、无偿调入的固定资产，按照确定的固定资产成本，借记“固定资产”科目(不需要安装)或“在建工程”科目(需要安装)，贷记“非流动资产基金——固定资产、在建工程”科目；按照发生的相关税费、运输费等，借记“其他支出”科目，贷记“银行存款”等科目。

【例 13-57】 某事业单位购入一台需安装的设备,设备价值 40 480 元,安装费用 2 750 元，款项通过单位零余额账户支付，设备目前已交付使用。其会计分录为:

(1)购入设备时:

借：事业支出	40 480	
贷：零余额账户用款额度		40 480

同时:

借：在建工程——设备安装工程	40 480	
贷：非流动资产基金——在建工程		40 480

(2)支付安装费:

借：事业支出	2 750	
贷：零余额账户用款额度		2 750

同时:

借：在建工程——设备安装工程	2 750	
贷：非流动资产基金——在建工程		2 750

(3)设备交付使用:

借：固定资产	43 230	
贷：非流动资产基金——固定资产		43 230

同时:

借：非流动资产基金——在建工程	43 230	
贷：在建工程——设备安装工程		43 230

【例 13-58】 某事业单位购入一批计算机设备，价值 253 000 元，款项通过财政授权支付方式支付，设备已验收。其会计分录为:

借：固定资产——计算机	253 000	
贷：非流动资产基金——固定资产		253 000

同时:

借：事业支出	253 000	
贷：零余额账户用款额度		253 000

【例 13-59】 某事业单位用修购基金购入一台需安装的专用设备，价款 73 700 元，安装费用 3 520 元，已安装完成并交付使用。其会计分录为:

(1)购入设备时:

借：在建工程——检测设备安装工程	73 700	
贷：非流动资产基金——在建工程		73 700

同时:

借：专用基金——修购基金	73 700	
贷：银行存款		73 700

(2) 支付安装费时：

借：在建工程——检测设备安装工程　　3 520

　　贷：非流动资产基金——在建工程　　3 520

同时：

借：专用基金——修购基金　　3 520

　　贷：银行存款　　3 520

(3) 安装完成交付使用时：

借：固定资产——检测设备　　77 220

　　贷：非流动资产基金——固定资产　　77 220

同时：

借：非流动资产基金——在建工程　　77 220

　　贷：在建工程——检测设备安装工程　　77 220

【例 13-60】 某事业单位通过财政直接支付方式购入一台用于专业业务活动的设备，价款 319 000 元，扣留质量保证金 1 年，金额 3 300 元，同时取得固定资产全额发票。其会计分录为：

(1) 购入设备时：

借：固定资产　　319 000

　　贷：非流动资产基金——固定资产　　319 000

同时：

借：事业支出　　319 000

　　贷：财政补助收入　　315 700

　　　　其他应付款　　3 300

(2) 质保期满支付质量保证金时：

借：其他应付款　　3 300

　　贷：财政补助收入　　3 300

【例 13-61】 某事业单位通过财政直接支付方式购入一台实验用设备，设备价款 748 000 元，扣留质量保证金 2 年，金额 88 000 元，同时取得固定资产全额发票。其会计分录为：

(1) 购入设备时：

借：固定资产——实验设备　　748 000

　　贷：非流动资产基金——固定资产　　748 000

同时：

借：事业支出　　660 000

　　贷：零余额账户用款额度　　660 000

(2) 质保期满支付质量保证金时：

借：事业支出　　88 000

　　贷：零余额账户用款额度　　88 000

【例 13-62】 某事业单位自行建造的一台安防设备已经完工，建造成本为 31 790 元，经验收后交付使用。其会计分录为：

借：固定资产——安防设备　　31 790

　　贷：非流动资产基金——固定资产　　31 790

同时：

借：非流动资产基金——在建工程　　31 790

　　贷：在建工程——安防设备建造工程　　31 790

【例 13-63】 某事业单位以融资租赁方式租入一台机器设备，总额 198 000 元，融资租赁期限为 5 年，租金按年通过单位零余额账户支付，每年支付 39 600 元。租入时支付调试费等各项费用共计 2 970 元，以银行存款支付。其会计分录为：

(1) 租入设备时：

借：固定资产　　200 970

　　贷：长期应付款　　198 000

　　　　非流动资产基金——固定资产　　2 970

同时：

借：事业支出　　2 970

　　贷：银行存款　　2 970

(2) 每年支付租金时：

借：事业支出　　39 600

　　贷：零余额账户用款额度　　39 600

同时：

借：长期应付款　　39 600

　　贷：非流动资产基金——固定资产　　39 600

【例 13-64】 某事业单位接受捐赠全新设备一台，所附发票等单据表明其价值为 140 360 元，在接受捐赠该设备时，发生运输费用 550 元，以银行存款支付。其会计分录为：

借：固定资产　　140 910

　　贷：非流动资产基金——固定资产　　140 910

同时：

借：其他支出　　550

　　贷：银行存款　　550

2. 固定资产的折旧

固定资产的折旧是指事业单位在固定资产预计使用寿命内，按照确定的方法对应计折旧额进行系统分摊。按月计提固定资产折旧时，按照实际计提金额，借记“非流动资产基金——固定资产”科目，贷记“累计折旧”科目。

【例 13-65】 某事业单位计提本月固定资产折旧 52 745 元。其会计分录为：

借：非流动资产基金——固定资产　　52 745

　　贷：累计折旧　　52 745

3. 固定资产的后续支出

固定资产的后续支出是指事业单位固定资产投入使用后，为延长其使用年限、维持或增加使用性能等原因而发生的各项支出。事业单位与固定资产有关的后续支出，应区分以下情况进行处理。

(1) 不计入固定资产的后续支出。

为维护固定资产的正常使用而发生的日常修理等后续支出，应当计入当期支出，但不计入固定资产成本，借记“事业支出”“经营支出”等科目，贷记“财政补助收入”“零余额账户用款额度”“银行存款”等科目。

(2) 计入固定资产的后续支出。

为增加固定资产使用效能或延长其使用年限而发生的改建、扩建或修缮等后续支出，应当计入固定资产成本。

将固定资产转入改建、扩建或修缮等时，按照固定资产的账面价值，借记“在建工程”科目，贷记“非流动资产基金——在建工程”科目；同时，按照固定资产对应的非流动资产基金，借记“非流动资产基金——固定资产”科目，按照已计提折旧，借记“累计折旧”科目，按照固定资产的账面余额，贷记“固定资产”科目。

根据工程价款结算账单与施工企业结算工程价款时，按照实际支付的工程价款，借记“在建工程”科目，贷记“非流动资产基金——在建工程”科目；同时，借记“事业支出”等科目，贷记“财政补助收入”“零余额账户用款额度”“银行存款”等科目。

事业单位为建筑工程借入的专门借款的利息，属于建设期间发生的，计入在建工程成本，借记“在建工程”科目，贷记“非流动资产基金——在建工程”科目；同时，借记“其他支出”科目，贷记“银行存款”科目。

工程完工交付使用时，按照建筑工程所发生的实际成本，借记“固定资产”科目，贷记“非流动资产基金——固定资产”科目；同时，借记“非流动资产基金——在建工程”科目，贷记“在建工程”科目。

【例 13-66】 某事业单位对单位用车辆进行日常维修，发生修理费用 1 980 元，以银行存款支付。其会计分录为：

借：事业支出	1 980	
贷：银行存款		1 980

【例 13-67】 某事业单位委托某建筑公司对其办公楼实施改建。该办公楼的账面余额为 7 579 000 元，已计提折旧 2 893 000 元。按合同规定，应付某建筑公司的工程款为 3 036 000 元，该款项由财政部门通过财政直接支付方式予以拨付。现改建工程已经完工，办公楼已交付使用。其会计分录为：

(1) 将办公楼转入改建时：

借：在建工程——办公楼改建工程	4 686 000	
贷：非流动资产基金——在建工程		4 686 000

同时：

借：非流动资产基金——在建工程	4 686 000	
累计折旧	2 893 000	
贷：固定资产——办公楼		7 579 000

(2) 由财政部门支付工程款时：

借：在建工程——办公楼改建工程	3 036 000	
贷：非流动资产基金——在建工程		3 036 000

同时：

借：事业支出——财政补助支出　　3 036 000

　　贷：财政补助收入　　3 036 000

(3) 办公楼交付使用时：

借：固定资产——办公楼　　7 722 000

　　贷：非流动资产基金——固定资产　　7 722 000

同时：

借：非流动资产基金——在建工程　　7 722 000

　　贷：在建工程——办公楼改建工程　　7 722 000

【例 13-68】 某事业单位对一座旧办公楼进行修缮，该办公楼账面原价为 43 538 000 元，已计提折旧 13 937 000 元，在修缮过程中支付工程价款 3 036 000 元，款项通过单位零余额账户支付。其会计分录为：

(1) 将固定资产转入在建工程时：

借：在建工程——办公楼修缮工程　　29 601 000

　　贷：非流动资产基金——在建工程　　29 601 000

同时：

借：非流动资产基金——固定资产　　29 601 000

　　累计折旧　　13 937 000

　　贷：固定资产　　43 538 000

(2) 支付修缮工程价款时：

借：在建工程——办公楼修缮工程　　3 036 000

　　贷：非流动资产基金——在建工程　　3 036 000

同时：

借：事业支出　　3 036 000

　　贷：零余额账户用款额度　　3 036 000

(3) 工程完工交付使用时：

借：固定资产——办公楼　　32 637 000

　　贷：非流动资产基金——固定资产　　32 637 000

同时：

借：非流动资产基金——在建工程　　32 637 000

　　贷：在建工程——办公楼修缮工程　　32 637 000

4. 固定资产的处置

固定资产的处置是指事业单位的固定资产退出本单位的业务及其他业务活动时而进行的处理工作。事业单位应区分固定资产的具体处置方式，进行相应的账务处理。

(1) 出售、无偿调出、对外捐赠固定资产。

事业单位报经批准出售、无偿调出、对外捐赠固定资产，转入待处置资产时，按照待处置固定资产的账面价值，借记“待处置资产损溢”科目，按照已计提折旧，借记“累计折旧”科目；按照固定资产的账面余额，贷记“固定资产”科目。

实际出售、调出、捐赠时，按照处置固定资产对应的非流动资产基金，借记“非流动资产基金——固定资产”科目，贷记“待处置资产损溢”科目。

出售固定资产过程中取得价款、发生相关税费，以及出售价款扣除相关税费后的净收入的账务处理，参见“待处置资产损溢”科目。

(2) 以固定资产对外投资。

以固定资产对外投资，按照评估价值加上相关税费作为投资成本，借记“长期投资”科目，贷记“非流动资产基金——长期投资”科目，按发生的相关税费，借记“其他支出”科目，贷记“银行存款”“应交税费”等科目；同时，按照投出固定资产对应的非流动资产基金，借记“非流动资产基金——固定资产”科目，按照投出固定资产已计提折旧，借记“累计折旧”科目，按照投出固定资产的账面余额，贷记“固定资产”科目。

【例 13-69】 某事业单位拟向某希望小学捐赠一项固定资产，该项固定资产账面原值为 132 000 元，已计提折旧 13 200 元。不考虑相关税费，其会计分录为：

(1) 将固定资产转入待处置资产时：

借：待处置资产损溢——处置资产价值	118 800	
累计折旧	13 200	
贷：固定资产		132 000

(2) 实际捐赠该项固定资产时：

借：非流动资产基金——固定资产	118 800	
贷：待处置资产损溢——处置资产价值		118 800

【例 13-70】 某事业单位与乙企业签订了一份投资协议，以一幢建筑物向乙企业进行投资。该建筑物原始价值为 2 860 000 元，评估价值为 2 530 000 元，已计提折旧 550 000 元，以银行存款支付相关费用 19 360 元。其会计分录为：

(1) 确认长期股权投资时：

借：长期投资——长期股权投资	2 549 360	
贷：非流动资产基金——长期投资		2 549 360

(2) 支付或确认相关税费时：

借：其他支出	19 360	
贷：银行存款		19 360

(3) 转销固定资产时：

借：非流动资产基金——固定资产	2 310 000	
累计折旧	550 000	
贷：固定资产		2 860 000

【例 13-71】 某事业单位因水灾而报废设备一台，该设备原价 220 000 元，已提折旧 132 000 元，其残值变价收入为 1 760 元，已存入银行。经保险公司核定，应赔偿损失 40 000 元。其会计分录为：

(1) 将报废的设备转入待处置资产时：

借：待处置资产损溢——处置资产价值	88 000	
累计折旧	132 000	
贷：固定资产		220 000

(2) 经批准予以处置时：

借：非流动资产基金——固定资产	88 000	

贷：待处置资产损溢——处置资产价值　　88 000

(3)收到残值变价收入时：

借：银行存款　　1 760

　　贷：待处置资产损溢——处置净收入　　1 760

(4)确定应由保险公司赔偿的损失时：

借：其他应收款　　40 000

　　贷：待处置资产损溢——处置净收入　　40 000

(5)收到保险公司赔款时：

借：银行存款　　40 000

　　贷：其他应收款　　40 000

(6)确认处置净收入时：

借：待处置资产损溢——处置净收入　　41 760

　　贷：应缴国库款　　41 760

5. 固定资产的清查

事业单位的固定资产应定期进行清查盘点，每年至少盘点一次。对于发生的固定资产盘盈、盘亏或者报废、毁损，应及时查明原因，按规定报经批准后进行账务处理。

(1)固定资产的盘盈。

盘盈的固定资产，按照同类或类似固定资产的市场价格确定入账价值；同类或类似固定资产的市场价格无法可靠取得的，按照名义金额入账。盘盈的固定资产，按照确定的入账价值，借记“固定资产”科目，贷记“非流动资产基金——固定资产”科目。

(2)固定资产的盘亏、报废及毁损。

盘亏或者毁损、报废的固定资产，转入待处置资产时，按照待处置固定资产的账面价值，借记“待处置资产损溢”科目，按照已计提折旧，借记“累计折旧”科目，按照固定资产的账面余额，贷记“固定资产”科目。

报经批准予以处置时，按照处置固定资产对应的非流动资产基金，借记“非流动资产基金——固定资产”科目，贷记“待处置资产损溢”科目。处置毁损、报废固定资产过程中所取得的收入、发生的相关费用，以及处置收入扣除相关费用后的净收入的账务处理，参见“待处置资产损溢”科目。

【例 13-72】 某事业单位进行资产清查盘点，盘盈设备一台，该设备市场价格为 44 000 元。其会计分录为：

借：固定资产　　44 000

　　贷：非流动资产基金——固定资产　　44 000

【例 13-73】 某事业单位进行资产清查盘点，盘亏设备一台，该设备账面原值为 13 200 元，已提折旧 3 300 元。其会计分录为：

(1)将盘亏设备转入待处置资产时：

借：待处置资产损溢——处置资产价值　　9 900

　　累计折旧　　3 300

　　贷：固定资产　　13 200

(2)实际处置该设备时：

借：非流动资产基金——固定资产　　9 900

　　贷：待处置资产损溢——处置资产价值　　9 900

六、无形资产的核算

（一）无形资产概述

无形资产是指事业单位持有的没有实物形态的可辨认非货币性资产，包括专利权、商标权、著作权、土地使用权、非专利技术等。事业单位购入的不构成相关硬件不可缺少组成部分的应用软件，也属于本单位的无形资产。

事业单位应加强对本单位无形资产的管理，以防止无形资产流失。事业单位取得无形资产时发生的支出，应计入事业支出；转让无形资产时，应按照有关规定进行资产评估，取得的收入按照国家规定处理。

事业单位应对无形资产进行摊销，以名义金额计量的无形资产除外。摊销是指在无形资产使用寿命内，按照确定的方法对应摊销金额进行系统分摊。《事业单位会计制度》关于事业单位无形资产摊销的有关说明如下。

(1)事业单位应按照如下原则确定无形资产的摊销年限：法律规定有效年限的，按法律规定的有效年限作为摊销年限；法律没有规定有效年限的，按照相关合同或单位申请书的受益年限作为摊销年限；法律没有规定有效年限、相关合同或单位申请书也没有规定受益年限的，按照不少于 10 年的期限摊销。

(2)事业单位应采用年限平均法对无形资产进行摊销。

(3)事业单位无形资产的应摊销金额为其成本。

(4)事业单位应自无形资产取得当月起，按月计提无形资产摊销。

(5)因发生后续支出而增加无形资产成本的，应按照重新确定的无形资产成本，重新计算摊销额。

（二）账户设置

为核算事业单位无形资产的取得、摊销以及处置等情况，事业单位应设置“无形资产”“累计摊销”总账科目。

1. “无形资产”账户

“无形资产”科目核算事业单位各项无形资产的原价。该科目属于资产类科目，借方登记事业单位无形资产的增加数，贷方登记无形资产因处置等转出的减少数；期末借方余额，反映事业单位无形资产的原价。本科目应按照无形资产的类别、项目等设置明细账，进行明细核算。

2. “累计摊销”账户

“累计摊销”科目核算事业单位无形资产计提的累计摊销。该科目属于资产类科目，是“无形资产”账户的备抵账户，贷方登记当期事业单位计提的无形资产摊销数，借方登记因无形资产的减少而转出的累计摊销数；期末贷方余额，反映事业单位计提的无形资产摊销累计数。本科目应按照无形资产的类别、项目等设置明细账，进行明细核算。

（三）账务处理

1. 无形资产的取得

无形资产取得时，应按照其实际成本入账。

(1) 外购。

外购的无形资产，其成本包括购买价款、相关税费以及可归属于该项资产达到预定用途所发生的其他支出。

购入的无形资产，按照确定的无形资产成本，借记“无形资产”科目，贷记“非流动资产基金——无形资产”科目；同时，按照实际支付金额，借记“事业支出”等科目，贷记“财政补助收入”“零余额账户用款额度”“银行存款”等科目。

(2) 委托软件公司开发软件。

委托软件公司开发软件视同外购无形资产进行处理。

支付软件开发费时，按照实际支付金额，借记“事业支出”等科目，贷记“财政补助收入”“零余额账户用款额度”“银行存款”等科目。

软件开发完成交付使用时，按照软件开发费总额，借记“无形资产”科目，贷记非流动资产基金——无形资产”科目。

(3) 自行开发。

自行开发并按法律程序申请取得的无形资产，按照依法取得时发生的注册费、聘请律师费等费用，借记“无形资产”科目，贷记“非流动资产基金——无形资产”科目；同时，借记“事业支出”等科目，贷记“财政补助收入”“零余额账户用款额度”“银行存款”等科目。

依法取得前所发生的研究开发支出，应于发生时直接计入当期支出，借记“事业支出”等科目，贷记“银行存款”等科目。

(4) 接受捐赠、无偿调入的无形资产。

接受捐赠、无偿调入的无形资产，其成本按照有关凭据注明的金额加上相关税费等确定；没有相关凭据的，其成本比照同类或类似无形资产的市场价格加上相关税费等确定；没有相关凭据、同类或类似无形资产的市场价格也无法可靠取得的，该资产按照名义金额入账。

接受捐赠、无偿调入的无形资产，按照确定的无形资产成本，借记“无形资产”科目，贷记“非流动资产基金——无形资产”科目，按照发生的相关税费等，借记“其他支出”科目，贷记“银行存款”等科目。

【例 13-74】 某事业单位通过单位零余额账户购入一项专利权，价款 176 000 元，另支付手续费 1 496 元。其会计分录为：

借：无形资产——专利权　　177 496

　　贷：非流动资产基金——无形资产　　177 496

同时：

借：事业支出　　177 496

　　贷：零余额账户用款额度　　177 496

【例 13-75】 某事业单位委托某软件公司开发一项无形资产，通过银行支付开发费用 418 000 元。6 个月后，该项无形资产开发完成，交付使用。其会计分录为：

(1) 支付开发费用时：

借：事业支出　　418 000

　　贷：银行存款　　418 000

(2) 开发完成交付使用时：

借：无形资产　　418 000

　　贷：非流动资产基金——无形资产　　418 000

【例 13-76】 某事业单位自行开发研制某项专门技术，研制期间发生的相关支出有：实验检验费 9 900 元，研究人员工资 18 700 元，消耗材料费 6 160 元。该专门技术取得国家专利，申请专利时发生注册费、聘请律师费等费用 13 200 元，所有款项均通过单位零余额账户支付。其会计分录为：

(1) 支付研制期间发生的相关支出时：

借：事业支出　　34 760

　　贷：零余额账户用款额度　　9 900

　　　　应付职工薪酬　　18 700

　　　　存货　　6 160

(2) 确认无形资产时：

借：无形资产——专利权　　13 200

　　贷：非流动资产基金——无形资产　　13 200

同时：

借：事业支出　　13 200

　　贷：零余额账户用款额度　　13 200

【例 13-77】 某事业单位经财政部门批准，从丙事业单位无偿调入一项专利权，其市场价格为 165 000 元，通过银行存款支付相关费用 6 930 元。其会计分录为：

(1) 确认无形资产时：

借：无形资产　　171 930

　　贷：非流动资产基金——无形资产　　171 930

(2) 支付相关费用时：

借：其他支出　　6 930

　　贷：银行存款　　6 930

2. 无形资产的摊销

事业单位自无形资产取得当月起，应按平均年限法对无形资产进行摊销。

按月计提无形资产摊销时，按照应计提摊销金额，借记“非流动资产基金——无形资产”科目，贷记“累计摊销”科目。

【例 13-78】 某事业单位本月应计提无形资产摊销 7 480 元。其会计分录为：

借：非流动资产基金——无形资产　　7 480

　　贷：累计摊销　　7 480

3. 无形资产的后续支出

与无形资产有关的后续支出，应分别依据以下情况处理。

(1) 为增加无形资产的使用效能而发生的后续支出，如对软件进行升级改造或扩展其功能等所发生的支出，应计入无形资产的成本，借记“无形资产”科目，贷记“非流动资产基金——无形资产”科目；同时，借记“事业支出”等科目，贷记“财政补助收入”“零余额账户用款额度”“银行存款”等科目。

(2)为维护无形资产的正常使用而发生的后续支出，如对软件进行漏洞修补、技术维护等所发生的支出，应计入当期支出但不计入无形资产成本，借记“事业支出”等科目，贷记“财政补助收入”“零余额账户用款额度”“银行存款”等科目。

【例 13-79】 某事业单位 2015 年 1 月 1 日购入一个软件系统，其价款为 660 000 元，摊销期限为 5 年，款项通过财政零余额账户支付。2017 年 3 月 1 日，对该软件系统进行升级改造，通过单位零余额账户支付软件公司劳务费 380 600 元。经升级改造后，该软件系统使用期限延长 3 年。其会计分录为：

(1)购入软件系统时：

借：无形资产　　660 000

　　贷：非流动资产基金——无形资产　　660 000

同时：

借：事业支出　　660 000

　　贷：财政补助收入　　660 000

(2)升级改造前每月计提摊销：

借：非流动资产基金——无形资产　　11 000

　　贷：累计摊销　　11 000

(3)支付升级改造费用：

借：无形资产　　380 600

　　贷：非流动资产基金——无形资产　　380 600

同时：

借：事业支出　　380 600

　　贷：零余额账户用款额度　　380 600

(4)升级改造后每月计提摊销：

$$软件系统账面价值=660\ 000-\times[1-(2\times12+2)\div(5\times12)]=374\ 000(元)$$

$$软件系统升级后成本=374\ 000+380\ 600=754\ 600(元)$$

$$软件系统升级后每月摊销额=10\ 780(元)$$

借：非流动资产基金——无形资产　　10 780

　　贷：累计摊销　　10 780

【例 13-80】 某事业单位对其业务活动使用的软件系统进行技术维护，通过单位零余额账户支付技术服务费 19 800 元。其会计分录为：

借：事业支出　　19 800

　　贷：零余额账户用款额度　　19 800

4. 无形资产的处置

无形资产的处置是指事业单位无形资产产权的转移及核销，包括各类无形资产的出售、置换、无偿调出、对外捐赠及核销等。事业单位应根据无形资产处置的具体情况，进行相应的账务处理。

(1) 转让、无偿调出、对外捐赠无形资产。

转让、无偿调出、对外捐赠无形资产，转入待处置资产时，按照待处置无形资产的账面价值，借记“待处置资产损溢”科目，按照已计提摊销，借记“累计摊销”科目，按照无形资产的账面余额，贷记“无形资产”科目。

实际转让、调出、捐出时，按照处置无形资产对应的非流动资产基金，借记“非流动资产基金——无形资产”科目，贷记“待处置资产损溢”科目。

转让无形资产过程中取得价款、发生相关税费，以及出售价款扣除相关税费后的净收入的账务处理，参见“待处置资产损溢”科目。

(2) 以无形资产对外投资。

以已入账无形资产对外投资，按照评估价值加上相关税费作为投资成本，借记“长期投资”科目，贷记“非流动资产基金——长期投资”科目；按发生的相关税费，借记“其他支出”科目，贷记“银行存款”“应交税费”等科目。

同时，按照投出无形资产对应的非流动资产基金，借记“非流动资产基金——无形资产”科目，按照投出无形资产已计提摊销，借记“累计摊销”科目，按照投出无形资产的账面余额，贷记“无形资产”科目。

(3) 无形资产的核销。

无形资产预期不能为事业单位带来服务潜力或经济利益的，应按规定报经批准后将该无形资产的账面价值予以核销。

转入待处置资产时，按照待核销无形资产的账面价值，借记“待处置资产损溢”科目；按照已计提摊销，借记“累计摊销”科目；按照无形资产的账面余额，贷记“无形资产”科目。

报经批准予以核销时，按照核销无形资产对应的非流动资产基金，借记“非流动资产基金——无形资产”科目，贷记“待处置资产损溢”科目。

【例 13-81】 某事业单位向某希望小学捐赠一项 2 年前购入的土地使用权，该土地使用权账面余额为 1 320 000 元，计划使用年限为 10 年，按年限平均法进行摊销。其会计分录为：

(1) 将该项土地使用权转入待处置资产：

借：待处置资产损溢——处置资产价值	1 056 000	
累计摊销	264 000	
贷：无形资产		1 320 000

(2) 实际捐出无形资产：

借：非流动资产基金——无形资产	1 056 000	
贷：待处置资产损溢——处置资产价值		1 056 000

【例 13-82】 某事业单位用一项专利权向丙公司投资，该项专利权评估价为 247 500 元，账面余额为 286 000 元，已计提摊销 71 500 元，以银行存款支付评估费用 12 320 元。其会计分录为：

(1) 确认长期股权投资：

借：长期投资——长期股权投资	259 820	
贷：非流动资产基金		259 820

(2) 支付评估费用：

借：其他支出　　12 320

　贷：银行存款　　12 320

(3) 转销无形资产：

借：非流动资产基金——无形资产　　214 500

　累计折旧　　71 500

　贷：无形资产　　286 000

【例 13-83】 某事业单位某项专利权的账面余额为 627 000 元，采用年限平均法摊销，摊销期为 10 年，该专利权无残值。该专利权使用 9 年后，不能再提供有效服务，经批准后予以报废处理。其会计分录为：

(1) 将该项专利权转入待处置资产：

借：待处置资产损溢——处置资产价值　　62 700

　累计摊销　　564 300

　贷：无形资产　　627 000

(2) 经批准核销该项专利权：

借：非流动资产基金——无形资产　　62 700

　贷：待处置资产损溢——处置资产价值　　62 700

七、待处置资产损溢的核算

为核算事业单位待处置资产的价值及处置损溢，事业单位会计应设置“待处置资产损溢”会计科目。该科目属于资产类科目，期末如为借方余额，反映尚未处置完毕的各种资产价值及净损失；期末如为贷方余额，反映尚未处置完毕的各种资产净溢余。年度终了报经批准处理后，本科目一般应无余额。本科目应按照待处置资产项目进行明细核算；对于在处置过程中取得相关收入、发生相关费用的处置项目，还应设置“处置资产价值”“处置净收入”明细科目，进行明细核算。

事业单位资产处置包括资产的出售、出让、转让、对外捐赠、无偿调出、盘亏、报废、毁损以及货币性资产损失核销等。事业单位处置资产一般应先记入本科目，按规定报经批准后及时进行账务处理。年度终了结账前一般应处理完毕。

事业单位会计关于待处置资产损溢的主要账务处理如下。

1. 按规定报经批准予以核销的应收及预付款项、长期股权投资、无形资产

转入待处置资产时，借记“待处置资产损溢”科目（核销无形资产的，还应借记“累计摊销”科目），贷记“应收账款”“预付账款”“其他应收款”“长期投资”“无形资产”等科目。

报经批准予以核销时，借记“其他支出”科目（应收及预付款项核销）或“非流动资产基金——长期投资、无形资产”科目（长期投资、无形资产核销），贷记“待处置资产损溢”科目。

2. 盘亏或者毁损、报废的存货、固定资产

转入待处置资产时，借记“待处置资产损溢——处置资产价值”科目（处置固定资产的，还应借记“累计折旧”科目），贷记“存货”“固定资产”等科目。

报经批准予以处置时，借记“其他支出”科目（处置存货）或“非流动资产基金——固定资产”科目（处置固定资产），贷记“待处置资产损溢——处置资产价值”科目。

处置毁损、报废存货、固定资产过程中收到残值变价收入、保险理赔和过失人赔偿等，借记“库存现金”“银行存款”等科目，贷记“待处置资产损溢——处置净收入”科目。

处置毁损、报废存货、固定资产过程中发生相关费用，借记“待处置资产损溢——置净收入”科目，贷记“库存现金”“银行存款”等科目。

处置完毕，按照处置收入扣除相关处置费用后的净收入，借记“待处置资产损溢——处置净收入”科目，贷记“应缴国库款”等科目。

3. 对外捐赠、无偿调出存货、固定资产、无形资产

转入待处置资产时，借记“待处置资产损溢”科目(捐赠、调出固定资产、无形资产的，还应借记“累计折旧”“累计摊销”科目)，贷记“存货”“固定资产”“无形资产”等科目。

实际捐出、调出时，借记“其他支出”科目(捐出、调出存货)或“非流动资产基金——固定资产、无形资产”科目(捐出、调出固定资产、无形资产)，贷记“待处置资产损溢”科目。

4. 转让(出售)长期股权投资、固定资产、无形资产

转入待处置资产时，借记“待处置资产损溢——处置资产价值”科目(转让固定资产、无形资产的，还应借记“累计折旧”“累计摊销”科目)，贷记“长期投资”“固定资产”“无形资产”等科目。

实际转让时，借记“非流动资产基金——长期投资、固定资产、无形资产”科目，贷记“待处置资产损溢——处置资产价值”科目。

转让过程中取得价款、发生相关税费，以及转让价款扣除相关税费后的净收入的账务处理，按照国家有关规定，比照上述有关毁损、报废存货、固定资产进行处理。

第二节　事业单位会计负债的核算

事业单位的负债是指事业单位所承担的能以货币计量，需要以资产或劳务偿还的债务。事业单位的负债按照流动性可分为流动负债和非流动负债。流动负债是指预计在 1 年内(含 1 年)偿还的负债，包括短期借款、应缴款项、应付及预收款项等。非流动负债是指除流动负债以外的负债，包括长期借款、长期应付款等。

事业单位的负债应按照合同金额或实际发生额进行计量。

事业单位应对不同性质的负债分类管理、及时清理，并按照规定办理结算，保证各项负债在规定期限内归还。事业单位应建立健全财务风险控制机制，规范和加强借入款项的管理，严格执行审批程序。

一、借入款项的核算

借入款项是指事业单位借入的有偿使用的各种借款，包括短期借款和长期借款。短期借款是指事业单位借入的期限在 1 年内(含 1 年)的各种借款。长期借款是指事业单位借入的期限超过 1 年(不含 1 年)的各种借款。

事业单位借入款项的管理应遵循以下原则。

(1)取得借款前，必须以书面报告说明借入资金的渠道、额度、期限、利率、担保方式，经批准后办理借款手续。

(2) 不可盲目借款。提出借款申请时，必须考虑借入款项的经济效益，通常要做到收大于支，并落实偿付借款的资金来源。

(3) 借入款项必须按照国家的有关政策以及规定用途使用，不能用于违背国家政策或超出规定用途的事项。

(4) 借入款项到期时，应积极组织资金，按协议或合同的规定及时偿还本金和利息，不能拖欠违约。

(一) 短期借款的核算

为核算和监督事业单位借入的期限在 1 年内（含 1 年）的各种借款，事业单位会计应设置“短期借款”会计科目。该科目属于负债类科目，贷方记录事业单位借入的各种短期借款，借方记录短期借款的偿还；期末贷方余额反映事业单位尚未偿还的短期借款本金。本科目应按照贷款单位和贷款种类进行明细核算。

事业单位会计关于短期借款的主要账务处理如下。

(1) 借入各种短期借款时，按照实际借入的金额，借记“银行存款”科目，贷记“短期借款”科目。

(2) 银行承兑汇票到期，本单位无力支付票款的，按照银行承兑汇票的票面金额，借方“应付票据”科目，贷记“短期借款”科目。

(3) 支付短期借款利息时，借记“其他支出”科目，贷记“银行存款”科目。

(4) 归还短期借款时，借记“短期借款”科目，贷记“银行存款”科目。

【例 13-84】 某事业单位向某商业银行借入期限为 1 年的借款 330 000 元，年利率为 6%，借款合同规定按季支付利息。其会计分录为：

(1) 取得借款时：

借：银行存款	330 000	
贷：短期借款		330 000

(2) 季末支付利息：

借：其他支出	4 950	
贷：银行存款		4 950

(3) 到期归还借款本金及最后一季的利息：

借：短期借款	330 000	
其他支出	4 950	
贷：银行存款		334 950

(二) 长期借款的核算

为核算和监督事业单位借入的期限超过 1 年（不含 1 年）的各种借款，事业单位会计应设置“长期借款”会计科目。该科目属于负债类科目，贷方记录事业单位借入的各种长期借款，借方记录实际偿还的长期借款；期末贷方余额反映事业单位尚未偿还的长期借款本金。本科目应按照贷款单位和贷款种类进行明细核算。对于基建项目借款，还应按具体项目进行明细核算。

事业单位会计关于长期借款的主要账务处理如下。

(1)借入各项长期借款时，按照实际借入的金额，借记“银行存款”科目，贷记“长期借款”科目。

(2)为购建固定资产支付的专门借款利息，分别依据以下情况处理：

属于工程项目建设期间支付的，计入工程成本。按照支付的利息，借记“在建工程”科目，贷记“非流动资产基金——在建工程”科目；同时，借记“其他支出”科目，贷记“银行存款”科目。

属于工程项目完工交付使用后支付的，计入当期支出，但不计入工程成本。按照支付的利息，借记“其他支出”科目，贷记“银行存款”科目。

(3)其他长期借款利息，按照支付的利息金额，借记“其他支出”科目，贷记“银行存款”科目。

(4)归还长期借款时，借记“长期借款”科目，贷记“银行存款”科目。

【例 13-85】 某事业单位为建造办公大楼，于 2012 年 11 月 3 日从建设银行借入 600 000 元，期限 4 年，年利率为 8%，每年 11 月 3 日付息一次，最后一年的利息连同本金一起付清。该实验大楼于 2014 年 12 月 31 日交付使用。其会计分录为：

(1)取得长期借款：

借：银行存款	6 600 000	
贷：长期借款——建设银行		6 600 000

(2)2013 年和 2014 年支付利息：

每年应付利息=6 600 000×8%=528 000(元)

借：在建工程——办公大楼工程	528 000	
贷：非流动资产基金——在建工程		528 000

同时：

借：其他支出——利息支出	528 000	
贷：银行存款		528 000

(3)2015 年支付利息：

借：其他支出——利息支出	528 000	
贷：银行存款		528 000

(4)2016 年归还本金并支付利息：

借：长期借款——建设银行	6 600 000	
其他支出——利息支出	528 000	
贷：银行存款		7 128 000

【例 13-86】 某事业单位 2014 年 1 月 18 日从工商银行借入为期 1 年零 6 个月的借款 198 000 元用于事业单位事业支出，年利率为 9%，到期一次还本付息。其会计分录为：

(1)取得借款：

借：银行存款	198 000	
贷：长期借款——工商银行		198 000

(2)到期还本付息：

应付利息=198 000×9%×1.5=26 730(元)

借：长期借款——工商银行　　198 000
　　其他支出——利息支出　　26 730
　　贷：银行存款　　224 730

二、应缴款项的核算

应缴款项是指事业单位在开展业务及其他活动过程中形成的应缴未缴款项，包括应上缴国库或财政专户的款项、应交税费以及其他按照国家有关规定应上缴的款项。

事业单位应及时清理应缴款项，并按规定办理结算，避免出现资金流失。

（一）应交税费的核算

应交税费是指事业单位按照税法等规定计算应缴纳的各种税费，包括增值税、城市维护建设税、教育费附加、车船税、房产税、城镇土地使用税、企业所得税等。

为核算和监督事业单位应缴纳的各种税费的形成及缴纳情况，事业单位会计应设置“应交税费”会计科目。该科目属于负债类科目，贷方登记事业单位应缴而未缴的各种税费数，借方登记实际上缴数。期末借方余额，反映事业单位多缴纳的税费金额；期末贷方余额反映事业单位应缴未缴的税费金额。本科目应按照应缴纳的税费种类进行明细核算。属于增值税一般纳税人的事业单位，其应交增值税明细账中应设置“进项税额”“已缴税金”“销项税额”“进项税额转出”等专栏。

事业单位代扣代缴的个人所得税，也通过本科目核算。事业单位应缴纳的印花税不需要预提应交税费，直接通过支出等有关科目核算，不在本科目核算。

事业单位会计关于应交税费的主要账务处理如下。

(1) 发生城市维护建设税、教育费附加纳税义务的，按税法规定计算的应交税费金额，借记“待处置资产损溢——处置净收入”科目(出售不动产应缴的税费)或有关支出科目，贷记“应交税费”科目。

实际缴纳时，借记“应交税费”科目，贷记“银行存款”科目。

(2) 属于增值税一般纳税人的事业单位购入非自用材料的，按确定的成本(不含增值税进项税额)，借记“存货”科目，按增值税专用发票上注明的增值税额，借记“应交税费”科目(应交增值税——进项税额)，按实际支付或应付的金额，贷记“银行存款”“应付账款”等科目。

属于增值税一般纳税人的事业单位所购进的非自用材料发生盘亏、毁损、报废、对外捐赠、无偿调出等税法规定不得从增值税销项税额中抵扣进项税额的，将所购进的非自用材料转入待处置资产时，按照材料的账面余额与相关增值税进项税额转出金额的合计金额，借记“待处置资产损溢”科目，按材料的账面余额，贷记“存货”科目，按转出的增值税进项税额，贷记“应交税费”科目(应交增值税——进项税额转出)。

属于增值税一般纳税人的事业单位销售应税产品或提供应税服务，按包含增值税的价款总额，借记“银行存款”“应收账款”“应收票据”等科目，按扣除增值税销项税额后的价款金额，贷记“经营收入”等科目，按增值税专用发票上注明的增值税金额，贷记“应交税费”科目(应交增值税销项税额)。

属于增值税一般纳税人的事业单位实际缴纳增值税时，借记“应交税费”科目(应增值税——已缴税金)，贷记“银行存款”科目。

属于增值税小规模纳税人的事业单位销售应税产品或提供应税服务，按实际收到或应收的价款，借记“银行存款”“应收账款”、“应收票据”等科目；按实际收到或应收价款扣除增值税额后的金额，贷记“经营收入”等科目；按应交增值税金额，贷记“应交税费”科目(应交增值税)。

实际缴纳增值税时，借记“应交税费”科目(应交增值税)，贷记“银行存款”科目。

(3)发生房产税、城镇土地使用税、车船税纳税义务的，按税法规定计算的应交税费金额，借记有关科目，贷记“应交税费”科目。

实际缴纳时，借记“应交税费”科目，贷记“银行存款”科目。

(4)代扣代缴个人所得税的，按税法规定计算应代扣代缴的个人所得税金额，借记“应付职工薪酬”科目，贷记“应交税费”科目。

实际缴纳时，借记“应交税费”科目，贷记“银行存款”科目。

(5)发生企业所得税纳税义务的，按税法规定计算的应缴税金额，借记“非财政补助结余分配”科目，贷记“应交税费”科目。

实际缴纳时，借记“应交税费”科目，贷记“银行存款”科目。

(6)发生其他纳税义务的，按照应缴纳的税费金额，借记有关科目，贷记“应交税费”科目。实际缴纳时，借记“应交税费”科目，贷记“银行存款”等科目。

【例 13-87】 某事业单位为增值税一般纳税人，2017 年 6 月 3 日，该事业单位销售应税产品一批，价款为 39 600 元，按规定应收取增值税额 6 732 元，提货单和增值税专用发票已交给购买方，款项尚未收到。其会计分录为：

借：应收账款　　46 332
　　贷：经营收入　　39 600
　　　　应交税费——应交增值税(销项税额)　　6 732

【例 13-88】 承【例 13-87】，该事业单位 2017 年 6 月 12 日购入非自用丙材料一批，增值税专用发票上注明价款为 25 300 元，增值税额为 4 301 元，材料已验收入库，款项已通过银行支付。其会计分录为：

借：存货　　25 300
　　应交税费——应交增值税(进项税额)　　4 301
　　贷：银行存款　　29 601

【例 13-89】 承【例 13-88】，2017 年 6 月 27 日，由于该事业单位仓库保管员工作失误，毁损非自用丙材料一批，有关增值税专用发票确认的材料成本为 7 700 元，增值税额为 1 309 元。其会计分录为：

借：待处置资产损溢　　9 009
　　贷：存货　　7 700
　　　　应交税费——应交增值税(进项税额转出)　　1 309

【例 13-90】 承【例 13-89】，该事业单位 2017 年 6 月应缴纳增值税的计算如下：

$$应交增值税额=6\,732-(4\,301-1\,309)=3\,740(元)$$

根据计算结果，该事业单位实际缴纳增值税时，其会计分录为：

借：应交税费——应交增值税(已缴税金)　　3 740
　　贷：银行存款　　3 740

【例 13-91】 某事业单位为增值税小规模纳税人，2017 年 7 月购入非自用材料取得的增值税专用发票中注明货款为 29 700 元，增值税额为 5 049 元，款项以银行存款支付，材料已验收入库。该事业单位当月销售应税产品的含税价格为 55 517 元，款项已存入银行。其会计分录为：

(1)购进材料：

借：存货	34 749	
贷：银行存款		34 749

(2)销售产品：

不含税价格=55 517÷(1+3%)=53 900(元)

应纳增值税额=53 900×3%=1 617(元)

借：银行存款	55 517	
贷：经营收入		53 900
应交税费——应交增值税		1 617

(3)实际缴纳增值税：

借：应交税费——应交增值税	1 617	
贷：银行存款		1 617

【例 13-92】某事业单位从事经营活动，2017 年全年应缴纳的各项税费为：房产税 10 450 元，城镇土地使用税 12 430 元，车船税 9 570 元。其会计分录为：

借：经营支出	32 450	
贷：应交税费——应缴房产税		10 450
——应缴城镇土地使用税		12 430
——应缴车船税		9 570

(二)应缴国库款的核算

应缴国库款是指事业单位按规定应缴入国库的款项，应交税费除外。其一般包括纳入预算管理的政府性基金、事业性收费、罚没款项及其他。这些款项已经纳入政府预算管理，所有权不属于事业单位，必须按规定上缴国库，未上缴时形成了事业单位的负债。事业单位的应缴国库款与行政单位的应缴财政款相似。

为核算和监督事业单位按规定应缴入国库的款项，事业单位会计应设置“应缴国库款”会计科目。该科目属于负债类科目，贷方登记事业单位取得的应缴入国库的款项，借方登记实际上缴国库的款项；期末贷方余额反映事业单位应缴入国库但尚未缴纳的款项。本科目应按照应缴国库的各款项类别进行明细核算。

事业单位会计关于应缴国库款的主要账务处理如下。

(1)按规定计算确定或实际取得应缴国库的款项时，借记“银行存款”等有关科目，贷记“应缴国库款”科目。

(2)上缴款项时，借记“应缴国库款”科目，贷记“银行存款”等科目。

【例 13-93】 某事业单位取得罚没收入 6 600 元，无主财物变价收入 6 490 元，款项已存入过渡账户。其会计分录为：

(1)取得应缴国库款时：

借：银行存款　　13 090

　　贷：应缴国库款　　13 090

(2)将应缴国库款上缴国库时：

借：应缴国库款　　13 090

　　贷：银行存款　　13 090

(三)应缴财政专户款的核算

应缴财政专户款是指事业单位收到的按规定应缴入财政专户的款项。这些款项尚未纳入财政预算管理，但因其属于财政性资金，而非本单位的自有资金，所以应按规定纳入财政专户管理，实行收支两条线的管理方式。事业单位收到相关款项时，必须及时上缴财政专户统一管理；需要使用资金时，向财政部门进行申请，经过审批后通过财政专户予以返还。事业单位收到应上缴财政专户管理的款项而未上缴时，便形成本单位的一项负债。

事业单位应缴财政专户款应严格按照有关规定收取，及时办理款项结算并按规定提取和安排使用，以提高资金使用效率。

为核算和监督事业单位按规定应缴入财政专户的款项，事业单位会计应设置“应缴财政专户款”会计科目。该科目属于负债类科目，贷方记录事业单位取得的应上缴财政专户的款项，借方记录实际上缴的款项；期末贷方余额反映事业单位应缴入财政专户但尚未缴纳的款项。本科目应按照应缴财政专户的各款项类别进行明细核算。

事业单位会计关于应缴财政专户款的主要账务处理如下。

(1)取得应缴财政专户的款项时，借记“银行存款”等有关科目，贷记“应缴财政专户款”科目。

(2)上缴款项时，借记“应缴财政专户款”科目，贷记“银行存款”等科目。

【例 13-94】 某事业单位收取学费、委托培养费等 39 600 000 元，款项已通过代理银行缴入财政专户。其会计分录为：

(1)取得应缴财政专户的款项时：

借：银行存款　　39 600 000

　　贷：应缴财政专户款　　39 600 000

(2)上缴款项时：

借：应缴财政专户款　　39 600 000

　　贷：银行存款　　39 600 000

三、应付及预收款项的核算

应付及预收款项是指事业单位在开展业务及其他活动过程中形成的各种负债，包括应付票据、应付账款、预收账款、其他应付款等。事业单位应加强应付及预收款项的管理，及时办理结算，避免延期拖欠。

(一)应付票据的核算

为核算和监督事业单位因购买材料、物资等而开出、承兑的商业汇票，事业单位会计应设置“应付票据”会计科目。该科目属于负债类科目，贷方记录事业单位因购买材料、物资等而开出、承兑的商业汇票，借方记录商业汇票的实际支付或冲转；期末贷方余额反映事业单位开出、承兑的尚未到期的商业汇票票面金额。本科目应按照债权单位进行明细核算。

事业单位应设置“应付票据备查簿”，详细登记每一应付票据的种类、号数、出票日期、到期日、票面金额、交易合同号、收款人姓名或单位名称，以及付款日期和金额等资料。应付票据到期结清票款后，应在备查簿内逐笔注销。

事业单位会计关于应付票据的主要账务处理如下。

(1)开出、承兑商业汇票时，借记“存货”等科目，贷记“应付票据”科目。以承兑商业汇票抵付应付账款时，借记“应付账款”科目，贷记“应付票据”科目。

(2)支付银行承兑汇票的手续费时，借记“事业支出”“经营支出”等科目，贷记“银行存款”等科目。

(3)商业汇票到期时，应分别依据以下情况处理。

收到银行支付到期票据的付款通知时，借记“应付票据”科目，贷记“银行存款” 科目。

银行承兑汇票到期，本单位无力支付票款的，按照汇票票面金额，借记“应付票据” 科目，贷记“短期借款”科目。

商业承兑汇票到期，本单位无力支付票款的，按照汇票票面金额，借记“应付票据” 科目，贷记“应付账款”科目。

【例 13-95】 某事业单位为开展事业活动购入材料一批，价款 44 000 元，增值税 7 480 元，购入材料已验收入库。该单位开出 3 个月到期的银行承兑汇票，并支付银行承兑手续费 51.48 元。其会计分录为：

(1)购入材料开出银行承兑汇票：

借：存货	51 480	
贷：应付票据		51 480

(2)支付银行承兑手续费：

借：事业支出	51.48	
贷：银行存款		51.48

【例 13-96】 承【例 13-95】，银行承兑汇票到期，该事业单位支付票据款。其会计分录为：

借：应付票据	51 480	
贷：银行存款		51 480

若票据到期不能如期支付票款，则作会计分录为：

借：应付票据	51 480	
贷：短期借款		51 480

【例 13-97】 某事业单位(一般纳税人)为开展非独立核算的经营活动购入材料一批，材料成本 22 000 元，应交增值税额 3 740 元。单位开出期限为 6 个月的带息商业承兑汇票一张，年利率为 6%，材料已验收入库。其会计分录为：

(1)购入材料：

借：存货	22 000	
应交税费——应交增值税(进项税额)	3 740	
贷：应付票据		25 740

(2)票据到期支付票据款及利息：

应付利息=25 740×6%×0.5=772.2(元)

借：经营支出　　772.2

　　应付票据　　25 740

　　贷：银行存款　　26 512.2

若票据到期不能如期支付票款及利息，则作会计分录为：

借：应付票据　　26 512.2

　　贷：应付账款　　26 512.2

(二)应付账款的核算

为核算和监督事业单位因购买材料、物资等而应付的款项，事业单位会计应设置“应付账款”会计科目。该科目属于负债类科目，贷方记录事业单位发生或转入的各种应付账款，借方记录实际支付或转出的应付账款；期末贷方余额反映事业单位尚未支付的应付账款。本科目应按照债权单位(或个人)进行明细核算。

事业单位会计关于应付账款的主要账务处理如下。

(1)购入材料、物资等已验收入库但货款尚未支付的，按照应付未付金额，借记“存货”等科目，贷记“应付账款”科目。

(2)偿付应付账款时，按照实际支付的款项金额，借记“应付账款”科目，贷记“银行存款”等科目。

(3)开出、承兑商业汇票抵付应付账款，借记“应付账款”科目，贷记“应付票据”科目。

(4)无法偿付或债权人豁免偿还的应付账款，借记“应付账款”科目，贷记“其他收入”科目。

【例 13-98】 某事业单位购入一批事业活动用材料，价款为 9 900 元，增值税为 1 683 元，对方代垫运杂费 352 元。材料已验收入库，款项尚未支付。其会计分录为：

借：存货　　11 935

　　贷：应付账款　　11 935

【例 13-99】 承【例 13-98】，该事业单位通过单位零余额账户偿付上述款项。其会计分录为：

借：应付账款　　11 935

　　贷：零余额账户用款额度　　11 935

【例 13-100】 某事业单位已确认应付乙公司的一笔应付账款 3 608 元因乙公司倒闭而无法支付。其会计分录为：

借：应付账款——乙公司　　3 608

　　贷：其他收入　　3 608

(三)预收账款的核算

为核算和监督事业单位按合同规定预收的款项，事业单位会计应设置“预收账款”会计科目。该科目属于负债类科目，贷方记录事业单位预收或补收的款项，借方记录预收款项的偿付、退回或转销；期末贷方余额反映事业单位按合同规定预收但尚未实际结算的款项。本科目应按照债权单位(或个人)进行明细核算。

事业单位会计关于预收账款的主要账务处理如下。

(1)从付款方预收款项时，按照实际预收的金额，借记“银行存款”等科目，贷记“预收账款”科目。

(2)确认有关收入时,借记“预收账款”科目,按照应确认的收入金额,贷记“经营收入”等科目，按照付款方补付或退回付款方的金额，借记或贷记“银行存款”等科目。

(3)无法偿付或债权人豁免偿还的预收账款，借记“预收账款”科目，贷记“其他收入”科目。

【例 13-101】 某事业单位(一般纳税人)向甲公司出售产品一批，货款共计 74 646 元。根据合同规定，甲公司向该事业单位预付货款的 40%，待交货后付清剩余货款。甲公司预付的货款已通过银行收取。其会计分录为:

借：银行存款	29 858.4	
贷：预收账款		29 858.4

【例 13-102】 承【例 13-101】，按合同规定发出货物，货款差额已收到并存入银行。其会计分录为:

借：预收账款	29 858.4	
银行存款	44 787.6	
贷：经营收入		63 800
应交税费——应交增值税(销项税额)		10 846

【例 13-103】 某事业单位之前收到的 A 公司所预付的货款 2 980 元，现因 A 公司违约撤销采购合同而豁免偿还。其会计分录为:

借：预收账款	2 980	
贷：其他收入		2 980

(四)其他应付款的核算

为核算和监督事业单位除应交税费、应缴国库款、应缴财政专户款、应付职工薪酬、应付票据、应付账款、预收账款之外的其他各项偿还期限在 1 年内(含 1 年)的应付及暂收款项，事业单位会计应设置“其他应付款”会计科目。该科目属于负债类科目，贷方记录事业单位发生的各项应付及暂收款项，借方记录其他应付款的实际支付及转出；期末贷方余额反映事业单位尚未支付的其他应付款。本科目应按照其他应付款的类别以及债权单位(或个人)进行明细核算。

事业单位会计关于其他应付款的主要账务处理如下。

(1)发生其他各项应付及暂收款项时,借记“银行存款”等科目,贷记“其他应付款”科目。

(2)支付其他应付款项时，借记“其他应付款”科目，贷记“银行存款”等科目。

(3)无法偿付或债权人豁免偿还的其他应付款项,借记“其他应付款”科目,贷记“其他收入”科目。

【例 13-104】 某事业单位在销售产品过程中，出借给甲单位一批包装物，收取押金 3 300 元，存入银行。其会计分录为:

借：银行存款	3 300	
贷：其他应付款		3 300

【例 13-105】 承【例 13-104】，包装物如期归还，退还押金。其会计分录为：

借：其他应付款　　　　3 300

　　贷：银行存款　　　　3 300

【例 13-106】 某事业单位之前所收取的保证金 4 400 元，现因对方单位撤销致使无法归还。其会计分录为：

借：其他应付款　　　　4 400

　　贷：其他收入　　　　4 400

四、应付职工薪酬的核算

应付职工薪酬是指事业单位按有关规定应付给职工及为职工支付的各种薪酬，包括基本工资、绩效工资、国家统一规定的津贴补贴、社会保险费、住房公积金等。

为核算和监督事业单位应付职工薪酬的结算及发放等情况，事业单位会计应设置“应付职工薪酬”会计科目。该科目属于负债类科目，贷方记录事业单位按规定应付给职工的各种薪酬，借方记录实际支付的职工薪酬；期末贷方余额反映事业单位应付未付的职工薪酬。本科目应根据国家有关规定按照“工资(离退休费)”“地方(部门)津贴补贴”“其他个人收入”“社会保险费”“住房公积金”等进行明细核算。

事业单位会计关于应付职工薪酬的主要账务处理如下。

(1)计算当期应付职工薪酬，借记“事业支出”“经营支出” 等科目，贷记“应付职工薪酬”科目。

(2)向职工支付工资、津贴补贴等薪酬，借记“应付职工薪酬”科目，贷记“财政补助收入”“零余额账户用款额度”“银行存款”等科目。

(3)按税法规定代扣代缴个人所得税，借记“应付职工薪酬”科目，贷记“应交税费——应缴个人所得税”科目。

(4)按照国家有关规定缴纳职工社会保险费和住房公积金，借记“应付职工薪酬”科目，贷记“财政补助收入”“零余额账户用款额度”“银行存款”等科目。

(5)从应付职工薪酬中支付其他款项，借记“应付职工薪酬”科目，贷记“财政补助收入”“零余额账户用款额度”“银行存款”等科目。

【例 13-107】 某事业单位 2017 年 5 月工资发放情况如下：基本工资 1 972 960 元，离休费 137 830 元，退休费 525 800 元，国家统一规定的津贴补贴 573 870 元，地方性津贴补贴 406 120 元；应为职工缴纳基本养老保险费 146 740 元，基本医疗保险费 96 360 元。事业保险费 40 590 元，住房公积金 295 295 元。另外，单位职工应负担的社会保险费为 102 740 元，住房公积金 295 295 元，由单位代扣代缴。同时，代扣代缴个人所得税 98 450 元。通过单位零余额账户代缴个人所得税，其余款项均通过财政零余额账户支付。其会计分录为：

(1)计提应付职工薪酬：

借：事业支出　　　　4 195 565

　　贷：应付职工薪酬——工资(离退休费)　　　　3 210 460

　　　　——地方(部门)津贴补贴　　　　406 120

　　　　——社会保险费　　　　283 690

　　　　——住房公积金　　　　295 295

(2) 代扣职工社会保险费及住房公积金：

借：应付职工薪酬——工资(离退休费)　　398 035

　　贷：应付职工薪酬——社会保险费　　102 740

　　　　　　　　　　——住房公积金　　295 295

(3) 代扣个人所得税：

借：应付职工薪酬——工资(离退休费)　　98 450

　　贷：应交税费——应缴个人所得税　　98 450

(4) 支付职工工资(离退休费)、社会保险费及住房公积金：

借：应付职工薪酬——工资(离退休费)　　2 713 975

　　　　　　　　——地方(部门)津贴补贴　　406 120

　　　　　　　　——社会保险费　　386 430

　　　　　　　　——住房公积金　　590 590

　　贷：财政补助收入　　4 097 115

(5) 代缴个人所得税：

借：应交税费——应缴个人所得税　　98 450

　　贷：零余额账户用款额度　　98 450

五、长期应付款的核算

长期应付款是指事业单位发生的偿还期限超过 1 年(不含 1 年)的应付款项，如以融资租赁租入固定资产的租赁费、跨年度分期付款购入固定资产的价款等。长期应付款是需要在较长时间内予以支付的款项，因此事业单位应合理安排、统筹规划，及时筹措还款资金，从而降低财务风险。

为核算和监督事业单位长期应付款的形成及支付等情况，事业单位会计应设置“长期应付款”会计科目。该科目属于负债类科目，贷方记录事业单位长期应付款的形成，借方记录实际支付的长期应付款数；期末贷方余额反映事业单位尚未支付的长期应付款。本科目应按照长期应付款的类别以及债权单位(或个人)进行明细核算。

事业单位会计关于长期应付款的主要账务处理如下。

(1) 发生长期应付款时，借记“固定资产”“在建工程”等科目，贷记“长期应付款”“非流动资产基金——固定资产、在建工程”等科目。

(2) 支付长期应付款时，借记“事业支出”“经营支出”等科目，贷记“银行存款”等科目；同时，借记“长期应付款”科目，贷记“非流动资产基金——固定资产、在建工程”科目。

(3) 无法偿付或债权人豁免偿还的长期应付款，借记“长期应付款”科目，贷记“其他收入”科目。

【例 13-108】 某事业单位从甲融资租赁公司租入需要安装的科研设备一台，按租赁协议确定的租赁价款为 825 000 元，通过单位零余额账户支付运输费、途中保险费 6 600 元，安装过程中通过财政零余额账户支付安装调试费 44 000 元。按协议规定，租赁费采用财政授权支付方式分 5 年偿还，每年支付 165 000 元。其会计分录为：

(1) 租入设备：

借：在建工程——设备安装工程　　831 600

贷：长期应付款——融资租入固定资产租金　　825 000
　　非流动资产基金——在建工程　　6 600

同时：

借：事业支出　　6 600
　　贷：零余额账户用款额度　　6 600

(2) 支付安装调试费：

借：在建工程——设备安装工程　　44 000
　　贷：非流动资产基金——在建工程　　44 000

同时：

借：事业支出　　44 000
　　贷：财政补助收入　　44 000

(3) 设备交付使用：

借：固定资产　　875 600
　　贷：在建工程——设备安装工程　　875 600

同时：

借：非流动资产基金——在建工程　　50 600
　　贷：非流动资产基金——固定资产　　50 600

(4) 每年支付租金：

借：事业支出　　165 000
　　贷：零余额账户用款额度　　165 000

同时：

借：长期应付款——融资租入固定资产租金　　165 000
　　贷：非流动资产基金——固定资产　　165 000

【例 13-109】 某事业单位购入一台不需要安装的机器设备，价款 528 000 元，采取跨年度分期付款办法分 3 年付清，每年通过单位零余额账户支付 176 000 元。其会计分录为：

(1) 购入设备：

借：固定资产　　528 000
　　贷：长期应付款——应付固定资产价款　　528 000

(2) 每年支付货款：

借：事业支出　　176 000
　　贷：零余额账户用款额度　　176 000

同时：

借：长期应付款——应付固定资产价款　　176 000
　　贷：非流动资产基金——固定资产　　176 000

第三节　事业单位会计净资产的核算

事业单位的净资产是指事业单位资产扣除负债后的余额，包括财政补助结转结余、非财政补助结转、事业结余、经营结余、非流动资产基金、事业基金、专用基金等。

事业单位的净资产主要来自年度收入和支出相抵后所形成的结转结余以及各种基金，因此事业单位净资产的核算主要包括结转结余的核算和基金的核算两部分。

一、财政补助结转结余的核算

财政补助结转结余是指事业单位各项财政补助收入与其相关支出相抵后剩余滚存的、须按规定管理和使用的结转结余资金，包括财政补助结转资金和财政补助结余资金。

财政补助结转资金是指事业单位当年预算已执行但尚未完成或因故未执行，下一年度需要按照原定用途继续使用的财政补助资金，包括基本支出结转和项目支出结转。年末，事业单位应对财政补助项目执行情况进行分析，并按照有关规定转出符合财政补助结余性质的资金。事业单位财政补助结转资金原则上不得调整用途，确需调整用途的须经财政部门审批。

财政补助结余资金是指事业单位当年预算工作目标已完成或因故终止，当年剩余的财政补助资金。事业单位取得财政补助结余资金，应按照同级财政的规定执行，或按规定上缴，或注销资金额度，或经批准转入其他用途。但不能直接参与事业单位的结余分配，并转入事业基金。

为核算和监督事业单位财政补助结转结余情况，事业单位会计应设置“财政补助结转”和“财政补助结余”会计科目。

“财政补助结转”科目属于净资产类科目，贷方记录事业单位当期财政补助收入的转入数，借方记录财政补助支出转入数、年末财政补助结转转出数以及按规定上缴或注销数；期末余额在贷方，反映事业单位财政补助结转资金数额。事业单位发生需要调整以前年度财政补助结转的事项，也通过本科目核算。本科目应设置“基本支出结转”“项目支出结转”两个明细科目，并在“基本支出结转”明细科目下按照“人员经费”“日常公用经费”进行明细核算，在“项目支出结转”明细科目下按照具体项目进行明细核算；本科目还应按照《政府收支分类科目》中支出功能分类科目的相关科目进行明细核算。

“财政补助结余”科目属于净资产类科目，贷方记录事业单位年末财政补助结余转入数，借方记录财政补助结余按规定上缴或注销数；期末余额在贷方，反映事业单位财政补助结余资金数额。事业单位发生需要调整以前年度财政补助结余的事项，通过本科目核算。本科目应按照《政府收支分类科目》中支出功能分类科目的相关科目进行明细核算。

事业单位会计关于财政补助结转结余的主要账务处理如下。

1. 本期财政补助收支结转

期末，事业单位应将财政补助收入本期发生额结转入“财政补助结转”科目，借记“财政补助收入——基本支出、项目支出”科目，贷记“财政补助结转”科目(基本支出结转、项目支出结转)；将事业支出(财政补助支出)本期发生额结转入“财政补助结转”科目，借记“财政补助结转”科目(基本支出结转、项目支出结转)，贷记“事业支出——财政补助支出(基本支出、项目支出)”或“事业支出——基本支出(财政补助支出)、项目支出(财政补助支出)”科目。

2. 本期财政补助结转转出

年末，事业单位完成上述财政补助收支结转后，应对财政补助各明细项目执行情况进行分析，按照有关规定将符合财政补助结余性质的项目余额转入财政补助结余，借记或贷记“财政补助结转”科目(项目支出结转——××项目)，贷记或借记“财政补助结余”科目。

3. 财政补助结转结余处置

对于按规定上缴财政补助结转资金或注销财政补助结转额度的，按照实际上缴资金数额或注销的资金额度数额，借记“财政补助结转”科目，贷记“财政应返还额度”“零余额账户用款额度”“银行存款”等科目。取得主管部门归集调入财政补助结转资金或额度的，作相反的会计分录。

对于按规定上缴财政补助结余资金或注销财政补助结余额度的，按照实际上缴资金数额或注销的资金额度数额，借记“财政补助结余”科目，贷记“财政应返还额度”、“零余额账户用款额度”“银行存款”等科目。取得主管部门归集调入财政补助结余资金或额度的，做相反的会计分录。

【例 13-110】 某事业单位 2016 年年末“财政补助收入”和“事业支出——财政补助支出”科目及有关明细科目余额如表 13-1 所示。

表 13-1 明细科目余额表

单位：元

科目名称	借方余额	贷方余额
财政补助收入——基本支出——人员经费		4 048 000
——日常公用经费		7 474 500
——项目支出——甲项目		198 000
——乙项目		352 000
——丙项目		1 793 000
事业支出——财政补助支出——基本支出——人员经费	3 925 900	
——日常公用经费	7 301 800	
——项目支出——甲项目	187 000	
——乙项目	311 300	
——丙项目	1 397 000	

在各项支出中，甲项目和乙项目均已完工，丙项目尚未完工。按照项目管理的要求，甲项目当年剩余资金 11 000 元予以注销，冲减财政应返还额度中的未下达的财政授权支付额度；乙项目当年剩余资金 37 000 元的 60%上缴同级财政部门，通过单位的零余额账户予以上缴。其会计分录为：

(1)结转财政补助收入：

借：财政补助收入——基本支出——人员经费　　4 048 000
　　　　　　　　　　　　　——日常公用经费　　7 474 500
　　　　　　　——项目支出——甲项目　　198 000
　　　　　　　　　　　　　——乙项目　　352 000
　　　　　　　　　　　　　——丙项目　　1 793 000
　贷：财政补助结转——基本支出结转　　11 522 500
　　　　　　　　　——项目支出结转　　2 343 000

(2)结转财政补助支出：

借：财政补助结转——基本支出结转　　11 227 700
　　　　　　　　——项目支出结转　　1 895 300
　贷：事业支出——财政补助支出——基本支出——人员经费　3 925 900

——日常公用经费　7 301 800

——项目支出——甲项目　187 000

——乙项目　311 300

——丙项目　1 397 000

(3)将甲、乙项目结余资金转入财政补助结余：

借：财政补助结转——项目支出结转——甲项目　11 000

——乙项目　40 700

贷：财政补助结余　51 700

(4)按规定注销和上缴财政补助结余资金：

借：财政补助结余　35 420

贷：财政应返还额度——财政授权支付　11 000

零余额账户用款额度　24 420

二、非财政补助结转结余的核算

非财政补助结转结余是指事业单位除财政补助收支以外的各项收入与各项支出相抵后的余额，包括非财政补助结转资金和非财政补助结余资金。

非财政补助结转是指事业单位除财政补助收支以外的各专项资金收入与其相关支出相抵后剩余滚存的，须按规定用途使用的结转资金。这些资金属于非财政专项资金，必须按规定用途使用。事业单位非财政补助结转按照规定结转下一年度继续使用，项目完成后的剩余资金按项目规定处理，或缴回原专项资金拨款单位，或转入事业基金留归本单位使用。

非财政补助结余是指事业单位除财政补助收支以外的各非专项资金收入与各非专项资金支出相抵后的余额，包括事业结余和经营结余。事业结余是指事业单位一定期间除财政补助收支、非财政专项资金收支和经营收支以外各项收支相抵后的余额。经营结余是指事业单位一定期间各项经营收支相抵后余额弥补以前年度经营亏损后的余额。这些资金结余可以按照国家有关规定提前计提职工福利基金，剩余部分作为事业基金用于弥补以后年度单位收支差额；国家另有规定的，从其规定。

为核算和监督事业单位非财政补助结转结余情况，事业单位会计应设置“非财政补助结转”“事业结余”“经营结余”会计科目。

“非财政补助结转”科目属于净资产类科目，贷方记录事业单位非财政专项资金收入的转入数，借方记录非财政专项资金支出转入数以及完工项目剩余资金按规定处置数；期末余额在贷方，反映事业单位非财政补助专项结转资金数额。事业单位发生需要调整以前年度非财政补助结转的事项，通过本科目核算。本科目应按照非财政专项资金的具体项目进行明细核算。

“事业结余”科目属于净资产类科目，贷方记录有关收入的转入数及非财政补助结余弥补事业单位亏损数，借方记录有关支出转入数以及结转非财政补助结余分配数；本科目期末如为贷方余额，反映事业单位自年初至报告期末累计实现的事业结余；如为借方余额，反映事业单位自年初至报告期末累计发生的事业亏损。年末结账后，本科目应无余额。

“经营结余”科目属于净资产类科目，贷方记录有关收入的转入数及结转非财政补助结余分配数，借方记录有关支出转入数；本科目期末如为贷方余额，反映事业单位自年初至报告期末累计实现的经营结余弥补以前年度经营亏损后的经营结余；如为借方余额，反映事业单位截至报告期末累计发生的经营亏损。年末结账后，本科目一般无余额；如为借方结余，反映事业单位累计发生的经营亏损。

事业单位会计关于非财政补助结转结余的主要账务处理如下。

1. 非财政补助结转的账务处理

期末，将事业收入、上级补助收入、附属单位上缴收入、其他收入本期发生额中的专项资金收入结转入“非财政补助结转”科目，借记“事业收入”“上级补助收入”“附属单位上缴收入”“其他收入”科目下各专项资金收入明细科目，贷记“非财政补助结转”科目；将事业支出、其他支出本期发生额中的非财政专项资金支出结转入“非财政补助结转”科目，借记“非财政补助结转”科目，贷记“事业支出——非财政专项资金支出”或“事业支出——项目支出(非财政专项资金支出)”“其他支出”科目下各专项资金支出明细科目。

年末，完成上述结转后，应对非财政补助专项结转资金各项目情况进行分析，将已完成项目的项目剩余资金分别依据以下情况处理：对于缴回原专项资金拨入单位的，借记“非财政补助结转”科目(××项目)，贷记“银行存款”等科目；对于留归本单位使用的，借记“非财政补助结转”科目(××项目)，贷记“事业基金”科目。

2. 事业结余的账务处理

期末，将事业收入、上级补助收入、附属单位上缴收入、其他收入本期发生额中的非专项资金收入结转入“事业结余”科目，借记“事业收入”“上级补助收入”“附属单位上缴收入”“其他收入”科目下各非专项资金收入明细科目，贷记“事业结余”科目；将事业支出、其他支出本期发生额中的非财政、非专项资金支出，以及对附属单位补助支出、上缴上级支出的本期发生额结转入“事业结余”科目，借记“事业结余”科目，贷记“事业支出——其他资金支出”或“事业支出——基本支出(其他资金支出)、项目支出(其他资金支出)”“其他支出”科目下各非专项资金支出明细科目，以及“对附属单位补助支出”“上缴上级支出”科目。

年末，完成上述结转后，将“事业结余”科目余额结转入“非财政补助结余分配”科目，借记或贷记“事业结余”科目，贷记或借记“非财政补助结余分配”科目。

3. 经营结余的账务处理

期末，将经营收入本期发生额结转入“经营结余”科目，借记“经营收入”科目，贷记“经营结余”科目；将经营支出本期发生额结转入“经营结余”科目，借记“经营结余”科目，贷记“经营支出”科目。

年末，完成上述结转后，如“经营结余”科目为贷方余额，将“经营结余”科目余额结转入“非财政补助结余分配”科目，借记“经营结余”科目，贷记“非财政补助结余分配”科目；如“经营结余”科目为借方余额，为经营亏损，不予结转。

【例 13-111】 某事业单位 2016 年年末非财政专项资金收支情况如下：“上级补助收入——专项资金收入”363 000 元，“其他收入——专项资金收入”5 170 元，“事业支出——非财政专项资金支出”275 000 元，“其他支出——非财政专项资金支出”3 520 元。其会计分录为：

(1)将非财政专项资金收入转入“非财政补助结转”：

借：上级补助收入——专项资金收入	363 000	
其他收入——专项资金收入	5 170	
贷：非财政补助结转		368 170

(2)将非财政专项资金支出转入“非财政补助结转”：

借：非财政补助结转　　278 520

　　贷：事业支出——非财政专项资金支出　　275 000

　　　　其他支出——非财政专项资金支出　　3 520

【例 13-112】 某事业单位 2016 年年末在将非财政补助专项资金收支进行结转后，“非财政补助结转”科目贷方余额为 352 000 元。经分析确认，上级主管单位安排的 A 项目已经完成，该项目当年剩余资金为 44 000 元。根据该项目资金管理的规定，剩余资金的 70%应缴回上级单位，其余 30%留归本单位使用。其会计分录为：

借：非财政补助结转——A 项目　　44 000

　　贷：银行存款　　30 800

　　　　事业基金　　13 200

【例 13-113】 某事业单位 2016 年 11 月“事业结余”科目贷方余额为 946 000 元。2016 年 12 月有关收支科目中非专项资金收入以及非专项资金支出余额如下：“事业收入”183 700 元，“上级补助收入”132 000 元，“附属单位上缴收入” 165 000 元，“其他收入”59 400 元；“事业支出——基本支出”203 500 元，“事业支出——项目支出”104 500 元，“上缴上级支出”77 000 元，“对附属单位补助支出”143 000 元，“其他支出”35 200 元。12 月末，其会计分录为：

(1)将以上收支科目余额转入“事业结余”：

借：事业收入　　183 700

　　上级补助收入　　132 000

　　附属单位上缴收入　　165 000

　　其他收入　　59 400

　　贷：事业结余　　540 100

同时：

借：事业结余　　563 200

　　贷：事业支出——基本支出　　203 500

　　　　　　　　——项目支出　　104 500

　　　　上缴上级支出　　77 000

　　　　对附属单位补助支出　　143 000

　　　　其他支出　　35 200

(2)2015 年该事业单位全年“事业结余”科目为贷方余额 922 900(946 000+540 100−563 200)元。将“事业结余”科目余额转入“非财政补助结余分配”：

借：事业结余　　922 900

　　贷：非财政补助结余分配　　922 900

【例 13-114】 某事业单位 2016 年 11 月“经营结余”科目贷方余额 506 000 元。2016 年 12 月“经营收入”217 800 元，“经营支出 257 400 元。12 月末，其会计分录为：

(1)将经营活动收支转入“经营结余”：

借：经营收入　　217 800

　　贷：经营结余　　217 800

同时：

借：经营结余　　257 400

　　贷：经营支出　　257 400

(2)2016 年 12 月末该事业单位“经营结余”科目贷方余额 466 400(506 000+217 800−257 400)元。将“经营结余”贷方余额转入“非财政补助结余分配”：

借：经营结余　　466 400

　　贷：非财政补助结余分配　　466 400

三、非财政补助结余分配的核算

非财政补助结余分配是指事业单位对非财政补助结余按规定范围进行分配的过程。事业单位可供分配的非财政补助结余包括事业结余和经营结余两类。事业单位非财政补助结余分配主要包括计算缴纳企业所得税、提取专用基金、结转事业基金。

为核算和监督事业单位本年度非财政补助结余分配的情况和结果，事业单位会计应设置“非财政补助结余分配”会计科目。该科目属于净资产类科目，贷方记录转入的非财政补助结余数，借方记录非财政补助结余的已分配数及转入事业基金数；年末结账后，本科目应无余额。

事业单位会计关于非财政补助结余分配的主要账务处理如下：

(1)年末，将“事业结余”科目余额结转入“非财政补助结余分配”科目，借记或贷记“事业结余”科目，贷记或借记“非财政补助结余分配”科目；将“经营结余”科目贷方余额结转入“非财政补助结余分配”科目，借记“经营结余”科目，贷记“非财政补助结余分配”科目。

(2)有企业所得税缴纳义务的事业单位计算出应缴纳的企业所得税，借记“非财政补助结余分配”科目，贷记“应交税费——应缴企业所得税”科目。

(3)按照有关规定提取职工福利基金的，按提取的金额，借记“非财政补助结余分配”科目，贷记“专用基金——职工福利基金”科目。

(4)年末，按规定完成上述处理后，将“非财政补助结余分配”科目余额结转入事业基金，借记或贷记“非财政补助结余分配”科目，贷记或借记“事业基金”科目。

【例 13-115】 年终转账后，某事业单位“事业结余”账户贷方余额为 1 067 000 元，“经营结余”账户贷方余额为 616 000 元。根据主管部门和同级财政部门的规定，该事业单位职工福利基金的提取比例为 30%。对非财政补助结余进行分配，其会计分录为：

(1)将“事业结余”和“经营结余”科目余额转入“非财政补助结余分配”：

借：事业结余　　1 067 000

　　经营结余　　616 000

　　贷：非财政补助结余分配　　1 683 000

(2)计算应缴企业所得税：

应缴企业所得税=616 000×25%=154 000(元)

借：非财政补助结余分配　　154 000

　　贷：应交税费——应缴企业所得税　　154 000

(3)按规定提取职工福利基金：

提取职工福利基金数=(1 683 000−154 000)×30%=458 700(元)

借：非财政补助结余分配　　458 700

　贷：专用基金——职工福利基金　　458 700

(4)将未分配结余转入事业基金：

转入事业基金数=1 683 000−154 000−458 700=1 070 300(元)

借：非财政补助结余分配　　1 070 300

　贷：事业基金　　1 070 300

【例 13-116】 年终转账后，某事业单位“事业结余”账户贷方余额为 864 600 元，“经营结余”账户借方余额为 162 800 元。根据主管部门和同级财政部门的规定，该事业单位职工福利基金的提取比例为 20%。对非财政补助结余进行分配，其会计分录为：

(1)将“事业结余”科目余额转入“非财政补助结余分配”：

借：事业结余　　864 600

　贷：非财政补助结余分配　　864 600

(2)按规定提取职工福利基金：

提取职工福利基金数=864 600×20%=172 920(元)

借：非财政补助结余分配　　172 920

　贷：专用基金——职工福利基金　　172 920

(3)将未分配结余转入事业基金：

转入事业单位基金数=864 600−172 920=691 680 (元)

借：非财政补助结余分配　　691 680

　贷：事业基金　　691 680

四、事业基金的核算

事业基金是指事业单位拥有的非限定用途的净资产，主要为非财政补助结余分配后滚存的金额。

事业基金是事业单位可以自主安排使用的那部分剩余资金，主要用于调节年度间的收支平衡，一般不直接用于安排各项支出。也就是说，如果以后年度非财政补助收入大于支出，则可将收支差额扣除结余分配后的金额转入补充事业基金；如果非财政补助收入小于支出，则其差额可以用已累计的事业基金来弥补。因此，事业基金对事业单位而言起着“蓄水池”的作用。

为核算和监督事业单位拥有的非限定用途的净资产情况，事业单位会计应设置“事业基金”会计科目。该科目属于净资产类科目，贷方记录事业基金的增加数，借方记录事业基金的减少数；期末余额在贷方，反映事业单位历年积存的非限定用途净资产的金额。事业单位发生需要调整以前年度非财政补助结余的事项，通过本科目核算。国家另有规定的，从其规定。

事业单位会计关于事业基金的主要账务处理如下。

(1)年末，将“非财政补助结余分配”科目余额转入事业基金，借记或贷记“非财政补助结余分配”科目，贷记或借记“事业基金”科目。

(2)年末，将留归本单位使用的非财政补助专项(项目已完成)剩余资金转入事业基金，借记“非财政补助结转——××项目”科目，贷记“事业基金”科目。

(3)以货币资金取得长期股权投资、长期债券投资，按照实际支付的全部价款(包括购买价款以及税金、手续费等相关税费)作为投资成本，借记“长期投资”科目，贷记“银行存款”等科目；同时，按照投资成本金额，借记“事业基金”科目，贷记“非流动资产基金——长期投资”科目。

(4)对外转让或到期收回长期债券投资本息，按照实际收到的金额，借记“银行存款”等科目，按照收回长期投资的成本，贷记“长期投资”科目，按照其差额，贷记或借记“其他收入——投资收益”科目；同时，按照收回长期投资对应的非流动资产基金，借记“非流动资产基金——长期投资”科目，贷记“事业基金”科目。

【例 13-117】 年终，某事业单位按规定提取职工福利基金后，“非财政补助结余分配”科目贷方余额为 239 800 元，转入事业基金。其会计分录为：

借：非财政补助结余分配	239 800	
贷：事业基金		239 800

【例 13-118】 年终，某事业单位一项由上级主管部门拨入的专项资金项目 B 项目已经完工，剩余经费 18 700 元。根据该项目资金管理的规定，剩余经费的 60%应当缴回原拨单位，其余部分留归本单位使用。其会计分录为：

借：非财政补助结转——B 项目	18 700	
贷：银行存款		11 220
事业基金		7 480

【例 13-119】 某事业单位用银行存款 440 000 元与甲单位联营开办企业。其会计分录为：

借：长期投资——长期股权投资	440 000	
贷：银行存款		440 000
同时：		
借：事业基金	440 000	
贷：非流动资产基金——长期投资		440 000

【例 13-120】 某事业单位 3 年前购入的国债到期，收到本金 66 000 元，利息收入 9 900 元。其会计分录为：

借：银行存款	75 900	
贷：长期投资——长期债券投资		66 000
其他收入——投资收益		9 900
同时：		
借：非流动资产基金——长期投资	66 000	
贷：事业基金		66 000

五、专用基金的核算

专用基金是指事业单位按规定提取或者设置的具有专门用途的净资产，主要包括修购基金、职工福利基金以及其他基金等。

修购基金是指按照事业收入和经营收入的一定比例提取，并按照规定在相应的购置和修缮科目中列支(各列 50%)，或按照其他规定转入的，用于事业单位固定资产维修和购置的资金。职工福利基金是指按照非财政拨款结余的一定比例提取以及按照其他规定提取转入，用于单位职工集体福利设施、集体福利待遇等的资金。其他基金是指按照其他有关规定提取或设置的专用资金。事业单位专用基金管理应遵循先提后用、收支平衡、专款专用的原则，支出不得超出基金规模。对于其提取的比例，国家有统一规定的，按照统一规定执行；没有统一规定的，由主管部门会同同级财政部门确定。

为核算和监督事业单位专用基金的提取以及使用情况，事业单位会计应设置“专用基金”会计科目。该科目属于净资产类科目，贷方记录事业单位提取的各项专用基金数，借方记录按规定使用的专用基金数；期末余额在贷方，反映事业单位专用基金余额。本科目应按照专用基金的类别进行明细核算。

事业单位会计关于专用基金的主要账务处理如下。

1. 提取修购基金

按规定提取修购基金的，按照提取金额，借记“事业支出”“经营支出”科目，贷记“专用基金”科目(修购基金)。

2. 提取职工福利基金

年末，按规定从本年度非财政补助结余中提取职工福利基金的，按照提取金额，借记“非财政补助结余分配”科目，贷记“专用基金”科目(职工福利基金)。

3. 提取、设置其他专用基金

若有按规定提取的其他专用基金，按照提取金额，借记有关支出科目或“非财政补助结余分配”等科目，贷记“专用基金”科目。若有按规定设置的其他专用基金，按照实际收到的基金金额，借记“银行存款”等科目，贷记“专用基金”科目。

4. 使用专用基金

按规定使用专用基金时，借记“专用基金”科目，贷记“银行存款”等科目；使用专用基金形成固定资产的，还应借记“固定资产”科目，贷记“非流动资产基金——固定资产”科目。

【例 13-121】 某事业单位不计提固定资产折旧，本期事业收入为 674 300 元，经营收入为 274 300 元，分别按照 4%和 6%提取修购基金。其会计分录为:

借：事业支出	26 972	
经营支出	16 458	
贷：专用基金——修购基金		43 430

【例 13-122】 年终，某事业单位实现事业结余 616 000 元，经营结余 528 000 元，已转入非财政补助结余分配。根据规定，该事业单位应按经营结余的 25%缴纳企业所得税，按照税后非财政补助结余的 30%提取职工福利基金。其会计分录为:

(1)计算应缴企业所得税:

应缴企业所得税=528 000×25%=132 000 (元)

借：非财政补助结余分配	132 000	
贷：应交税费——应缴企业所得税		132 000

(2)提取职工福利基金:

提取职工福利基金=(616 000+528 000−132 000)×30%=303 600(元)

借：非财政补助结余分配　　303 600

　　贷：专用基金——职工福利基金　　303 600

【例 13-123】 某事业单位用修购基金 14 300 元购置一台办公设备，款项已通过银行支付，设备已投入使用。其会计分录为：

借：专用基金——修购基金　　14 300

　　贷：银行存款　　14 300

同时：

借：固定资产　　14 300

　　贷：非流动资产基金——固定资产　　14 300

【例 13-124】 某事业单位用职工福利基金 64 580 元支付职工福利开支，款项已通过银行支付。其会计分录为：

借：专用基金——职工福利基金　　64 580

　　贷：银行存款　　64 580

六、非流动资产基金的核算

非流动资产基金是指事业单位长期投资、固定资产、在建工程、无形资产等非流动资产占用的金额。事业单位在取得各项非流动资产时，相应地会增加非流动资产基金。非流动资产基金反映了事业单位在使用剩余资源上的一种限制。

为核算和监督事业单位非流动资产占用的金额，事业单位会计应设置“非流动资产基金”会计科目。该科目属于净资产类科目，贷方记录非流动资产占用资金的增加数，借方记录非流动资产占用资金的减少数；期末贷方余额反映事业单位非流动资产占用的金额。本科目应设置“长期投资”“固定资产”“在建工程”“无形资产”等明细科目,进行明细核算。

事业单位会计关于非流动资产基金的主要账务处理如下。

(1)非流动资产基金应在取得长期投资、固定资产、在建工程、无形资产等非流动资产或发生相关支出时予以确认。

取得相关资产或发生相关支出时，借记“长期投资”“固定资产”“在建工程”“无形资产”等科目，贷记“非流动资产基金”科目等有关科目；同时或待以后发生相关支出时，借记“事业支出”等有关科目,贷记“财政补助收入”“零余额账户用款额度”“银行存款”等科目。

(2)计提固定资产折旧、无形资产摊销时，应当冲减非流动资产基金。

计提固定资产折旧、无形资产摊销时，按照计提的折旧、摊销金额，借记“非流动资产基金”科目(固定资产、无形资产)，贷记“累计折旧”“累计摊销”科目。

(3)处置长期投资、固定资产、无形资产，以及以固定资产、无形资产对外投资时，应冲销该资产对应的非流动资产基金。

以固定资产、无形资产对外投资，按照评估价值加上相关税费作为投资成本，借记“长期投资”科目，贷记“非流动资产基金”科目(长期投资)，按发生的相关税费，借记“其他支出”科目，贷记“银行存款”等科目。同时，按照投出固定资产、无形资产对应的非流动资产基金，借记“非流动资产基金”科目(固定资产、无形资产)，按照投出资产已计提折旧、摊销，借记“累计折旧”“累计摊销”科目，按照投出资产的账面余额，贷记“固定资产”“无形资产”科目。

出售或以其他方式处置长期投资、固定资产、无形资产，转入待处置资产时，借记“待处置资产损溢”“累计折旧”（处置固定资产）、“累计摊销”（处置无形资产）科目，贷记“长期投资”“固定资产”“无形资产”等科目。实际处置时，借记“非流动资产基金” 科目（有关资产明细科目），贷记“待处置资产损溢”科目。

事业单位“非流动资产基金”的核算参见“长期投资”“固定资产”“在建工程”“无形资产”等账务处理。

【例 13-125】 某事业单位购入一台办公设备，价款 38 500 元，款项已通过单位零余额账户支付，设备已交付使用。其会计分录为：

借：固定资产	38 500	
贷：非流动资产基金——固定资产		38 500

同时：

借：事业支出——财政补助支出——基本支出	38 500	
贷：零余额账户用款额度		38 500

【例 13-126】 某事业单位期末对固定资产进行盘点，发现未入账设备一台，原因不明，同类设备的市场价格为 13 200 元。报经批准后，按资产盘盈处理。其会计分录为：

借：固定资产	13 200	
贷：非流动资产基金——固定资产		13 200

【例 13-127】 某事业单位 2016 年 11 月固定资产折旧、无形资产摊销情况如下：房屋及构筑物计提折旧 186 890 元；车辆计提折旧 64 350 元；机器设备计提折旧 75 130 元；专利权摊销 8 140 元；土地使用权摊销 88 000 元。其会计分录为：

借：非流动资产基金——固定资产	326 370	
——无形资产	96 140	
贷：累计折旧		326 370
累计摊销		96 140

【例 13-128】 某事业单位以一项固定资产进行对外投资，该项固定资产账面原值为 176 000 元，评估价为 132 000 元，已计提折旧 55 000 元，以银行存款支付相关税费 4 400 元。其会计分录为：

(1) 确认长期股权投资：

借：长期投资——长期股权投资	136 400	
贷：非流动资产基金——长期投资		136 400

(2) 支付或确认相关税费：

借：其他支出	4 400	
贷：银行存款		4 400

(3) 转销固定资产：

借：非流动资产基金——固定资产	121 000	
累计折旧	55 000	
贷：固定资产		176 000

【例 13-129】某事业单位以无形资产进行对外投资，该项无形资产的账面原值为 139 700 元，已计提摊销 25 300 元。该项无形资产的评估价值为 107 800 元。其会计分录为：

借：长期投资——长期股权投资	107 800	
贷：非流动资产资金——长期投资		107 800
同时：		
借：非流动资产资金——无形资产	114 400	
累计摊销	25 300	
贷：无形资产		139 700

【例 13-130】某事业单位报废机器设备一台，该设备账面原价 319 000 元，已提折旧 285 000 元。取得残值变价收入 1 650 元已存入银行，用现金支付清理费用 660 元。其会计分录为：

(1) 将报废的机器设备转入待处置资产：		
借：待处置资产损溢——处置资产价值	5 500	
累计折旧	313 500	
贷：固定资产		319 000
(2) 经批准予以处置：		
借：非流动资产基金——固定资产	5 500	
贷：待处置资产损溢——处置资产价值		5 500
(3) 收到残值变价收入：		
借：银行存款	1 650	
贷：待处置资产损溢——处置净收入		1 650
(4) 支付清理费用：		
借：待处置资产损溢——处置净收入	660	
贷：库存现金		660
(5) 确认处置净收益：		
借：待处置资产损溢——处置净收入	990	
贷：应缴国库款		990

本章小结

事业单位资产是指事业单位占有或者使用的能以货币计量的经济资源，包括各种财产、债权和其他权利。事业单位的资产按其流动性可分为流动资产和非流动资产。流动资产是指预计在 1 年内（含 1 年）变现或耗用的资产，包括货币资金、短期投资、应收及预付款项、存货等；非流动资产是指流动资产以外的资产，包括长期投资、在建工程、固定资产、无形资产等。事业单位的资产应按照取得时的实际成本进行计量，除国家另有规定外，事业单位不得自行调整其账面价值。

事业单位的负债是指事业单位所承担的能以货币计量，需要以资产或劳务偿还的债务。事业单位的负债按照流动性可分为流动负债和非流动负债。流动负债是指预计在 1 年内（含 1 年）偿还的负债，包括短期借款、应缴款项、应付及预收款项等；非流动负债是指除流动负债以外的负债，包括长期借款、长期应付款等。事业单位的负债应该按照合同金额或实际发生额进行计量。

事业单位的净资产是指事业单位资产扣除负债后的余额，包括财政补助结转结余、非财政补助结转、事业结余、经营结余、非流动资产基金、事业基金、专用基金等。事业单位的净资产主要来自年度收入和支出相抵后所形成的结转和结余以及各种基金，其会计核算主要包括结转结余的核算和基金的核算两部分。

复习思考题

1. 事业单位的资产具体包括哪些内容？
2. 事业单位发生外币业务时如何处理？
3. 事业单位对外投资时需遵守国家哪些规定？
4. 什么是事业单位的存货？如何核算？
5. 事业单位的固定资产包括哪些？如何确认？
6. 关于事业单位固定资产的折旧有何规定？
7. 关于事业单位固定资产的后续支出，如何处理？
8. 事业单位的固定资产退出本单位时如何处置？
9. 什么是事业单位的无形资产？关于事业单位无形资产的摊销有何规定？
10. 无形资产的后续支出如何处理？
11. 无形资产预期不能为事业单位带来经济利益时，如何处理？
12. 事业单位的负债包括哪些内容？
13. 事业单位的应缴款项有哪些？如何核算？
14. 什么是事业单位的长期应付款？如何核算？
15. 什么是事业单位的净资产？具体包括哪些内容？
16. 什么是财政补助结转结余？财政补助结转资金和财政补助结余资金有何区别与联系？
17. 什么是非财政补助结余？具体包括哪些结余？
18. 什么是事业单位的事业基金？事业基金如何形成？有何意义？
19. 什么是事业单位的专用基金？专用基金包括哪些？有何意义？

第十四章

事业单位会计报表

第一节　事业单位财务会计报告概述

一、事业单位财务会计报告的概念

事业单位财务会计报告是反映事业单位某一特定日期的财务状况和某一会计期间的事业成果、预算执行等会计信息的文件，包括财务报表和其他应在财务会计报告中披露的相关信息和资料。

财务报表是对事业单位财务状况、事业成果、预算执行情况等的结构性表述。财务报告由会计报表及其附注构成。

会计报表至少应包括下列组成部分：资产负债表、收入支出表或者收入费用表、财政补助收入支出表。

附注是指对在会计报表中列示项目的文字描述或明细资料，以及对未能在会计报表中列示项目的说明等。

二、事业单位财务报表编制的要求

事业单位的财务报表应按照月度和年度编制。

事业单位不得违反规定，随意改变财务报表的编制基础、编制依据、编制原则和方法，不得随意改变规定的财务报表有关数据的会计口径。

事业单位财务报表应根据登记完整、核对无误的账簿记录和其他有关资料编制，做到数字真实、计算准确、内容完整、报送及时。

事业单位财务报表应由单位负责人和主管会计工作的负责人、会计机构负责人(会计主管人员)签名并盖章。

事业单位财务报表的编号、名称及编制期如表 14-1 所示。

表 14-1　事业单位财务报表

编　　号	财务报表名称	编　制　期
会事业 01 表	资产负债表	月度、年度
会事业 02 表	收入支出表	月度、年度
会事业 03 表	财政补助收入支出表	年度
附注		年度

三、事业单位年度财务报告的报送

事业单位应定期向主管部门和财政部门以及其他有关的报表使用者提供财务报告。

报送的年度财务报告包括资产负债表、收入支出表、财政拨款收入支出表、固定资产投资决算报表等主表、有关附表以及财务情况说明书等。

财务情况说明书，主要说明事业单位收入及其支出、结转、结余及其分配、资产负债变动、对外投资、资产出租出借、资产处置、固定资产投资、绩效考评的情况，对本期或者下期财务状况发生重大影响的事项，以及需要说明的其他事项。

会计报表附注至少应披露下列内容：遵循《事业单位会计准则》和《事业单位会计制度》的声明，单位整体财务状况、业务活动情况的说明，会计报表中列示的重要项目的进一步说明，包括其主要构成、增减变动情况等，重要资产处置情况的说明，重大投资、借款活动的说明，以名义金额计量的资产名称、数量等情况，以及以名义金额计量理由的说明，以前年度结转结余调整情况的说明，有助于理解和分析会计报表需要说明的其他事项。

第二节　资产负债表

一、资产负债表的格式

资产负债表应按照资产、负债和净资产分类列示。资产和负债应分别按流动资产和非流动资产、流动负债和非流动负债列示。其格式如表 14-2 所示。

表 14-2　资产负债表

会事业 01 表

编制单位：　　　　年　月　日　　　　单位：元

资产	期末余额	期初余额	负债和净资产	期末余额	期初余额
流动资产：			流动负债：		
货币资金			短期借款		
短期投资			应交税费		
财政应返还额度			应缴国库款		
应收票据			应缴财政专户款		
应付账款			应付职工薪酬		
预付账款			应付票据		
其他应收款			应付账款		
存货			预收账款		
其他流动资产			其他应付款		
流动资产合计			其他流动负债		
非流动资产：			流动负债合计		
长期投资			非流动负债：		
固定资产			长期借款		
固定资产原价			长期应付款		
减：累计折旧			非流动负债合计		
在建工程			负债合计		
无形资产			净资产：		
无形资产原价			事业基金		
减：累计摊销			非流动资产基金		
待处置资产损溢			专用基金		

续表

资产	期末余额	期初余额	负债和净资产	期末余额	期初余额
非流动资产合计			财政补助结转		
			财政补助结余		
			非财政补助结转		
			非财政补助结余		
			1.事业结余		
			2.经营结余		
			净资产合计		
资产总计			负债和净资产总计		

二、资产负债表的具体内容

(一)资产类项目的具体内容

1. 流动资产项目

(1)“货币资金”项目，反映事业单位期末库存现金、银行存款和零余额账户用款额度的合计数。

(2)“短期投资”项目，反映事业单位期末持有的短期投资成本。

(3)“财政应返还额度”项目，反映事业单位期末财政应返还额度的金额。

(4)“应收票据”项目，反映事业单位期末持有的应收票据的票面金额。

(5)“应收账款”项目，反映事业单位期末尚未收回的应收账款余额。

(6)“预付账款”项目，反映事业单位预付给商品或者劳务供应单位的款项。

(7)“其他应收款”项目，反映事业单位期末尚未收回的其他应收款余额。

(8)“存货”项目，反映事业单位期末为开展业务活动及其他活动耗用而储存的各种材料、燃料、包装物、低值易耗品，以及达不到固定资产标准的用具、装具、动植物等的实际成本。

(9)“其他流动资产”项目，反映事业单位除上述各项之外的其他流动资产，如将在 1 年内(含 1 年)到期的长期债券投资。

2. 非流动资产项目

(1)“长期投资”项目，反映事业单位持有时间超过 1 年(不含 1 年)的股权和债权性质的投资。

(2)“固定资产”项目，反映事业单位期末各项固定资产的账面价值。其中，“固定资产原价”项目，反映事业单位期末各项固定资产的原价；“累计折旧”项目，反映事业单位期末各项固定资产的累计折旧。

(3)“在建工程”项目，反映事业单位期末尚未完工交付使用的在建工程发生的实际成本。

(4)“无形资产”项目，反映事业单位期末持有的各项无形资产的账面价值。其中，“无形资产原价”项目，反映事业单位期末持有的各项无形资产的原价；“累计摊销”项目，反映事业单位期末各项无形资产的累计摊销。

(5)“待处置资产损溢”项目，反映事业单位期末待处置资产的价值及处置损溢。

（6）“非流动资产合计”项目，反映“长期投资”“固定资产”“在建工程”“无形资产”“待处置资产损溢”等项目金额的合计数。

（二）负债类项目

1. 流动负债项目

（1）“短期借款”项目，反映事业单位借入的期限在1年内（含1年）的各种借款。

（2）“应交税费”项目，反映事业单位应缴未缴的各种税费。

（3）“应缴国库款”项目，反映事业单位按规定应缴入国库的款项。

（4）“应缴财政专户款”项目，反映事业单位按规定应缴入财政专户的款项。

（5）“应付职工薪酬”项目，反映事业单位按有关规定应付给职工及为职工支付的各种薪酬。

（6）“应付票据”项目，反映事业单位期末应付票据的金额。

（7）“应付账款”项目，反映事业单位期末尚未支付的应付账款的金额。

（8）“预收账款”项目，反映事业单位期末按合同规定预收但尚未实际结算的款项。

（9）“其他应付款”项目，反映事业单位期末应付未付的其他各项应付及暂收款项。

（10）“其他流动负债”项目，反映事业单位除上述各项之外的其他流动负债，如承担的将于1年内（含1年）偿还的长期负债。

2. 非流动负债项目

（1）“长期借款”项目，反映事业单位借入的期限超过1年（不含1年）的各项借款本金。

（2）“长期应付款”项目，反映事业单位发生的偿还期限超过1年（不含1年）的各种应付款项。

3. 净资产类项目

（1）“事业基金”项目，反映事业单位期末拥有的非限定用途的净资产。

（2）“非流动资产基金”项目，反映事业单位期末非流动资产占用的金额。

（3）“专用基金”项目，反映事业单位按规定设置或提取的具有专门用途的净资产。

（4）“财政补助结转”项目，反映事业单位滚存的财政补助结转资金。

（5）“财政补助结余”项目，反映事业单位滚存的财政补助项目支出结余资金。

（6）“非财政补助结转”项目，反映事业单位滚存的非财政补助专项结转资金。

（7）“非财政补助结余”项目，反映事业单位自年初至报告期末累计实现的非财政补助结余弥补以前年度经营亏损后的余额。其中，“事业结余”项目，反映事业单位自年初至报告期末累计实现的事业结余；“经营结余”项目，反映事业单位自年初至报告期末累计实现的经营结余弥补以前年度经营亏损后的余额。

三、资产负债表的填列

（一）“期初余额”栏的填列

“期初余额”栏内各项数字，应根据上年年末资产负债表“期末余额”栏内数字填列。如果本年度资产负债表规定的各个项目的名称和内容同上年度不相一致，应对上年年末资产负债表各项目的名称和数字按照本年度的规定进行调整，填入表内“期初余额”栏内。

（二）“期末余额”栏的填列

资产负债表“期末余额”各项目的填列方法可归纳为如下几种情况。

1. 根据相关科目的期末余额合计填列

(1)“货币资金”项目根据“库存现金”“银行存款”“零余额账户用款额度”科目的期末余额合计填列。

(2)“非财政补助结余”项目根据“事业结余”“经营结余”科目的期末余额合计填列。

【例 14-1】 某事业单位“库存现金”“银行存款”“零余额账户用款额度”科目的年末余额分别为 2 235 元、561 983 元、4 023 985 元。

年末资产负债表“货币资金”项目填列的金额为 4 588 203 元。即

$$2\,235+561\,983+4\,023\,985=4\,588\,203(\text{元})$$

【例 14-2】 某事业单位“事业结余”年末贷方余额为 21 987 元，“经营结余”科目的年末借方余额 43 715 元。

年末资产负债表“非财政补助结余”项目填列的金额为–21 728 元。即

$$21\,987-43\,715=-21\,728(\text{元})$$

2. 根据相关科目的期末余额直接填列

这类资产项目包括：短期投资、财政应返还额度、应收票据、应收账款、预付账款、其他应收款、存货、固定资产原价、累计折旧、在建工程、无形资产原价、累计摊销、待处置资产损溢。

这类负债项目包括：短期借款、应交税费、应缴国库款、应缴财政专户款、应付职工薪酬、 应付票据、应付账款、预收账款、其他应付款。

这类净资产项目包括：事业基金、非流动资产基金、专用基金、财政补助结转、财政补助结余、非财政补助结转、事业结余、经营结余。

【例 14-3】 某事业单位年末“财政应返还额度”“固定资产”“经营结余”科目的借方余额分别为 512 295 元、3 561 023 元和 45 118 元；“应缴国库款”“应缴财政专户款”“事业基金”“非流动资产基金”科目的年末贷方余额分别为 8 235 元、554 913 元、723 985 元和 3 577 883 元。

年末资产负债表下列项目填列的金额分别为：“财政应返还额度”项目 512 295 元，“固定资产原价”项目 3 561 023 元，“经营结余”项目–45 118 元，“应缴国库款”项目 8 235 元，“应缴财政专户款”项目 554 913 元，“事业基金”项目 723 985 元，“非流动资产基金”项目 3 577 883 元。

3. 根据相关科目的期末余额之差填列

这些项目中：

(1)“固定资产”项目根据“固定资产”科目期末余额减去“累计折旧”科目期末余额后的金额填列。

(2)“无形资产”项目根据“无形资产”科目期末余额减去“累计摊销”科目期末余额后的金额填列。

【例 14-4】 某事业单位“固定资产”科目的年末借方余额 4 143 335 元，“累计折旧”年末贷方余额为 2 321 987 元。

年末资产负债表“固定资产”项目填列的金额为 1 821 348 元。即

$$4\ 143\ 335-2\ 321\ 987=1\ 821\ 348\text{（元）}$$

4. 根据相关科目的期末余额分析填列

这些项目中：

(1)“长期投资”项目根据“长期投资”科目期末余额减去其中将于1年内(含1年)到期的长期债券投资余额后的金额填列。

(2)“其他流动资产”项目根据“长期投资”等科目的期末余额分析填列。

(3)“其他流动负债”项目根据“长期借款”“长期应付款”等科目的期末余额分析填列。

(4)“长期借款”项目根据“长期借款”科目的期末余额减去其中将于 1 年内(含 1 年)到期的长期借款余额后的金额填列。

(5)“长期应付款”项目根据“长期应付款”科目的期末余额减去其中将于 1 年内(含 1 年)到期的长期应付款余额后的金额填列。

【例 14-5】 某事业单位“长期投资”科目的年末借方余额 4 867 551 元，其中将于 1 年内(含 1 年)到期的长期债券投资为 1 500 000 元，“长期借款”年末贷方余额为 3 566 980 元，其中将于 1 年内(含 1 年)到期的长期借款为 900 000 元，且无其他长期负债。

年末资产负债表下列项目填列的金额分别为：“长期投资”项目 3 367 551 元，“其他流动资产”项目 1 500 000 元，“长期借款”项目 2 666 980 元，“其他流动负债”项目 900 000 元。

第三节 收入支出表

一、收入支出表的格式

事业单位的收入支出表反映事业单位在某一会计期间内各项收入、支出和结转结余情况，以及年末非财政补助结余的分配情况。

事业单位收入支出表按结余的构成及其分配情况分项列示。其格式如表 14-3 所示。其中，“弥补以前年度亏损后的经营结余”“本年非财政补助结转结余”“非财政补助结转”“本年非财政补助结余”“应缴企业所得税”“提取专用基金”“转入事业基金”七个项目，只有在编制年度收入支出表时才填列；编制月度收入支出表时，可以不设置此七个项目。

表 14-3 收入支出表

会事业 02 表

编制单位： 年 月 日 单位：元

项 目	本 月 数	本年累计数
一、本期财政补助结转结余		
财政补助收入		
减：事业支出(财政补助支出)		

续表

项　　目	本　月　数	本年累计数
二、本期事业结转结余		
(一)事业类收入		
1.事业收入		
2.上级补助收入		
3.附属单位上缴收入		
4.其他收入		
其中：捐赠收入		
减：(二)事业类支出		
1.事业支出(非财政补助支出)		
2.上缴上级支出		
3.对附属单位补助支出		
4.其他支出		
三、本期经营结余		
经营收入		
减：经营支出		
四、弥补以前年度亏损后的经营结余		
五、本年非财政补助结转结余		
减：非财政补助结转		
六、本年非财政补助结余		
减：应缴企业所得税		
减：提取专用基金		
七、转入事业基金		

二、收入支出表的具体内容

(一)事业单位收入支出表结余的构成内容

收入支出表的理论依据是“收入–支出=结余”，但不同的收入减去相应的支出会形成不同性质的结余。这种反映不同结余形成的列报方式，能更好地体现公共资金专款专用的原则。

事业单位结余的形成主要有四个方面：本期财政补助结转结余、本期非财政补助结转、本期事业结余和本期经营结余。

事业单位结余的分配主要限于非限制用途的非财政补助结余，主要用于两个方面的分配：缴纳企业所得税和提取职工福利基金。

1. 本期财政补助结转结余

本期财政补助结转结余由财政补助收入扣除其中用于事业支出后的部分差额构成。这部分结余是财政限制用途的资金结余，不能用于事业单位的分配。其计算公式为：

财政补助收入–事业支出(财政补助支出)=本期财政补助结转结余

2. 本期非财政补助结转

本期非财政补助结转由事业收入、上级补助收入、附属单位上缴收入和其他收入中的专项资金扣除这些资金来源中建造、购置设施设备以及开展专项活动等项目支出后的余额构成。这部分结余是非财政的具有专门用途的资金结余，也不能用于事业单位的分配。其计算公式为：

事业收入(专项资金收入)+上级补助收入(专项资金收入)+附属单位上缴收入(专项资金收入)+其他收入(专项资金收入)–事业支出(非财政专项资金支出)–其他支出(非财政专项资金支出)=本期非财政补助结转

3. 本期事业结余

本期事业结余由事业收入、上级补助收入、附属单位上缴收入和其他收入中的非专项资金扣除这些资金来源中用于非专门性支出后的余额构成。这部分结余没有明确规定其用途，可用于事业单位结余的分配。其计算公式为：

事业收入(非专项资金收入)+上级补助收入(非专项资金收入)+附属单位上缴收入(非专项资金收入)+其他收入(非专项资金收入)–事业支出(其他资金支出)–上缴上级支出–对附属单位补助支出–其他支出(其他资金支出)=本期事业结余

4. 本期经营结余

本期经营结余是本期经营收入扣除本期经营支出后的余额构成。这部分结余也没有明确规定其用途，弥补以前经营亏损后，可用于事业单位结余的分配。其计算公式为：

经营收入–经营支出=本期经营结余

5. 本期非财政补助结余的分配

本期经营结余为贷方发生额，意味着本期经营收入大于本期经营支出，该贷方发生额应先弥补以前年度经营亏损。若弥补亏损后仍然为贷方余额，则该贷方余额与上述本期事业结余共同构成本期非财政补助结余分配。因此，本期非财政补助结余分配可以说是事业单位非限制用途非财政资金结余的总和。其计算公式为：

本期事业结余+补亏后本期经营结余贷方余额=本期非财政补助结余分配

非财政补助结余分配按规定缴纳企业所得税和提取职工福利基金后，成为本期事业基金的一个组成部分。其计算公式为：

非财政补助结余分配–应缴企业所得税–提取的职工福利基金=本期事业基金

(二)收入支出表各栏目的内容

1. “本月数”栏的内容

收入支出表“本月数”栏反映各项目的本月实际发生数。

2. “本年累计数”栏的内容

收入支出表表“本年累计数”栏反映各项目自年初起至报告期末止的累计实际发生数。编制年度收入支出表时，应将本栏改为“本年数”。

(三)收入支出表各项目的内容

1. 本期财政补助结转结余

“本期财政补助结转结余”项目，反映事业单位本期财政补助收入与财政补助支出相抵后的余额。

“财政补助收入”项目，反映事业单位本期从同级财政部门取得的各类财政拨款。

“事业支出(财政补助支出)”项目，反映事业单位本期使用财政补助发生的各项事业支出。

2. 本期事业结转结余

“本期事业结转结余”项目，反映事业单位本期除财政补助收支、经营收支以外的各项收支相抵后的余额。

“事业类收入”项目，反映事业单位本期事业收入、上级补助收入、附属单位上缴收入、其他收入的合计数。

“事业收入”项目，反映事业单位开展专业业务活动及其辅助活动取得的收入。

“上级补助收入”项目，反映事业单位从主管部门和上级单位取得的非财政补助收入。

“附属单位上缴收入”项目，反映事业单位附属独立核算单位按照有关规定上缴的收入。

“其他收入”项目，反映事业单位除财政补助收入、事业收入、上级补助收入、附属单位上缴收入、经营收入以外的其他收入。

“捐赠收入”项目，反映事业单位接受现金、存货捐赠取得的收入。

“事业类支出”项目，反映事业单位本期事业支出（非财政补助支出）、上缴上级支出、对附属单位补助支出、其他支出的合计数。

“事业支出（非财政补助支出）”项目，反映事业单位使用财政补助以外的资金发生的各项事业支出。

“上缴上级支出”项目，反映事业单位按照财政部门和主管部门的规定上缴上级单位的支出。

“对附属单位补助支出”项目，反映事业单位用财政补助收入之外的收入对附属单位补助发生的支出。

“其他支出”项目，反映事业单位除事业支出、上缴上级支出、对附属单位补助支出、经营支出以外的其他支出。

3. 本期经营结余

“本期经营结余”项目，反映事业单位本期经营收支相抵后的余额。

“经营收入”项目，反映事业单位在专业业务活动及其辅助活动之外开展非独立核算经营活动取得的收入。

“经营支出”项目，反映事业单位在专业业务活动及其辅助活动之外开展非独立核算经营活动发生的支出。

4. 弥补以前年度亏损后的经营结余

“弥补以前年度亏损后的经营结余”项目，反映事业单位本年度实现的经营结余扣除本年初未弥补经营亏损后的余额。

5. 本年非财政补助结转结余

“本年非财政补助结转结余”项目，反映事业单位本年除财政补助结转结余之外的结转结余金额。

“非财政补助结转”项目，反映事业单位本年除财政补助收支外的各专项资金收入减去各专项资金支出后的余额。

6. 本年非财政补助结余

“本年非财政补助结余”项目，反映事业单位本年除财政补助之外的其他结余金额。

“应缴企业所得税”项目，反映事业单位按照税法规定应缴纳的企业所得税金额。

“提取专用基金”项目，反映事业单位本年按规定提取的专用基金金额。

7. 转入事业基金

(16)“转入事业基金”项目，反映事业单位本年按规定转入事业基金的非财政补助结余资金。

三、收入支出表的填列

(一)“上年数”栏的填列

编制年度收入支出表时，应将“本月数”改为“上年数”栏，反映上年度各项目的实际发生数；如果本年度收入支出表规定的各个项目的名称和内容同上年度不一致，应对上年度收入支出表各项目的名称和数字按照本年度的规定进行调整，填入本年度收入支出表的“上年数”栏。

(二)“本月数”栏的填列

收入支出表各项目中，有的根据总账科目发生额直接填列，有的根据表内项目合计而得，有的根据表内项目相减才能得到。一般可归纳为以下六类方法。

1. 根据相关总账科目的本期发生额直接填列

按这种方法填列的收入项目有六个：财政补助收入、事业收入、上级补助收入、上缴收入、经营收入和其他收入。

按这种方法填列的支出项目有四个：上缴上级支出、对附属单位补助支出、经营支出和其他支出。

【例 14-6】 某事业单位“财政补助收入”“事业收入”“经营收入”“其他收入”科目的本年发生额分别为 596 295 元、531 951 元、23 943 元、4 523 309 元；“对附属单位补助支出”“经营支出”“其他支出”本年发生额为 32 000 元、541 907 元、43 735 元。

该事业单位应在收入支出表中如下项目填列的金额分别为“财政补助收入”项目 596 295 元，“事业收入”项目 531 951 元，“经营收入”项目 23 943 元，“其他收入”项目 4 523 309 元，“对附属单位补助支出”项目 32 000 元，“经营支出”项目 541 907 元，“其他支出”项目 43 735 元。

2. 根据明细科目本期发生额或明细科目本期发生额的合计数填列

按这种方法填列的支出项目主要有两个。一是“事业支出(财政补助支出)”项目，根据“事业支出——财政补助支出”明细科目的本期发生额填列，或者根据“事业支出——基本支出——财政补助支出”明细科目的本期发生额与“事业支出——项目支出——财政补助支出”明细科目的本期发生额合计填列。二是“事业支出(非财政补助支出)”项目，根据“事业支出——非财政专项资金支出”和“事业支出——其他资金支出”明细科目的本期发生额合计填列，或者根据“事业支出——基本支出(其他资金支出)”“事业支出——项目支出——非财政专项资金支出”“事业支出——项目支出——其他资金支出”科目的本期发生额合计填列。

【例 14-7】 某事业单位“事业支出——基本支出——财政补助支出”“事业支出——项目支出——财政补助支出”“事业支出——基本支出(其他资金支出)”“事业支出——项目支出——非财政专项资金支出”“事业支出——项目支出——其他资金支出”本年发生额分

别为 822 000 元、145 797 元、34 537 元、695 592 元、135 159 元。

该事业单位应在收入支出表中如下项目填列的金额分别为“事业支出(财政补助支出)”项目 967 797 元，“事业支出(非财政补助支出)”项目 865 288 元。

3. 根据明细科目本期发生额分析填列

按这种方法填列的只有“捐赠收入”项目，即根据“其他收入”科目所属相关明细科目的本期发生额填列。

4. 根据表中具体项目的合计数直接填列

按这种方法填列的有下列三个项目：

“事业类收入”项目,按表中“事业收入”“上级补助收入”“附属单位上缴收入”“其他收入”项目金额的合计数填列。

“事业类支出”项目，按表中“事业支出(非财政补助支出)”“上缴上级支出”“对附属单位补助支出”“其他支出”项目金额的合计数填列。

“本年非财政补助结转结余”项目，当表中“弥补以前年度亏损后的经营结余”项目为正数时，应按照表中“本期事业结转结余”“弥补以前年度亏损后的经营结余”项目金额的合计数填列；如为负数，以“–”号填列。当表中“弥补以前年度亏损后的经营结余”项目为负数时，则应按照表中“本期事业结转结余”项目金额填列；如为负数，以“–”号填列。

5. 根据表内项目的差额填列

按照这种方法填列的有下列五个项目：

“本期财政补助结转结余”项目,按表中“财政补助收入”项目金额减去“事业支出(财政补助支出)”项目金额后的余额填列。

“本期事业结转结余”项目，按照表中“事业类收入”项目金额减去“事业类支出”项目金额后的余额填列；如为负数，以“–”号填列。

“本期经营结余”项目，按照表中“经营收入”项目金额减去“经营支出”项目金额后的余额填列；如为负数，以“–”号填列。

“本年非财政补助结余”项目，按照表中“本年非财政补助结转结余”项目金额减去“非财政补助结转”项目金额后的金额填列；如为负数，以“–”号填列。

“转入事业基金”项目，按照表中“本年非财政补助结余”项目金额减去“应缴企业所得税”“提取专用基金”项目金额后的余额填列；如为负数，以“–”号填列。

6. 其他填列方法

归入这种类型的，是无法采用前述五种方法中的任何一种进行填列的项目，具体包括如下四个项目：

“弥补以前年度亏损后的经营结余”项目，应根据“经营结余”科目年末转入“非财政补助结余分配”科目前的余额填列；如该年末余额为借方余额，以“–”号填列。

“非财政补助结转”项目，应根据“非财政补助结转”科目本年贷方发生额中专项资金收入转入金额合计数减去本年借方发生额中专项资金支出转入金额合计数后的余额填列。

“应缴企业所得税”项目，根据“非财政补助结余分配”科目的本年发生额分析填列。

“提取专用基金”项目，根据“非财政补助结余分配”科目的本年发生额分析填列。

【例 14-8】 某事业单位“经营结余”年初借方余额为 22 345 元，“经营结余”本年贷方发生额为 2 145 383 元。

该事业单位应在收入支出表中“弥补以前年度亏损后的经营结余”项目填列的金额为 2 123 038 元。

第四节　财政补助收入支出表

一、财政补助收入支出表的格式

事业单位财政补助收入支出表反映事业单位某一会计年度财政补助收入、支出、结转及结余情况。其格式如表 14-4 所示。

表 14-4　财政补助收入支出表

会事业 03 表

编制单位：　　　　　　　　_年度　　　　　　　　单位：元

项　目	本 年 数	上 年 数
一、年初财政补助结转结余		
(一)基本支出结转		
1. 人员经费		
2. 日常公用经费		
(二)项目支出结转		
××项目		
(三)项目支出结余		
二、调整年初财政补助结转结余		
(一)基本支出结转		
1. 人员经费		
2. 日常公用经费		
(二)项目支出结转		
××项目		
(三)项目支出结余		
三、本年归集调入财政补助结转结余		
(一)基本支出结转		
1. 人员经费		
2. 日常公用经费		
(二)项目支出结转		
××项目		
(三)项目支出结余		
四、本年上缴财政补助结转结余		
(一)基本支出结转		
1. 人员经费		
2. 日常公用经费		
(二)项目支出结转		
××项目		
(三)项目支出结余		

续表

项　目	本 年 数	上 年 数
五、本年财政补助收入		
(一)基本支出结转		
1. 人员经费		
2. 日常公用经费		
(二)项目支出结转		
××项目		
六、本年财政补助支出		
(一)基本支出结转		
1. 人员经费		
2. 日常公用经费		
(二)项目支出结转		
××项目		
七、年末财政补助结转结余		
(一)基本支出结转		
1. 人员经费		
2. 日常公用经费		
(二)项目支出结转		
××项目		
(三)项目支出结余		

二、财政补助收入支出表的内容

事业单位用于人员经费、日常办公经费和购置、建造设施、设备或开展专项活动的财政补助资金是财政监控的重点公共预算资金。财政补助收入支出表全面反映了财政补助资金的来源、运用和结余情况。

三、财政补助收入支出表的填列

(一)财政补助收入支出表“上年数”栏的填列

财政补助收入支出表“上年数”栏内各项目，应根据上年度财政补助收入支出表“本年数”栏内数字填列。

(二)财政补助收入支出表“本年数”栏各项目的内容和填列方法

1. 年初财政补助结转结余

“年初财政补助结转结余”项目及其所属各明细项目，反映事业单位本年初财政补助结转和结余余额。

各该项目根据上年度财政补助收入支出表中“年末财政补助结转结余”项目及其所属各明细项目“本年数”栏的数字填列。

2. 调整年初财政补助结转结余

“调整年初财政补助结转结余”项目及其所属各明细项目，反映事业单位因本年发生需要调整以前年度财政补助结转结余的事项，而对年初财政补助结转结余的调整金额。

各该项目根据“财政补助结转”“财政补助结余”科目及其所属明细科目的本年发生额分析填列。如调整减少年初财政补助结转结余，以“-”号填列。

3. 本年归集调入财政补助结转结余

“本年归集调入财政补助结转结余”项目及其所属各明细项目，反映事业单位本年度取得主管部门归集调入的财政补助结转结余资金或额度金额。

各该项目根据“财政补助结转”“财政补助结余”科目及其所属明细科目的本年发生额分析填列。

4. 本年上缴财政补助结转结余

“本年上缴财政补助结转结余”项目及其所属各明细项目，反映事业单位本年度按规定实际上缴的财政补助结转结余资金或额度金额。

各该项目应根据“财政补助结转”“财政补助结余”科目及其所属明细科目的本年发生额分析填列。

5. 本年财政补助收入

“本年财政补助收入”项目及其所属各明细项目，反映事业单位本年度从同级财政部门取得的各类财政拨款金额。

各该项目应当根据“财政补助收入”科目及其所属明细科目的本年发生额填列。

6. 本年财政补助支出

“本年财政补助支出”项目及其所属各明细项目，反映事业单位本年度发生的财政补助支出金额。

各该项目应根据“事业支出”科目所属明细科目本年发生额中的财政补助支出数填列。

7. 年末财政补助结转结余

“年末财政补助结转结余”项目及其所属各明细项目，反映事业单位截至本年末的财政补助结转和结余余额。

各该项目应根据“财政补助结转”“财政补助结余”科目及其所属明细科目的年末余额填列。

本章小结

我国事业单位财务报告包括资产负债表、收入支出表或者收入费用表、财政补助收入支出表以及相关附表、报表附注和财务状况说明书。事业单位会计应定期编制真实、完整、可比的财务报告。财务报告应按规定对外公开，并按规定对财务报表进行财务分析，并将财务分析结果报送相关部门。

复习思考题

1. 事业单位会计的“非财政补助结余”项目如何填列？
2. 事业单位会计的“事业类收入”及“事业类支出”项目包括哪些具体项目？
3. 列举事业单位财务报表分析的指标。

第十五章

高等学校会计

第一节　高等学校会计概述

一、高等学校会计制度

我国的高等学校是指各级人民政府举办的全日制普通高等学校和成人高等学校的简称。

高等学校会计是以货币为主要计量单位，核算、反映和监督高等学校教学资金的取得、使用及其结果，为提高社会效益的一种非营利性经济管理活动。

《高等学校会计制度》适用于各级人民政府举办的全日制普通高等学校、成人高等学校。

二、高等学校会计科目

高等学校会计确认、计量和报告的会计要素包括资产、负债、净资产、收入和支出。

高等学校会计科目是对高等学校会计要素具体内容进行分类的项目，包括资产、负债、资产、收入和支出等五类，具体如表 15-1 所示。

表 15-1　高等学校会计科目表

类别	编码	科目名称	类别	编码	科目名称
一、资产类	1001	库存现金	二、负债类	2001	短期借款
	1002	银行存款		2101	应交税费
	1011	零余额账户用款额度		2102	应缴国库款
	1101	短期投资		2103	应缴财政专户款
	1201	财政应返还额度		2201	应付职工薪酬
	120101	财政直接支付		2301	应付票据
	120102	财政授权支付		2302	应付账款
	1211	应收票据		2303	预收账款
	1212	应收账款		2305	其他应付款
	1213	预付账款		2401	长期借款
	1215	其他应收款		2402	长期应付款
	1301	存货		2501	代管款项
	1401	长期投资	三、净资产	3001	事业基金
	1501	固定资产		3101	非流动资产基金
	1502	累计折旧		310101	长期投资
	1511	在建工程		310102	固定资产
	1601	无形资产		310103	在建工程
	1602	累计摊销		310104	无形资产
	1701	待处置资产损溢		3201	专用基金

续表

类别	编码	科目名称	类别	编码	科目名称
三、净资产	3301	财政补助结转	四、收入	4301	附属单位上缴收入
	330101	基本支出结转		4401	经营收入
	330102	项目支出结转		4501	其他收入
	3302	财政补助结余	五、支出	5001	教育事业支出
	3401	非财政补助结转		5002	科研事业支出
	3402	事业结余		5003	行政管理支出
	3403	经营结余		5004	后勤保障支出
	3404	非财政补助结余分配		5005	离退休支出
四、收入	4001	财政补助收入		5101	上缴上级支出
	4101	教育事业收入		5201	对附属单位补助支出
	4102	科研事业收入		5301	经营支出
	4201	上级补助收入		5401	其他支出

高等学校应按照《高等学校会计制度》的规定正确设置和使用会计科目，因没有相关业务不需要使用的会计科目可以不设；在不影响账务处理和编报财务报表的前提下，可以根据实际情况自行增设《高等学校会计制度》规定以外的明细科目、减少或合并制度规定的明细科目。统一规定的会计科目编号不得打乱重编。

第二节　高等学校会计的收入与支出

一、高等学校会计的收入

（一）高等学校会计收入的内容

收入是指高等学校开展教学、科研及其他活动依法取得的非偿还性资金，包括财政补助收入、事业收入、上级补助收入、附属单位上缴收入、经营收入和其他收入等。

1. 财政补助收入

财政补助收入是指高等学校从同级财政部门取得的各类财政拨款形成的收入，包括财政教育拨款、财政科研拨款和财政其他拨款形成的收入。

2. 事业收入

（1）教育事业收入，指高等学校开展教学及其辅助活动所取得的收入，包括通过学历和非学历教育向学生个人或者单位收取的学费、住宿费、委托培养费、考试考务费、培训费和其他教育事业收入。

按照国家有关规定应上缴国库或者财政专户的资金，不计入教育事业收入；从财政专户核拨给学校的资金和经核准不上缴国库或财政专户的资金，计入教育事业收入。

（2）科研事业收入，指高等学校开展科研及其辅助活动所取得的收入，包括通过承接科研项目、开展科研协作、转化科技成果、进行科技咨询等取得的收入。科研事业收入不包括按照部门预算隶属关系从同级财政部门取得的财政拨款。

3. 上级补助收入

上级补助收入是指高等学校从主管部门和上级单位取得的非财政补助收入。

4. 附属单位上缴收入

附属单位上缴收入是指高等学校附属独立核算单位按照有关规定上缴的收入。

5. 经营收入

经营收入是指高等学校在教学、科研及其辅助活动之外，开展非独立核算经营活动取得的收入。

6. 其他收入

其他收入是指除上述范围以外的各项收入，包括投资收益、利息收入、捐赠收入等。

（二）高等学校会计收入的核算

高等学校“财政补助收入”“上级补助收入”“附属单位上缴收入”“经营收入”“其他收入”总账科目及明细科目的设置、核算内容及登记方法与第十二章所述基本一致。本部分仅重点介绍与第十二章存在显著差异的收入项目。

1. 教育事业收入

高等学校应设置“教育事业收入”总账科目核算高等学校开展教学及其辅助活动取得的收入。该科目应按照收入类别、项目等进行明细核算。如有专项资金收入，还应按具体项目进行明细核算。

(1) 采用财政专户返还方式管理的教育事业收入。收到应上缴财政专户的教育事业收入时，按照收到的款项金额，借记“银行存款”“库存现金”等科目，贷记“应缴财政专户款”科目。

向财政专户上缴款项时，按照实际上缴的款项金额，借记“应缴财政专户款”科目，贷记 “银行存款”等科目。

收到从财政专户返还的教育事业收入时，按照实际收到的返还金额，借记“银行存款”科目，贷记“教育事业收入”科目。

【例 15-1】 某高等学校采用财政专户返还方式管理教育事业收入。在开展其教学活动中收取学费 2 150 000 元，收到财政专户返还的教育事业收入 100 000 元，款项已存入银行账户。该高校编制会计分录如下:

该高校收取学费时，编制会计分录如下:

借：银行存款　　2 150 000

　　贷：应缴财政专户款　　2 150 000

该高校将上述款项上缴财政专户时，编制会计分录如下:

借：应缴财政专户款　　2 150000

　　贷：银行存款　　2 150 000

该高校收到财政专户返还的教育事业收入时，编制会计分录如下:

借：银行存款　　100 000

　　贷：教育事业收入　　100 000

(2) 其他教育事业收入。收到教育事业收入时，按照收到的款项金额，借记“银行存款”“库存现金”等科目，贷记“教育事业收入”科目。

涉及增值税业务的，相关账务处理参照第十二章“经营收入”科目部分。

【例 15-2】 某高等学校为增值税一般纳税人，因承担社会培训向委托培训公司学员发放培训教材，收取书费 28 782 元，其中教材价款 24 600 元，增值税 4 182 元。款项已存入银行账户。该高校根据有关凭证编制会计分录如下：

借：银行存款　　28 782

　　贷：教育事业收入　　24 600

　　　　应交税费——应交增值税(销项税额)　　4 182

(3) 期末结转。期末，将“教育事业收入”科目本期发生额中的专项资金收入结转入非财政补助结转，借记“教育事业收入”科目下各专项资金收入明细科目，贷记“非财政补助结转”科目；将“教育事业收入”科目本期发生额中的非专项资金收入结转入事业结余，借记“教育事业收入”科目下各非专项资金收入明细科目，贷记“事业结余”科目。

【例 15-3】 年终结账时，某高校“教育事业收入”账户贷方余额为 270 000 元，其中，专项资金收入 120 000 元，非专项资金收入 150 000 元。该高校编制会计分录如下：

借：教育事业收入　　270 000

　　贷：非财政补助结转　　120 000

　　　　事业结余　　150 000

2. 科研事业收入

高等学校应设置“科研事业收入”总账科目核算高等学校开展科研及其辅助活动取得的收入。该科目应按照收入类别、项目等进行明细核算。如有专项资金收入，还应按具体项目进行明细核算。高等学校因开展科研及其辅助活动从非同级财政部门取得的经费拨款，应单设“非同级财政拨款”明细科目进行核算。

(1) 收到科研事业收入。收到科研事业收入时，按照收到的款项金额，借记“银行存款”“库存现金”等科目，贷记“科研事业收入”科目；按规定从科研项目收入中提取管理费或间接费的，还应同时按照计提金额，借记“科研事业支出”科目，贷记“事业基金——项目管理费及间接费”科目。

涉及增值税业务的，相关账务处理参照第十二章“经营收入”科目部分。

【例 15-4】 某高校收到开户银行转来的收款通知，取得国家自然科学基金立项项目拨入的科研专项资金 375 000 元，并按规定提取管理费用 2%。该高校根据有关凭证编制会计分录如下：

借：银行存款　　375 000

　　贷：科研事业收入　　375 000

借：科研事业支出　　7 500

　　贷：事业基金——项目管理费及间接费　　7 500

(2) 期末结转。期末，将本科目本期发生额中的专项资金收入结转入非财政补助结转，借记“科研事业收入”科目下各专项资金收入明细科目，贷记“非财政补助结转”科目；将“科研事业收入”科目本期发生额中的非专项资金收入结转入事业结余，借记“科研事业收入”科目下各非专项资金收入明细科目，贷记“事业结余”科目。

【例 15-5】 年终结账时，某高校“科研事业收入”账户贷方余额为 429 000 元，其中，专项资金收入 375 000 元，非专项资金收入 54 000 元。该高校编制会计分录如下：

借：科研事业收入　　429 000

　　贷：非财政补助结转　　375 000

　　　　事业结余　　54 000

二、高等学校会计的支出

（一）高等学校会计支出的内容

支出是指高等学校开展教学、科研及其他活动发生的各项资金耗费和损失。按照支出的不同经济性质划分为事业支出、经营支出、对附属单位补助支出、上缴上级支出和其他支出等。

1. 事业支出

事业支出是指高等学校开展教学、科研及其辅助活动发生的基本支出和项目支出。

基本支出是指高等学校为了保障其正常运转、完成教学科研和其他日常工作任务而发生的支出，包括人员支出和公用支出。

项目支出是指高等学校为完成特定工作任务和事业发展目标，在基本支出之外所发生的支出。

2. 经营支出

经营支出是指高等学校在教学、科研及其辅助活动之外开展非独立核算经营活动发生的支出。经营支出应与经营收入配比。

3. 对附属单位补助支出

对附属单位补助支出是指高等学校用财政补助收入之外的收入对附属单位补助发生的支出。

4. 上缴上级支出

上缴上级支出是指高等学校按照财政部门和主管部门的规定上缴上级单位的支出。

5. 其他支出

其他支出是指除上述范围以外的各项支出，包括利息支出、捐赠支出等。

（二）高等学校会计支出的核算

高等学校“上缴上级支出”“对附属单位补助支出”“经营支出”和“其他支出”总账科目及明细科目的设置、核算内容及登记方法与第十二章所述基本一致。本部分仅重点介绍与第十二章存在显著差异的支出项目。

1. 教育事业支出

教育事业支出是高等学校开展各类教学活动和教学辅助活动发生的支出。其中，教学活动支出是指高等学校各学院、系（含院系下属不单独编列预算的研究所和研究中心）等教学机构，以及校团委、学工部、学生会等各类学生思政教育部门为培养各类学生发生的支出；教学辅助活动支出是指高等学校、信息网络中心、电教中心、测试中心、图书馆、博物馆和档案馆等教学辅助部门发生的支出。

高等学校应设置“教育事业支出”账户核算高等学校开展教学及其辅助活动发生的基本支出和项目支出。该科目均应按照“基本支出”和“项目支出”，“财政补助支出”“非财政专项资金支出”和“其他资金支出”等层级进行明细核算，并按照《政府收支分类科目》中支出功能分类相关科目进行明细核算；“基本支出”和“项目支出”明细科目下应按照《政府收支分类科目》中支出经济分类的款级科目进行明细核算；同时在“项目支出”明细科目下按照具体项目进行明细核算。

(1) 为从事教学及其辅助活动人员计提的薪酬等，借记“教育事业支出”科目，贷记“应付职工薪酬”等科目。

【例 15-6】 某高校实行国库集中收付制度。该高校收到财政部门委托转来的“财政直接支付入账通知书”，财政部门为该单位支付了在职人员工资 1 280 000 元。该项经费应当在“基本支出——工资福利支出——基本工资”科目反映。该高校根据有关凭证编制会计分录如下：

计提时，

借：教育事业支出——基本支出——工资福利支出——基本工资

1 280 000

　　贷：应付职工薪酬　　1 280 000

收到“财政直接支付入账通知书”时，

借：应付职工薪酬　　1 280 000

　　贷：财政补助收入　　1 280 000

(2) 开展教学及其辅助活动领用的存货，按领用存货的实际成本，借记“教育事业支出”科目，贷记“存货”科目。

【例 15-7】 某高校某月领用教学办公用耗材 80 430 元。该高校根据有关凭证编制会计分录如下：

借：教育事业支出——基本支出　　80 430

　　贷：存货　　80 430

(3) 开展教学及其辅助活动中发生的其他各项支出，借记“教育事业支出”科目，贷记“库存现金”“银行存款”“零余额账户用款额度”“财政补助收入”等科目。

【例 15-8】 某高校某月教学部门共发生电话费 6 120 元，通过单位零余额账户支付。该高校根据有关凭证编制会计分录如下：

借：教育事业支出——基本支出——财政补助支出　　6 120

　　贷：零余额账户用款额度　　6 120

(4) 期末，将“教育事业支出”科目(财政补助支出)本期发生额结转入“财政补助结转”科目；将“教育事业支出”科目(非财政专项资金支出)本期发生额结转入“非财政补助结转”科目；将“教育事业支出”科目(其他资金支出)本期发生额结转入“事业结余”科目。

【例 15-9】 某高校“教育事业支出——基本支出——财政补助支出”本年发生额为 136 830 元，“教育事业支出——非财政专项资金支出”本年发生额为 32 678 元，“教育事业支出——其他资金支出”本年发生额为 46 900 元。该高校应编制会计分录如下：

借：财政补助结转——基本支出结转　　136 830

　　非财政补助结转　　32 678

　　事业结余　　46 900

　　贷：教育事业支出——基本支出——财政补助支出　　136 830

　　　　——非财政专项资金支出　　32 678

　　　　——基本支出——其他资金支出　　46 900

2. 科研事业支出

科研事业支出是高等学校开展科研及其辅助活动发生的支出，包括高等学校在学院、系外单独设立的研究所、研究中心等各类科研机构发生的支出，以及高等学校为完成各项科研任务发生的支出。

高等学校应设置“科研事业支出”账户核算高等学校开展科研及其辅助活动发生的基本支出和项目支出。

该科目的明细科目设置方法与教育事业支出相同。

除从科研项目收入中提取管理费或间接费用外，高校科研事业支出涉及的应付职工薪酬、耗费的存货、其他各种支出和科研事业支出科目期末结转的账务处理与教育事业支出相似。

高校从科研项目收入中提取管理费或间接费用，按计提金额，借记‘科研事业支出”科目，贷记“事业基金——项目管理费或间接费”科目。

【例 15-10】 某高校科研管理费提取比例为 6%，本月从科研项目收入中提取管理费共计 35 330 元。该高校根据有关凭证编制会计分录如下：

借：科研事业支出　　　35 330

　　贷：事业基金——项目管理费或间接费　　　35 330

3. 行政管理支出

高等学校应设置“行政管理支出”账户核算高等学校校级行政管理部门开展行政管理活动发生的基本支出和项目支出，以及高等学校统一负担的工会经费、诉讼费、中介费、印花税、房产税、车船税等。

该科目的明细科目设置方法与教育事业支出相同。

高校从事行政管理支出涉及的应付职工薪酬、耗费的存货、其他各种支出和行政管理支出科目期末结转的账务处理也与教育事业支出相似。

4. 后勤保障支出

高等学校应设置“后勤保障支出”账户核算高等学校为教学、科研、行政管理等活动提供后勤保障发生的基本支出和项目支出，包括学校后勤保障部门为提供后勤保障服务发生的各类支出，以及学校统一承担的水、电、煤、取暖等各类公用事业费、物业管理费、绿化费、车辆维持使用费、房屋及公用设施维修费、食堂价格补贴等。

该科目的明细科目设置方法与教育事业支出相同。

高校从事行政管理支出涉及的应付职工薪酬、耗费的存货、其他各种支出和行政管理支出科目期末结转的账务处理也与教育事业支出相似。

5. 离退休支出

高等学校应设置“离退休支出”账户核算高等学校负担的离退休人员的离退休工资、离退休津补贴等基本支出。科目应按照“财政补助支出”“其他资金支出”等进行明细核算，并按照《政府收支分类科目》中“支出功能分类”相关科目和“支出经济分类”的款级科目进行明细核算。

高校为离退休人员计提的离退休工资、津补贴等账务处理与教育事业支出相似。

高校为离退休人员发生的其他各项支出，借记“离退休支出”科目，贷记“库存现金”“银行存款”等科目。

期末，将“离退休支出——财政补助支出”科目本期发生额结转入“财政补助结转”科目，借记“财政补助结转——基本支出结转”科目，贷记“离退休支出——财政补助支出”

科目；将“离退休支出——其他资金支出”科目本期发生额结转入“事业结余”科目，借记“事业结余”科目，贷记“离退休支出——其他资金支出”科目。

第三节　高等学校会计的资产、负债及净资产

一、高等学校会计的资产

高等学校的资产也包括流动资产、固定资产、在建工程、无形资产和对外投资等。这些支出的内容、账户名称、核算内容本部分与第十三章相同，本部分仅介绍与第十三章存在显著差异的资产项目的会计处理。

（一）固定资产

1. 固定资产的管理

高等学校应对固定资产采用年限平均法或工作量法计提折旧。计提固定资产折旧不考虑残值。已提足折旧的固定资产，可以继续使用的，应继续使用，规范管理。省级以上财政部门、主管部门对高等学校固定资产折旧年限作出规定的，从其规定。

文物和陈列品、图书、档案、动植物等，和以名义金额计量的固定资产不计提折旧。

高等学校应对固定资产定期或者不定期地进行清查盘点。年度终了前，应进行一次全面清查盘点，保证账、卡、物相符。对固定资产的盘盈、盘亏应按照规定处理。

2. 累计折旧账户的设置

“累计折旧”科目应结合高等学校进行内部成本费用管理的需要，并按照所对应资产的类别、项目等进行明细核算。

3. 购入固定资产及折旧的账务处理

高等学校购入不需要安装的固定资产，按照确定的固定资产成本，借记“固定资产”科目，贷记“非流动资产基金——固定资产”科目；同时，按照实际支付金额，借记“教育事业支出”“科研事业支出”“行政管理支出”“后勤保障支出”“经营支出”等科目，贷记“财政补助收入”“零余额账户用款额度”、“银行存款”等科目。

高等学校固定资产折旧不计入高等学校支出，而是借记“非流动资产基金——固定资产”科目，贷记“累计折旧”科目。

【例 15-11】 某高校 2016 年 11 月 12 日购入不需要安装的教学设备一批，买价 1 000 000 元，增值税 170 000 元，设备运输费 30 000 元。上述款项通过财政国库直接支付。根据省级财政的有关规定，该固定资产预计折旧年限为 5 年，按年限平均法计提折旧。该高校根据有关凭证编制会计分录如下：

购入时，

借：固定资产　　　　　　　　　　　　　　　　1 200 000

　　贷：非流动资产基金——固定资产　　　　　　　　1 200 000

同时，按照实际支付金额，

借：教育事业支出　　　　　　　　　　　　　　1 200 000

　　贷：财政补助收入　　　　　　　　　　　　　　　1 200 000

2016 年 12 月 31 日计提第一个月的折旧：

$$1\ 200\ 000 \div (5 \times 12) = 20\ 000 (元)$$

借：非流动资产基金——固定资产　　20 000

　　贷：累计折旧——教育　　20 000

（二）无形资产

1. 无形资产管理

高等学校通过外购、自行开发以及其他方式取得的无形资产应合理计价，及时入账。学校转让无形资产，应按照规定进行资产评估，取得的收入按照国家有关规定处理。

高等学校应对无形资产在其使用期限内采用年限平均法进行摊销。对于使用期限不确定的无形资产，摊销办法执行国家有关规定。

2. 无形资产摊销的账务处理

"累计摊销"科目应结合高等学校进行内部成本费用管理的需要，并按照所对应资产的类别、项目等进行明细核算。

高等学校取得无形资产而发生的支出，计入事业支出。

无形资产摊销不计入高等学校支出，而是借记"非流动资产基金——无形资产"科目，贷记"累计摊销"科目。

【例 15-12】某高校 2016 年 11 月 12 日购入用于建设实验教学楼的土地使用权，买价 81 000 000 元，其他税费共计 430 000 元。上述款项通过财政国库直接支付。土地使用权的有效年限为 50 年，按年限平均法摊销。该高校根据有关凭证编制会计分录如下：

购入时，

借：无形资产　　81 430 000

　　贷：非流动资产基金——固定资产　　81 430 000

同时，按照实际支付金额，

借：教育事业支出　　81 430 000

　　贷：财政补助收入　　81 430 000

2016 年 11 月 30 日摊销第一个月的土地使用权：

$$81\ 430\ 000 \div (50 \times 12) = 135\ 716.67 (元)$$

借：非流动资产基金——无形资产　　135 716.67

　　贷：累计摊销教育　　135 716.67

（三）购货退回的账务处理

因购货退回等发生国库授权支付额度退回的，属于以前年度支付的款项，按照退回金额，借记"零余额账户用款额度"科目，贷记"财政补助结转""财政补助结余""存货"等有关科目；属于本年度支付的款项，按照退回金额，借记"零余额账户用款额度"科目，贷记"教育事业支出""科研事业支出""行政管理支出""后勤保障支出""离退休支出""存货"等有关科目。

【例 15-13】 某高校退回本年上月购入的规格与合同不符的一批办公用品 513 110 元。

退货款已经收到并支付到单位零余额账户，办公用品已经从仓库发运。该高校根据有关凭证编制会计分录如下：

借：零余额账户用款额度　　513 110

　　贷：存货　　513 110

二、高等学校会计的负债

高等学校的负债主要包括借入款项、应付及预收款项、应缴款项、代管款项等。其中，前三项与事业单位会计类似，会计处理参考第十三章相应项目。

代管款项是高等学校特有的业务。本部分重点介绍这一特殊负债项目的会计处理。

“代管款项”科目核算高等学校接受其他单位或个人委托代为管理的各类款项的收支情况，包括党费、团费、学会(协会)会费、个人住房维修基金等，并应按照代管款项的性质或类别进行明细核算。

高等学校收到其他单位或个人委托代管的款项时，借记“银行存款”等科目，贷记“代管款项”科目。其他单位或个人使用代管款项时，借记“代管款项”科目，贷记“银行存款”等科目。

【例 15-14】 某高校收到职工上缴的党费 45 600 元，实际支出了 12 000 元，该高校编制会计分录如下：

借：银行存款　　45 600

　　贷：代管款项　　45 600

借：代管款项　　12 000

　　贷：银行存款　　12 000

三、高等学校会计的净资产

高等学校净资产与第十三章相应内容类似，但事业基金及专用基金的内容、账户设置、会计处理与第十三章中的事业基金及专用基金有所不同，本部分重点介绍此部分内容。

(一) 事业基金特殊业务的核算

高等学校应设置“事业基金”科目核算高等学校拥有的非限定用途的净资产，包括非财政补助结余扣除结余分配后滚存的金额，以及按规定从各类科研项目经费中提取的管理费或间接费、收回各附属单位返还的人员费用等。

该科目应设置“一般基金”“项目管理费及间接费”等明细科目，进行明细核算。

按规定从各类科研项目经费中计提项目管理费或间接费用，借记“科研事业支出”科目，贷记“事业基金——项目管理费及间接费”科目。

(二) 专用基金中提取学生奖助基金业务的核算

高等学校的专用基金是指按照国家有关规定，按照事业收入的一定比例提取，在事业支出相关科目中列支，用于学费减免、勤工助学、校内无息借款、校内奖助学金和特殊困难补助等的资金。其中，学生奖助基金和特殊困难补助等的资金，是高等学校有别于一般事业单位的一项特殊的专用基金。

高等学校应设置“专用基金”科目核算高等学校按规定提取或者设置的具有专门用途的净资产，主要包括职工福利基金、学生奖助基金等。该科目应按照专用基金的类别进行明细核算。

按照有关规定提取学生奖助基金的，按照提取金额，借记“教育事业支出”科目，贷记“专用基金——学生奖助基金”科目。

第四节　高等学校会计报表

一、高等学校会计报表体系

财务报告是反映高等学校一定时期财务状况和事业成果的总结性书面文件。高等学校应定期向各有关主管部门和财政部门以及其他有关的报表使用者提供财务报告。

高等学校报送的年度财务报告包括资产负债表、收入支出表、财政补助收入支出表等主表，有关附表以及财务情况说明书等。

收入支出表的附表主要有支出与成本费用调节表。

财务情况说明书主要说明高等学校收入及其支出、结转、结余及其分配、资产负债变动、对外投资、资产出租出借、资产处置、固定资产投资、绩效评价的情况，对本期或者下期财务状况发生重大影响的事项，以及需要说明的其他事项。

高等学校会计报表的编号、名称及编制期如表 15-2 所示。

表 15-2　高等学校会计报表

编　　号	会计报表名称	编　制　期
会高校 01 表	资产负债表	年度
会高校 02 表	收入支出表	月度、年度
会高校 03 表	财政拨款收入支出表	年度
附注		年度

二、资产负债表的编制

(一) 资产负债表的格式

高等学校资产负债表反映高等学校在某一特定日期全部资产、负债和净资产的情况。其格式如表 15-3 所示。

表 15-3　资产负债表

会高校 01 表

编制单位：　　　　年　月　日　　　　单位：元

资产	期末余额	年初余额	负债和净资产	期末余额	年初余额
流动资产：			流动负债：		
货币资金			短期借款		
短期投资			应交税费		
财政应返还额度			应缴国库款		

续表

资产	期末余额	年初余额	负债和净资产	期末余额	年初余额
应收票据			应缴财政专户款		
应收账款			应付职工薪酬		
预付账款			应付票据		
其他应收款			应付账款		
存货			预收账款		
其他流动资产			其他应付款		
流动资产合计			其他流动负债		
非流动资产：			流动负债合计		
长期投资			非流动负债：		
固定资产			长期借款		
固定资产原价			长期应付款		
减：累计折旧			代管款项		
在建工程			非流动负债合计		
无形资产			负债合计		
无形资产原价			净资产：		
减：累计摊销			事业基金		
待处置资产损溢			非流动资产基金		
非流动资产合计			专用基金		
			财政补助结转		
			财政补助结余		
			非财政补助结转		
			非财政补助结余		
			1.事业结余		
			2.经营结余		
			净资产合计		
资产总计			负债和净资产总计		

（二）资产负债表的填列

除了在负债中增设“代管款项”项目外，高等学校资产负债表各类项目的具体内容及填列方法与事业单位资产负债表相同或类似。

“代管款项”项目，反映高等学校接受其他单位或个人委托代为管理的各类款项。该项目应根据“代管款项”科目的期末余额直接填列。

三、收入支出表的编制

（一）收入支出表的格式

收入支出表反映高等学校在某一会计期间内各项收入、支出和结转结余情况，以及年末非财政补助结余的分配情况。其格式如表15-4所示。

（二）收入支出表的内容

1. 本期收入

“财政补助收入”项目，反映高等学校本期从同级财政部门取得的各类财政拨款。

表 15-4　收入支出表(年度)

会高校 02 表

编制单位：　　　　　　　　　　　　　　　　______年度　　　　　　　　　　　　　　　　单位：元

项　　目	上　年　数	本　年　数
一、本期收入		
(一)财政补助收入		
1.教育补助收入		
2.科研补助收入		
3.其他补助收入		
(二)事业收入		
1.教育事业收入		
2.科研事业收入		
其中：非同级财政拨款		
(三)上级补助收入		
(四)附属单位上缴收入		
(五)经营收入		
(六)其他收入		
其中：非同级财政拨款		
二、本期支出		
(一)本期补助支出——事业支出		
1.教育事业支出		
2.科研单位支出		
3.行政管理支出		
4.后勤保障支出		
5.离退休支出		
(二)非财政补助支出		
1.事业支出		
(1)教育事业支出		
(2)科研单位支出		
(3)行政管理支出		
(4)后勤保障支出		
(5)离退休支出		
2.上缴上级支出		
3.对附属单位补助支出		
4.经营支出		
5.其他支出		
三、本期结转结余		
1.财政补助结转结余		
2.事业结转结余		
3.经营结余		
四、弥补以前年度亏损后的经营结余		
五、本年非财政补助结转结余		
减：非财政补助结转		
六、本年非财政补助结余		
减：应缴企业所得税		
减：提取专用基金		
七、转入事业基金		

其中，“教育补助收入”“科研补助收入”和“其他补助收入”项目，分别反映高等学校本期从同级财政部门取得的用于教学、科研和其他活动的财政拨款。

“事业收入”项目，反映高等学校本期开展专业业务活动及其辅助活动取得的收入。

其中，“教育事业收入”项目，反映高等学校本期开展教学及其辅助活动取得的收入，“科研事业收入”项目，反映高等学校本期开展科研及其辅助活动取得的收入。其中，“非同级财政拨款”项目，反映高等学校本期因开展科研及其辅助活动从非同级财政部门取得的经费拨款。

“上级补助收入”项目，反映高等学校本期从主管部门和上级单位取得的非财政补助收入。

“附属单位上缴收入”项目，反映高等学校附属独立核算单位本期按照有关规定上缴的收入。

“经营收入”项目，反映高等学校本期在教学、科研及其辅助活动之外开展非独立营活动取得的收入。

“其他收入”项目，反映高等学校本期除财政补助收入、事业收入、上级补助收入、附属单位上缴收入、经营收入以外的其他收入。

其中，“非同级财政拨款”项目，反映高等学校从非同级财政部门取得的不属于科研事业收入的经费拨款。

2. 本期支出

(1)“财政补助支出——事业支出”项目。该项目反映高等学校本期使用财政补助发生的事业活动支出。

其中，“教育事业支出”“科研事业支出”“行政管理支出”“后勤保障支出”“离退休支出”项目，分别反映高等学校本期使用财政补助发生的教育、科研、行政管理、后勤保障、离退休等各项事业支出。

(2)“非财政补助支出”项目。该项目反映高等学校本期使用财政补助以外的资金发生的支出。

“事业支出”项目，反映高等学校本期使用财政补助以外的资金发生的事业支出。

其中，“教育事业支出”“科研事业支出”“行政管理支出”“后勤保障支出”“离退休支出”项目，分别反映高等学校本期使用财政补助以外的资金发生的教育、科研、行政管理、后勤保障、离退休等各项事业支出。

“上缴上级支出”项目，反映高等学校本期按照财政部门和主管部门的规定上缴上级单位的支出。

“对附属单位补助支出”项目，反映高等学校本期用财政补助收入之外的收入对附属单位补助发生的支出。

“经营支出”项目，反映高等学校本期在教学、科研及其辅助活动之外开展非独立核算经营活动发生的支出。

“其他支出”项目，反映高等学校本期除教育事业支出、科研事业支出、行政管理支出、后勤保障支出、离退休支出、上缴上级支出、对附属单位补助支出、经营支出以外的其他支出。

3. “本期结转结余”项目

该项目反映高等学校本期各项收支相抵后的余额。

“财政补助结转结余”项目，反映高等学校本期财政补助收入与财政补助支出相抵后的余额。

“事业结转结余”项目，反映高等学校本期除财政补助收支、经营收支以外的各项收支相抵后的余额。

“经营结余”项目，反映高等学校本期经营收支相抵后的余额。

4. “弥补以前年度亏损后的经营结余”项目

该项目反映高等学校本年度实现的经营结余扣除本年初未弥补经营亏损后的余额。

5. “本年非财政补助结转结余”项目

该项目反映高等学校本年除财政补助结转结余之外的结转结余金额。

“非财政补助结转”项目，反映高等学校本年除财政补助收支以外的各项专项资金收入减去各项专项资金支出后的余额。

6. “本年非财政补助结余”项目

该项目反映高等学校本年除财政补助之外的其他结余金额。

“应缴企业所得税”项目，反映高等学校按照税法规定应缴纳的企业所得税金额。

“提取专用基金”项目，反映高等学校本年按规定提取的专用基金金额。

7. “转入事业基金”项目

该项目反映高等学校本年按规定转入事业基金的非财政补助结余资金。

（三）收入支出表的填列方法

1. 根据相关项目金额合计填列的项目

（1）“本期收入”项目。根据表中“财政补助收入”“事业收入”“上级补助收入”“附属单位上缴收入”“经营收入”和“其他收入”项目金额的合计数填列。

“事业收入”项目根据“教育事业收入”“科研事业收入”项目金额的合计数填列。

（2）“本期支出”项目。根据表中“财政补助支出事业支出”“非财政补助支出”项目金额的合计数填列。

“财政补助支出——事业支出”项目根据本项目下“教育事业支出”“科研事业支出”“行政管理支出”“后勤保障支出”“离退休支出”项目金额的合计数填列。

“非财政补助支出”项目按照本项目下“事业支出”“上缴上级支出”“对附属单位补助支出”“经营支出”“其他支出”项目金额的合计数填列。

“事业支出”项目根据本项目下“教育事业支出”“科研事业支出”“行政管理支出”“后勤保障支出”“离退休支出”项目金额的合计数填列。

“本期结转结余”项目根据本项目下“财政补助结转结余”“事业结转结余”“经营结余”项目金额的合计数填列；如为负数，以“-”号填列。

2. 根据对应总账科目的本期发生额直接填列的项目

此类项目主要有“科研事业收入”“上级补助收入”“财政补助收入”“教育事业收入”“附属单位上缴收入”“经营收入”“其他收入”“上缴上级支出”“对附属单位补助支出”“经营支出”和“其他支出”。

3. 根据相关明细科目的本期发生额分析计算填列

“教育补助收入”“科研补助收入”“其他补助收入”三个项目应当根据“财政补助收

入”科目下“支出功能分类”的相关明细科目的本期发生额分析计算填列。

“捐赠收入”项目应当根据“其他收入”科目所属相关明细科目的本期发生额填列。

“教育事业支出”“科研事业支出”“行政管理支出”“后勤保障支出”“离退休支出”这五个项目应当分别根据“教育事业支出”“科研事业支出”“行政管理支出”“后勤保障支出”“离退休支出”科目下“财政补助支出”明细科目的本期发生额分析计算填列。

“教育事业支出”“科研事业支出”“行政管理支出”“后勤保障支出”“离退休支出”这五个项目应当分别根据“教育事业支出”“科研事业支出”“行政管理支出”“后勤保障支出”“离退休支出”科目下“非财政专项资金支出”“其他资金支出”明细科目的本期发生额合计填列。

4. 根据表中项目金额相减后的余额填列

“校内独立核算单位净收入”项目根据高等学校校内各独立核算单位本期收入合计数减去本期支出合计数后的净额填列；如为负数，以“-”号填列。

“财政补助结转结余”项目按照表中“财政补助收入”项目金额减去“财政补助支出—事业支出”项目金额后的余额填列。

“事业结转结余”项目按照表中“事业收入”“上级补助收入”“附属单位上缴收入”“其他收入”项目金额合计数减去“事业支出”“上缴上级支出”“对附属单位补助支出”“其他支出”项目金额合计数后的余额填列；如为负数，以“-”号填列。

“经营结余”项目按照表中“经营收入”项目金额减去“经营支出”项目金额后的余额填列；如为负数，以“-”号填列。

“本年非财政补助结余”项目按照表中“本年非财政补助结转结余”项目金额减去财政补助结转”项目金额后的金额填列；如为负数，以“-”号填列。

“非财政补助结转”项目根据“非财政补助结转”科目本年贷方发生额中专项资金收入金额合计数减去本年借方发生额中专项资金支出转入金额合计数后的余额填列。

5. 其他填列方法

“非同级财政拨款”项目应分别“科研事业收入”项目和“其他收入”项目进行填列。

“弥补以前年度亏损后的经营结余”项目，应根据“经营结余”科目年末转入“非财政补助结余分配”科目前的余额填列；如该年末余额为借方余额，以“-”号填列。

“本年非财政补助结转结余”项目，如表 15-4 中“弥补以前年度亏损后的经营结余”项目为正数，本项目应按照本表中“事业结转结余”“弥补以前年度亏损后的经营结余”项目金额的合计数填列；如为负数，以“-”号填列。如表 15-4 中“弥补以前年度亏损后的经营结余”项目为负数，本项目应按照本表中“事业结转结余”项目金额填列；如为负数，以“-”填列。

“应缴企业所得税”项目，应根据“非财政补助结余分配”科目的本年发生额分析填列。

“提取专用基金”项目，应根据“非财政补助结余分配”科目的本年发生额分析填列。

“转入事业基金”项目，应按照表 15-4 中“本年非财政补助结余”项目金额减去“应缴企业所得税”“提取专用基金”项目金额后的余额填列；如为负数，以“-”号填列。

6. 填列时需注意的其他事项

对于校内独立核算单位的收入和支出，应按照收入、支出相抵后的净额加总计入表15-4中的“其他收入”项目。

四、财政补助收入支出表

财政补助收入支出表的格式、内容、填列方法与事业单位该表类似，参阅第十四章相关内容。

本章小结

高等学校会计是以货币为主要计量单位，核算、反映和监督高等学校教学资金的取得、使用及其结果，为提高社会效益的一种非营利性经济管理活动。高等学校会计收入包括财政补助收入、事业收入、经营收入、附属单位上缴收和其他收入等，并应根据《政府收支分类科目》的类、款、项进行明细分类核算；会计支出按照支出的不同经济性质划分为事业支出、经营支出、自筹基建支出、对附属单位补助支出等，并应根据《政府收支分类科目》的类、款、项进行明细分类核算。年末，高等学校会计结账后，编制资产负债表和收入支出表和财政补助收入支出表。

复习思考题

1. 财政补助收入和事业收入如何区分？
2. 教育事业收入和科研事业收入核算内容有何不同？
3. 财政直接支付方式下和授权支付方式下，年终结余资金如何处理，下年度额度恢复后，又将如何处理？
4. 高等学校固定资产应计提折旧吗？何时开始计提？如何编制折旧的会计分录？

第五篇　民间非营利组织会计

第十六章

民间非营利组织会计概述

第一节　民间非营利组织会计的概念及特点

一、民间非营利组织的界定及其特征

民间非营利组织是指主要通过筹集社会民间资金举办的，不以营利为目的，从事教育、科技、文化、卫生、宗教等社会公益事业，旨在提供公共产品的社会服务组织。

（一）民间非营利组织的形式

民间非营利组织的形式多种多样，主要包括以下四类。

1．社会团体

社会团体是指由中国公民自愿组成的，为实现会员共同意愿，按照其章程开展活动的非营利性社会组织，如中国会计学会、中国财政学会等。但是以下团体除外：

（1）参加中国人民政治协商会议的人民团体。

（2）由国务院机关编制管理机关核定，并经国务院批准免于登记的团体。

（3）机关、团体、企事业内部经本单位批准成立，在本单位内部活动的团体。

2．基金会

基金会是指利用自然人、法人或者其他组织捐赠的资产，以从事公益事业为目的，按照规定成立的非营利法人，如宋庆龄基金会。基金会作为非营利法人，应当为特定的公益目的而设立。

3．民办非企业单位

民办非企业单位是指企事业单位、社会团体和其他社会力量以及公民个人利用非国有资产举办的，从事非营利性社会服务活动的社会组织。其中，有从事科学、教育、文艺、卫生、体育等的非企业单位，如民办诊所、民办学校、民办剧团、各类民办研究所等；也有从事各种社会救济的非企业单位，如民办孤儿院、养老院等；还有从事民间公证鉴定、法律服务、

咨询服务等社会性质的社会中介组织，如商务咨询所、法律服务所等。

4. 宗教活动场所

宗教活动场所是指有宗教信仰和热心宗教的公民在国家支持下兴办的、开展宗教活动的场所。它主要包括佛教的寺院、道教的宫观、伊斯兰教的清真寺和基督教的教堂。

（二）民间非营利组织的特征

民间非营利组织具有以下三个方面的基本特征。

1. 民间非营利组织不以营利为宗旨和目的

民间非营利组织的设立和业务活动的最终目标不是营利，而是按照资金提供者的期望和要求，为社会带来更多的服务或商品。这一特征是民间非营利组织与企业的显著区别，但并不排除其因提供商品或者社会服务而获得相应收入或者收取合理费用，只是这些活动的取得必须最终用于组织的非营利事业。

2. 资源提供者不以取得经济回报为目标

民间非营利组织资金提供者，如捐赠人、会员等，其出资目的不是期望得到同等或成比例的出资回报，而是希望组织为整个社会或特定团体提供更多的服务或商品，他们不指望获取对非营利组织净资产予以分享的权利。如果出资者等可以从组织中获得回报，应将其视为企业对待。

3. 资源提供者不享有民间非营利组织的所有权

民间非营利组织的净资产既不属于组织所有，也不属于出资者。任何单位或个人不得因为出资而拥有民间非营利组织的所有权，包括与所有者权益相关的资源出售、转让、处置权。另外，也不存在该组织一旦清算可以分享剩余财产的分配权。非营利组织会计一旦清算，清算后的剩余财产只能交给政府或其他非营利组织或继续服务社会的公益事业。这一特征既将民间非营利组织与企业区分开来，也将其与政府及其行政事业单位区分开来，因为政府及行政单位尽管也属于非营利组织，但是国家对这些组织及其净资产拥有所有权。

二、民间非营利组织会计的概念及其特点

民间非营利组织会计是对民间非营利组织的财务收支活动进行确认、计量、记录和报告，并以价值指标客观地反映业务活动过程，为业务管理和其他相关的管理提供信息的活动。

民间非营利组织会计特点包括以下三个方面。

（一）以权责发生制为会计核算基础

权责发生制以权利和责任发生变化作为会计核算选择的时间点，而无论款项是否实际收付。该特征是民间非营利组织与行政事业单位等非营利组织在会计核算上的显著不同。权责发生制的采用有助于民间非营利组织加强资产、负债的管理，从而提高民间非营利组织会计信息质量，增强会计信息的有用性。

（二）坚持在以历史成本计价的基础上引入公允价值计量基础

强调在坚持以历史成本为计量基础的同时，对于一些特殊的交易事项，如捐赠、政府补助等，引入公允价值作为计量基础。这不仅丰富了民间非营利组织会计的计量基础，而且实现了对特殊业务活动的资产的准确计量。这里的公允价值是指公平交易中，对熟悉情况的交

易双方资源进行资产交换或债务清偿的金额。公允价值的确认顺序如下。

(1)同类或类似资产存在活跃市场的，以市场价格确定公允价值。

(2)不存在活跃市场的，采用合理的计价方法确定，比如采取建立辅助账，备查登记的方法，并在会计报表中进行相应的披露。

(三)会计要素的设置有其特殊性

由于资源提供者向该组织投入资源既不享有组织的所有权，也不取得经济回报，因此会计要素不设置所有者权益和利润。另外，由于民间非营利组织以权责发生制作为会计核算基础，因此设置了费用要素，而没有设置支出要素。

第二节　民间非营利组织会计核算的目标、原则及基础

一、民间非营利组织的会计目标

会计目标是会计活动最终要达到的目的。民间非营利组织自身的显著特点，决定了其既能弥补政府提供公共产品的不足，又能避免企业过于趋利的倾向，同时还决定了民间非营利组织会计的功能。现阶段民间非营利组织的会计目标，是提供满足社会公众、政府机构、捐赠人、会员和服务对象在提供资产给组织时作出合理决策以及加强对组织的外部管理和监督决策需要的信息，并兼顾反映组织运营管理当局受托责任的履行情况。

二、民间非营利组织会计核算的基本原则

民间非营利组织在会计核算时，应遵循以下基本原则。

(一)可靠性原则

会计核算应以实际发生的交易或者事项为依据，如实反映民间非营利组织的财务状况、业务活动情况和现金流量等信息。

(二)相关性原则

会计核算所提供的信息能够满足会计信息使用者的需求。会计信息使用者具体包括捐赠人、会员、监管者等。

(三)一致性原则

会计政策前后各期应保持一致，不得随意变更。确需变更的，应在会计报表附注中披露变更的内容和理由、变更的累积影响数，以及累积影响数不能合理确定的理由等。

(四)可比性原则

会计核算应当照规定的会计处理方法进行，会计信息应口径一致、相互可比。

(五)及时性原则

会计核算应按照规定的会计处理方法进行，不得提前或延后。在会计确认、计量和报告过程中对会计信息要及时收集、及时处理、及时传递。

（六）配比原则

在会计核算中，所发生的费用应和与其相关的收入相配比；会计期间内的各项收入和与其相关的费用，应在该会计期间内确认。

（七）明晰性原则

会计核算和编制的财务会计报告应清晰明了，便于理解和使用。

（八）实质重于形式原则

会计核算应按照交易或者事项的实质进行，而不应仅仅以它们的法律性质作为依据。

（九）实际成本原则

资产在取得时应按照实际成本计量。除法律、行政法规和国家统一的会计制度另有规定外，民间非营利组织一律不得自行调整资产账面价值。

（十）谨慎性原则

会计人员进行会计核算应保持谨慎的态度，要充分估计到可能发生的风险和损失。

（十一）合理划分费用化支出和资本化支出原则

会计核算应合理划分应计入当期费用的支出和应予以资本化的支出。

（十二）权责发生制原则

民间非营利组织的会计核算应以权责发生制为基础。

（十三）重要性原则

重要性是指对资产、负债、净资产、收入、费用等有较大影响，并进而影响财务会计报告使用者据以作出合理判断的重要会计事项。在会计核算中，民间非营利组织必须按照规定的会计方法和程序进行处理，并在财务会计报告中予以充分披露。而对于非重要的会计事项，在不影响会计信息真实性和不至于误导会计信息使用者作出不正确判断的前提下，可适当简化处理。

三、民间非营利组织会计的核算基础及基本假设

民间非营利组织的会计核算应以权责发生制为基础，以更好地反映民间非营利组织资产负债和业务活动的全貌，实现民间非营利组织的会计目标，满足会计信息使用者的信息需要。

民间非营利组织的会计核算应在一定空间、时间范围内进行，即会计的基本假设，包括会计主体假设、持续经营假设、会计分期假设、货币计量假设。

第三节　民间非营利组织会计科目

一、民间非营利组织会计科目表

我国民间非营利组织会计要素分为资产、负债、净资产、收入和费用类。各类民间非营利组织统一使用的会计科目表如表 16-1 所示。

表 16-1　民间非营利组织会计科目表

类别	序号	科目编号	科目名称	类别	序号	科目编号	科目名称
资产类	1	1001	现金	负债类	25	2201	应付票据
	2	1002	银行存款		26	2202	应付账款
	3	1009	其他货币资金		27	2203	预收账款
	4	1101	短期投资		28	2204	应付工资
	5	1102	短期投资跌价准备		29	2206	应缴税金
	6	1111	应收票据		30	2209	其他应付款
	7	1121	应收账款		31	2301	预提费用
	8	1122	其他应收款		32	2401	预计负担
	9	1131	坏账准备		33	2501	长期借款
	10	1141	预付账款		34	2502	长期应付款
	11	1201	存货		35	2601	受托代理负债
	12	1202	存货跌价准备	净资产类	36	3101	非限定性净资产
	13	1301	待摊费用		37	3102	限定性净资产
	14	1401	长期股权投资	收入和费用类	38	4101	捐赠收入
	15	1402	长期债券投资		39	4201	会费收入
	16	1421	长期投资减值准备		40	4301	提供服务收入
	17	1501	固定资产		41	4401	政府补助收入
	18	1502	累计折旧		42	1501	商品销售收入
	19	1505	在建工程		43	4601	投资收益
	20	1506	文物文化资产		44	4901	其他收入
	21	1509	固定资产清理		45	5101	业务活动成本
	22	1601	无形资产		46	5201	管理费用
	23	1701	受托代理资产		47	5301	筹资费用
负债类	24	2101	短期借款		48	5401	其他费用

二、民间非营利组织会计科目的使用要求

为便于编制会计凭证、登记账簿、查阅账目以及实行会计电算化，要求各类民间非营利组织应按照统一的会计科目设置和使用会计科目。对于制度中统一规定的会计科目的编号，民间非营利组织不得随意打乱重编。在不影响会计核算要求、会计报表指标汇总以及对外提供统一的财务会计报告的前提下，可以根据实际情况自行增设、减少或合并某些会计科目。民间非营利组织在填制会计凭证、登记会计账簿时，应填列会计科目的名称，或者同时填列会计科目的名称和编号，不得只填列科目编号，而不填列科目名称。

本 章 小 结

民间非营利组织是指通过筹集社会民间资金举办的，不以营利为目的，从事教育、科技、文化、卫生、宗教等社会公益事业，旨在提供公共产品的社会服务组织。民间非营利组织的形式多种多样，主要包括社会团体、基金会、民办非企业单位和宗教活动场所四类，民间非营利组织不以营利为宗旨和目的；资源提供者不以取得经济回报为目标；资源提供者不享有民间非营利组织的所有权。民间非营利组织会计以权责发生制为会计核算基础；坚持在以历史成本计价的基础上引入公允价值计量基础；会计要素的设置有其特殊性。民间非营利组织

的会计目标，是提供满足社会公众、政府机构、捐赠人、会员和服务对象在提供资产给组织时作出合理决策以及加强对组织的外部管理和监督决策需要的信息，并兼顾反映组织运营管理当局受托责任的履行情况。民间非营利组织的会计核算应以权责发生制为基础，会计要素分为资产、负债、净资产、收入和费用类。为便于编制会计凭证、登记账簿、查阅账目以及实行会计电算化，各类民间非营利组织应按照统一的会计科目设置和使用会计科目。

复习思考题

1. 民间非营利组织包括哪些具体形式？
2. 民间非营利组织会计特点包括哪些方面？
3. 简述民间非营利组织会计核算的基本原则。
4. 民间非营利组织会计核算的基础是什么？

第十七章

民间非营利组织会计的收入与费用

第一节　民间非营利组织会计的收入

一、民间非营利组织会计的收入的含义及分类

收入是指民间非营利组织开展业务活动取得的、导致本期净资产增加的经济利益或者服务潜力的流入。收入具有以下两项主要特征：收入是指民间非营利组织经济利益或者服务潜力的流入；收入会导致本期净资产的增加。

民间非营利组织收入按来源可分为捐赠收入、会费收入、提供服务收入、政府补助收入、投资收益、商品销售收入和其他收入等。

按民间非营利组织业务的主次可分为主要业务收入和其他收入。捐赠收入、会费收入、提供服务收入、政府补助收入、投资收益、商品销售收入属于主要业务收入。

按收入是否受到限制可分为限定性收入和非限定性收入。

按收入是否为交换交易形成可分为交换交易形成的收入和非交换交易形成的收入。商品销售收入、提供服务收入和投资收益属于交换交易形成的收入，捐赠收入和政府补贴收入等属于非交换交易形成的收入。

需要注意的是，对收入的各种分类是相互交叉的。比如，商品销售收入、提供服务收入、投资收益、其他收入通常属于交换交易收入，捐赠收入、政府补助收入、会费收入属于非交换交易收入。又如，一般情况下，商品销售收入、提供服务收入、投资收益、会费收入、其他收入属于非限定性收入，但如果相关资产提供者对资产的使用设置了限制，相关收入则属于限定性收入。

二、民间非营利组织会计收入的确认

民间非营利组织在确认收入时，应区分交换交易所形成的收入和非交换交易所形成的收入。

(一) 交换交易形成的收入的确认

1. 能交换交易

交换交易是指按照等价交换原则所从事的交易，即当某一主体取得资产、获得服务或解除债务时，需要向交易对方支付等值或者大致等值的现金，或者提供等值或者大致等值的货物、服务等的交易。如按照等价交换原则销售商品、提供劳务等属于交换交易。

2. 交换交易形成的商品销售收入确认

对于因交换交易形成的商品销售收入，应在下列条件同时满足时予以确认：已将商品所

有权上的主要风险和报酬转移给购货方；既没有保留通常与所有权相联系的继续管理权，也没有对已售出的商品实施控制；与交易相关的经济利益能够流入民间非营利组织；相关的收入和成本能够可靠地计量。

3. 因交换交易形成的提供劳务收入确认

对于因交换交易形成的提供劳务收入，应按以下规定予以确认：在同一会计年度内开始并完成的劳务，应在完成劳务时确认收入；如果劳务的开始和完成分属不同的会计年度，可以按完工进度或完成的工作量确认收入。

4. 因交换交易所形成的让渡资产使用权收入的确认

对于因交换交易所形成的让渡资产使用权而发生的收入，应在下列条件同时满足时予以确认：与交易相关的经济利益能够流入民间非营利组织；收入的金额能够可靠地计量。

（二）非交换交易形成的收入的确认

非交换交易是指除交换交易之外的交易。在非交换交易中，某一主体取得资产、获得服务或者解除债务时，不必向交易对方支付等值或者大致等值的现金，或者提供等值或者大致等值的货物、服务；或者某一主体在对外提供货物、服务时，没有收到等值或者大致等值的现金、货物等。如捐赠、政府补助等属于非交换交易。

对于因非交换交易形成的收入，应在同时满足下列条件时予以确认：与交易相关的含有经济利益或者服务潜力的资源能够流入民间非营利组织并为其所控制，或者相关的债务能够得到解除；交易能够引起净资产的增加；收入的金额能够可靠地计量。

一般情况下，对于无条件的捐赠或政府补助，应在捐赠或政府补助收到时确认收入；对于附有条件的捐赠或政府补助，应在取得捐赠资产或政府补助资产控制权时确认收入；但当民间非营利组织存在需要偿还全部或部分捐赠资产（或者政府补助资产）或者相应金额的现时义务时，应根据需要偿还的金额同时确认一项负债和费用。

三、民间非营利组织会计收入的核算

民间非营利组织可以根据收入的来源设置一级科目，如捐赠收入、会费收入、提供服务收入、政府补助收入等，然后按照收入是否受到限制，在一级科目下设置限定性收入和非限定性收入二级明细科目。民间非营利组织也可以根据收入是否受到限制设置限定性收入和非限定性收入一级科目，然后按照收入的来源，在一级科目下设置捐赠收入、会费收入、提供服务收入、政府补助收入等二级明细科目。

（一）捐赠收入

捐赠收入是指民间非营利组织接受其他单位或者个人捐赠取得的收入，不包括民间非营利组织因受托代理业务而从委托方收到的受托代理资产。为了核算捐赠收入，民间非营利组织应设置“捐赠收入”科目，同时设置“限定性收入”和“非限定性收入”明细科目。

民间非营利组织接受捐赠时，按照应确认的金额，借记“现金”“银行存款”“短期投资”“存货”“长期股权投资”“长期债权投资”“固定资产”“无形资产”等科目，贷记“捐赠收入”科目。

期末，将“捐赠收入”科目各明细科目的余额分别转入限定性净资产和非限定性净资产。

对于接受的附有条件的捐赠，如果存在需要偿还全部或部分捐赠资产或者相应金额的现时义务时，例如，因无法满足捐赠所附条件而必须将部分捐赠退还该捐赠人时，按照需要偿还的金额，借记“管理费用”科目，贷记“其他应付款”科目。

【例 17-1】 某基金会收到某华侨捐赠的汽车一辆，发票价值为 200 000 元，其他费用为 2 000 元，用银行存款支付，应作会计分录如下：

借：固定资产　　202 000

　　贷：捐赠收入——非限定性收入　　202 000

【例 17-2】 某慈善机构接受某归国华侨一笔捐款 300 000 元，该笔款项注明只能用来救助孤寡老人，并且使用年限为 1 年，余额应退还。该慈善机构有关人员根据所在区域估计在 1 年内可能使用的款项为 120 000 元，应作会计分录如下：

借：银行存款　　300 000

　　贷：捐赠收入——限定性收入　　300 000

借：管理费用　　180 000

　　贷：其他应付款　　180 000

【例 17-3】 某民间非营利组织招募志愿者 5 人，协助公益事业宣传工作。由于志愿者工作无须支付劳动报酬，每月可节省人工费用为 6 000 元。

此为劳务捐赠，不确认为捐赠收入，应在会计报表附注中作相关披露。

(二) 会费收入

会费收入是指民间非营利组织根据章程等的规定向会员收取的会费。一般情况下，民间非营利组织的会费为非限定性收入，除非相关资产提供者对资产的使用设置了限制。一些社会团体，如各种协会、学会、联合会、研究会、联谊会、促进会、商会等，以会员的形式发展会员，以收取会费的形式取得收入，为会员提供相应的服务。由于收取的会费与提供的服务不直接对应，所以会费收入一般认为是非交换交易收入。

为核算会费收入业务，民间非营利组织会计应设置“会费收入”总账账户，并应在“会费收入”账户下设置“非限定性收入”明细账户。如果存在限定性会费收入，还应设置“限定性收入”明细账户；同时，民间非营利组织应按照会费种类(如团体会费、个人会费等)，在“非限定性收入”或“限定性收入”账户下设置明细账，进行明细核算。

“会费收入”账户的贷方余额反映当期会费收入的实际发生额。在会计期末，应将该账户中“非限定性收入”明细账户当期发生额转入“非限定性净资产”账户，将该账户中“限定性收入”明细账户当期贷方发生额转入“限定性净资产”账户。期末结转后该账户应无余额。

【例 17-4】 某民间非营利组织为协会组织，根据章程的规定，每年 3 月会员应缴纳会费。到截止日，已经收到会费 9 万元，存入银行。经查明，会员欠缴会费 1 万元。其分录为：

借：银行存款　　90 000

　　应收账款　　10 000

　　贷：会费收入——非限定性收入　　100 000

【例 17-5】 某民间非营利组织收到会员一次性缴纳的今明两年会费共计 50 000 元，已经存入银行。其会计分录为：

借：银行存款　　50 000
　　贷：会费收入——非限定性收入　　25 000
　　　　预收账款　　25 000

（三）提供服务收入

提供服务收入又称提供劳务收入，是指民间非营利组织根据章程等的规定向其服务对象提供服务取得的收入，包括学费收入、医疗费收入、培训费收入等。一般情况下，民间非营利组织的提供服务收入为非限定性收入，除非相关资产提供者对资产的使用设置了限制。提供服务收入属于交换交易收入。

当劳务的开始与完成分属不同的会计年度时，本年应确认的收入与费用的计算公式如下：

本年应确认的收入=劳务（合同）总收入×本年末劳务的完成程度–以前年度已确认的收入

本年应确认的费用=劳务总成本×本年末劳务的完成程度–以前年度已确认的成本

其中，劳务总收入，即合同总收入，一般根据双方签订的合同或协议注明的交易总金额确定；劳务总成本，包括至资产负债表日止已经发生的成本和完成劳务将要发生的成本；劳务的完工程度，是指完工进度或完成的工作量。

为核算提供服务收入的业务，民间非营利组织会计应设置“提供服务收入”科目，贷方登记当期提供服务收入的实际发生额，借方登记年终将该科目转入净资产的金额：期末结转后，本科目应无余额。本科目应按照提供服务的种类设置明细账，进行明细核算。

提供服务主要账务处理如下：

提供服务取得收入时，按照实际收到或应收取的价款，借记“现金”“银行存款”“应收账款”等科目，按照应确认的提供服务收入金额，贷记“提供服务收入”科目，按照预收的价款，贷记“预收账款”科目。在以后期间确认提供服务收入时，借记“预收账款”科目，贷记“提供服务收入——非限定性收入”科目。如果存在限定性提供服务收入，则应贷记“提供服务收入——限定性收入”。

在会计期末，将该科目的余额转入非限定性净资产时，借记“提供服务收入——非限定性收入”科目，贷记“非限定性净资产”科目。如果存在限定性提供服务收入，则将其金额转入限定性净资产，借记“提供服务收入——限定性收入”科目，贷记“限定性净资产”科目。

【例 17-6】 某医师协会为一家甲级医院完成了培训服务，培训费共计 90 000 元，该协会提前向医院预收了 50 000 元培训费，服务完成时，剩余款项已转账存入银行。该协会应编制会计分录如下：

借：银行存款　　40 000
　　预收账款　　50 000
　　贷：提供服务收入——非限定性收入——培训费收入　　90 000

【例 17-7】 某民间非营利组织年末尚未完成向服务对象提供的服务，根据已完成的工作量，可以确定已经完成进度的 60%，该组织曾向服务对象预收了全部服务费用共计 30 000 元。该民间非营利组织应编制会计分录如下：

借：预收账款　　18 000
　　贷：提供服务收入——非限定性收入　　18 000

【例 17-8】 年末结账，某民间非营利组织将“提供服务收入——非限定性收入”科目贷方余额 290 000 元转为非限定性净资产。该民间非营利组织应编制会计分录如下：

借：提供服务收入——非限定性收入　　290 000

　贷：非限定性净资产　　290 000

（四）政府补助收入

政府补助收入是指民间非营利组织接受政府拨款或者政府机构给予的补助而取得的收入。如果资产提供者对资产的使用设置了时间限制或者（和）用途限制，则所确认的相关收入为限定性收入；除此之外的其他所有收入为非限定性收入。

民间非营利组织应设置“政府补助收入”科目，同时设置“限定性收入”和“非限定性收入”明细科目。

其相关账务处理如下：

接受的政府补助，按照应确认的金额，借记“现金”“银行存款”等科目，贷记“政府补助收入”科目的“限定性收入”和“非限定性收入”明细科目。如果限定性政府补助收入的限制在确认收入的当期得到解除，应将其转为非限定性捐赠收入，借记“政府补助收入——限定性收入”明细科目，贷记“政府补助收入——非限定性收入”明细科目。

期末，将“政府补助收入”各明细科目的余额分别转入限定性净资产和非限定性净资产。

对于接受的附有条件的政府补助，如果民间非营利组织存在需要偿还全部或者部分政府补助资产或者相应金额的现时义务时，比如，因无法满足政府补助所附条件而必须退还部分政府补助时，按照需偿还的金额，借记“管理费用”科目，贷记“其他应付款”等科目。

【例 17-9】 某民间防癌协会月初收到一笔政府补助款项 8 000 元，现可以动用。其会计分录如下：

借：银行存款　　8 000

　贷：政府补助收入——非限定性收入　　8 000

（五）投资收益

投资收益是指民间非营利组织因对外投资取得的投资净损溢。民间非营利组织可以货币资产、存货、固定资产、无形资产等形式对外投资，在投资中取得一定的投资收益，以扩大资金来源，满足公益事业的资金需要。一般情况下，民间非营利组织的投资收益为非限定性收入，除非相关资产提供者对资产的使用设置了限制。

民间非营利组织会计应设置“投资收益”账户，核算民间非营利组织因对外投资取得的投资净损溢。民间非营利组织应在满足规定的收入确认条件时确认投资收益，并区分短期投资、长期股权投资和长期债权投资三种情况进行核算。

（1）短期投资收益在实际取得时确认。

（2）长期股权投资收益的确认方法包括成本法与权益法两种。采用成本法核算的，被投资单位宣告发放现金股利或利润时，将宣告发放的现金股利或利润中属于民间非营利组织应享有的部分，确认为当期的投资收益。采用权益法核算的，在会计期末按照应享有或应分担的被投资单位当年实现的净利润或发生的净亏损的份额，调整长期股权投资账面价值。

(3)长期债权投资的收益应在其持有期间和处置时确认。长期债权投资的持有期间，应按照票面价值与票面利率按期计算并确认利息收入。

【例 17-10】 某民间非营利组织将三个月前购入的账面余额为 52 000 元，已提跌价准备 3 000 元的短期债券投资出售，收到价款 51 000 元，已存入银行。应作会计分录为：

借：银行存款　　51 000
　短期投资跌价准备　　3 000
　贷：短期投资——债券投资　　52 000
　　投资收益　　2 000

【例 17-11】 某民间非营利组织对某企业投资，采用成本法核算。被投资企业宣告股利分配方案，民间非营利组织分得的股利为 150 000 元，款项尚未收到。应作会计分录为：

借：其他应收款　　150 000
　贷：投资收益　　150 000

(六)商品销售收入

商品销售收入是指民间非营利组织销售商品(如出版物、药品)等形成的收入。一般情况下，民间非营利组织的商品销售收入为非限定性收入，除非相关资产提供者对资产的使用设置了限制。

民间非营利组织应在满足规定的收入确认条件时确认商品销售收入。为核算商品销售收入的实现和业务活动成本的发生情况,民间非营利组织应设置“商品销售收入”和“业务活动成本”科目。这两个科目应按照商品的种类设置明细账，进行明细核算。期末时，将“商品销售收入”和“业务活动成本”科目的余额转入非限定性净资产或限定性净资产。

【例 17-12】 某民营医院为民间非营利组织，出售药品价值 30 000 元，存入银行。其会计分录为：

借：银行存款　　30 000
　贷：商品销售收入——非限定性收入　　30 000

【例 17-13】 某杂志社为民间非营利组织，通过征订方式预收刊物订阅费 50 000 元，存入银行。其会计分录为：

借：银行存款　　50 000
　贷：预收账款　　50 000

【例 17-14】 某出版社为民间非营利组织，上月销售的一批图书因质量问题被退回，该批图书取得的销售收入 60 000 元已经入账，销售成本 40 000 元也已经结转，退货的款项已经支付给书店。其会计分录为：

借：商品销售收入——非限定性收入　　60 000
　贷：银行存款　　60 000
借：存货　　40 000
　贷：业务活动成本　　40 000

(七)其他收入

其他收入是民间非营利组织在主要业务活动以外从其他方面取得的收入。民间非营利组织的主要业务活动收入包括捐赠收入、会费收入、提供服务收入、商品销售收入、政府补助收入、投资收益等，主要业务活动收入以外的收入确认为其他收入。民间非营利组织会计的其他收入包括确实无法支付的应付款项、存货盘盈收入、固定资产盘盈收入、固定资产处置净收入、无形资产处置净收入等。一般情况下，民间非营利组织的其他收入为非限定性收入，除非相关资产的提供者对资产的使用设置了限制。民间非营利组织应设置“其他收入”科目，核算民间非营利组织主要业务活动收入以外的收入。

【例 17-15】 某民间非营利组织报废一台设备，转入固定资产清理。清理结束后，固定资产清理账户存在贷方余额 2 000 元，转为其他收入。其会计分录为：

借：固定资产清理　　2 000

　　贷：其他收入——非限定性收入　　2 000

【例 17-16】 某民间非营利组织确认一项无法支付的应付款项 60 000 元。其会计分录为：

借：应付账款　　60 000

　　贷：其他收入——非限定性收入　　60 000

第二节　民间非营利组织会计的费用

民间非营利组织开展各项公益性活动，会发生一定的耗费，导致经济利益或服务潜力的流出。民间非营利组织要加强成本管理，准确核算业务活动成本与各项期间费用，以便提供反映受托责任履行情况的会计信息。

一、民间非营利组织会计费用的含义及分类

(一) 民间非营利组织费用的内容

费用是指民间非营利组织为开展业务活动所发生的、能够导致本期净资产减少的经济利益或者服务潜力的流出。民间非营利组织会计应严格按照费用的定义确认各项费用。费用具有以下两项特征：第一，费用是民间非营利组织经济利益或者服务潜力的流出；第二，费用会导致民间非营利组织本期净资产的减少。

(二) 民间非营利组织费用的分类

民间非营利组织的费用按功能可以划分为业务活动成本、管理费用、筹资费用和其他费用四项内容。其中业务活动成本是一项成本费用，管理费用、筹资费用和其他费用为期间费用。民间非营利组织的某些费用如果属于多项业务活动，不能直接归属于某一类活动，应按照合理的方法在各项活动中进行分配。

二、民间非营利组织会计费用的确认

民间非营利组织费用应在同时满足以下条件时予以确认。

(1) 含有经济利益或服务潜力的资源流出民间非营利组织，或者组织承担了相关负债。

(2) 能够引起当期净资产的减少。

(3) 费用的金额能够可靠地计量。

民间非营利组织在业务活动中发生的各项费用，应在实际发生时按照其实际发生额计入当期费用。

三、民间非营利组织会计费用的核算

（一）业务活动成本

业务活动成本是指民间非营利组织为实现其业务活动目标，开展其项目活动或者提供服务所发生的费用。

业务活动成本是按照项目、服务或业务种类等进行归集的费用。各民间非营利组织应根据本单位业务活动开展的实际情况，在“业务活动成本”项目下设置明细项目，如在“业务活动成本”科目下设置“销售商品成本”“提供服务成本”“会员服务成本”“捐赠项目成本”“业务活动税金及附加”“业务活动费”等明细科目。如果民间非营利组织从事的项目、提供的服务或者开展的业务比较单一，可以将相关费用全部归集在“业务活动成本”项目下进行核算和列报。

为了核算民间非营利组织实现其业务活动目标、开展其项目活动或者提供服务所发生的费用，民间非营利组织应设置“业务活动成本”科目，借方登记当期业务活动成本的实际发生额，贷方登记期末转入净资产的金额；期末结转后该科目应无余额。民间非营利组织发生业务活动成本时，借记“业务活动成本”科目，贷记“现金”“银行存款”“存货”“应付账款”等科目；期末将该科目的借方余额转入非限定性净资产时，借记“非限定性净资产”科目，贷记“业务活动成本”科目。

【例 17-17】某培训学校为民间非营利组织，举办 CPA 考试的辅导班，发生业务费用 6 000 元，以银行存款支付。其会计分录为：

借：业务活动成本——CPA 培训项目　　6 000

　　贷：银行存款　　6 000

【例 17-18】 某民营医院为民间非营利组织，月末结转已销药品进价成本 40 000 元。其会计分录为：

借：业务活动成本——药品进价成本　　40 000

　　贷：存货　　40 000

【例 17-19】某民间非营利组织年终结账，将“业务活动成本”科目的借方余额（230 000 元）转入非限定性净资产。该民间非营利组织应编制会计分录如下：

借：非限定性净资产　　230 000

　　贷：业务活动成本　　230 000

（二）管理费用

管理费用是指民间非营利组织为组织和管理组织的业务活动所发生的各种费用，包括民间非营利组织董事会（或者理事会，或者类似权力机构）经费和行政管理人员的工资、奖金、津贴、福利费、住房公积金、住房补贴、社会保障费，离退休人员工资与补助，以及办公费、水电费、邮电费、物业管理费、差旅费、折旧费、修理费、无形资产摊销费、存货盘亏损失、资产减值损失、因预计负债所产生的损失、聘请中介机构费用和应偿还的受赠资产等。

为核算民间非营利组织为组织和管理组织的业务活动所发生的各种费用，应设置“管理费用”科目，并在“管理费用”科目下按费用项目设置明细账，进行明细核算。

期末，将“管理费用”科目余额转入非限定性净资产。

【例 17-20】 某慈善机构本月计提固定资产折旧 5 000 元，购买办公用品 2 000 元，用银行存款支付。应作会计分录如下：

借：管理费用　　7 000

　　贷：累计折旧　　5 000

　　　　银行存款　　2 000

【例 17-21】 某基金会因担保很可能要负担 100 000 元赔款。应作会计分录如下：

借：管理费用　　100 000

　　贷：预计负债　　100 000

（三）筹资费用

筹资费用是指民间非营利组织为筹集业务活动所需资金而发生的费用，包括民间非营利组织为获得捐赠资产而发生的费用以及应计入当期费用的借款费用、汇兑损失（减汇兑收益）等。民间非营利组织为获得捐赠资产而发生的费用包括举办募款活动费，准备、印刷和发放募款宣传资料以及其他与募款或者争取捐赠有关的费用。民间非营利组织发生的筹资费用，应在发生时按其发生额计入当期费用。

为核算筹资费用的发生和结转情况，民间非营利组织应设置“筹资费用”科目，借方登记当期实际发生的筹资费用的金额，贷方登记转入净资产的金额；期末结转后该科目应无余额。该账户应按费用项目设置明细账，进行明细核算。

筹资费用的主要账务处理如下。

（1）发生筹资费用时，借记“筹资费用”科目，贷记“预提费用”“银行存款”“长期借款”等科目。发生应冲减筹资费用的利息收入、汇兑收益时，借记“银行存款”“长期借款”等科目，贷记“筹资费用”科目。

（2）在会计期末，将“筹资费用”科目的余额转入非限定性净资产时，借记“非限定性净资产”科目，贷记“筹资费用”科目。

【例 17-22】 某慈善基金会为民间非营利组织，该基金会为募集善款进行宣传活动，发生费用 5 000 元，以银行存款支付。其会计分录为：

借：筹资费用——宣传费用　　5 000

　　贷：银行存款　　5 000

【例 17-23】 期末，将某民间非营利组织筹资费用科目账面余额 198 000 元转入非限定性净资产。该民间非营利组织应编制的会计分录为：

借：非限定性净资产　　198 000

　　贷：筹资费用　　198 000

（四）其他费用

其他费用是指民间非营利组织发生的，无法归属到上述业务活动成本、管理费用或者筹资费用中的费用，包括固定资产处置净损失、无形资产处置净损失等。为核算民间非营利组织的其他费用，应设置“其他费用”科目，该科目应按照费用种类设置明细账，进行明细核算。

发生的固定资产处置净损失，借记“其他费用”科目，贷记“固定资产清理”科目。发生的无形资产处置净损失，按照实际取得的价款，借记“银行存款”等科目，按照该项无形资产的账面余额，贷记“无形资产”科目，按照其差额，借记“其他费用”科目。期末，将“其他费用”科目的余额转入非限定性净资产。

【例 17-24】 某民间非营利组织进行某项固定资产清理，清理结束后，固定资产清理借方余额为 6 000 元。其会计分录为：

借：其他费用——固定资产清理损失	6 000	
贷：固定资产清理		6 000

【例 17-25】 某民间非营利组织转让一项专有技术（无形资产），其账面价值为 50 000 元，转让款项 48 000 元已经收到，并已存入银行。其会计分录为：

借：银行存款	48 000	
其他费用——无形资产处置损失	2 000	
贷：无形资产		50 000

本章小结

收入是指民间非营利组织开展业务活动取得的，导致本期净资产增加的经济利益或者服务潜力的流入。收入具有以下两项主要特征：收入是指民间非营利组织经济利益或者服务潜力的流入；收入会导致本期净资产的增加。民间非营利组织收入按来源可分为捐赠收入、会费收入、提供服务收入、政府补助收入、投资收益、商品销售收入和其他收入等。

费用是指民间非营利组织为开展业务活动所发生的，能够导致本期净资产减少的经济利益或者服务潜力的流出。民间非营利组织会计应严格按照费用的定义确认各项费用。费用具有以下两项特征：第一，费用是民间非营利组织经济利益或者服务潜力的流出；第二，费用会导致民间非营利组织本期净资产的减少。民间非营利组织的费用按功能可以划分为业务活动成本、管理费用、筹资费用和其他费用四项内容。

复习思考题

1. 简述民间非营利组织交换交易形成收入的确认条件。
2. 民间非营利组织的收入包括哪些类别？
3. 民间非营利组织的费用包括哪些类别？

第十八章

民间非营利组织的资产、负债及净资产

第一节　民间非营利组织的资产

一、民间非营利组织资产的含义及分类

(一) 民间非营利组织资产的含义

民间非营利组织的资产是指过去的交易或者事项所形成的由民间非营利组织拥有或者控制的资源。该资源预期会给民间非营利组织带来经济利益或者服务潜力。

(二) 民间非营利组织资产的分类

资产按其流动性可分为流动资产、长期投资、固定资产、无形资产和受托代理资产。

1. 流动资产

流动资产是指预期可以在 1 年内(含 1 年)变现或者耗用的资产，包括现金、银行存款、其他货币资金、短期投资、应收款项、预付账款、存货和待摊费用等。

2. 长期投资

长期投资是相对于短期投资而言的，即民间非营利组织不准备随时变现，并且持有时间在 1 年以上的投资，包括长期股权投资和长期债权投资。

3. 固定资产

固定资产是指民间非营利组织为行政管理、提供劳务、生产商品或者出租目的而持有的，预计使用年限超过 1 年、单位价值较高的有形资产，包括房屋和建筑物、一般设备、专用设备、交通工具、文物文化资产(陈列品、图书)和其他固定资产。单位价值虽未达到规定标准，但使用期限超过 1 年的大批同类物资，如馆藏图书，也可作为固定资产核算。固定资产包括在建工程、文物文化资产等。

4. 无形资产

无形资产是指民间非营利组织为开展业务活动，出租给使用者或为管理目的而持有的，没有实物形态的非货币性长期资产。无形资产包括专利权、非专利技术、商标权、著作权、土地使用权等。

5. 受托代理资产

受托代理资产是指民间非营利组织接受委托方委托从事受托代理业务而收到的资产。在受托代理过程中，民间非营利组织通常只是从委托方收到受托资产，并按照委托人的意愿将

资产转赠给指定的其他组织或者个人。民间非营利组织只是在委托代理过程中起中介作用，而无权改变受托代理资产的用途或者变更受益人。

二、民间非营利组织资产的确认

（一）初始确认

民间非营利组织在取得一项资源时，如果符合资产的定义，而且其成本或者价值能够可靠地计量，那么民间非营利组织就应在满足这些条件时将该资源确认为一项资产。民间非营利组织在确认资产时，原则上应按照取得资产时所发生的实际成本予以计量。但对于接受捐赠、政府补助、受托代理等特殊情况取得的资产，原则上按照公允价值进行初始计量。

（二）后续计量

民间非营利组织对于短期投资、应收款项、存货、长期投资必须计提减值准备。对于因技术更新、遭受自然灾害等原因而发生重大减值的固定资产、无形资产应计提减值准备，并计入当期费用。如果已计提减值准备的资产价值在以后会计期间得以恢复，应在该资产已计提减值准备的范围内部分或全部转回已确认的减值损失，冲减当期费用。

三、民间非营利组织资产的核算

民间非营利组织大部分资产的核算与企业资产的核算相同，此处不再赘述。本章仅重点介绍存在明显差异的资产会计处理。

（一）文物文化资产

文物文化资产是指用于展览、教育或研究等目的的历史文物、艺术品以及其他具有文化或历史价值并作长期或者永久保存的典藏等。

为核算文物文化资产增减变动及结存情况，应设置“文物文化资产”科目。民间非营利组织应设置文物文化资产登记簿和文物文化资产卡片，按文物文化资产类别等设置明细账，进行明细核算。

文物文化资产主要账务处理如下。

（1）文物文化资产在取得时，应按照取得时的实际成本入账。取得时的实际成本包括买价、包装费、运输费、缴纳的有关税金等相关费用，以及为使文物文化资产达到预定可使用状态前所必要的支出。

外购的文物文化资产，按照实际支付的买价、相关税费以及为使文物文化资产达到预定可使用状态前发生的可直接归属于该文物文化资产的其他支出（如运输费、安装费、装卸费等），借记“文物文化资产”科目，贷记“银行存款”“应付账款”等科目。

如果以一笔款项购入多项没有单独标价的文物文化资产，按照各项文物文化资产公允价值的比例对总成本进行分配，分别确定各项文物文化资产的入账价值。

接受捐赠的文物文化资产，按照所确定的成本，借记“文物文化资产”科目，贷记“捐赠收入”科目。

（2）出售文物文化资产，文物文化资产毁损或者以其他方式处置文物文化资产时，按照所处置文物文化资产的账面余额，借记“固定资产清理”科目，贷记“文物文化资产”科目。

(3) 民间非营利组织对文物文化资产应定期或者至少每年实地盘点一次。对盘盈、盘亏的文物文化资产，应及时查明原因，并根据管理权限，报经批准后，在期末前结账处理完毕。如果为文物文化资产盘盈，按照其公允价值，借记“文物文化资产”科目，贷记“其他收入”科目；如果为文物文化资产盘亏，按照固定资产账面余额扣除可收回的保险赔偿和过失人的赔偿等后的金额，借记“管理费用”科目，按照可以收回的保险赔偿和过失人的赔偿等，借记“现金”“银行存款”“其他应收款”等科目，按照文物文化资产的账面余额，贷记“文物文化资产”科目。

【例 18-1】 某博物馆为民间非营利组织，接受捐赠一件历史文物，参照市场价值为 50 000 元。其会计分录为：

借：文物文化资产	50 000	
贷：捐赠收入——非限定性收入		50 000

【例 18-2】 某民间非营利组织出售艺术品一件，取得销售收入 60 000 元，款项存入银行。该艺术品的账面余额为 45 000 元。其会计分录为：

借：固定资产清理	45 000	
贷：文物文化资产		45 000
借：银行存款	60 000	
贷：固定资产清理		60 000
借：固定资产清理	15 000	
贷：其他收入		15 000

(二) 受托代理资产

受托代理资产是指民间非营利组织接受委托方委托从事受托代理业务而收到的资产。受托代理业务与捐赠活动存在本质差异。在受托代理过程中，民间非营利组织通常只是从委托方收到受托资产，并按照委托人的意愿将资产转赠给指定的其他组织或者个人，或者按照有关规定将资产转交给指定的其他组织或者个人的行为。民间非营利组织本身只是在委托代理过程中起中介作用，无权改变受托代理资产的用途或者变更受益人。

民间非营利组织因从事受托代理业务而获得受托代理资产时，不应确认为收入，因为受托代理交易不会增加民间非营利组织的净资产。民间非营利组织受托代理资产的确认和计量比照接受捐赠资产的确认和计量原则处理。在确认受托代理资产的同时，应按其金额确认相应的受托代理负债。

为核算受托代理资产业务，民间非营利组织应设置“受托代理资产”科目，借方登记确认收到受托代理资产的金额，贷方登记转出或转赠受托代理资产的金额；期末余额在借方，反映民间非营利组织期末尚未转出的受托代理资产价值。民间非营利组织应设置“受托代理资产登记簿”，并根据具体情况设置明细账，进行明细核算。

受托代理资产主要账务处理如下：

(1) 民间非营利组织收到受托代理资产时，按照应确认的入账金额，借记“受托代理资产”科目，贷记“受托代理负债”科目。

(2) 转赠或者转出受托代理资产时，按照转出受托代理资产的账面余额，借记“受托代理负债”科目，贷记“受托代理资产”科目。

(3) 民间非营利组织收到的受托代理资产如果为现金、银行存款或其他货币资金，则可以不通过“受托代理资产”科目核算，而在“现金”“银行存款”“其他货币资金”科目下设置“受托代理资产”明细科目进行核算。

【例 18-3】 某慈善协会接受甲公司的委托，收到通过该组织定向捐赠物资一批，该物资的公允价值为 1 500 000 元。其会计分录为：

借：受托代理资产　　　　　　　　　　　　　　1 500 000

　　贷：受托代理负债　　　　　　　　　　　　　　1 500 000

【例 18-4】 承【例 18-3】，将上述收到的受托代理物资，按照委托方要求，捐献给地震灾区。其会计分录为：

借：受托代理负债　　　　　　　　　　　　　　1 500 000

　　贷：受托代理资产　　　　　　　　　　　　　　1 500 000

第二节　民间非营利组织的负债

一、民间非营利组织负债的含义及分类

(一) 民间非营利组织负债的含义

负债是指过去的交易或者事项形成的现时义务，履行该义务预期会导致含有经济利益或者服务潜力的资源流出民间非营利组织。

(二) 民间非营利组织负债的分类

负债按其流动性可分为流动负债、长期负债和受托代理负债等。

(1) 流动负债。流动负债是指在 1 年以内(含 1 年)偿还的负债，包括短期借款、应付款项、应付工资、应缴税金、预收账款、预提费用和预计负债等。

(2) 长期负债。长期负债是指偿还期限在 1 年以上(不含 1 年)的负债，包括长期借款、长期应付款和其他长期负债。

(3) 受托代理负债。受托代理负债是指民间非营利组织因从事受托代理业务、接受受托代理资产而产生的负债。

二、民间非营利组织会计负债的确认

各项流动负债、长期负债应按照实际发生额确认与计量。受托代理负债应按照相对应的受托代理资产的金额予以确认和计量。

对于与或有事项相关的义务如果同时满足以下三个条件，就应将其确认为负债，以清偿该负债所需支出的最佳估计数予以计量，并在资产负债表中单列项目予以反映：该义务是民间非营利组织承担的现时义务；该义务的履行很可能会导致含有经济利益或者服务潜力的资源流出民间非营利组织；该义务的金额能够可靠地计量。

三、民间非营利组织会计负债的核算

在会计核算中，民间非营利组织负债的流动负债、长期负债与营利组织的会计核算业务基本相同，因此，本节仅以受托代理负债业务为例加以阐述。

为核算民间非营利组织受托代理负债业务收、转、余等情况，民间非营利组织会计应设置“受托代理负债”科目，贷方登记收到的受托代理资产的金额，借方登记转赠或者转出受托代理资产的金额；期末余额在贷方，反映民间非营利组织尚未清偿的受托代理负债。该科目应按照指定的受赠组织或个人，或者指定的应转交的组织或者个人设置明细账，进行明细核算。

受托代理负债的主要账务处理如下：

收到受托代理资产，按照应确认的入账金额，借记“受托代理资产”科目，贷记“受托代理负债”科目；转赠或者转出受托代理资产，按照转出受托代理资产的账面余额，借记“受托代理负债”科目，贷记“受托代理资产”科目。

【例 18-5】市红十字会接受市民政局的委托，为其代理捐赠业务，收到A单位捐款350 000元。市红十字会应编制会计分录：

借：银行存款——受托代理资产　　350 000

　　贷：受托代理负债　　350 000

【例 18-6】承【例 18-5】，按照委托方的意愿，市红十字会将这笔款项捐给因洪水受灾的某乡镇。则市红十字会应编制会计分录：

借：受托代理负债　　350 000

　　贷：银行存款——受托代理资产　　350 000

第三节　民间非营利组织的净资产

一、民间非营利组织净资产的含义及其界定

净资产是指民间非营利组织的资产减去负债后的差额。净资产按是否受到限制，分为限定性净资产和非限定性净资产。

（一）限定性净资产

限定性净资产包括以下三个方面。

（1）民间非营利组织净资产的使用受到资产提供者或者国家法律、行政法规所设置的时间限制或（和）用途限制，由此形成的净资产。如某基金会收到一项捐赠收入，捐赠人指明只能用来援助某地震灾区。

（2）民间非营利组织净资产所产生的经济利益（如资产的投资收益和利息等）的使用受到资产提供者或者国家法律、行政法规所设置的时间限制或（和）用途限制，由此形成的净资产。如某慈善机构收到一笔捐赠款项，捐赠人要求该笔款项的利息只能用于慈善机构的日常维护。

（3）国家有关法律、行政法规对民间非营利组织净资产的使用直接设置限制的，该净资产也成为限定性净资产。如某基金会收到一项政府补贴，要求该项补贴只能用来救济残疾人，这就是一个永久性限制。

（二）非限定性净资产

非限定性净资产是指民间非营利组织的净资产中没有时间限制或（和）用途限制的部分。其主要包括如下两个方面。

(1)期末民间非营利组织的非限定性收入的实际发生额与当期费用的实际发生额的差额。

(2)由限定性净资产转为非限定性净资产的净资产。当存在下列情况之一时，可以认为限定性净资产的限制已经解除：限定性净资产的限制时间已经到期；所限定净资产规定的用途已经实现(或者目的已经达到)；资产提供者或者国家有关法律、行政法规撤销了所设置的限制。

如果限定性净资产受到两项或两项以上的限制，应在最后一项限制解除时，才能认为该项限定性净资产的限制已经解除。需要注意的是，民间非营利组织的董事会、理事会或类似权力机构对净资产的使用所作的限定性决策、决议或拨款限额等，属于民间非营利组织内部管理上对资产使用所作的限制，不属于限定性净资产。

二、民间非营利组织会计净资产的核算

(一)限定性净资产

为核算限定性净资产业务，民间非营利组织应设置“限定性净资产”科目。该科目期末贷方余额反映民间非营利组织历年积存的限定性净资产。

期末将当期限定性收入实际发生额转为限定性净资产。借记“捐赠收入——限定性收入”“政府补助收入——限定性收入”“会费收入——限定性收入”等科目，贷记“限定性净资产”科目。

如果限定性净资产的限制已经解除，应为净资产进行重新分类，将限定性净资产转为非限定性净资产。

如果因调整以前期间收入、费用项目而涉及调整限定性净资产的，应就需要调整的金额，借记或贷记有关科目，贷记或借记“限定性净资产”科目。

【例 18-7】 某基金会 10 月末有关账户余额如下(单位：元)：

捐赠收入——限定性收入	80 000
政府补助收入——限定性收入	200 000
会费收入——限定性收入	60 000

月末结转有关科目时，编制会计分录如下：

借：捐赠收入——限定性收入	80 000	
政府补助收入——限定性收入	200 000	
会费收入——限定性收入	60 000	
贷：限定性净资产		340 000

【例 18-8】 某慈善机构的一项 4 年期有特定用途的政府补助收入 300 000 元到期，可以转为一般性使用。编制会计分录如下：

借：限定性净资产	300 000	
贷：非限定性净资产		300 000

【例 18-9】 某民间非营利组织年初发现上一年度的一项捐赠固定资产因缺乏相关凭据未计量，只作了相关记录。今年年初，获取了相关凭据予以确认计量，该固定资产的价值为 180 000 元。该民间非营利组织应编制会计分录：

借：固定资产　　180 000

　　贷：限定性净资产　　180 000

(二)非限定性净资产

为核算民间非营利组织的非限定性净资产，应设置“非限定性净资产”科目，该科目贷方余额反映民间非营利组织历年积存的非限定性净资产。

期末，民间非营利组织应将捐赠收入、会费收入、提供服务收入、政府补助收入、商品销售收入、投资收益和其他收入等各项收入科目中非限定性收入明细科目的期末余额转入非限定性净资产，借记“捐赠收入——非限定性收入”“会费收入——非限定性收入”“提供服务收入——非限定性收入”“政府补助收入——非限定性收入”“商品销售收入——非限定性收入”“投资收益——非限定性收入”“其他收入——非限定性收入”科目，贷记“非限定性净资产”科目。

同时，将各费用类科目的余额转入本科目，借记“非限定性净资产”科目，贷记“业务活动成本”“管理费用”“筹资费用”“其他费用”科目。

如果因调整以前期间收入、费用项目而涉及调整非限定性净资产的，应当就需要调整的金额，借记或贷记“非限定性净资产”科目。

【例 18-10】 某基金会 12 月末各收支科目余额如表 18-1 所示。

表 18-1　某基金会 12 月末各收支科目余额

单位：元

科　目	借　方	贷　方
捐赠收入——非限定性收入		115 000
会费收入——非限定性收入		56 000
提供服务收入——非限定性收入		78 000
政府补助收入——非限定性收入		65 000
商品销售收入——非限定性收入		558 000
投资收益——非限定性收入		43 000
其他收入——非限定性收入		36 000
业务活动成本	221 000	
管理费用	143 200	
筹资费用	45 200	
其他费用	6 700	

结转有关收支科目时，应编制会计分录如下：

借：捐赠收入——非限定性收入　　115 000

　　会费收入——非限定性收入　　56 000

　　提供服务收入——非限定性收入　　78 000

　　政府补助收入——非限定性收入　　65 000

　　商品销售收入——非限定性收入　　558 000

　　投资收益——非限定性收入　　43 000

　　其他收入——非限定性收入　　36 000

　　贷：非限定性净资产　　951 000

借：非限定性净资产　　416 100

贷：业务活动成本　　221 000

　　管理费用　　143 200

　　筹资费用　　45 200

　　其他费用　　6 700

【例 18-11】 2016 年 6 月，某基金会发现上一年度的一项无形资产摊销 6 000 元未记录，该基金会应当追溯调整 2016 年度业务活动表中的管理费用（调增 6 000 元），减少非限定性净资产期初数 6 000 元。应作会计分录如下：

借：非限定性净资产（期初数）　　6 000

　贷：无形资产　　6 000

本 章 小 结

民间非营利组织的资产是指过去的交易或者事项所形成的由民间非营利组织拥有或者控制的资源。该资源预期会给民间非营利组织带来经济利益或者服务潜力。资产按其流动性可分为流动资产、长期投资、固定资产、无形资产和受托代理资产。

负债是指过去的交易或者事项形成的现时义务，履行该义务预期会导致含有经济利益或者服务潜力的资源流出民间非营利组织。负债按其流动性可分为流动负债、长期负债和受托代理负债等。各项流动负债、长期负债应按照实际发生额确认与计量。受托代理负债应按照相对应的受托代理资产的金额予以确认和计量。

净资产是指民间非营利组织的资产减去负债后的差额。净资产按是否受到限制，分为限定性净资产和非限定性净资产。

复习思考题

1. 什么是民间非营利组织的文物文化资产？
2. 简述民间非营利组织受托代理资产的核算。
3. 什么是民间非营利组织负债？它包括哪些类别？
4. 民间非营利组织净资产的含义是什么？它包括哪些类别？

第十九章

民间非营利组织财务报告

第一节　民间非营利组织财务报告概述

《中华人民共和国会计法》规定，任何单位，包括民间非营利组织都必须定期编制财务会计报告，反映民间非营利组织的财务状况和业务活动情况，向民间非营利组织的会计信息使用者提供有用的会计信息。依法定期编制财务会计报告成为每个单位，包括民间非营利组织的法定职责，否则将承担相应的法律责任。

一、民间非营利组织财务报告的内容

财务会计报告简称财务报告，是概括地反映民间非营利组织某一特定日期财务状况和某一会计期间业务活动情况和现金流量的书面文件。民间非营利组织的财务报告由会计报表、会计报表附注和财务情况说明书三部分组成。

（一）会计报表

会计报表是以表格形式概括反映非营利组织财务状况、业务活动情况和现金流量的书面文件。《民间非营利组织会计制度》规定，民间非营利组织的会计报表至少应包括资产负债表、业务活动表和现金流量表三张基本报表。

（二）会计报表附注

会计报表附注是对会计报表内容所作的补充说明与详细解释，目的是便于会计报表使用者理解会计报表中的内容。在会计报表附注中侧重披露编制会计报表所采用的会计政策、已经在会计报表中得到反映的重要项目的具体说明和未在会计报表中得到反映的重要信息的说明等内容。

（三）财务情况说明书

财务情况说明书是对一定会计期间民间非营利组织的财务情况和业务情况进行总结的书面报告。

民间非营利组织的财务会计报告按编制时间划分，可分为年度财务会计报告和中期财务会计报告。年度财务报告是以整个会计年度为基础编制的财务报告。以短于一个完整的会计年度的期间（如半年度、季度和月度）编制的财务报告称为中期财务报告。民间非营利组织在编制中期财务报告时，应采用与编制年度财务报告相一致的确认与计量原则。中期财务报告的内容相对于年度财务报告而言可以适当简化，但仍应保证包括与理解中期期末财务情况和中期业务活动情况及现金流量相关的重要信息。

二、民间非营利组织会计报表及其种类

《民间非营利组织会计制度》规定，民间非营利组织的会计报表至少应包括资产负债表、业务活动表和现金流量表三张基本报表。

（一）资产负债表

资产负债表是用来反映民间非营利组织某一会计期末全部资产、负债和净资产情况的报表。通过资产负债表可以了解民间非营利组织的财务实力、组织的资金配置结构与筹资结构，了解民间非营利组织的资产变现能力及发展能力。

（二）业务活动表

业务活动表是反映民间非营利组织在某一会计期间内开展经营活动实际情况的书面报告文件，是一定期间的民间非营利组织收入与同一会计期间相关的成本费用进行配比的结果。

（三）现金流量表

现金流量表是反映民间非营利组织一定会计期间内有关现金和现金等价物的流入和流出情况的报表。

第二节　民间非营利组织财务报表的编制

一、资产负债表的编制

（一）资产负债表基本格式

资产负债表的基本格式如表 19-1 所示。

表 19-1　资产负债表

会民非 01 表

编制单位：　　　　年　月　日　　　　单位：元

资产	年初数	期末数	负债和净资产	年初数	期末数
流动资产：			流动负债：		
货币资产			短期借款		
短期投资			应付款项		
应收款项			应付工资		
预付账款			应缴税金		
存货			预收账款		
待摊费用			预提费用		
一年内到期的长期债券投资			预计负债		
其他流动资产			一年内到期的长期负债		
流动资产合计			其他流动负债		
长期投资：			流动负债合计		
长期股权投资			长期负债：		
长期债券投资			长期借款		

续表

资产	年初数	期末数	负债和净资产	年初数	期末数
长期投资合计			长期应付款		
固定资产：			其他长期负债		
固定资产原价			受托代理负债：		
减：累计折旧			受托代理负债		
固定资产净值			负债合计		
在建工程			净资产：		
文物文化资产			非限定性净资产		
固定资产清理			限定性净资产		
固定资产合计			净资产合计		
无形资产：					
无形资产					
受托代理资产：					
受托代理资产					
资产总计			负债和净资产总计		

(二)资产负债表各项目的内容与填列

资产负债表“年初数”栏内各项数字,应根据上年年末资产负债表“期末数”栏内数字填列。如果本年度资产负债表规定的各个项目的名称和内容同上年度不相一致，则应对上年年末资产负债表各项目的名称和数字按照本年度的规定进行调整，填入本表“年初数”栏内。

民间非营利组织资产负债表大部分项目的内容与填列方法与企业资产负债表对应项目相同，本书不再赘述。本部分重点介绍与企业资产负债表存在差异的项目。

1. “货币资金项目”

该项目应根据“现金”“银行存款”“其他货币资金”科目的期末余额合计填列。如果民间非营利组织的受托代理资产为现金、银行存款或其他货币资金，并且通过“现金”“银行存款”“其他货币资金”科目核算，还应扣减“现金”“银行存款”“其他货币资金”科目中“受托代理资产”明细科目的期末余额。

2. “受托代理资产”项目

该项目反映民间非营利组织接受委托从事受托代理业务而收到的资产。

该项目应当根据“受托代理资产”科目的期末余额填列。如果民间非营利组织的受托代理资产为现金、银行存款或其他货币资金,并且通过“现金”“银行存款”“其他货币资金”科目核算，还应当加上“现金”“银行存款”“其他货币资金”科目中“受托代理资产”明细科目的期末余额。

【例 19-1】 某基金会在 2016 年年末“现金”“银行存款”“其他货币资金”“受托代理资产”科目的期末余额分别为 6 000 元、489 000 元、134 000 元、1 450 000 元，并且受托代理的现金、银行存款通过“现金”“银行存款”科目核算的金额分别为 1 500 元、48 000 元。

该基金会 2016 年年末现金、银行存款、其他货币资金、受托代理资产项目填列的金额分别为 4 500 元、441 000 元、134 000 元和 1 499 500 元。

3. “应付款项”项目

该项目反映民间非营利组织期末应付票据、应付账款和其他应付款等应付未付款项，应根据“应付票据”“应付账款”“其他应付款”科目的期末余额合计填列。

4. 文物文化资产”项目

该项目反映民间非营利组织用于展览、教育或研究等目的的历史文物、艺术品及其他具有文化或者历史价值并作长期或者永久保存的典藏等。

5. “受托代理负债”项目

该项目反映民间非营利组织因从事受托代理业务，接受受托代理资产而产生的负债。

6. “非限定性净资产”项目

该项目反映民间非营利组织拥有的非限定性净资产期末余额。

7. “限定性净资产”项目

该项目反映民间非营利组织拥有的限定性净资产期末余额。

上述文物文化资产、受托代理负债、非限定性净资产和限定性净资产项目应分别根据各对应科目的期末余额填列。

二、业务活动表的编制

(一)业务活动表基本格式

业务活动表的基本格式如表19-2所示。

表19-2 业务活动表

会民非02表

编制单位： 年 月 日 单位：元

项目	本月数			本年累计书		
	非限定性	限定性	合计	非限定性	限定性	合计
一、收入						
其中：捐赠收入						
会费收入						
提供服务收入						
商品销售收入						
政府补助收入						
投资收益						
其他收入						
收入合计						
二、费用						
(一)业务活动成本						
其中：						
(二)管理费用						
(三)筹资费用						
(四)其他费用						
费用合计						
三、限定性净资产转为非限定性净资产						
四、净资产变动额(若为净资产减少额，以“-”号填列)						

表19-2中，“本月数”栏反映各项目的本月实际发生数；在编制季度、半年度等中期财务会计报告时，应将本栏改为“本季度数”“本半年度数”等，反映各项目的实际发生数。

在提供上年度比较报表时，应增设可比期间栏目，反映可比期间各项目的实际发生数。如果本年度业务活动表规定的各个项目的名称和内容同上年度不相一致，应对上年度业务活动表各项目的名称和数字按照本年度的规定进行调整，填入本表上年度可比期间栏目内。

“本年累计数”栏反映各项目自年初起至报告期末止的累计实际发生数。

“非限定性”栏反映本期非限定性收入的实际发生数、本期费用的实际发生数和本期由限定性净资产转为非限定性净资产的金额。

“限定性”栏反映本期限定性收入的实际发生数和本期由限定性净资产转为非限定性净资产的金额(以“-”号填列)。在提供上年度比较报表项目金额时，限定性和非限定性栏目的金额可以合并填列。

(二)业务活动表各项目的内容与填列

(1)“捐赠收入”项目,反映民间非营利组织接受其他单位或者个人捐赠所取得的收入总额。本项目应根据“捐赠收入”科目的发生额填列。

(2)“会费收入”项目，反映民间非营利组织根据章程等的规定向会员收取的会费总额。本项目应根据“会费收入”科目的发生额填列。

(3)“提供服务收入”项目,反映民间非营利组织根据章程等的规定向其服务对象提供服务取得的收入总额。本项目应根据“提供服务收入”科目的发生额填列。

(4)“商品销售收入”项目,反映民间非营利组织销售商品等所形成的收入总额。本项目应根据“商品销售收入”科目的发生额填列。

(5)“政府补助收入”项目,反映民间非营利组织接受政府拨款或者政府机构给予的补助而取得的收入总额。本项目应根据“政府补助收入”科目的发生额填列。

(6)“投资收益”项目，反映民间非营利组织以各种方式对外投资所取得的投资净损溢。本项目应根据“投资收益”科目的贷方发生额填列；如果为借方发生额，则以“-”号填列。

(7)“其他收入”项目，反映民间非营利组织除上述收入项目之外所取得的其他收入总额。本项目应根据“其他收入”科目的发生额填列。

上述各项收入项目应区分“限定性”和“非限定性”分别填列。

(8)“业务活动成本”项目,反映民间非营利组织为实现其业务活动目标、开展其项目活动或者提供服务所发生的费用。本项目应根据“业务活动成本”科目的发生额填列。民间非营利组织应根据其所从事的项目、提供的服务或者开展的业务等具体情况按照“业务活动成本”科目中各明细科目的发生额，在本表填列业务活动成本的各组成部分。

(9)“管理费用”项目,反映民间非营利组织为组织和管理其业务活动所发生的各项费用总额。本项目应根据“管理费用”科目的发生额填列。

(10)“筹资费用”项目，反映民间非营利组织为筹集业务活动所需资金而发生的各项费用总额，包括利息支出(减利息收入)、汇兑损失(减汇兑收益)以及相关手续费等。本项目应根据“筹资费用”科目的发生额填列。

(11)“其他费用”项目，反映民间非营利组织除以上费用之外发生的其他费用总额。本项目应根据有关科目的发生额填列。

(12)“限定性净资产转为非限定性净资产”项目，反映民间非营利组织当期从限定性净资产转入非限定性净资产的金额。本项目应根据“限定性净资产”“非限定性净资产” 科目的发生额分析填列。

(13)“净资产变动额”项目，反映民间非营利组织当期净资产变动的金额。本项目应根据业务活动表“收入合计”项目的金额，减去“费用合计”项目的金额，再加上“限定性净资产转为非限定性净资产”项目的金额后的金额填列。

三、现金流量表的编制

(一)现金流量表基本格式

现金流量表的现金流量分为业务活动产生的现金流量、投资活动产生的现金流量和筹资活动产生的现金流量，其基本结构如表 19-3 所示。

表 19-3　现金流量表

会民非 03 表

编制单位：　　　　年　月　日　　　　单位：元

项　目	金　额
一、业务活动产生的现金流量	
接受捐赠收到的现金	
收取会费收到的现金	
提供服务收到的现金	
销售商品收到的现金	
政府补助收到的现金	
收到的其他与业务活动有关的现金	
现金流入小计	
提供捐赠或者资助支付的现金	
支付员工及为员工支付的现金	
购买商品、接受服务支付的现金	
支付的其他与业务活动有关的现金	
现金流出小计	
业务活动产生的现金流量净额	
二、投资活动产生的现金流量	
收回投资所收到的现金	
取得投资收益所收到的现金	
处置固定资产和无形资产所收回的现金	
收到的其他与投资活动有关的现金	
现金流入小计	
购建固定资产和无形资产所支付的现金	
对外投资所支付的现金	
支付的其他与投资活动有关的现金	
现金流出小计	
投资活动产生的现金流量净额	
三、筹资活动产生的现金流量	
借款所收到的现金	
收到的其他与筹资活动有关的现金	
现金流入小计	
偿还借款所支付的现金	

续表

项　　目	金　　额
偿付利息所支付的现金	
支付的其他与筹资活动有关的现金	
现金流出小计	
筹资活动产生的现金流量净额	
四、汇率变动对现金的影响额	
五、现金及现金等价物净增加额	

（二）现金流量表各项目的内容与填列

民间非营利组织现金流量表部分项目的内容与填列方法与企业现金流量表项目的内容与填列方法相同，本书不再赘述。本部分重点介绍与企业现金流量表存在差异的项目。

(1)“接受捐赠收到的现金”项目,反映民间非营利组织接受其他单位或者个人捐赠取得的现金。该项目可以根据“现金”“银行存款”“捐赠收入”等科目的记录分析填列。

(2)“收取会费收到的现金”项目,反映民间非营利组织根据章程等的规定向会员收取会费取得的现金。该项目可以根据“现金”“银行存款”“应收账款”“会费收入”等科目的记录分析填列。

(3)“提供服务收到的现金”项目,反映民间非营利组织根据章程等的规定向其服务对象提供服务取得的现金。该项目可以根据“现金”“银行存款”“应收票据”“预收账款”“提供服务收入”等科目的记录分析填列。

(4)“销售商品收到的现金”项目, 反映民间非营利组织销售商品取得的现金。该项目可以根据“现金”“银行存款”“应收账款”“应收票据”“预收账款”“商品销售收入”等科目的记录分析填列。

(5)“政府补助收到的现金”项目,反映民间非营利组织接受政府拨款或者政府机构给予的补助而取得的现金。该项目可以根据“现金”“银行存款”“政府补助收入”等科目的记录分析填列。

(6)“收到的其他与业务活动有关的现金”项目,反映民间非营利组织收到的除以上业务之外的现金。该项目可以根据“现金”“银行存款”“其他应收款”“其他收入”等科目的记录分析填列。

(7)“提供捐赠或者资助支付的现金”项目,反映民间非营利组织向其他单位和个人提供捐赠或者资助支出的现金。该项目可以根据“现金”“银行存款”“业务活动成本”等科目的记录分析填列。

第三节　会计报表附注和财务情况说明书

一、会计报表附注

会计报表附注是对会计报表中的重要内容所作的注释，是会计报表的有机组成部分。民间非营利组织的会计报表附注至少应披露以下几个方面的内容。

(1)重要会计政策及其变更情况的说明。

(2)董事会(理事会或者类似权力机构)成员和员工的数量、变动情况及获得的薪金等报酬情况的说明。

(3) 会计报表重要项目及其增减变动情况的说明。
(4) 资产提供者设置了时间或用途限制的相关资产情况的说明。
(5) 受托代理业务情况的说明，包括受托代理资产的构成、计价基础和依据、用途等。
(6) 重大资产减值情况的说明。
(7) 公允价值无法可靠取得的受赠资产和其他资产的名称、数量、来源和用途等情况的说明。
(8) 对外承诺和或有事项情况的说明。
(9) 接受劳务捐赠情况的说明。
(10) 资产负债表日后非调整事项的说明。
(11) 有助于理解和分析会计报表需要说明的其他事项。

二、财务情况说明书

财务情况说明书是对财务收支情况及其他重要财务情况所作的书面说明。财务情况说明书至少应对下列情况做出说明。

(1) 民间非营利组织的宗旨、组织结构以及人员配备等情况。

(2) 民间非营利组织业务活动基本情况、年度计划和预算完成情况，产生差异的原因分析，下一会计期间业务活动计划和预算等。

(3) 对民间非营利组织业务活动有重大影响的其他事项。

民间非营利组织的年度财务会计报告至少应于年度终了后 4 个月内对外提供。民间非营利组织被要求对外提供中期财务会计报告的，应在规定的时间内对外提供。

本章小结

财务会计报告简称财务报告，是概括地反映民间非营利组织某一特定日期财务状况和某一会计期间业务活动情况和现金流量的书面文件。民间非营利组织的财务报告由会计报表、会计报表附注和财务情况说明书三部分组成。

会计报表是以表格形式概括反映非营利组织财务情况、业务活动情况和现金流量的书面文件。《民间非营利组织会计制度》规定，民间非营利组织的会计报表至少应包括资产负债表、业务活动表和现金流量表三张基本报表。

会计报表附注是对会计报表内容所作的补充说明与详细解释，目的是便于会计报表使用者理解会计报表的内容。在会计报表附注中侧重披露编制会计报表所采用的会计政策、已经在会计报表中得到反映的重要项目的具体说明和未在会计报表中得到反映的重要信息的说明等内容。

财务情况说明书是对财务收支情况及其他重要财务情况所作的书面说明。

复习思考题

1. 民间非营利组织的财务报告由哪几部分组成?
2. 民间非营利组织的会计报表包括哪些内容?
3. 简述民间非营利组织的会计报表附注应披露的内容。
4. 民间非营利组织财务情况说明书是什么？它应包括哪些内容?

参考文献

[1] 财政部. 2013 年政府收支分类科目[M]. 北京：中国财政经济出版社, 2012.

[2] 财政部. 关于印发《行政事业单位内部控制规范(试行)》的通知(财会〔2012〕21 号), 2012-11-29.

[3] 财务部. 关于印发《财政部代理发行 2012 年地方政府债券发行兑付办法》的通知(财库〔2012〕46号), 2012-5-8.

[4] 财政部. 财政部关于印发《中央部门财政拨款结转和结余资金管理办法》的通知(财预〔2010〕7号), 2010-1-18.

[5] 财政部. 关于印发《财政部代理发行地方政府债券财政总预算会计核算方法》的通知(财库〔2009〕19 号), 2009-3-13.

[6] 财政部. 关于国有资本经营预算收支会计核算的通知(财库〔2007〕123 号).

[7] 财政部. 《财政总预算会计制度》暂行补充规定(财库〔2001〕63 号), 2001-11-19.

[8] 财政部. 关于预算外资金纳入预算管理后涉及有关财政专户管理资金会计核算问题的通知(财库〔2010〕141 号).

[9] 财政部. 关于中央预算单位财政拨款结余资金归集调整及会计核算等事项的通知(财库〔2008〕78 号), 2008-11-18.

[10] 财政部. 关于将按预算外资金管理的收入纳入预算管理的通知(财预〔2010〕88 号).

[11] 财政部. 行政单位财务规则(财政部令第 71 号公布), 2012-12-6.

[12] 财政部. 行政单位会计制度(财库〔2013〕218 号), 2013-12-18.

[13] 财政部. 事业单位财务规则(财政部令第 68 号), 2012-2-7.

[14] 财政部. 事业单位会计准则(财政部令第 72 号), 2012-12-6.

[15] 财政部. 事业单位会计制度(财会〔2012〕22 号), 2012-12-19.

[16] 财政部. 关于印发《新旧事业单位会计制度有关衔接问题的处理规定》的通知(财会〔2013〕2号), 2013-1-10.

[17] 财政部, 教育部. 关于印发《高等学校财务制度》的通知(财教〔2012〕488 号), 2012-12-19.

[18] 财政部. 高等学校会计制度(财会〔2013〕30 号), 2013-12-30.

[19] 班景刚. 政府与非营利组织会计[M]. 北京：清华大学出版社, 2014.

[20] 于国旺. 预算会计[M]. 北京：清华大学出版社, 2014.

[21] 杨洪. 政府与非营利组织会计[M]. 北京：机械工业出版社, 2014.

[22] 赵建勇. 政府与非营利组织会计[M]. 北京：中国人民大学出版社, 2015.

[23] 赵莉, 秦国华. 政府与非营利组织会计[M]. 北京：北京理工大学出版社, 2016.

[24] 魏永宏. 行业会计比较[M]. 北京：电子工业出版社, 2017.